Carl Meyer

Sprache und Sprachdenkmäler der Langobarden

Quellen, Grammatik, Glossar

Carl Meyer

Sprache und Sprachdenkmäler der Langobarden
Quellen, Grammatik, Glossar

ISBN/EAN: 9783743627086

Hergestellt in Europa, USA, Kanada, Australien, Japan

Cover: Foto ©Thomas Meinert / pixelio.de

Weitere Bücher finden Sie auf **www.hansebooks.com**

SPRACHE

UND

SPRACHDENKMÄLER

DER

LANGOBARDEN.

QUELLEN, GRAMMATIK, GLOSSAR

VON

CARL MEYER.

PADERBORN.

DRUCK UND VERLAG VON FERDINAND SCHÖNINGH.

1877.

Herrn Professor

MORITZ HEYNE

gewidmet.

Inhalt.

Vorliegendes Buch über Sprache und Sprachdenkmäler der Langobarden zerfällt in drei Abschnitte. Der erste derselben enthält die Denkmäler, soweit dieselben bisher erschlossen sind, der zweite eine Abhandlung über die Sprache, der dritte endlich das Glossar. Was zunächst die Quellen oder Denkmäler betrifft, so kommen zwei derselben in erster Linie in Betracht; einmal die Edicte und Gesetze der langobardischen Könige, deren ältestes, der *Edictus Hrotharit* oder, wie er gewöhnlich genannt wird, *Edictus Rothari*, noch dem siebenten Jahrhundert angehört; die zweite Hauptquelle ist die langobardische Geschichte des *Paulus Diaconus* aus dem achten Jahrhundert. Sodann ein geschichtliches Werk, *Origo gentis Langobardorum* betitelt und in mehreren Handschriften dem Edictus Hrotharit als Prolog vorgesetzt; (vgl. über dasselbe Bethmann im Archiv der Gesellschaft für ältere deutsche Geschichtskunde Bd. X, S. 351 ff.) leider ist dasselbe gerade in den besten Handschriften der Gesetze entweder niemals vorhanden gewesen oder wenigstens jetzt nicht mehr erhalten. Ein anderes Werk von ähnlichem Charakter, also ebenfalls einen kurzen Abriss der Langobardengeschichte, enthält die Gothaer Handschrift der Gesetze; das Werk selbst heisst desswegen *Chronicon Gothanum*. Was sodann den *Codex diplomaticus Cavensis*[1]) betrifft, so stammen zwar die ältesten Urkunden desselben noch aus dem Schlusse des achten Jahrhunderts, sind aber trotz ihrem barbarischen Latein schwerlich von Langobarden aufgezeichnet. Schon die älteste vom Jahre 792 hat z. B. gleich den Gesetzeshandschriften im Vatican und zu La Cava statt des Substantivums *morgincap* die sinnlose und

---

[1]) Codex diplomaticus Cavensis nunc primum in lucem editus curantibus DD. Michaele Morcaldi, Mauro Schiani, Sylvano de Stephano o. S. B. Tomus I. Neapoli 1873. 4.

durch romanische Entstellung hervorgerufene Form *morgincaput*,
nicht zu gedenken der vielen Entstellungen, von welchen sowohl
im Texte als in den Unterschriften die Namen der langobardischen Donatoren, Fürsten, Zeugen u. s. w. betroffen sind.[1])
Letztere, die Entstellungen, sind auch in der Origo gentis Langobardorum sowie im Chronicon Gothanum in reichlichem Masse
vorhanden; sie sind jedoch hier weniger erheblich, weil die von
ihnen betroffenen Worte meistentheils auch anderswo, im kürzern
Prologe zum Edictus Hrotharit oder bei Paulus Diaconus, erhalten sind. Im Uebrigen konnte auf die Benutzung des Codex
diplomaticus Cavensis um so eher verzichtet werden, als derselbe
sozusagen keine Appellativa enthält. Die Chronik von Novalese
und die des Mönchs vom Berg Sorakte zu benutzen, verbot
schon die späte Zeit der Abfassung dieser Werke. Hingegen
quantitativ von hohem Werthe, leider aber in qualitativer Beziehung um so schlimmer bestellt sind die zahlreichen in Troyas
Codice diplomatico Longobardo abgedruckten Urkunden, Briefe,
Inschriften u. s. w. Abgesehen davon, dass viele derselben nicht
auf den Originalhandschriften sondern auf spätern Abschriften
beruhen, leidet nämlich das ganze Werk an Unzuverlässigkeiten
jeglicher Art, und es ist jedenfalls sehr fraglich, ob ausser den
sicher unechten Urkunden aus Cremona (Mon. patr. hist. XIII,
pag. 138, 139) alles übrige echt ist. Da jedoch eine relativ
zuverlässigere neuere Ausgabe dieser Urkunden zunächst bloss
für die Lombardei erschienen ist in den *„Monumenta historiae
patriae. Tom. XIII. Codex diplomaticus Langobardiae“*, so
mussten die übrigen einstweilen, und so lange nicht ihre Un-
echtheit im Einzelnen nachgewiesen ist, aufgenommen werden.

Die Gesetze nun und das Geschichtswerk des Paulus sind
in ihrer ältesten Gestalt ohne Zweifel von Langobarden aufgezeichnet worden. Dass Paulus ein solcher war, versteht sich
von selbst, und was die Gesetze betrifft, so ist wenigstens für
den Edictus die germanische Nationalität des ersten Aufzeichners
verbürgt. Auch König *Liutprand* erliess seine Gesetze „una
cum omnibus judicibus“ und „cum reliquis fedelibus meis lango-

---

[1]) Wahrscheinlich ist im Süden Italiens das Langobardische überhaupt früher von Entstellung und Untergang erreicht worden als im Norden.

bardis et cuncto populo adsistente"; (vgl. auch den Prolog zu
den Gesetzen des *Ratchis* und des *Haistulf*). An und für sich
sind die Gesetze, namentlich die ältern, von höherm Werthe als
das Werk des Paulus; sie enthalten nämlich eine weit grössere
Zahl von Appellativen, während Paulus an solchen verhältniss-
mässig arm ist. Herausgegeben sind dieselben mit Benutzung des
gesammten handschriftlichen Materials von Bluhme in den *Monumenta Germaniae historica; legum tomus IV* und „*Edictus
ceteraeque Langobardorum leges. Cum constitutionibus et pactis
principum Beneventanorum ex maiore editione monumentis Germaniae inserta correctiores recudi curavit Fridericus Bluhme.
Hanoverae 1869. 8⁰*". Zwar leidet sowohl die Behandlung als
die Deutung der hier erhaltenen langobardischen Worte an er-
heblichen Mängeln; allein es ist doch für Jeden, der genauere
Kenntniss der ältern germanischen Mundarten hat, die Möglichkeit vorhanden, mit Benutzung des handschriftlichen Materials
Bluhmes Irrthümer zu berichtigen. Eine zuverlässige Ausgabe
der *Gesta Langobardorum* fehlt hingegen leider noch immer.
Aus den Angaben Bethmanns (Archiv der Gesellschaft für ältere
deutsche Geschichtskunde. Bd. VII, 275 ff.) ergiebt sich nur,
dass die bis jetzt erschienenen Ausgaben ohne Ausnahme auf
jüngeren Handschriften beruhen. Bloss bei *Muratori* (Rerum Ita-
licarum scriptores, tomus I) ist ein zu der ältern Handschriften-
gruppe gehöriger Codex, der von Monza, benutzt; allein auch
hier fehlt es durchaus an genauen und consequent mitgetheilten
Angaben der in diesem wie in den übrigen benutzten Handschriften vorgefundenen Lesarten. Durch die Gefälligkeit des
grossherzoglich badischen Ministeriums des Innern wurde mir
die Möglichkeit zu Theil, einen zu der ältern Gruppe gehörigen
Heidelberger Codex (Codex Palatinus Nr. 912, saec. IX) zu benutzen; in Bezug auf die übrigen ältern Handschriften hingegen
war ich auf die nur fragmentarischen Angaben Bethmanns (Archiv
VII, 278 ff.) angewiesen.

Was nun die Art und Weise der Benutzung betrifft, so
finden sich in den Quellen sämmtliche Gesetzesstellen, welche
langobardische Worte enthalten, nach Bluhmes kleinerer Ausgabe mitgetheilt. Nur diejenigen Titel glaubte ich weglassen
zu dürfen, welche das nämliche Wort immer wieder in der

nämlichen Form und ohne irgend eine Abweichung von schon
mitgetheilten Formen, welche also z. B. Worte wie *aldius, Longobardi* immer wieder bringen. Die langobardischen Worte selbst
sind durch den Druck vor dem Texte hervorgehoben. Unter
dem Texte sind die Lesarten der verschiedenen Codices nach
den von Bluhme in der grössern Ausgabe zur Bezeichnung der
Handschriften gebrauchten Nummern mitgetheilt. Wo ich von
Bluhme selbst glaubte abweichen zu müssen, bezeichnet ein B
die von ihm bevorzugte Lesart, und die nur auf Vermuthung
beruhende richtigere ist durch ein vorgesetztes * bezeichnet. Die
Abweichungen fanden statt, wo Bluhme eine bessere handschriftlich irgendwo beglaubigte Lesart nicht benutzte, wenn an der
betreffenden Stelle selbst jene Handschrift fehlerhaft oder lücken-
haft war, ferner wenn ein Wort den germanischeu Lautgesetzen
in seiner überlieferten Form allzusehr widersprach. In zweifel-
hafteren Fällen habe ich die überlieferten Formen beibehalten,
die muthmasslich bessere aber im Glossar mit einem Stern bezeichnet und neben die überlieferten gesetzt. Ganz weggelassen
habe ich bloss diejenigen von Bluhme mitgetheilten Stücke,
welche der Zeit der fränkischen Herrschaft oder einer noch
spätern angehören. Noch einfacher stellte sich hingegen die
Aufgabe in Bezug auf Paulus Diaconus. Auch hier schien es
mir nicht nothwendig, sämmtliche Stellen, welche langobardische
Worte enthalten, abzuschreiben. Es sind statt dessen bloss diejenigen mitgetheilt, an welchen ein Wort zum ersten oder zweiten
Male vorkommt, oder wo, wie das bei Eigennamen zuweilen ge-
schieht, derselbe Name wiederkehrt, aber eine andere Person
bezeichnet. Ich habe mir dieses Verfahren gestattet, erstlich
damit der Umfang meines Buches nicht zu sehr anwachse, und
zweitens, um nicht gewisse Worte, die in den betreffenden Codices
immer wieder die nämliche Form haben, beständig wiederholen
zu müssen. Hätte ich z. B. alle diejenigen Kapitel mitgetheilt,
in welchen der Name der Langobarden selbst vorkommt, so
hätte ich ohne Noth und ohne Gewinn beinahe den ganzen
Schriftsteller abschreiben müssen. Im Uebrigen finden auch hier
Abweichungen von der handschriftlichen Ueberlieferung überhaupt statt, namentlich wenn etwa ein Name in einer guten
Handschrift der Gesetze besser überliefert ist; in andern Fällen

musste die richtige Lesart aus den verschiedenen überlieferten Formen combiniert werden. In den Angaben unter dem Texte bezeichnet *V* die Wiener, *C* die Kasseler, *P* die Heidelberger Handschrift, *A* die der ambrosianischen Bibliothek in Mailand; die Buchstaben *Mod.* bezeichnen die Handschrift von Monza, *Mur.* die bei Muratori in den Text aufgenommene Form, *Abel* die von diesem in seiner Uebersetzung des Paulus (Geschichtschreiber der deutschen Vorzeit. VIII. Jahrhundert) bevorzugte. Von den Urkunden aus Troyas Sammelwerk und aus dem dreizehnten Bande der *Monumenta historiae patriae* sind nur diejenigen Stellen mitgetheilt, welche entweder in den Gesetzen und bei Paulus nicht erhaltene Worte oder aber erhaltene in andern, zumal in bessern Formen bieten. Auf die Mittheilung aller Urkunden mit langobardischen Namen musste im Interesse der Kürze von vornherein verzichtet werden.

Interessant wäre es, zu wissen, wie lange sich die langobardische Sprache in Italien erhalten hat; leider aber sind wir gerade in diesem Punkte auf ziemlich dürftige Nachrichten angewiesen. Das Reich der Langobarden erlag bekanntlich im Jahre 774 der fränkischen Invasion; zweihundert Jahre später spricht der Verfasser der Chronik von Salerno von der lingua todesca, quod *olim* Langobardi loquebantur; diese Angabe ist nicht geeignet, über die ganze Frage bestimmte Aufschlüsse zu geben. Möglicherweise erhielt sich die Sprache in einzelnen Theilen der Halbinsel länger als in andern, zumal da, wo die langobardische Bevölkerung eine mehr oder weniger dichte war. Im Allgemeinen jedoch wird dieselbe schwerlich tief in das neunte Jahrhundert hinein gedauert haben. Schon der Umstand, dass sämmtliche Edicte seit der Mitte des siebenten Jahrhunderts sich der lateinischen Sprache bedienen, bezeugt ein langsames Zurückweichen des Germanischen vor der überlegenen Kultur der Romanen; ein Ereigniss aber von der Art der fränkischen Invasion konnte dieses Zurückweichen nur befördern. Dass sich einzelne langobardische Wörter in die Sprache der Italiäner verbreitet haben, beweist nichts gegen obige Annahme; letzteres ist auch in andern romanischen Ländern, z. B. in den ehemals burgundischen Theilen Frankreichs geschehen, wo die Sprache der germanischen Eroberer von noch viel kürzerer Dauer war als die der Langobarden in Italien.

Ohne Zweifel sind die italiänischen Worte germanischen Ursprungs, welche Fr. Diez in seiner Grammatik der romanischen Sprachen (3. Aufl. Thl. 1, S. 67 ff.) zusammengestellt hat, in ihrer grossen Mehrzahl langobardischen Ursprungs. Diese Worte in ihre langobardische Urform zurückzuübersetzen, hätte unter Umständen, z. B. als Versuch in einer Zeitschrift, seine volle Berechtigung; hier hingegen, wo es sich um die Darlegung wirklicher langobardischer Formen und Worte handelt, musste auf ein solches Verfahren verzichtet werden. Wohl aber soll jetzt noch auf einige Veränderungen hingewiesen werden, welche die langobardischen Worte entweder ab und zu oder in consequenter Durchführung durch die romanischen Aufzeichner und Abschreiber der jetzt noch erhaltenen Quellen erlitten haben.

Die beiden Buchstaben *b* und *v* werden im spätern barbarischen Latein bekanntlich häufig verwechselt, und es heisst z. B. *octabo, renobintur, scriva, culpavelis* statt *octavo, renoventur, scriba, culpabilis*. In Folge dessen sind nun auch langobardische Worte hin und wieder entstellt worden, und es erscheint z. B. das Substantivum **hoverôs* (Roth. 278, 373, 380) in den Handschriften in den Formen *oberus, operus, oueros, hoberos, ebreos*. Dass aber in diesem Falle nicht *b* sondern *v* am Platze ist, ergiebt sich aus dem lateinischen *curtis ruptura*, welches dem langobardischen Worte zur Seite steht. Dieselbe Erscheinung wiederholt sich in dem Worte **hovescario*, welches (Aist. 20) in den Formen *ouescarioni, ouescarius, obscarioni, obsecario* u. s. w. erscheint.

Eine zweite Entstellung, welche im gegebenen Falle regelmässig wiederkehrt, und welche ebenfalls auf die römische Nationalität der Schreiber zurückzuführen ist, besteht in der Verwandlung des auslautenden *z* in *s*. Es heisst demnach durchweg, sowohl in den Handschriften der Gesetze als in denen des Paulus Diaconus *sculdais* oder *sculdahis* und nicht, wie es von Rechtswegen heissen sollte, **sculdhaizo*; die nämliche Erscheinung kehrt dann in dem **marhpaiz* des Paulus Diaconus (II, 9) wieder, dessen zweiter Bestandtheil auf ein Verbum **paizan* (infrenare; vgl. ahd. *beizan*, ags. *bǽtan*), das Causativum zu ahd. *pizan*, g. *beitan*, hinweist. Auch der älteste Codex des Edictus Hrotharit, der S. Galler, hat das auslautende *z* schon durchweg in *s* verwandelt.

Eine ähnliche Entstellung hat den Schlussconsonanten des Wortes **thinc* betroffen, welches nun überall in der Form *thinx* erscheint. Dem Romanen war auslautendes *nc* ebensowenig geläufig als *z*, und er suchte daher dem betreffenden Worte eine Form zu geben, welche den Auslautsgesetzen seiner eigenen Sprache in geringerm Grade zuwiderlief.

Das Wort **ahtogild* sodann, welches den achtfachen Ersatz bezeichnet, erscheint durchweg in der Form *actogild* oder *actugild*. Es widerspricht jedoch diese Form nicht nur dem germanischen Lautgesetze, welches vor *t* die harte gutturale Spirans verlangt, sondern es geht dieselbe hinsichtlich des Gutturals sogar noch über die gothisch-germanische Stufe auf die indogermanische zurück. Die Veranlassung hiezu bot natürlich das sehr naheliegende lateinische *octo* — die Fuldaerhandschrift hat in der That durchweg *octogild* — sowie das Lautgesetz der lateinischen Sprache, welche den Guttural auf der nämlichen Stufe verlangt wie den nachfolgenden Dental.

Häufig endlich fehlt in Folge der romanischen Nationalität der Schreiber das Zeichen *h*. Es heisst z. B. *sculdais* statt **sculdhaizo* (Roth. 15, 35 u. s. w.). Namentlich gerne fällt *h* im Anlaut eines Wortes ab, vor folgendem Vocal sowohl als vor einer Liquida. Ein Adjectivum z. B., welches an und für sich die Bedeutung von „erregt, zornig" hat, und welches speciell in der Rechtssprache den rechtswidrigen Willen bezeichnet, findet sich in sämmtlichen Handschriften des Edictus Hrotharit (146, 149 u. s. w.) ohne *h*; es muss jedoch dasselbe ursprünglich ein solches gehabt und **hasto* statt *asto* gelautet haben, vgl. R. A. 4. Ganz ebenso fehlt in einigen Handschriften das *h* von *haistan* (Roth. 277), dem hochdeutschen Parallelworte zu dem ags. Adjectivum *hæst* (Beov. 1336); *haistan* wird als adverbial gebrauchtes Adjectivum und zwar als männlicher Acc. Sing. starker Form (Gr. III, 95) aufzufassen sein. Dasjenige Wort indessen, welches am häufigsten sein anlautendes *h* eingebüsst hat, ist das Substantivum **hari* (exercitus), welches so häufig als erster Bestandtheil eines Compositums erscheint. Es

heisst demnach *arimannus* statt **hariman* (arimannus qui sequitur scutum dominicum, gloss. Vat. zu Roth. 373; arimanus.
Id est qui scutum dominicum sequitur; gloss. Cav.), *arischild*
statt **hariscild* (Liutpr. 134), *aritraib* statt *haritraib* (Roth.
379). Was das zuletzt angeführte Beispiel betrifft, so hat die
Pariserhandschrift Nr. 10 das *h* erhalten, während die Handschrift von Vercelli, an und für sich die zweitälteste, *aratraibus*
liest. Die Bedeutung des Wortes hat einzig Osenbrüggen (Strafrecht der Langobarden, S. 141) annähernd richtig erkannt. Das
zweite Wort gehört zu *triban* (Impf. *traib*), und das ganze
Wort bezeichnet nun einen zusammengetriebenen Heerhaufen,
entspricht also seiner Bedeutung nach dem fränkischen *harizuht*
(Osenbr. 141). Wer mittelst eines solchen Andre schädigte,
musste (nach Roth. 146, 149) dreifachen Ersatz bezahlen, und
das hat dann theilweise die Erklärer veranlasst, das Wort *hari-*
traib selbst so zu erklären; diese Erklärung ist jedoch eine
sprachlich unmögliche. Ebenfalls hierher gehören endlich zwei
Wörter, bei welchen auch diejenigen beiden Handschriften, die
sonst am meisten Neigung zur Conservierung des anlautenden *h*
zeigen, nämlich die S. Galler Nr. 1 und die Pariser Nr. 10,
dieses *h* weggelassen haben. Diejenigen Gegenstände nämlich,
über welche nach langobardischem Rechte ein sterbender Frei-
gelassener, auch wenn er keine Erben hinterliess, frei verfügen
konnte, werden (Roth. 225) *andegawerc* und *arigawerc* genannt.
Die beiden Worte sind jedoch keineswegs durchweg in den eben
angeführten Formen überliefert: vielmehr schwanken die Handschriften, abgeschn von eigentlich groben und sinnlosen Entstellungen, zwischen *gawerc* und *gawere*. Beide Worte haben
auslautendes *c* in den Handschriften 6, 10, 11, beide *e* in 2, 3,
5, 8, 9. In der S. Gallerhandschrift ist leider die betreffende
Stelle sehr unleserlich[1]), und Bluhme hat, ohne die Buchstaben
genau lesen zu können, in seinen Ausgaben dem ersten Worte
ein *c*, dem zweiten ein *e* gegeben. Wäre auslautendes *e* richtig,
so würde uns das auf *gawere* (ahd. gaweri, Graff I, 929) führen;
gaweri gehört zu *werjan*, g. *vasjan*, und bezeichnet erstlich die

---

[1]) Schon Bluhme fand die Stelle unleserlich, und Götzinger hat mir
brieflich Bluhmes Angabe bestätigt.

Einkleidung (investitura) oder Einführung in den Besitz und in zweiter Linie den Besitz selber. Da nun aber die Sprache der Langobarden, zumal zur Zeit der Abfassung des Edicts, noch keinen Umlaut kennt, und da ferner die Schwächung des *i* der Endung für jene Zeit ebenfalls nicht denkbar ist, so scheinen mir in diesem Falle die sprachlichen Gründe, welche unbedingt gegen *gawere* sprechen, noch schwerer in's Gewicht zu fallen als die ohnehin unzuverlässigen diplomatischen. Dazu kommt noch, dass sich gerade die Buchstaben *c* und *e* sehr ähnlich sehn und in Folge dessen sehr leicht können verwechselt werden, endlich dass Cod. 1 auch sonst mit 10 mehr als mit irgend einer andern Handschrift übereinstimmt. Ich ziehe somit in beiden Fällen *gawerc* vor und nehme dann für das Wort die collective und concrete Bedeutung in Anspruch, welche mit *ga-* oder *ge-* zusammengesetzte Nomina so häufig haben; **harigawerc* wäre dann das Heergeräthe, also dasjenige bewegliche Eigenthum, welches auf Heerzügen mitgenommen wurde, **handegawerc* im Gegensatze hierzu das, was die friedliche Beschäftigung zu Hause oder auf dem Felde an Geräthen erforderte.

Zweitens sodann ist das anlautende *h* häufig vor folgendem *r* ausgefallen. Ein Sohn des Herzogs Pemmo von Friaul heisst bei Paulus (VI, 25) *Ratchait*. Ein ähnlicher Name kommt auch bei den Gothen vor, und es heisst demnach bei Augustinus (de civ. Dei V, 23) ein gothischer Anführer *Rhadagaisus*. Mit dem Substantivum *rât* kann dieser letztere nichts zu thun haben, weil die Sprache der Gothen kein *â* kannte. Wenn aber das *a* als ein kurzes aufzufassen ist, so wird der erste Bestandtheil dieses Namens ohne Zweifel das Adjectivum *hrad* (celer) sein. Was das zweite Wort betrifft, so haben alle mir zugänglichen Handschriften nebst der Ausgabe bei Muratori und Abels Uebersetzung nicht *s*, wie ich früher (Germania XIX, 129) annahm, sondern *t* im Auslaut; die Erklärung desselben enthält das Glossar. Das nämliche Verhältniss zeigt sich nun auch in dem Namen desjenigen Königs, in dessen Auftrage das älteste langobardische Edict aufgezeichnet wurde. Die Handschriften schwanken zwischen den Formen *Rotari*, *Rothar*, *Rotharith*, *Rottari*, *Rotharus*, *Rotharis* und *Hrotharit*. In der S. Galler fehlt der Name leider völlig; hingegen hat die Pariser (Nr. 10) diejenige

Form, welcher nach unserer Ansicht der Vorzug gebührt, nämlich die Form *Hrotharit*. Es ist demnach das zweite Wort
nicht das Substantivum *hari* sondern es ist das Participium
Perfecti des schwachen Zeitworts **warjan* (g. *vasjan*), welches
sein *w* eingebüsst hat; das erste Wort hingegen ist das Substantivum *rôt*, *ruod*, an. *hrôðr* (gloria), welches, wie es auch
sonst im Langobardischen üblich ist, das dentale *th* noch nicht
zu *d* verschoben hat. *Hrótharit* ist also wörtlich der mit Ruhm
bekleidete, gerade wie *Pertarit* (P. D. IV, 52) den mit Glanz
bekleideten bezeichnet. Ein drittes Wort endlich, das ebenfalls
vor folgendem *r* sein anlautendes *h* verloren hat, steht Roth. 16,
und hier hat schon der Schreiber der ältesten Handschrift, der
S. Galler, diesen Fehler begangen. Der Leichenraub nämlich
heisst da *rairaub*, in andern Handschriften *rahairaubus*, *raairaub*, *airaub*, *trairaub* u. s. w.; die echte langobardische Form
muss nach der Analogie des g. *hraiv* und des ahd. *hrêo *hrairaub* gelautet haben.

Auch vor folgendem *l* ist anlautendes *h* abgefallen. Es
heisst *Lotharius* und *Ludovicus* (Rad. et Sig. div. duc. Benev. 4),
wobei es, da die Quelle eine langobardische ist, nicht darauf
ankommt, dass die Namen an und für sich fränkische sind; der
erste Bestandtheil beider Namen ist das allein freilich nicht mehr
übliche ahd. Adjectivum *hlud* (verwandt mit *lût* und mit griech.
κλυτός). Vielleicht hat auch das Substantivum *lama*, welches
Paulus Diaconus (I, 15) zur Bezeichnung eines Fischteiches
braucht, ursprünglich **hlama* geheissen; wenigstens hat das as.
hlamôn (ags. *hlemman*) die Bedeutung des Rauschens.[1]) Ob *h*
auch vor *n* und *w* weggefallen ist, wissen wir nicht aus Mangel
an Belegen; die Analogie des Abfalls vor *r* und *l* spricht jedoch
dafür.

Während aber die Romanen das *h* langobardischer Worte,
sobald dasselbe in den Anlaut fiel, gerne wegliessen, haben dieselben in andern Fällen ein unorganisches *h* eingeschoben. Auch
dieses unorganische *h* kommt zuweilen anlautend vor, und zwar
gerade vorzugsweise in den beiden Handschriften, welche sonst

---

[1]) Doch vgl. Förstemann, Geschichte des deutschen Sprachstammes.
II, 224.

die Eigenthümlichkeiten des Langobardischen am reinsten bewahrt
haben, also in der S. Galler und in der schon mehrfach er-
wähnten Pariser. Da heisst es z. B. Roth. 224, 235 *hâmund*
statt *âmund* zur Bezeichnung desjenigen, welcher nicht unter
der vormundschaftlichen Gewalt oder unter dem vormundschaftlichen Schutze (*mund*) eines Andern steht. Sogar lateinische
Worte sind in Cod. S. Gall. einige Male in dieser Weise ver-
unstaltet worden, und es finden sich daselbst nach Bluhme Worte
wie *hedictum, hoccisus.* Endlich findet sich anlautendes *h* auch
in dem schon vielfach besprochenen Worte *haldius* oder *aldius*,
und zwar nicht nur in den beiden genannten Handschriften,
sondern auch noch in zwei andern, einer Wolfenbüttler und einer
Gothaer (Nr. 4 und Nr. 11). Bluhme hält dieses *h* für echt
langobardisch und behält es in Folge dessen bei, ja er braucht
u. a. dasselbe als Beweis für seine Behauptung, dass der Schreiber der S. Gallerhandschrift ein Langobarde gewesen sei (Mon.
German. hist. Leg. tom. IV, pag. XVI). Da indessen dieser
Schreiber auslautendes langobardisches *z* mit *s* vertauscht, *thinx*
für *thinc* und *actogild* für *ahtogild* schreibt, organisches *h* weg-
lässt und unorganisches auch sonst einschiebt, so wird, wenn
man alle diese Fälle zusammenhält, seine langobardische Nationalität doch einigermassen zweifelhaft. Und zweifelhaft wird nun
auch der Werth des dem Worte *aldius* vorgesetzten *h*, zumal
wenn dasselbe durch so verkehrte Deutungen, wie Bluhme sie
giebt, gestützt wird; *haldius* soll nach ihm zu *halten* gehören.
Auch für die der langobardischen nahe verwandte Mundart der
Baiern ist die Form ohne *h* beglaubigt (R. A. 309), und die von
J. Grimm (R. A. 310) vermuthete Verwandtschaft des Wortes
mit ahd. *eltan* (Impf. alta) ist bis jetzt wenigstens noch durch
keine bessere ersetzt worden. Dieselbe empfiehlt sich auch um
so besser, als das in den übrigen germanischen Mundarten zur
Bezeichnung des Halbfreien oder Freigelassenen übliche Wort
litus auf der nämlichen Anschauung beruht.

Noch ein Wort, welches die S. Galler Handschrift, und
dieses Mal sie allein, in romanischer Weise umändert, findet
sich Roth. 5. Die romanischen Sprachen nämlich, die französische,
provençalische, spanische und portugiesische freilich noch in höherm Grade als die italiänische, lieben es bekanntlich, anlau-

tendem und mit einer folgenden Tenuis verbundenem *s* noch
ein *e* (ursprünglich *i*) vorzusetzen; vgl. Diez. Grammatik der
roman. Sprachen. 3. Aufl. Bd. I, 240—242. Es erscheint dann
dieses vorgesetzte *e* sowohl in ursprünglich lateinischen als in
ursprünglich germanischen Worten. Nach Wackernagel z. B.
(Burg. 333) weist das französische *écraigne* auf die *screunia*
der Lex Burg. (XXIX, 3) oder auf die *screuna* oder *screona*
der Lex Salica (XIII, 2. XXVII, 18, 19) zurück. Ebenso
steht nun Roth. 5 *escamaras* in der S. Galler Handschrift für
scamaras oder vielleicht noch eher für *scammaras;* es steht
also die genannte Handschrift in diesem Punkte auf der nämlichen Stufe wie das französische *escamoter.*

Noch eine Veränderung des ursprünglich germanischen
Charakters des Langobardischen unterscheidet sich von den bisher besprochenen dadurch, dass sie zu einer Zeit eingetreten ist,
in welcher jenes noch eine lebende Sprache war. In Folge
dessen ist dieselbe auch minder allgemein als die übrigen und
zeigt sie sich, wenigstens soweit es sich um die Gesetze handelt,
erst in einigen spätern Handschriften derselben. Paulus Diaconus nämlich (I, 9) erwähnt als Eigenthümlichkeit seiner Mutter-
sprache anlautendes *gw: Wodan* sane, quem adjecta litera
Gwodan dixerunt; — indessen war schon J. Grimm (G. d. d.
Spr. 295, 296) geneigt, diese Consonantenverbindung romanischem
Einflusse zuzuschreiben, und zwar mit Recht. Nämlich die ältern
und bessern Handschriften des Edictus Hrotharit kennen im Anlaut blosses *w*, haben also *wergild, wecwori, waregang;* die
spätern hingegen, zumal die Madrider und theilweise auch die
von La Cava, lesen durchweg *guidrigild, guecorion, guaregang.*
Die S. Galler Handschrift, welche noch kein *gw* im Anlaute
kennt, gehört noch dem siebenten Jahrhundert an, Paulus Diaconus hingegen schrieb sein Geschichtswerk erst gegen das Ende
des achten. Hieraus ergiebt sich, dass die Eigenthümlichkeit
als solche keine ursprüngliche ist, dass ihre Ausbildung vielmehr
erst einer spätern Sprachstufe angehört; sie reicht schwerlich
in das siebente Jahrhundert zurück und verdankt ihre Entste-
hung romanischem Einflusse. Für letztern Umstand spricht, dass
z. B. aus germanischem, ohne Zweifel langobardischem, *wisa* bei
den Italiänern *guisa*, aus *wartén guardare*, aus *werra guerra*

wird. Völlig durchgedrungen ist übrigens das anlautende *gw*
auch im achten Jahrhundert keineswegs, und Paulus selbst hat
noch genug langobardische Worte, welche wie *Wacho, Waldrâda*
u. s. w. mit blossem *w* beginnen.

Eine sehr häufige Aenderung endlich, welche den Schluss
germanischer, von Romanen überlieferter Wörter trifft, ist die
Hinzufügung der lateinischen Endung. In den der ältern Gruppe
angehörigen Handschriften des Paulus Diaconus, namentlich in
der Heidelberger, fehlt diese Endung zwar nicht ganz, sie ist
jedoch weit seltener als in den jüngern, und in den Gesetzen
verhält es sich im Grossen und Ganzen ebenso.

Die folgenden grammaticalischen und lexicographischen Un-
tersuchungen über die Sprache der Langobarden waren nahezu
vollendet, als der zweite Band von Ernst Förstemanns „Geschichte des deutschen Sprachstammes" erschien. Derselbe enthält ebenfalls eine Behandlung des langobardischen Sprachschatzes,
freilich nur soweit sich derselbe in den Gesetzen und bei Paulus
Diaconus findet, also mit Ausschluss der Urkunden. Ich habe
in mehreren Fällen im Anschlusse an Förstemann meine eigenen
Ansichten nachträglich noch geändert, in andern hingegen dieselben beibehalten. Jedenfalls glaubte ich, mein Buch dennoch
veröffentlichen zu sollen, zumal ich noch in höherm Grade darauf
ausgegangen bin, erstlich die romanischen Einwirkungen als
solche zu kennzeichnen, und zweitens die echten langobardischen
Formen so weit als möglich herzustellen. Wie weit letzteres
mir gelungen ist, darüber mögen diejenigen entscheiden, welche
in solchen Fragen competent sind. Im Uebrigen hoffe ich, dass
beiden Arbeiten, die Förstemanns und die meinige, ihren unab-
hängigen Werth neben einander behalten werden.

IN NOMINE DOMINI INCIPIT EDICTVM
QVEM RENOVAVIT DOMINVS **HROTHARIT**[1]) VIR EXCELLEN-
TISSIMO REX GENTI **LANGOBARDORVM**[2]) CVM PRIMATOS
IVDICES SVOS.

Ego in dei nomine *Hrotharit*[3]) uir excellentissimus, et sep-timodecimum rex gentis *langobardorum*, anno deo propitiante regni mei octabo, aetatisque tricesimo octabo, indictione secunda, et post aduentum in prouincia italiae *langobardorum*, ex quo *alboin*[4]) tunc temporis regem precedentem diuina potentia ad-ducti sunt, anno septuagesimo sexto [*p. Chr.* 643] feliciter. Dato ticino in palatio. —

— Tamen quamquam haec ita se habeant, utilem prospeximus propter futuris temporis memoriam, nomina regum antecessorum nostrorum, ex quo in gente nostra *langobardorum* reges nomi-nati coeperunt esse, in quantum per antiquos homines didicimus, in hoc membranum adnotari iussimus.

Fuit primus rex *agilmund*,[5]) ex genere *gugingus*.[6])

Secundus *laamisio*.[7])

Tertius *leth*.

Quartus *hildeoch*,[8]) filius *leth*.

Quintus *gudeoch*,[9]) filius *hildeoch*.[10])

Sextus *claffo*,[11]) filius *godeoch*.[9])

Septimus *tato*,[12]) filius *claffoni*.[13]) *Tato* et *uuinigis*[14]) filii *claffoni*.

---

[1]) rotharius 11. Rotbari B. [2]) longob. 11. [3]) Hrotharit 10, hrotarit B. [4]) albuin 5, 8; albuinus 11; abalboin 6. [5]) agelmund 6; acilmund 10; agilmunt 11; agilmund 9. [6]) gugingus 5, 8, 11; cugingus 6, 10; gugin-tus 9; gunzingus 3. [7]) lnmissio 6, 11; iamisso 8; lamnisso 9; laamisio 10. [8]) geldehoc 3; geldoch 5; childeoch 6; kildeoch 10, B; frildehoe 8. [9]) godioch 6; godeoch 10, B; godihoc 9. [10]) kildeoch B. [11]) gaffo 3; flaffo 10. [12]) tatto 3. [13]) gafoni 3; clafonis 5, 6; glaffoni 10, B. [14]) unichis 6.

Octabus *uuacho,*[1]) filius *uuinigis,*[2]) nepus *tatoni.*

Nonus *uualthari.*[3])

Decimus *audoin,*[4]) ex genere *gausus.*[5])

Undecimus *alboin,*[6]) filius *audoin,*[7]) qui exercitum, ut supra, in italia adduxit.

Duodecimus *cleph,*[8]) ex genere *beleos.*[9])

Tertiusdecimus *authari,*[10]) filius *cleph.*[11])

Quartusdecimus *agilulf,*[12]) turingus, ex genere anauuas.

Quintusdecimus *adaluuald,*[13]) filius *agilulf.*[14])

Sextusdecimus *harimuald,*[15]) ex genere *caupus.*[16])

Septimusdecimus ego in dei nomine qui supra *hrotharit*[17]) rex, filius *nandinig.*[18]) ex genere *harodos.*[19]) *Nandinig*[20]) filius *noctzoni,*[21]) *noctzo*[22]) filius *adhamund,*[23]) *adhamund*[24]) filius *alaman,*[25]) *alaman*[26]) filius *hiltzoni,*[27]) *hiltzo*[28]) filius *uuchiloni,*[29]) *uuchilo*[30]) filius *uuconi,*[31]) *uuco*[32]) filius *fronchononi,*[33]) *fronchono*[34]) filius *fachoni,*[35]) *faccho*[36]) filius *mammoni,*[37]) *mammo* filius *ustbora.*[38])

---

[1]) uuacco 10; guaccho 9: uuacho B. [2]) uuinichis 6; unichis 5, 8, 9; unegis; uuinigis B. [3]) uualthari 10; gualtari 8, 9; autarich 5. [4]) authari 9. [5]) causus 5; gaisus 9. [6]) albuin 5, 8. [7]) alduin 9. [8]) clep 5, 10, B; cleppeo 8; cleph 9. [9]) belleos 5; helehos 10; ueleos 8. [10]) autarich 5; autari 8; hautari 6. [11]) clep 5, 10, B; chep 9; clephonis 8. [12]) aginulf 3; agilluf 5; agiluth 9. [13]) adaluuald 3; adaluual 10; adaliuald 5; adalouuald 6; adoguald 9; auduald 8. [14]) aginulf; agiulfi 5; agilulfi 6; agiluph 9. [15]) arioald 3; ariouuald 6; ariuald 8; arigald 9; aruald 5; hariuuald 10. [16]) campus 5; gaupus 6; gaufus 8. [17]) brotharit 10; rothar 5. [18]) nandig 5, 9; nandinig 10; nandoin 6. [19]) harodus 3; arodos 6; arizoni 8; arodus 9; harodos 10. [20]) nandoin 6, 9; nandinging 8; nandinig 10. [21]) nozuni 3; notonis 5; nozonis 6; noc 8; noczoni 9; noctzoni 10. [22]) nozu 3; nodo 5; nozo 6; nocazo 8; noczo 9; noctzo 10. [23]) alamundi 3, 6; altamunt 9; adhamund 10. [24]) alomond 5; deest 8; altamunt 9; adhamund 10. [25]) alamanni 9. [26]) alamant 9. [27]) hilzuni 3; helcionis 5; hilzonis 6; ilzoni 8; elzoni 9; hiltzoni 10. [28]) elcio 5; ilzo 8; elzo 9; hiltzo 10. [29]) uueiloni 3; uuehiloni 5, 10; uuechiloni 8; uueloni 9. [30]) uueiloni 6. [31]) uuechoni 3; uueionis 5; uuehonis 6; uconi 8; uueoni 9, 10. [32]) uuecho 3; uueo 5, 9, 10; ueo 8; uueho 6. [33]) frochni 5; prochonis 6; frochoni 8; procconi 9; fronchononi 10. [34]) freno 5; procho 6; procco 9; fronchono 10. [35]) uuachoni 3; fachoni 5, 8, 10; facchonis 6; facconi 9. [36]) uuacho 3; faccho 6, 10; facco 9. [37]) mamoni 5; mammonis 6. [38]) obbora 3; uuifthor 5; obthora 6, 9; ut bet fitbora 8; ustbora 10.

5. Si quis *scamaras*[1]) intra prouincia caelauerit aut ano-
nam dederit, animae suae incurrat periculum, aut certe conponat
regi solidûs noningentos.

7. Si quis contra inimicûs pugnando collegam suum dimiserit, aut *astalin*[1]) fecerit, id est si eum diceperit et cum eum
non laborauerit, animae suae incurrat periculum.

9. Si quis qualemcumque hominem ad regem incusauerit
quod ad animae perteneat periculum, liceat ei qui accusatus
fuerit, cum sacramentum satisfacere et se eduniare. Et si tales
causa emerserit, et adest homo iu praesenti qui crimen mittat,
liceat cum per *camfionem*,[1]) id est per pugnam, crimen ipsum
de super se, si potuerit, eicere. Et si ei prouatum fuerit, aut
det animam, aut qualiter regi placuerit, conponat. Et si prouare
non potuerit, et cognuscitur dolusae adcusassit, tunc ipse qui
accusauit et prouare non potuit, *uuergild*[2]) suo conponat, medietatem regi, et medietatem cui crimen iniectum fuerit.

11. De consilio mortis. Si hominis liberi inter se in morte
alterius consiliauerint sine regis consilio, et ex ipso tractato mortuus non fuerit, conponat unusquisque, ut supra, solidos viginti;
et si ex ipso consilio mortuus fuerit, tunc ille qui homicida est
conponat ipsum mortuum sicut adpractiatus fuerit, id est *uuergild*.[1])

14. De *morth*.[1]) Si quis homicidium in absconse penetrauerit in barone libero, aut seruo uel ancilla, et unus fuerit aut
duo tantum, qui ipsum homicidium fecerint, noningentos solidos
conponat. Si uero plures fuerint, si ingenuus, qualiter in *angargathungi*[2]) ipsum homicidium conponat; si seruus aut libertus,

---

5. [1]) escamaras 1, B; scameras 5; scamaris celatis, corr. scamaros
11; scaram 12; scamuram 12 in marg.

7. [1]) astalin 1, 8, 9, 10, 11, in indice; anstalle, corr. anstallin
2; astalin 5; stalum, corr. anstalilli 6; astalium 12.

9. [1]) camfionem 1, 5; camphiornes 3; campionem 12; camphionem rell.

[2]) uurgild 1; uuirichild 2; uuidrigild 3, 5, 12; uuidrigildum 6; guidrigild 8, 9; uuergildum 10; uuidregild, corr. uuidregildi 11.

11. [1]) uuergild 1, 10; uuidregild 5; uuidrigilt 6; uuidregyld 11;
guidrigildum 8; rell. ut supra in cap. 9.

14. [1]) morh 2, 11, B; morth 6, 11, etiam in indice; moroth 10, 12.

[2]) argargathungi 1, 5; gargathungin 8; angargatthungi 9; angarthungi
11; angar a thungi 12.

conponat ipsum ut adpraetiatus fuerit. Et si expolia de ipso mortuo tulerit, id est *plodraub*,[3]) conponat octugenta solidûs.

15. De *crapuuorfin*.[1]) Si quis sepulturam hominis mortui ruperit, et corpus expoliauerit aut foris iactauerit, nongentos soledos sit culpauelis parentibus sepulti. Et si parentis proximi non fuerint, tunc *gastaldius*[2]) regis aut *sculdhaiz*[3]) requirat culpa ipsa, et ad curte regis exegat.

16. De *rairaub*.[1]) Si quis hominem mortuum in flumine aut foris inuenerit, aut expoliauerit et celauerit, conponat parentibus mortui solidos octoginta. Et si eum inuenerit et expoliauerit, et mox uicinibus patefecerit, et cognuscitur quod pro mercedis causa, nam non furtandi animo fecit, reddat spolia quas super eum inuenit, et amplius ei calumnia non generetur.

23. Si dux exercitalem suum molestauerit iniuste, *gastaldius* eum solatiet, quousque ueritatem suam inueniat, et in praesentiam regis aut certe aput ducem suum ad iustitiam perducat.

24. Si quis *gastaldius* exercitalem suum molestauerit contra rationem, dux eum solaciet, quousque ueritatem suam inueniat.

26. De *uueguuorin*,[1]) id est horbitariam. Si quis mulieri libere aut puellae in uia se anteposuerit, aut aliqua iniuria intulerit, noningentos solidos conponat, medietatem regi, et medietatem cui ipsa iniuria inlata fuerit, aut *mundius* de ea pertenuerit.

28. Si quis seruum alienum aut ancillam seu *aldium*[1]) aut libertum uiam antesteterit, uiginti solidos domino eius conponat.

30. De *marahuuorfin*.[1]) Si quis hominem liberum de

---

[3]) ploderabi 1; plodraub 2, 10; plodra 3, 11; plotraub 6; ploderaub 9; pro Raub 12; pultsaob 5; plodraup B in minore editione.

15. [1]) crapuuorfin 2; crapouurfin 3; rapuer 5, rapuuor 5 in ind; crapouorfin 6 in ind; rapuuorfin 10; grap. uuorf 11; marauuorf 11 in ind; rapouorfin 12.

[2]) gastaldeus 8.

[3]) sculd 6; sculdais 8, 11; sculdahis B.

16. [1]) rairaub sive rubraub 1; rahairaubus 2; rairaub 3, 9, 6 in ind; airaub 5; raairaub 10; trairaub 11; trairaud 11 in ind.

26. [1]) uuecuor 2, 5; uuco uorfin 3; uueccho forfin 3 in ind; uectiuorin 6 in ind; uechorin 9; uueguuorin 11 in ind; uneguuorfin 12.

28. [1]) haldium 1, 10, B. semper; omittunt h. rell. codd.

30. [1]) maruhuuorfin 3; mara uuorfin 5, 6 in ind; mara uforfin 5 in ind; maruuorf 11; marauorf 11 in ind.

cauallo in terra iactauerit per quolibet ingenio iniquo animo, octuginta solidûs ei conponat; et si aliquam lesionem ei fecerit, sicut in hoc edictum adnexum est conponat.

31. De *uualapauz*.[1]) Si quis homini libero uiolentia iniuste fecerit, id est *uualapauz*,[1]) octugenta solidos ei conponat. *Walapauz*[1]) est, qui se furtim uestimentum alium induerit, aut se caput latrocinandi animo aut faciem transfigurauerit.

35. De scandalum. Si quis in ecclesia scandalum penetrauerit, quadragenta solidos ipsius uenerabilis loci sit culpauelis, excepto plagas aut feritas cui fecerit. Et predicti quadragenta solidi per *sculdhaiz*[1]) aut iudicem qui in loco ordinatus fuerit exegantur, et in sacro altario ponantur, ubi iniuria facta est.

48. De oculo euulso. Si quis alii oculum excusserit, pro mortuum adpretietur, qualiter in *angargathungi*,[1]) id est secundum qualitatem personae; et medietas practii ipsius conponatur ab ipsum, qui oculum excusserit.

74. In omnis istas plagas aut feritas superius scriptas, quae inter hominis liberos euenerint, ideo maiorem conpositionem posuimus quam antiqui nostri, ut *faida*, quod est inimicitia, post accepta suprascripta conpositione postponatur, et amplius non requiratur, nec dolus teneatur, sed sit sibi causa finita, amicitia manentem. Et si contigerit de ipsas plagas intra anni spatium qui plagatus est mori, tunc ille qui eum plagauit conponat, qualiter in *angargathungi*,[1]) id est secundum qualitatem personae.

75. De infante, si in utero matris occisus fuerit. Si infans in utero matris suae nolendo occisus fuerit ab aliquem: si ipsa mulier libera est et euaserit, adpraetietur ut libera secuudum nobilitatem suam, et medietatem quod ipsa ualuerit, infans ipse conponatur. Nam si mortua fuerit, conponat eam secundum

---

31. [1]) uualopaus 1, 10, B ubique; uualupaus 3 ubique; uualapauz 5, 11, 12 ubique, 6 in ind. et 9 bis in contextu: uualapaue 11 in ind; gualapauz 9 in rubrica: uualapautzo et uualapautz 2; uualpauz 6 bis in contextu.

35. [1]) sculdbais 1, B; sculdahis 2, 3, 12; sculdais 6, 8, 11; sculdalium 5.

48. [1]) angargathini 2; angargathun 3; angargatheit 4, 9, 10, 12; angargbathunt 5: augargathungi 11.

74. [1]) angargathunc 5; angargagthungi 10; angarathungi 12.

generositatem suam, excepto quod in utero eius mortuum fuerit, ut supra, cessante *faida*, eo quod nolendo fecit.

76. De *aldiûs* et seruûs menisteriales. De illos uero menisteriales dicimus, qui docti domui nutriti aut probati sunt.

77. Si quis *aldium*[1]) alienum aut seruum menesterialem percusserit, si uulnus aut libor apparuerit, pro una ferita conponat sol. unum; si duas fecerit dit solidos duo; si tres fecerit dit solidos tres; si quattuor ficerit dit solidos quattuor; si uero amplius durauerit, non numerentur.

78. Si quis *aldium*[1]) alienum aut seruum minesterialem plagauerit in caput, ut ossa non rumpautur, pro una plaga dit solidos duo; si duas plagas fecerit, dit solidos 4, excepto operas et mercedes medici. si uero amplius plagas capitis fecerit, non numerentur.

79. Si quis *aldium*[1]) alienum aut seruum ministerialem plagauerit in caput, ut ossa rumpantur unum aut plures, conponat solidos quattuor, excepto operas et mercedes medici.

80. De plaga in faciem. Si quis *aldium*[1]) alienum aut seruum ministerialem plagam in faciem fecerit, conponat solidos duo.

81. De oculo euulso. Si quis *aldium*[1]) alienum aut seruum ministerialem oculum excusserit, medietatem pretii ipsius quod adpretiatus fuerit, si eum occidisset, ei conponat.

82. De nasum abscisum. Si quis *aldium*[1]) alienum aut seruum ministerialem nasum absciderit, conponat solidos octo, excepto operas et mercedes medici.

83. De aure abscisa. Si quis *aldium*[1]) alienum aut seruo ministeriale aurem absciderit, conponat solidos duos, excepto operas et mercedis medici.

84. De labro abscisi. Si quis *aldium* alienum aut seruum ministerialem labrum absciderit, ut dentes appareant, conponat solidos sex, excepto operas et mercedis medici.

---

77. [1]) hal̄ 4.
78. [1]) haldium etiam 11.
79. [1] hal̨ 4.
80. [1]) aldium etiam 10.
81. [1]) hal̨ 4; haldio 11.
82. [1]) hal̨ 4.
83. [1]) hal̨ 4.

85. De dentes excussos. Si quis *aldium* alienum aut seruum ministerialem dentem excusserit unum aut plures in risu apparentes, pro unum dentem conponat solidos quattuor; si plures fuerint, per hoc nomiro conponantur.

87. De brachium ruptum. Si quis *aldium*[1]) alienum aut seruum ministerialem brachium ruperit, conponat solidos sex, excepto operas et mercedes medici.

88. De manu abscisa. Si quis *aldium*[1]) alienum aut seruum ministerialem manum absciderit, medietatem pretii ipsius conponat.

89. De digita manus. Si quis *aldium*[1]) alienum aut seruum menesteriali pollicem de manu excusserit, conponat solidos octo, excepto operas et mercedes medici.

94. De coxa rupta. Si quis *aldium*[1]) alienum aut seruum ministeriali coxa ruperit aut tibia, conponat solidos tres, excepto operas et mercedes medici.

95. De pede absciso. Si quis *aldium* alienum aut seruum ministeriali pedem excusserit, medietatem practii ipsius conponat.

96. De digita pedum. Si quis *aldium* alienum aut seruum menesterialem policem de pede excusserit, conponat solidos quattuor, excepto operas et mercedes medici.

97. Si quis *aldium* alienum aut seruum menesteriali secundum digitum pedis excusserit, conponat solidos duo.

125. De seruo rusticano battudo. Si quis seruum alienum rusticanum percusserit, pro unam feritam, id est *pulslahi*,[1]) si uulnus aut libor apparuerit, conponat solido medio; si uero usque quattuor feritas fuerit, conponat solidos duo; amplius si fuerit, non numeretur.

126. Si membrum sideratum fuerit. Si de plagas aut de suprascriptas feritas *aldii* aut serui ministerialis, seu serui rusticani atque *aldias* aut ancillas, manus aut pedis uel quolibet membrum, qui plagatus aut percussus est, sideratum fuerit, et

87. [1]) hał 4.
88. [1]) hał 4.
89. [1]) hał 4.
94. [1]) hał 4.
125. [1]) pluslais 2; pluscla 3; pulslai 5; plusclaib 6; deest 8, 11; pulslahi 9, 12; puslai 10.

non perexcusserit. simili modo conponatur tamquam si cum per-
excussissit.

127. Omnes uero plagas aut feritas tam de *aldiûs*[1]) quam
et de scruûs ministeriales, seu serui rusticani atque *aldias* aut
ancillas, que inter eos euenerint, per hoc tinore sicut supra
scriptum est finiatur.

129. De *aldio* occiso. Si quis *aldium* occiderit, conponat
solidos sexagenta.

133. De bouulco occiso. Si quis seruum alienum bouulco
de *sala* occiserit, conponat solidos uiginti.

136. De pecorario caprario seu armentario occiso, magistro
tamen, si quis occiderit, conponat uiginti solidos. Pro discepulos
autem, qui sequentes sunt, si quis occiderit, conponat solidos
sedicem. De illos uero pastoris dicimus, qui ad liberos homines
seruiunt, et de *sala* propria exeunt

138. De arbore communiter inciso homineque occiso. Si
duo aut tres aut plures homines arborem unum inciserint, et
alium hominem superuenientem ex ipsum arborem occiserint, aut
quodlibet damnum ficerint, tunc incidentes arborem, quanticumque
fuerint, ipsum homicidium aut damnum pariter conponant. Et si
caso faciente ab ipso arbore aliquis ex ipsis qui incidunt, mortuus fuerit, si duo fuerint collegantes, medietas praetii reputetur
illi mortui, et medietatem reddat parentibus collegas ipsius; et
si plures fuerint, idem modo portio una repotetur illi mortui et
quanticumque fuerint uiui, reddant simul summa praetii, cessante
faida, ideo quia nolendo fecerunt.

146. De incendio. Si quis casam alienam *asto*[1]) animo,
quod est uolontarie, incenderit, in treblum restituat ea, quod est
sibi tertia, sub extimatione pretii cum omnem intrinsecus, quidquid intus crematus fuerit, que uicini bone fidei homines adprae-
tiauerint, restauret.

147. De fogum foris nouem pedes a fogolarem portatum.
Si quis focum super nouem pedes a focularem portauerit, et
damnum ex ipso focum sibi aut alterius factum fuerit, ipse qui
portauit, damnum conponat *ferquido,* id est similem, ideo quia

---

127. [1]) haldiis etiam 11.
146. [1]) uel astuto supra lin. add. 11; asto codd. & B.

nolens fecit. Et si intra ipsos nouem pedes, quod est de focularem damnum facere sibi aut alterius contigerit, non et reputetur.

149. De molino incenso. Si quis molinum alterius *asto* incenderit, id est uolumtariae, in treblum eum restituat sub stimationem rei cum omnia, quae intus cremata sunt.

150. De molino capellato. Si quis molinum alterius cappelauerit aut sclusa ruperit sine auctoritatem iudicis, conponat solidos duodicem illi, cuius molinus esse inuenitur. Et si iudicem interpellauerit, et iudex dilatauerit ipsa causa deliberare, aut licentiam dederit auerse parti ipsum molinum euertendi, conponat solidos 20 in palatio regis, districtus ab *stolesazo*.[1]

154. De filiûs legetimûs et naturalis. Si quis dereliquerit filium legitimum unum, quod est *fulboran*,[1] et filiûs naturalis unum aut plures, filius legitimus tollat duas portiones de patris substantia, naturalis tertiam.

156. De filio naturale, qui de ancilla alterius natus fuerit, si pater conparauerit eum, et liberum *thingauerit*,[1] libertas illi permaneat. Et si non libertauerit eum, sit scruus, cuius et mater ancilla. Nam si eum conparauerit, et aliquid de res ei per legem *thingauerit*,[2] habeat ipsas res.

157. De eo qui de filio naturale generatus fuerit, quod est *threus*, heres non fiat, nisi ei *thingatum* fuerit per legem; et si *thingatus* non fuerit aliquit de res, tamen libertas illi permaneat.

160. Si quis dereliquerit filias legitimas unam aut plures, et sorores legitimas unam aut plures, et filiûs naturalis unum aut plures, tollant filiae et sorores inter se aequaliter diuidendum uncias sex, quod est medietas, naturalis filii uncias quattuor, quod est tertia pars, et duas uncias parentes legitimi, aut curtis regia si parentes legitimi non fuerint, quod est sexta pars. Pro

---

150. [1] ab **stolesazo** 2; ad stolle statio 3; abastolesagaz 5; ab stolesaza 6; abstolsaz 8; abstolesac 9; adstolsaz 10; ab sculdaiz 11; ab **stolesaz** 12.

154. [1] fulfurn 2; uuolforan 3; fulbû 5; fulboran 6; fulbor 8, 9, 12; fulborn 10, B; fulborii 11.

·156. [1] tingauerit 5; Cod. Vat. litteram h hujus verbi semper omittit.

[2] tingauerit etiam 11.

mundio autem superscriptarum tollant naturales filii tertiam partem, et heredes legitimi aut curtis regia partes duas.

161. De *mundio* inter legitimos et naturales. Si fuerint filii legitimi et filii naturales et sorores tam legetimas quam naturales, pro *mundio* earum tollant legitimi filii partes duas, naturales uero partem tertiam.

162. Si fuerint filii legitimi et naturales duo aut plures, et contegerit casus, ut unus ex naturales occisus fuerit, tollant legitimi fratres pro conpositione illius partes duas, naturalis uero qui remanscrint, partem tertiam. Facultatem uero illius mortui ad legetimos fratres reuertatur, nam non ad naturalis. Ideo ita preuidemus proter *faida* posponenda, id est inimicitia pacificanda.

165. Si quis dixerit de uxorem alienam, quod *mundius* ad ipsum pertineat, nam non ad maritum, tunc ille qui eam habet uxorem, preueat sacramentum cum legitimos sacramentales suos duodicem, quod de certo domino *mundium* ipsius fecisset, et non eum alteri per legem dimittere debeat; si hoc fecerit, habeat et fruatur. Quia iniustum uidetur esse, ut tam grandis causa sub uno scuto per pugna dimittatur.

167. De fratres, qui in casam cummunem remanserent. Si fratres post mortem patris in casa commune remanserint, et unus ex ipsis in obsequium regis aut iudicis aliquas res adquesiuerit, habeat sibi in antea absque portionem fratrum; et qui foras in exercitum aliquit adquisiuerit, commune sit fratribus quod in casa commune dimiserit. Et si quis in suprascriptis fratribus *gairethinc*[1]) fecerit, habeat in antea cui factum fuerit.

168. De exhereditatione filiorum. Nulli liceat sine certas culpas filium suum exhereditare, nec quod ei per legem debetur, alii *thingare*.

170. Item sicut nec patribus licitum est filium suum sine iusta causa aut culpa exhereditare, ita nec filiús leceat uiuo patre cuicumque res suas *thingare* aut per quodlebet titulum alienare, nisi forte filiús aut filias legitimas, aut filiús naturalis reliquerit, ut ipsis secundum legem suam conseruet.

---

167. [1]) gairethix 2; garethinx 3, 6. 10; gairithinx 5, 11: gairethinx 8, 9, B.

171. Si quis se disperauerit aut propter senectutem aut propter aliquam infirmitatem corporis, filiûs non possit habere, et res suas alii *thingauerit*, posteaque eum contegerit filiûs legitimûs procreare: omne *thinc*[1]) quod est donatio, quod prius fecerat, rumpatur, et filii legitimi unus aut plures, qui postea nati fuerint, heredes in omnibus patri succedant. Si autem filias legitimas una aut plures, seu filios naturales unum aut plures post *thinc*[1]) factum habuerit, habeant et ipsi legem suam, sicut supra constitutum est, tamquam si nihil alii *thingatum* fuisset. Et ille cui *thingatum* est, tantum habeat, quantum alii parentes proximi debuerunt habere aut curtis regia suscipere, si alii *thingatum* non fuisset.

172. De *thinc* quod est donatio. Si quis res suas alii *thingare* uoluerit, non absconse, sed ante liberos homines ipsum *gairethinc*[1]) faciat, quatinus qui *thingat* et qui *gisel*[2]) fuerit, liberi sint, ut nulla in posterum oriatur intentio.

173. Si quis res suas alii *thingauerit*, et dixerit in ipso thinx *lidinlaib*,[1]) id est, quod in die obitus sui reliquerit: non dispergat res ipsas postea doloso animo, nisi fruatur eas cum ratione. Et si tales ei euenerit necessitas, ut terra cum mancipia aut sine mancipia uindere aut locum pigneris ponere debeat, dicat prius illi, cui *thingauit*: „Ecce uedis, quia necessitate conpulsus res istas uado dare; si tibi uedetur, subueni mihi et res istas conseruo in tuam proprietatem." Tunc si noluerit subuenire, quod alii dederit, sit illi stabilem et firmum, qui acceperit.

174. De *thinc* primus factum. Non leciat donatori ipsum *thinc* quod antea fecit, iterum in alium hominem transmigrare: tantum est, ut ille qui *gairethinc*[1]) susceperit, tales culpas non faciat donatori suo, quales solent ingrati filii parentibus suis facere, per quas exhereditantur. quae in hoc edictum [*cap.* 169]

---

171. [1]) thinx codd. & B, et sic semper.

172. [1]) garethinx 2, 3, 10, B; garithinc 5; gairethinx 8, 9, 12; thinx 11.

[2]) gisil 5, 6, 8, 12; gisilis 9; giselis 10; gysil 11; gisel B.

173. [1]) lidelaib; lidin laid 3; lidemlaid 5; lidinlaib 6, 10, 11; lidinlayb 8; lidinlaibus 9; lidhilahibum 12.

174. [1]) cairethinx 2; garethinx B; garithiux 5; garethin 6; gairethinx 8, 9, 12; gairthinx 10; gairithinx 11.

scriptae sunt. Ipse autem qui *gairethinc²*) susceperit ab alio, quidquid reliquerit donator in diem obitus sui, habeat licentiam in suum dominium recollegere, et debitum creditoribus reddere et ab aliis exegere: et quod in fiduciae nexum positum est, reddat debitum et requirat rem in fiduciae nexu posita.

175. De *launigild.*¹) Si quis rem suam cuicumque donauerit, et postea qui donauit, *launigild²*) requisiuerit, tunc ille qui accepit aut heredes eius, si ausus non fuerit iurare, quod conpositum sit, reddat ei *ferquido,³*) id est similem, quales in illa diae fuit, quando donatum est; et si iurauerit, sit exsolutus.

176. De lebroso. Si quis leprosus effectus fuerit, et cognitum fuerit iudici uel populo certa rei ueritas, et expulsus foris a ciuitate aut casam suam, ita ut solus inhabitet, non sit ei licentia res suas alienare aut *thingare* cuilibet personae. Quia in eadem diae, quando a domo expulsus est, tamquam mortuus habetur. Tamen dum aduixerit, de rebus quas reliquerit, pro mercedis intuitu nutriatur.

177. De homine libero ut liceat eum migrare. Si quis liber homo potestatem habeat intra dominium regni nostri cum *fara* sua megrare ubi uoluerit — sic tamen si ei a rege data fuerit licentia —, et si aliquas res ei dux aut quicumque liber homo donauit, et cum eo noluerit permanere, uel cum heredes ipsius: res ad donatorem uel heredes eius reuertantur.

178. De sponsalibus et nuptiis. Si quis sponsauerit puellam liberam aut mulierem, et post sponsalias factas et fabola firmata duo annûs sponsus neclexerit eam tollere, et dilatauerit nuptias exequi: post transactum biennium potestatem habeat pater aut frater, uel qui *mundium* eius potestatem habet, distringere fideiussorem, quatinus adinpleat *metam* illam, quae in diae sponsaliorum promisit: postea leciat eos ad marito alii dare, libero tamen. Et *meta* quae exacta fuerit, sit in potestatem puellae aut mulieris, eo quod sponsus intra prefenitum tempus uxorem

---

²) gairethinx 2, 9, 12; garithinx 3, 10; carethinx 5; garethinx 6, B; cairthinx 8; gairithinx 11.

175. ¹) launigild 1, 5, 10; launechild 2; launichild 3; launigyld 11.

²) launigild 1, 6, 10; launegild 2, 8, 9; launichil 3; launigichild 5; laungyld 11; launechild 12.

³) ferquedo 1.

accepere neclexit, aut si uolontariae dilatauit, excepto ineuitaucle causa.

179. Si dixerit sponsus de sponsa sua, quod adulterassit postquam eam spunsatam habuit, leceat parentibus eam pureficare cum duodicem sacramentalis suos: tunc post pureficata est, accipiat eam spunsam spunsus, sicut in priori fabola stetissit. Et si postquam pureficata fuerit, eam tollere uxorem neclexerit, sit culpabiles spunsus dubla *meta*, quantum dictum est in diae illa, quando fabola firmata fuerat. Et si parentes, ut dictum est, eam mundare non potuerint de ipso crimen, tunc spunsus recepiat res suas quas dedit, et illa patiatur pena adulterii, sicut in hoc edictum constitutum est.

182. De uidua qualem habeat licentiam. Si quis filiam suam aut quamlibet parentem in coniugium alii dederit, et contegerit casus ut ille maritus moriatur, potestatem habeat illa uidua, si uoluerit, ad alio marito ambolandi, libero tamen. Secundus autem maritus, qui eam tollere disponit, de suis propriis rebus medietatem pretii, quantum dictum est, quando eam primus maritus spunsauit, pro ipsa *meta*, dare debeat ei, qui heres proximus mariti prioris esse inuenitur. Et si noluerit accepere, habeat ipsa mulier et *morgingab*[1] et quod de parentes adduxit, id est *faderfio:*[2] parentes uero eius potestatem habeant eam dandi ad alium maritum, ubi ipsi et illa uoluerint. Et *mundium* eius prioris mariti parentes non habeant, pro eo quod ei denegauerunt uolontatem suam: ideo redeat *mundium* eius ad proximûs parentes, qui prius eam ad maritum dederunt. Et si parentes non fuerint legitimi, tunc *mundius* ille ad curtem regis perteneat. Et si tales fuerit mulier, quae maritum non uellit aut non possit habere, sit in potestatem illius ad quem *mundius* de ea pertenit. Et si ipse eam male habuerit aut tractauerit, et probatur, tunc liceat eam ad parentes suos reuerti; et si parentes non habuerit, tunc ad curtem regis habeat refugium, et *mundium* eius sit in potestatem regis.

183. De traditione puellae aut mulieris. Si quis pro libera muliere aut puella *mundium* dederit, et conuenit ut ei tradatur

---

182. [1] morgenegab 1 & B; morgincap 2; morgincaph 3, 6, 8; morgingaput 5; morgicaput 9; morgicab 10; morginicap 11.

[2] faderfilio 5; phaderfio 9.

ad uxorem, posteaque contigerit marito mortuo, ut ipsa mulier
ad alium maritum debeat ambulare, aut ad parentes reuerti aut
ad curtem regis: tunc heredes mariti prioris accipiant medietatem de *meta*, sicut supra constitutum est, et ipsa per mano
simili modo retradatur sicut priori marito tradita fuit. Nam aliter
sine traditione nulla rerum dicimus subsistere firmitatem.

184. De exenio nuptiali. Si quando pater filiam suam aut
frater sororem suam alii ad uxorem tradederit, et aliquis ex
amicis, accepto exenio, ipsi mulieri aliquid dederit, in ipsius sit
potestatem, qui *mundium* de eam fecit; eo quod maritus, si
launigild[1]) requisitum fuerit, ipse debet soluere.

186. De uiolentia. Si uir mulieri uiolentias fecerit, et inuitam tullerit uxorem, sit culpabilis sold. nongentos, medietatem
regi et medietatem parentibus mulieris: et si parentes non habuerit, ipsi nongenti solidi ad curtem regis exegantur. Et mulier
ipsa licentiam habeat cum omnes res suas proprias, quae ei lege
perteneunt, elegendum, qui *mundium* eius in potestatem debeat
habere, uult ad patrem si habuerit, uult ad fratrem, uult ad
barbanem, uult ad manum regia, in ipsius mulieris sit potestatem,
ubi sibi ipsa elegerit.

187. De uiolentias mulieris libere. Si quis uiolento nomine
tullerit uxorem, conponat ut supra, et postea *mundium* eius faciat.
Nam si contegerit casus, ut antequam *mundium* eius faciat,
mortua fuerit, res eius parentibus reddantur: et ille uir, qui eam
uiolento ordine tulerit uxorem, conponat eam mortua, tamquam
si uirum de similem sanguinem. id est si fratrem eius occidisset,
ita adpretietur et parentibus pro mortua conponere cogatur, aut
cui *mundius* de ea pertenuerit.

188. Si puella libera aut uedua sine uolontatem parentum
ad maritum ambolauerit, libero tamen, tunc maritus qui eam
accepit uxorem, conponat *anagrif*[1]) solidos uiginti et propter
faida aliûs uiginti: et si contegerit eam antea mori quam *mundium* eius faciat, res ipsius mulieris ad eum reuertantur, qui
mundium eius in potestatem habit; [*cap.* 178. 195. 196. 204.

184. [1]) launigild 1, 5, 6, 10, 12; launechild 2; naunichild 3; launegild 8, 9; laungyld 11.

188. [1]) anagrip 2, 3, 8, 9, 10, 12, B: annagrip 5; anagriph 6;
anagrif 11.

215] nam amplius calumnia praesumptori non generetur: ideo perdat maritus res mulieris, eo quod *mundium* facere neglexit.

189. De fornicationis causa. Si puella aut mulier liberam uoluntariae fornicauerit, cum libero tamen homine, potestatem habeant parentes in eam dare uindictam. Et si forte ambarum partium steterit, ut ille qui fornicauit eam tollat uxorem, conponat pro culpa, id est *anagrif*[1]) solidos uiginti; et si non conuenerit, ut eam habeat uxorem, conponat solidos centum, medietatem regi, et medietatem ad quem *mundius* de ea pertenuerit. Et si parentes neglexerint aut noluerint iu ipsa dare uindictam, tunc liceat *gastaldium* regis aut *sculdhaiz*[2]) ipsam ad manum regis tollere et iudicare de ipsa, quod regi placuerit.

190. De sponsata alterius. Si quis puellam aut uiduam alterius sponsatam, illa tamen consentiente, tulerit uxorem, conponat parentibus mulieris, uel ad quem *mundius* de ea pertenuerit, *anagrif*[1]) solidos uiginti, et propter *faida* aliûs uiginti, et *mundium* eius, qualiter steterit, faciat. Spunsum autem, cuius spunsatam fuit, omnia quae in *meta* dictum fuit, quando eam sponsauit, in dublum ei conponatur ab illo, qui ei de spunsata sua turpe fecit; et postea spunsus post accepta dubli conpositionis poena sit sibi contemtus, et amplius ex hac causa aduersus fideiussoris calomnia non requiratur.

191. De rapto spunsatae alterius. Si quis puellam aut uiduam spunsata alterius rapuerit, sit culpabiles parentibus puelle, aut ad quem *mundius* de ea pertenit sold. noningentos, medietatem regi et medietatem parentibus puellae, id est patri aut fratri, aut qui proximi sunt; et *mundium* eius, si conuenerit, faciat.

195. De crimen in puellam iniecto. Si quis *mundium* de puella libera aut muliere potestatem habens, excepto pater aut frater, et in animam ipsius puellae aut mulieris insidiatus fuerit, aut alii inuitam ad maritum tradere uoluerit, aut uolentibus ad

---

189. [1]) auagrip 2, 12, B; tanagrip 10; anacrip 5; anagriph 3, 6; anagrif 11.

[2]) sculd . . . 1; sculdahis 2, 3, B; sculdais 5, 8, 10; sculdissio 6; sculdaiz 11.

190. [1]) anagrift 1; anagri 2; anagriph 3; hanagrip 5; anagrip 6, 8, 9, 12; anagrif 11.

eius uiolentiam faciendam consensum praebuerit, aut consilium
dederit, et prouatur, ammittat *mundium* ipsius, et illa potestatem
habeat de duas uias: uult ad parentis reuerti, uult ad curtem
regis cum rebus suis propriis, quae ad eam per legem pertenent,
se commendare, qui *mundium* eius in potestatem debeat habere.
Et si uir ille ista crimina negauerit, liceat cum se pureficare, et
mundium sicut habuit habere, si se pureficauerit.

196. De crimen adulterii. Si quis *mundium* de puella
libera aut muliere habens, excepto patre aut fratre, et crimen
ei iniecerit, quod adulterassit, amittat *mundium* ipsius, et illa
potestatem habeat cum rebus suis propriis, uult ad parentis
reuerti, uult ad curtem regis se commendare, qui *mundium* eius
in potestatem debeat habere. Et si uir ille, hoc crimen, dixissit
negauerit, liccat eum se pureficare si potuerit, et *mundium* eius
sicut habuit habere.

197. De crimen nefandum. Si quis *mundium* de puella
libera aut muliere habens eamque strigam, quod est mascam,
clamauerit, excepto pater aut frater, ammittat *mundium* ipsius,
ut supra, et illa potestatem habeat, uult ad parentes, uult ad
curtem regis cum rebus suis propriis se commendare, qui *mundium* eius in potestatem debeat habere. Et si uir ille negauerit,
hoc crimen non dixissit, liccat cum se pureficare et *mundium*
sicut habuit habere, si se pureficauerit.

198. De crimen in puella iniectum qui in alterius *mundium* est. Si quis puellam aut mulierem liberam, qui in alterius
mundium est, fornecariam aut histrigam clamauerit, et pulsatus
penitens manefestauerit per furorem dixissit, tunc pracueat sacramentum cum duodecim sacramentalis suos, quod per furorem
ipso nefando crimen dixissit, nam non de certa causa cognouissit.
Tunc pro ipso uanum inproperii sermonem, quod non conuenerat
loqui, conponat solidos uigenti, et amplius non calumnietur. Nam
si perseucrauerit et dixerit se posse probare, tunc per *camphionem*[1]) causa ipsa, id est per pugnam ad dei iudicium de-
cernatur. Et si prouatum fuerit, illa sit culpabilis sicut in hoc
edictum legitur [*cap.* 189]. Et si ille qui crimen misit, prouare

---

198. ¹) campionem 1, 5, 11, 12; camphionis 2; camphionem 3.

non potuerit, *uuergild*[2]) ipsius mulieris secundum nationem suam conponere conpellatur.

199. Si uidua in domo patris regressa fuerit. Si pater filiam suam aut frater sororem ad maritum dederit, et contigerit casus, ut ille maritus moriatur, et pater aut frater *mundium* eius liberauerit, sicut supra [*cap.* 183] constitutum est, et illa in domo patris aut fratris regressa fuerit, et alias sorores in casa patris aut fratris inuenerit, et postea pater aut frater mortuos fuerit, et illa remanserit in domo cum alias sorores una aut plures, et ad facultatem patris aut fratris uenerint diuidendam cum aliûs parentes aut curtem regis : tunc illa uidua, qui in domo patris aut fratris regressa est, habeat sibi in antea *morgingab*[1]) et *metfio.*[2]) De *fadarfio*[3]) autem, id est quantum de alia dona, quando ad maritum ambulauit, pater aut frater ei dedit, mittat in confuso cum alias sorores, et illa aliae surores una aut plures tollant unaquisqua in antea tantum, quantum pro *mundium* pater aut frater liberandum ad parentes mariti defuncti dedit. Reliqua patris uel fratris substantia aequa lanciae diuidant, sicut in hoc edictum legitur [*cap.* 158 ... 160]. Et si sola in casa remanserit, in quantum ei per legem conpetit, heres succedat.

200. De occisione mulieris. Si maritus uxorem suam occiderit inmerentem, quod per legem [*cap.* 202. 211. 212] non sit merita mori, conponat solidos mille duocentûs, medietatem illis parentibus, qui eam ad maritum dederunt, et *mundium* susciperunt, et medietatem regi, ita ut per actorem regis distringatur, et poena suprascripta conponatur. Et si filiûs de ipsa muliere habuerit, habeant filii *morgingab*[1]) et *faderfio*[2]) matris suae

---

[2]) uuergild 1; uuirigil 2 pr. manu, uuidrigil sec. manu, uuidrigild tert. manu; uuidrigild 3, 6, 9, 12; uuidrichild 5; guidrigild 8; uirgild 10; vuirgild 11.

199. [1]) morgingab 1; morgincap 2, 6; morgincaph 3, 8; morginni capud 5; morgicapnt 9; morgingap 10; morginegab 11; morgincab 12.

[2]) metfyo 1, B; mephio 2; mefio 3, 9; memphio 5; mitphio 6; meffio 8; metfio 10, 11; miffio 12.

[3]) fadrin 1, 10; fadarfio 2, 3, 7; fratris 5; faderfio 6, 12, B: faridin 9; fradin 11.

200. [1]) morgingab 1, 10; morgincap 2, 12; morgincaph 3, 6, 8; morginnit caput 5; morgincaput 9; morginegab 11.

[2]) faderfyo 1, B; fatrio 5; faderfio rell.

mortuae. Ei si filiûs ex ipsa non habuerit, reuertatur ipsa facultas ad parentes, qui eam ad maritum dederunt. Et si parentes
non fuerint, tunc ipsa conpositio et praedicta facultas ad curtem
regis perueniat.

201. De muliere libera *asto* occisa. Si quis puellam aut
mulierem liberam per qualibit occasionem occiderit, conponat solidos mille duocentûs, medietatem parentibus, aut ad quem *mundius* de ipsa pertenit, et medietatem regi. Et si parentes non
habuerit, tunc ipsa conpositio in integrum ad curtem regis perueniat: sic tamen, si *asto* animo, id est uolontariae occiserit.

202. Si mulier in morte mariti sui consiliauerit per se aut
per supposita persona, sit in potestatem mariti de ea facere quod
uoluerit: simul et de res ipsius mulieris. Nam si illa negauerit,
liceat parentibus eam pureficare, aut per sacramentum, aut per
camfionem,[1] id est per pugna.

204. Nulli mulieri liberae sub regni nostri ditionem legis
langobardorum uiuentem liceat in sui potestatem arbitrium, id
est *selpmundia*[1] uiuere, nisi semper sub potestatem uirorum
aut certe regis debeat permanere; nec aliquid de res mobiles
aut inmobiles sine uoluntate illius, in cuius *mundium* fuerit,
habeat potestatem donandi aut alienandi.

205. De *aldia* uiolentiata. Si quis *aldiam* alienam, id est
qui iam de matre libera nata est, uiolentiam fecerit, conponat
solidos quadraginta.

208. De raptu. Si quis rapuerit *aldiam* alienam, et in
curte alterius duxerit, et sequens dominus aut parentes eius: et
cui curtis fuerit, antesteterit et non permiserit uindicare aut
foris extrahere, conponat solidos quatragenta, medietatem regi et
medietatem cui fuerit liberta.

210. De rapto qui in curtem regis duxerit. Si quis rapuerit *aldiam* aut ancillam alienam et in curtis regis duxerit,
et sequens dominus aut quicumque ex amicis aut seruis: et
gastaldius[1] aut actor regis antesteterit, pro *aldia* de suis

---

202. [1] camfionem 1; campionem 10, 12; camphionem rell.
204. [1] selpumundia 1; selbmundia 3; silmundia 2, 5, 8; silpmondia
6; silpmundia 9; selpmundia 10, B; selpmundium 11; selpmundio 12.
210. [1] gastaldeus 8.

propriis rebus conponat illi, cuius *aldia* fuerit, solidos quadragenta, pro ancilla solidos uiginti.

213. De crimen adulterii. Si quis alii de uxorem suam
crimen miserit, quod cum ea fornicassit, liceat ei cui crimen mit-
titur, aut per sacramentum aut per *camfionem*[1]) se purificare;
et si probatum fuerit, animae suae incurrat periculum.

214. Si quis liberam puellam absque consilio parentum aut
uoluntate duxerit uxorem, conponat, ut supra, *anagrif*[1]) solidos
XX et propter *faida* alios uiginti. De *mundio* autem qualiter
conuenerit, et lex habet; sic tamen si ambo liberi sunt.

215. De sponsata mortua. Si quis puellam aut uiduam
sponsatam habuerit, et contigerit casus ut ipsa ante moriatur
quam a patre, aut qui *mundium* eius potestatem habet, tradita
fuerit: tunc *meta*, quae data fuerat ab illo sponso, reddatur ei,
tantum quantum in ipsa *meta* dedit. Nam alias res illius sint,
qui *mundium* eius in potestatem habere uidetur, eo quod ante
traditionem mortua est.

216. Si *aldius* uxorem libera tulerit. Si *aldius* cuiuscumque libera uxorem tulerit, id est *fulcfrea*,[1]) et *mundium* de ea
fecerit, posteaque filios habens maritus mortuos fuerit: si mulier
in ipsa casa noluerit permanere, et parentes eam ad se recollegere uoluerint, reddant pretium, quod pro *mundium* ipsius
mulieris datum est illis, cuius *aldius* fuit. Tunc illa absque
morgingab[2]) aut aliquid de rebus mariti reuertatur sibi ad parentes suos cum rebus, si aliquas de parentes adduxit. Et si
filii de ipsa muliere fuerint, et noluerint in casa patris sedere,
res paternas demittant, et *mundium* pro se reddant, quantum
pro matre eorum datum est, et uadant sibi ubi uoluerint liberi.

217. De *aldia* qui seruum maritum tulerit. Si *aldia* aut
liberta in casa aliena ad maritum intrauerit et seruum tulerit,
libertatem suam amittat.

- - -

213. [1]) camfionem 1; camfione 5; campionem 12; camphionem rell.
214. [1]) anagrift 1, B; anagrip 2, 3, 5, 6, 8, 10, 12; anagre 9;
anagrif 11.
216. [1]) fulcfrea 1; fulfreæ 2, 3; fulfreal 5, 9; fulfrea 6; fulfream 8;
flucfrea 10; fulcfream 11; fulcfreal 12.
  [2]) morgingab 1; morgincap 2, 3, 10, 12; morgingapul 5; morgincaph
6, 8; morgincapo 9; morginecab 11.

218. Si *aldius aldiam* uxorem tulerit. Si *aldius* cuius-cumque *aldia* aut liberta uxorem tulerit, si filius ex ipso coito habuerit, patri sequantur: sint *aldii* quales et pater.

219. Si *aldius* ancillam suam aut alterius tulerit ad uxorem, filii qui ex ea nascuntur, sint serui cuius et mater ancilla.

221. Si seruus liberam mulierem aut puellam ausus fuerit sibi in coniugium sociare, animae suae incurrat periculum, et illa qui seruum fuerit consentiens, habeant parentes potestatem eam occidendi aut foris prouincia transuindendi, et de res ipsius mulieris faciendi quod noluerint. Et si parentes eius hoc facere distulerint, tunc liciat *gastaldium* regis aut *sculdhaiz*[1]) ipsam in curte regis ducere et in pisele inter ancillas statuere.

222. De ancilla matrimonii gratia. Si quis ancillam suam propriam matrimoniare noluerit sibi ad uxorem, sit ei licentiam; tamen debeat eam libera *thingare*, sic libera, quod est *uurdi-bora*,[1]) et legetimam facere per *gairethinc*.[2]) Tunc intellegatur libera et legetima uxor, et filii qui ex ea nati fuerint, legetimi heredes patri efficiantur.

224. De manomissionibus. Si quis seruum suum proprium aut ancillam suam liberos dimittere noluerit, sit licentia qualiter ei placuerit. Nam qui *fulcfree*[1]) et a se extraneum, id est *aamund*,[2]) facere noluerit, sic debit facere. Tradat cum prius in manu alteri homines liberi et per *gairethinc*[3]) ipsum con-firmit; et ille secondus tradat in tertium in eodem modo, et tertius tradat in quartum. Et ipse quartus ducat in quadrubium, et *thingit*[4]) in *gaida* et *gisil*,[5]) et sic dicat: de quattuor nias ubi nolueris ambulare, liberam habeas potestatem. Si sic factum

---

221. [1]) sculdhais 1, B; sculdahis 2, 3, 9; sculdassio 6: sculdais 8, 10, 11.

222. [1]) uurdibora 1; uitribora 2; uiderbora 3, 6; uuiridibora 5, 9, 10, 11; guidribora 8; uuridibora 12.

[2]) gairthinx 1, 10, B; gairethinx 2, 8. 9, 12; garethinx 3, 6; gairi-thinx 5; gaithinx 11.

224. [1]) fulcfree 1; fulcfreæ 2, 3; fulfreal 6, 9, 12; fulfre 8; fulfree 10; fulcfret 11.

[2]) haamund 1, B; amund 2, 8, 9, 10, 11, 6 pr. manu; amuld 3; hamund 6 sec. manu; aamund 12.

[3]) gairthinx 1, 10, B; gairethinx 2, 8, 9, 12; garthinx 3; garethinx 6; gairithinx 11.

[4]) thingit 1; tingit 3, 6, 10; thinget 8, 11; tingat 9.

[5]) guaidagisil 8; gisilis 9; gisal 11.

fuerit, tunc erit *aamund*,[6]) et ei manit certa libertas: postea
nullam repetitionem patronus aduersus ipsum aut filiûs eius
habeat potestatem requirendi. Et si sine heredes legetimûs ipse
qui *aamund*[7]) factus est, mortuus fuerit, curtis regia illi succidat,
nam non patronus aut heredes patroni.

Item alio kap. (II.) Similiter et qui in *pans*,[8]) id est in
uotum regis demittitur, ipsa lege uiuat, sicut et qui *aamund*[9])
factus est.

Item alio kap. (III.) Idem qui *fulcfree*[10]) fecerit, et quattuor nias ei dederit, et *aamund* a se, id est extraneum non fecerit,
talem legem patronus cum ipso uiuat, tamquam si cum fratrem
aut cum alio parente suo libero *langobardo*: id est si filiûs aut
filias legitimas, qui *fulcfree* factus est, non demiserit, patronus
succidat, sicut supter [*cap.* 225] scriptum est.

Item alio kap. (IIII.) Item qui *aldium* facere uoluerit, non
illi dit quattuor uias. Haec sunt quattuor genera manumissionum.
Tamen necesse est propter futuri temporis memoriam, ut qualiter
liberum aut liberam *thingauerit,* ipsa manumissio in cartolam
libertatis commemoretur. Et si cartolam non fecerit, tamen libertas ei permaneat.

225. De filiûs libertis. Si libertus, qui *fulcfree*[1]) factus
est, filiûs dereliquerit legetemûs, sint illi heredes; si filias, habeant legem suam [*cap.* 154. 158 . . . 160. 171]; si naturales,
habeant ei ipsi legem suam. Et si casu faciente sine heredes
mortuus fuerit, et antea iudicauerit se uiuo res suas proprias, id
est *handegauuerc*[2]) et *harigauuerc*[3]) secundum legem *lango-*

---

6) baamund 1, 10, B; amund 2, 3, 9, 11; hamund 6; aamund 8, 12.

7) haamund 1, 10, B; amund 2, 3, 11 & pr. manu 9; hamund 6;
aamund 8, 12 et sec. manu 9.

8) in fans 6, 11; in pans 12.

9) haamund 1, 10, B; amund 2, 11; hamund 3, 6; aamund 8, 9, 12.

10) fulcfree 1; fulcfreæ 2, 3, 8; fulfreal 8 (fortasse erat scribendum
6), 9; fulcfret 11; fulcfreal 12.

225. 1) fulcfree 1; fulfreæ 2; fulfree 3. 8; fulfreal 5, 6, 9; flucfree
10; fulcfret 11; fulcfreal 12.

2) andegauuer vel andecauuer cet 1; andecauuere 2; andicauuere 3;
andecaure 5; andegauuerc 6, 10; andegauuere 8, 9, B; andecauuerc 11;
andegauuero 12.

3) arigauuere 1, 2, 8, B; aricauuere 3; aricauere 5; arigauuerc
6, 10; arigabech 9; charicauerc 11; andegauuerit 12.

bardorum,[4]) habeat cui donauerit. Nam quantum de res benefactori suo per donum habuit, si eas non oblegauit in libertatem,
ad ipsum patronum aut ad heredes eius reuertantur. Et si alequid in *casindio*[5]) ducis, aut priuatorum hominum obsequium,
donum munus conquisiuit, res ad donatore reuertantur. Alias
uero res, si ut dictum est, heredes non dereliuquerit, aut se uiuo
non iudicauerit, patronus succedat sicut parenti suo.

226. Omnes liberti qui a dominis suis *langobardis*[1]) libertatem
meruerint, legibus dominorum et benefacturibus suis uiuere debeant,
secundum qualiter a dominis suis propriis eis consessum fuerit.

229. Qui rem alienam *hasto*[1]) uindederit. Si quis rem alienam, id est scruum aut ancillam, seu alias res sciens rem alienam esse, non suam, ubicumque transuindederit, et inuentum aut
prouatum fuerit, in *ahtugild*[2]) eam restituat. Et si per ignorantiam uindederit, tunc praeueat sacramentum, quod credens suum
uindedissit; reddat caput cum notrimen suo, qualiter se sit.

235. De *aldius.* Non liceat *aldius* cuiuscumque, qui
aamund[1]) factus non est, sine uoluntate patroni sui terra aut
mancipia uindere, sed neque liberum dimittere.

240. De *snaida*[1]) in silua alterius facta. Si quis propter
intento signa noua, id est ticlatura aut *snaida,*[2]) in silua alterius fecerit, et suam non adprobauerit, conponat solidos quadragenta, medietatem regi et medietatem cuius silua fuerit.

241. De seruo qui *snaidam*[1]) fecerit. Si seruus extra
iussionem domini sui ticlatura aut *snaida*[2]) fecerit in silua alterius, manus ei incidatur. Et si cum iussione domini sui fecerit,
domini repotetur culpa, ut supra.

----

4) longob. 11, 12.

5) casindio 1, 11; gasindio B.

226. 1) longob. 12.

229. 1) asto codd. & B, et sic ubique.

2) actugild 1, B; actogild 2, 3. 5, 10; actigild 6, 8, 9; actygild 11:
octogild 12.

235. 1) hamund 6; aamuud 8, 9, 12; haamund 10, B; amund rell.

240. 1) senaida 3; sanaida 5; naida 6; snaida 10, 11, 12.

2) snaida 2, 12; sinaida 3; sanaida 5; snaidam 11.

241. 1) snaida B; senaida 3; sanaidas 5; sinaidam 6; sinaida 8;
signaida 9; snaidam 10.

2) snaida 2, 3, 12, B; sanatoa 5; sinaidam 6, 8; signaidam 9; snaidam 11.

244. Si quis per murum de castro aut ciuitate sine noticia iudecis sui exierit foras, aut intrauerit, si liber est, sit culpabiles in curtem reges solidos uigenti; si autem *aldius* aut scruns fuerit, sit culpabiles sold. decim in curtem reges. Et si furtum fecerit, sicut in hoc edictum legitur [*cap.* 253 . . . 263], poena furti conponat.

247. Nulli leciat alium pro alio pignerare, excepto illo qui *gafand*[1]) esse inuenitur, id est coheres parens proximior, qui illi ad hereditatem, si casus euenerit, uenturus est.

248. Si quis per errorem alium pro alio pigneruerit per seruum aut aucillam, ita decernimus, ut postquam cognouit, quod male pignerauit, mox ipsum pignum relaxit. Et si pulsatus fuerit dominus serui, tunc preucat sacramentum quia per errorem fecit, nam non *hasto* et crededit debitorem suum pignerassit; tunc sit indempnis. Nam si plagas aut feritas fecerit in ipsum pignus, conponat sicut in hoc edictum legitur [*cap.* 76 . . . 128]. Et si sacramentum dare non presumpserit, quod per errorem pignerassit, reddat ipsum pignum in *ahtogild.*[1])

251. Si homo liber qui debitor est, alias res non habuerit nisi caballos domitos aut boues iunctorios, seu uaccas, tunc ille qui debitum requirit, uadat ad *sculdhaiz*[1]) et intimet causam suam, quia debitor ipsius alias res non habet, nisi quae supra leguntur. Tunc *sculdhaiz* tollat bobes aut caballos ipsius et ponat eos post creditorem, dum usque ei iustitia faciat. Et si *sculdhaiz* dilatauerit facere, sit culpabilis in palatio regis solidos 12; et iustitia facta pignus restituatur.

253. De furtis. Si quis liber homo furtum fecerit, et in ipsum furtum temptus fuerit, id est *figangi*,[1]) usque ad decem silequas, furtum ipsum sibi nonum reddat, et conponat pro tali culpa sol. octuginta, aut animae suae incurrat periculum.

257. Si mulier libera *fulcfrea*[1]) super furtum conprehensa

---

247. [1]) gafan 2; gaffant 3; cafono 5; gafand 6, 10; gafant 8; gafandus 9; cafandes 11; gafraud 12.

248. [1]) actogild 2, B; actigild 3, 5, 8; octogild 10, 12; actigyld 11.

251. [1]) sculdais 8, 11; sculdassium & sculdassius 6.

253. [1]) fegangit 2, 3, 10, 12, B; figangi 5; fegangi 6; figangit 8, 11.

257. [1]) fulfr 2; fulfrea 3, 8; fulfreal 5, 6; fulcfrealis 10: fulcfret 11; fulcfreal 12.

fuerit, furtum quod fecerit, sibi nonum conponat: nam alia culpam non requiratur, pro eo quod iniuria passa est: sed uitium suum reputet qui opera indecentem facere temptauit. [*cfr. Roth.* 253. *Liutpr.* 146.]

258. Si *aldia* aut ancilla super furtum tempta fuerit, conponat dominus earum furtum ipsum sibi nonum, excepto pro culpa solidos quadraginta.

263. Si plures homines furtum in unum fecerint, tam liberi quam serui, liceat eos si uoluerint, se insimul adunare et furtum ipsum in *ahtugild*[1]) reddere. Si quis se ex ipsis deuiderit, pro se tantum legibus conponat, id est ipsum furtum sibi nonum. [*cfr. cap.* 12.]

264. Si liber aut seruus uellit foris prouincia fugire, et iudex aut quicumque, qui in finibus prouinciae resedit, eum praeserit, teneat eum, et res, quas secum detulerit, saluas faciat: et mox mandet ad iudicem de locum unde fugire coepit, quatinus eum recipiat, et dit pro uno fugace solidos duo, ita ut cum rebus quas secum detulerit, reddatur. Et si contegerit eum de legamen fugire, praebeat sacramentum ille qui eum tenuit, quod non *hasto* eum laxassit, sed cum tota uirtutem custodire uoluissit: post datum sacramentum res quas ei tulit, reddat, presura autem non queratur, et amplius non calomnietur. Et si fugax ille manus ad legandum non dederit, et occisus fuerit, non requiratur, nisi ipsas res reddantur; et si ille, qui ipsum fugacem prendere uoluerit, ab ipso occisus fuerit, nec ipse requiratur.

268. Si portonarius hominem liberum fugacem transposuerit, et cognouerit quod fugax est, animae suae incurrat periculum, aut conponat *uuergild*[1]) suo; quia postquam cognouit, quod in fuga erat, si eum tenere non potuit, mox innotescere aut antecurrere debuit.

271. De curtem regis. Si mancipius cuiuscumque in curtem regis confugium fecerit, et *gastaldius* aut actor regis ipsum mancipium post secundam aut tertiam contestationem reddere dilatauerit, ita iubemus ut reddat ipsum mancipium, et alium

---

263. [1]) actugilt 1; actogild 2; actigild 3, 5, 6, 8; octogild 10, 12; actigyld 11.

268. [1]) uuirigild 2, 3, 11; uuldrigild, corr. uuidrigild 5; uuidrigildum 6; guidrigild 8; uuergild 10.

similem de suis propriis rebus, domino quem dilatauerit reddere cogatur.

275. Si mancipium alienum refugium post alium fecerit, id est in *fraida*,[1] mox mandet domino ipsius, quam citius potuerit, aut per scriptum aut per certo homine, quatenus cum in gratia recipiat; et si noluerit eum recipere, et dilatauerit, et contigerit eum alibi translatare, nulla culpa illi sit, qui eum prius in casa sua suscepit. Nam qui susceperit et non mandauerit, reddat ipsum mancipium, et damnum cui fecerit, simul et operas.

277. De *haistan*,[1] id est furorem. Si quis in curtem alienam *haistan*,[2] id est irato animo, ingressus fuerit, uigenti sol. illi conponat cuius curtis fuerit.

278. De *houeros*,[1] id est curtis ruptura. Mulier curtis rupturam facere non potest, quod est *houeros*,[2] absurdum uidetur esse, ut mulier libera, aut ancilla, quasi uir cum armis uim facere possit.

283. Si quis de lignamen adunatum in curte aut in platea ad casam faciendam furauerit, conponat solidos sex; si autem in silua dispersum fuerit et furauerit, conponat in *ahtugild*.[1]

285. De *eterzon*.[1] Si quis sepem alienam ruperit, id est *eterzon*,[2] conponat sol. sex.

288. De plouum. Si quis plouum aut aratrum alienum iniquo animo capellauerit, conponat solidos tres, et si furauerit, reddat in *ahtugild*.

291. De sogas. Si quis sogas furauerit de bouis iunctorios, conponat solidos sex. Et si qualemcumque rem mediocrem,

---

275. [1] in fraida 2, 5, 11; infraida 3, 10; in faida 6, 12; infradia 8.

277. [1] aistant 2; aistandi 3; ahistan 7; haistan 10, 11.

[2] haistan 6, 7, 10, 11; hoste 12.

278. [1] oberos 5, 6; oueros 7; hoberos 10, B.

[2] oberus 2; operus 3; ebreos 5; oueros 6; oberus 8; hoberos 10, 11, B; uel vueguorf 12.

283. [1] actogild 2, 6, B; actigild 3, 8; agthild 5; octogild 10, 12; actygyld 11.

285. [1] ider tzon 2, B; idezon 3, 10 et in ind. 3, 8, 9; hiderzon ind. 6.

[2] ider tzon 2, 11, B; iderzon 3, 6, 7, 8; eterzon 4; erzon 5.

288. [1] actigild 3, 8; actogeldo 4, 7; agthild 5; actogild 6, 10, B; actigyld 11; octogilt 12.

unde sex solidi aut minus in hoc edictum sunt iudicati, si fur
ipse supertentus fuerit, non sit *figangi*,[1]) nisi tantum conponat
sicut constitutum est.

299. De retis. Si quis retes alienas aut *nazzas*[1]) leua-
uerit, aut in piscaria aliena pisces tulerit, conponat solidos tres.

300. De arboribus. Si quis rouore aut cerrum, seu quer-
cum quod est *medula*,[1]) hisclo quod est *fereha*,[2]) infra agrum
alienum aut culturam seu clausuram, uicinos ad uicinum inci-
derit, conponat per arborem tremisses duos. Nam iterans homo
si propter utilitatem suam foris clausuram capellauerit, non sit
culpauilis.

315. De ceruo domestico. Si quis ceruum domesticum qui
tempore suo rugire solit, fragiauerit, conponat domino eius solidûs duodicem; nam si furauerit, in *ahtogild*[1]) reddat.

316. Si quis ceruum domesticum alienum, qui non rugierit,
intrigauerit, conponat domino eius solidos sex: nam si eum furauerit, reddat in *ahtogild*[1].)

319. Si quis de arbore signato in silua alterius apes tulerit,
conponat solidûs sex. Nam si signatum non fuerit, tunc quicumque inuenerit, iure naturale [§. 12. *Inst. de rer. diuis. II,* 1]
habeat sibi, excepto in *gahagio*[1]) regis: et si contegerit dominum, cuius silua est, superuenerit, tollat mel, et amplius culpa
non requiratur.

320. De acceptoris. Si quis de silua alterius accepturis
tulerit, excepto *gahagium*[1]) regis, habeat sibi. Nam si dominus
seluae superuenerit, tollat acceptoris, et amplius culpa aduersus

---

291.   [1]) figangit 2, 7. 10, B; fegangit 3, 11; figandus 4; fagangi 5;
fegangi 6; figangin 8; fengandi 12.

299.   [1]) nassas 2. 4. B; nassam 11, 12.

300.   [1]) modola B; modula 4, 6, 11; mutula 7; medula 12.

[2]) fagia 2. B; ferea 3, 7; fereha 4, 8. 10.

315.   [1]) actocild 2; actigild 3, 8; actogeldo 4; tighild, corr. actighild 5; attigild 9; actigyld 11: octogild 12; actogild B.

316.   [1]) actogild 1, 2, 3, 6. B; actogeldo 4: achighild 5: actigild 8;
attigild 9; octogild 12.

319.   [1]) gahagio 1, 10: gahaio 4. 11; gaio 5, 12; gaaio 10 (sic
Bluhme! fortasse erat scribendum 7); gagio rell.

320.   [1]) gahagium 1: gahaio 4: gaio 5: in gagio 6; ingaaio 7;
gahagio 10; de gaio 12.

eum non requirat. Et hoc iubemus: si quis de *gahagio*[2]) regis
tulerit accepturis, sit culpabiles solid. duodicem.

326. Si caballus cum pede, si boues cum corno, si porcus
cum dentem hominem intrigauerit, aut si canis morderit, excepto
ut supra si rabiosus fuerit, ipse conponat homicidium aut damnum cuius animales fuerit, cessante in hoc capitulo *faida*, quod
est inimicitia; quia muta res fecit, nam non hominis studium.

330. Si quis se uindicandum occiderit canem alienum, id
est cum spata aut uirga, aut cum qualebit arma mano tenendo,
non ei requiratur; tantum est ut ipsa uirga tales inueniatur esse,
ut mediocris spata. Nam si post ipsum iactauerit, et eum occiderit, reddat *ferquido*[1]) id est similem.

337. De caballo plagato. Si quis caballum alienum aurem
aut oculum excusserit, aut aliquam laesionem corporis fecerit,
recepiat ipsum qui laesus factus est, et reddat ei *ferquido*[1]) id
est similem.

340. Si quis cauallum alienum ascenderit et infra uicinia
tantum cauallicauerit, id est prope ipsum uicum, conponat solidos
duos: nam si inantea eum caballicare presumpserit et dominum
non rogauerit, in *ahtogild*[1]) reddat.

341. De disfigurato cauallo. Si quis cauallum alienum
preserit, ipsumque disfigurauerit aut circinauerit, furti poena sit
culpabilis, id est in *ahtugild*,[1]) sibi nonum.

342. Si quis cauallum alienum aut quodlibet peculium,
credens suum praeserit, et dominus proprius eum cognouerit,
calumniaque generare uoluerit: ita decernimus, ut prebeat sacramentum ille qui eum tenuit, quia non *hasto* animo, nec aliqua
causa faciente eum praesisset, sed credidit suus fuisset: sit absolutus a culpa furti, et reddat caballum proprio domino inlesum.
Si autem non praesumpserit iurare, reddat eum in *ahtogild*;[1])
quia postquam cognouit, quod suus non fuit, mox debuit proprio

---

[2]) gahagio 1, 10; gahaio 4, 11; gaio 5, 12; gaaio 7; gagio rell.

330. [1]) firtido 5.

337. [1]) fercoit 3.

340. [1]) actogild 2, 6, 10, B; actegild 3; actogeldo 4; actigihl 5;
actigild 8, 9; actygyld 11; octogilt 12.

341. [1]) actugild 1; actogild 2, 6, 7, B; actigild 3, 8, 9; actogeldo 4;
actighld 5; octogild 10; actigyld 11; octogilt 12.

342. [1]) actogild B secundum codd.

domino innotescere. Nam si eum, postquam cognouit, quod suus
non fuit, ascenderit, sit culpabilis, ut supra, solidos duo.

344. De peculio *hasto* in damno misso. Si quis caballûs
aut armenta *hasto* animo in messe aliena aut in prato uel in
quolibet damnum miserit, conponat per caput solidum unum, excepto damnum, sicut arbitratum fuerit, et loci consuetudo [*cap.*
346] est: sic tamen si pastor non ausauerit iurare, quod *hasto*
animo non misisset; si iurauerit, sit exsolutus a culpa, tamen
damnum conponat.

345. Si quis porcûs aut pecora *hasto* animo in damnum
alterius miserit, et se non ausauerit eduniare, conpouat solido
uno, excepto damno.

349. De porcûs, si in isca alterius pauerint et inuenti
fuerint, si minus sunt de decim, non occidatur neque unus ex
ipsis; sed ille qui eos inuenerit, teneat unum ex ipsis, et habeat
saluum, et conponatur ei per porco siliquas tres. Nam si super
fuerint de decim, et usque ad decim, occidatur unus mediocris,
et non requiratur; nisi si minus fuerint de decim et occiderit,
reddat *ferquido*,[1] id est similem.

351. De uerre. Si quis uerrem alienum furauerit, conponat solidos duodicem; ipse dicitur *sonorpair*,[1] qui omnis aliûs
uerres in grege battit et uincit. Tamen in uno grege, quamuis
multitudo porcorum fuerit, unus conpotetur *sonorpair*,[2] nam si
minor grex de trigenta capetum fuerit, non repotetur *sonorpair*,[3]
nisi si triginta aut super fuerint. Et si in damnum ipse *sonor-*
pair[4] occisus fuerit, aut similem aut meliorem ipse qui occiderit, restituat et damnum ei conponatur; nam si alii uerres aut
porci furati fuerint, in *ahtogild*[5] reddatur.

349. [1] fer coit 5.

351. [1] sonorpair 1, 2, 7, 9; sonarphahir 3; norpair 4; sonorpaer
; sonorphair 6, 8; sonopair 11; sonorpait 12.

[2] sonorpair 1, 2, 4, 7, 9, 10; sonarpahir 3; sanarpeir 5; sinorphair
6; sonorphair 8; sonopair 11.

[3] sonorpair 1, 2, 3, 4, 7, 9, 10; sonorphair 6, 8; sonopair 11;
sonorpaib 12.

[4] sonorpair 1, 2, 9, 10; sonarpahir 3, 6, 8; norpair 4; sonarpair 5;
sonopair 11; sonorpaib 12.

[5] actogild 2, 6, B; actigild 3, 8, 9; actogeldo 4; actigihld 5; actygyld 11; octogild 12.

357. Si quis campum alienum *hasto* cum peculio suo de-
lierit, aut spicas manibus euellerit, conponat solidos sex.

358. Nulli sit licentia iterantibus erba negare, excepto
prato intacto tempore suo, aut messem. Post fenum autem aut
fruges collectas, tantum uindicit cuius terra est, quantum cum
clausura sua potest defendere. Nam si cauallus iter facientibus
de *stupla* aut de ipsa pascua, ubi alia peculia pascent, mouere
presumpserit, in *ahtogild*[1]) ipsus cauallus conponat, pro eo
quod ipsos de aruo campo, quod est *fornaccar*,[2]) mouere presumpsit.

359. De sacramentis. Si qualiscumque causa inter homines
liberos et sacramentum dandum fuerit, si usque ad uigenti solidos fuerit causa ipsa aut amplius, ad euangelia sancta iurit cum
duodecim *aidos* suos, id est sacramentales, ita ut sex illi nomi-
nentur ab illo, qui pulsat, et septimus sit ille qui pulsatur, et
quinque quales uoluerit liberos, ut sint duodicem.

360. De *uuadia*[1]) et fideiussorem. Si quis alii *uuadia*
et fideiussorem de sacramentum dederit, per omnia, quod per
uuadia obligauit, adinpleat. Et ille, qui pulsat et *uuadia* sus-
cipit, proximioris sacramentalis qui nascendo sunt, debeat nominare: tantum est excepto illos, qui grauem inimicitiam cum ipso
qui pulsat, commissam habet, id est si ei plaga fecit, aut in
mortem consensit, aut res suas alii *thingauit*,[2]) ipse non potest
esse sacramentales, quamuis proximus sit, eo quod inimicus aut
extraneus inuenitur esse.

361. Si quis alii pro quacumque causa *uuadia* et fideiussorem de sacramento dederit, dit ei spatium usque in duodecim noctis ad ipsum sacramentum dandum; et si forsan propter
aegritudinem aut alia causa superuenientem in predictum constitutum non potuerit iurare, suspendatur causa usque ad alias
duodecim noctis. Et si nec tunc conpleuerit, et totum annum

---

358. [1]) actogild 2, 6, B; actigild 3, 8, 9; actiglhd 5; actigyld 11;
octogild 12.

[2]) fonsaccri 2, B; fusinacecharum 3; fossinachar 5; fosangar 6;
fosnachar 7; furnaccar 8; fonsacar 9; fornaccar 10; fosnacar 11; fons
accar 12.

360. [1]) guadia 8 semper.

[2]) tingauit 5, 7, 11.

unum uolontariae dilatauerit et sacramentum non dederit, tunc rem ipsam, unde agitur, amittat et ille adquirat, qui *uuadia* suscepit. Et contrario: si ille, qui *uuadia* susceperit, dilatauerit sacramentum audire et annum totum protraxerit, post transacti anni spatium nulla in posterum habeat facundiam de ipsam rem loquendi; sed ille qui paratus fuit sacramentum dare, firmiter possedeat.

362. Si post sacramentum iudicatum aliquis moriatur. Si contegerit homini post datum fideiussorem de sacramentum et sacramentalis nominatûs mori, et filiûs demiserit, posteaque ille qui causam quaerit, pulsauerit filiûs dicendo: quia quicquid pater per *uuadia* et fideiussorem obligauit, fili conplere debent; tunc necesse est filiûs, quamuis uirtutem minorem habeant a patre, aut per sacramentum negare, quod pater eorum non promisissit, aut certe, quod pater eorum spondedit, adimpleant. Et si aliquis de ipsos sacramentalis mortuus fuerit. potestatem habeat ille qui pulsat, in locum mortui alium similem nominare de proximûs legitimûs, aut de uatûs, aut de *gamahalos*[1]) id est confabulatûs. Et si dixerit qui pulsat, quod sacramentum ruptum fuissit, praebeat sacramentum qui negat. si ausus fuerit: quia neque patris neque ipsius sacramentus ruptus non fuissit: postea iurit sicut supra constitutum est.

366. Si aliqua inter creditorem et debiturem atque fideiussurem surrexerit intentio, et dixerit creditor: „quia in tale praetexto *uuadia* suscepi", et fideiussor negauerit, non est causa fideiussori sacramentum preuere: nisi debitur singolus [*cap.* 230] satisfaciat aut ad euangelia, aut ad arma: ..quia in tale capitulo nec *uuadia* dedi nec fideiussore posui".

367. De *uuaregang.*[1]) Omnes *uuaregang,*[2]) qui de exteras fines in regui nostri finibus aduenerint, sequi sub scuto potestatis nostrae subdederint, legibus nostris *langobardorum*[3]) uiuere debeant, nisi si aliam legem ad pietatem nostram me-

---

362. [1]) gamahalos 1, 2, 9; gamalos 3; gamelos 5; gahamalos 6; gaamaalos 7; gamalis 8; gamahalis 10; gahamalis 11.

367. [1]) uuaregaoo 1; uuaregango 2; uuaregan 3; uuaregar 5; uuargan 11; uuaregang 7, 10, 12 et in indic. etiam 3, 6, 12.

[2]) uuaregar 5; uuarigang 7; guaregang 8; uuargan 11.

[3]) langubardorum 5.

ruerint. Si filiús legetimûs habuerint, heredes eorum existant, sicut et filii *langobardorum;* si filiús legetimûs non habuerint, non sit illis potestas absque iussionem regis res suas cuicumque *thingare,*[4]) aut per quolibet titulo alienare.

368. De *camfionibus.*[1]) Nullus *camfio*[2]) praesumat, quando ad pugnando contra alium uadit, herbas quod ad maleficias pertenit, super se habere, nec alias tales similes res, nisi tantum arma sua, quae conuenit. Et si suspicio fuerit, quod eas occulte habeat, inquiratur ad iudicem, et si inuenta super eum fuerit, euellantur et iactentur. Et post istam inquisitionem tendat manum ipse *camfio*[3]) in manum parentes aut conliberti sui, ante iudice satisfaciens dicat, quod nullam talem rem quod ad maleficias pertenit, super se habeat; tunc uadat ad certamen.

369. De causas regales. Omnis uero regales causas, quae ad manum regis perteneunt, unde conpositio expectatur aut culpa queritur, dupliceter secundum antiquam consuitudinem conpunantur; excepto *mundium* de liberas aut *mordh*[1]) aut alias que similes sunt, unde noningenti solidi iudicantur, quas in suum uigorem constituimus permanere. Reliquas omnis, ut praediximus, in duplum exegantur.

370. Si seruus regis *mordh*[1]) fecerit, ita decernimus, ut conponatur ipsa persona, sicut adpraetiatus fuerit, et seruus ipse super fossa ipsius mortui adpendatur, ut in eum uindicta detur, et sit causa supita.

372. Si seruus regis furtum fecerit, reddat in *ahtogild,*[1]) et non sit *figangi.*[2])

[4]) tingare 3.
368. [1]) camfionibus 1; campionibus 10, 12; camphionibus rell.
[2]) mutilus; camphius 3, 8; champhio 11; campio 12.
[3]) camfio 1; campio 10, 12; camphio rell.
369. [1]) mordh 1; morh 2; morti 3; mord 5; deest 6; morth 7, 8, 11, 12; morbd 9, 10.
370. [1]) mordh 1; morh 2; mord 3; moad 5; morb 10; morth rell.
372. [1]) actogild 2, 6, 7, B; actigild 3, 8, 9; actigihld 5; actigyld 11; octogild 12.
[2]) figang 2; figangit 3, 10, B; fagangi 5; fegangi 6, 11; figangis 7; figangitus 8; fecangit 9; fegangit 12.

373. Si seruus regis *houeros*[1]) aut *uuecuuorin*[2]) seu *ma-rhuuorf*,[3]) aut qualibit alia culpa minorem fecerit, ita conponat, sicut aliorum exercitalium, quae supra decreta [*cap.* 27. 30. 277. 380] sunt, conponuntur.

374. De *sculdhaiz.*[1]) Si quis *sculdhaiz*[2]) aut actorem regis occiderit utilitatem regis facientem, adpretietur pro libero hominem, sicut in hoc edictum legitur, et parentibus legitimis conponatur, excepto in curtem regis conponat, qui eum occiderit, solidos octugenta.

375. Si *gastaldius.*[1]) aut quicumque actor regis, post sus-ceptas aut commissas ad gobernandum curtes regis et causas regias, aliquid per *gairethinc*,[2]) id est donationem, ab alio quo-cumque factam conquesierit, sit illi stabilem, si per preceptionem indulgentiae regis in eum fuerit confirmatum. Alioquin quidquid, ut predictum est, post susceptam administrationem per *gairethinc*[3]) adquesierit, hoc totum regi adquirat, et non suo proprio nomine uindicet nec ipse, nec heredis ipsius.

376. Nullus presumat *aldiam*[1]) alienam aut ancillam quasi strigam, quem dicunt mascam, occidere; quod christianis menti-bus nullatenus credendum est, nec possibilem ut mulier hominem uiuum intrinsecus possit comedere. Si quis de cetero talem in-lecitam et nefandam rem penetrare presumpserit, si *aldiam*

---

373. [1]) hoberus 2, 12, B; hoberos 3: ab oros 5; oberus 6: houeros 7; oberos 8, 10 & 3, 8 in indice; ouerus 9; uberus 11: huberus 5 in indice.

[2]) uuacuor 2: neccororit 3; uuecuuor 5; uueguuor 5 in indice: uuecorin 6; uuecu uorf 7: guecorion 8; uuegorent 9: uuecuorin 10, B; uuecuuorint 11; uuegorem 12.

[3]) marahuorf 2, B; marauorf 3; huuof 5: muabuuor 5 in indice; marauuorf 6, 12: maru uorf 7: marauort 8; marauuorent 9; marhuuorf 10; machuuf 11.

374. [1]) sculdais 3; sculdaissis 5; sculdassio 6; scultahis 9; scul-dahis B.

[2]) sculdais 6, 11; sculdis 8; sculdahis B.

375. [1]) gastaldeus 8: castaldi 9 in indice.

[2]) thinx 2, 5; garethinx 3, 6, 7, 10; gairethinx 8, 9, 12, B; gairi-thinx 11.

[3]) gairethinx 2, 8, 9, 12, B: garethinx 3, 6: garithinx 5; garetincz 7: gairthinx 11.

376. [1]) haldian, haldia etiam 11.

occiderit, conponat pro statum eius solidos 60, et insuper addat pro culpa solidos centum, mediatatem regi et medietatem cuius *aldia* fuerit.

377. Si quis hominem liberum unum oculum habentem ipsum excusserit, duas partes pretii ipsius, quod adpretiatus fuerit si eum occidissit, conponat. Si autem *aldium* aut seruum alienum unum oculum habentem ipsum excusserit, conponat eum pro mortuo.

379. Si quis cassinam aut tectum alienum foris curtem, ubi uir non habitat, dum intentio fuerit de terra, disturbauerit aut in terram iactauerit, et terram suam sicut lex habet conuincere non potuerit, restauret ipsam cassinam, et conponat aliam talem sub extimationem pretii. Nam si casa ubi habitatur, disturbauerit, conponat sicut in hoc edictum [*cap.* 146. 149] legitur, *haritraib.*[1])

380. Si quis peculium suum de clausura aliena occulte tulerit, et non rogauerit, conponat curtis rupturae, id est *houeros,*[1]) solidos 20.

381. Si quis alium *arga*[1]) per furorem clamauerit, et negare non potuerit, et dixerit quod per furorem dixisset, tunc iuratus dicat, quod eum *arga* non cognouisset; postea conponat pro ipso iniurioso uerbo solidos duodecim. Et si perseuerauerit, conuincat per pugnam, si potuerit, aut certe conponat ut supra.

383. Si quis hominem liberum surgentem rexa per barbas aut capillos traxerit, conponat solidos sex; si *aldium*[1]) aut ministirialem seu seruo rusticano per barbas aut capillos traxerit, conponat sicut pro ferita una.

384. De brachio, coxa seu tibia rupta. Si quis homini libero brachium super gubitum, hoc est *murioth,*[1]) ruperit, con-

---

377. [1]) haldio 11.

379. [1]) aratraibus 2, B; aritraib 3, 6, 7; deest 5: aritrahib 8; haritrahib 9; haritraib 10; haitraibus, corr. haritraibus 11; harit rabib 12.

380. [1]) oueros 2; operos 3; oberus 6, 8; ebero 7; hoberos 10, B; huberos 11; uuegoranit 12.

381. [1]) aga 2.

383. [1]) haldium etiam 11.

384. [1]) murioth 2; moriot 3; in oriuth 5; morioth 6, 7, 10, 12; morihot 8; morith 9; morioht 11.

ponat solidos uigenti: si autem subtus gubitum, quod est treno,
conponat solidos sedecim; si coxa ruperit super genuculum, quod
est *lagi*, conponat solidos uigenti: si subtus genuculum, quod
est tibia, conponat solidos sedecim. Si uero semus aut clodus
fuerit, conponat sicut in hoc edictum legitur [*cap.* 112], quartam
partem pretii.

385. De *mundio* puelle et deuitum. Si *mundius* de puella
libera, parentes mortuos, ad curtem regis ceciderit, et pater uel
frater deuitum demiserit, in quotam portionem patri uel fratri
heredes successerit, ita et deuitum persoluat. Simili modo et
si naturales filii fuerint.

386. Praesentem uero dispositionis nostrae edictum, —
quem deo propitio cum summo studio et summis uigiliis a cele-
stem faborem praestitis, inquirentes et rememorantes antiquas
legis patrum nostrorum quae scriptae non erant, condedimus, et,
quod pro commune omnium gentis nostrae utilitatibus expediunt,
pari consilio parique consensum cum primatos iudices, cunctosque
felicissimum exercitum nostrum augentes constituimus — in hoc
membranum scribere iussimus; pertractantes et sub hoc tamen
capitulo reseruantes, ut quod adhuc, annuentem diuinam clementiam, per subtilem inquisitionem de antiquas legis *langobardorum,*[1]) tam per nosmetipsos quam per antiquos homines memorare potuerimus; in hoc edictum subiungere debeamus; addentes,
quin etiam et per *gairethinc*[2]) secundum ritus gentis nostrae
confirmantes, ut sit haec lex firma et stabelis, quatinus nostris
felicissimis et futuris temporibus firmiter et inuiolabiliter ab
omuibus nostris subiectis costodiatur.

387. Si quis hominem liberum, casum facientem, nolendo
occiderit, conponat cum sicut adpretiatus fuerit, et *faida* non
requiratur, eo quod nolendo fecit.

388. Et hoc addimus ac decernimus, ut causae, que fenitae
sunt, non reuoluantur. Quae autem non sunt fenitae et a presente uigesima secunda diae mensis huius nouembris indictione
secunda iucoatae aut commotae fuerint, per hoc edictum inci-
dantur et finiantur.

---

386. [1]) langub. 5; Longob. 12.

[2]) gairethinx 2, 9, B; garethinx 3, 6. 8; gare thincx 7; gairthinx
10; garithinx 11; gairithinx 12.

Et hoc generaliter damus in mandatis, ne aliqua fraus per uicium scriptorum in hoc edictum adibeatur: si aliqua fuerit intentio, nulla alia exemplaria credatur aut suscipiatur, nisi quod per manus *ansoald*[1]) notario nostro scriptum aut recognitum seu requisitum fuerit, qui per nostram iussionem scripsit.

EXPLICIT EDICTO *HROTHARITH.*[2])

ITEM QVOD GLORIOSISSIMVS **GRIMOUUALD**[1]) REX ADDIDIT DICENS:

Superiore pagina huius edicti legitur ita, quod adhuc annuente domino memorare potuerimus de sincolas causas, quae in presente non sunt adficte, in hoc edictum adiungere debeamus, ita ut causae que iudicate et fenitae sunt, non reuoluantur. Ideo ego uir excellentissimus *grimouuald*[2]) gentis *langobardorum* rex, anno deo propitio sexto regni mei, mense iulio indictione undecima [*p. Chr.* 668], per suggestione iudicum omniumque consensu, ea que illis dura et impia in hoc edictum uisa sunt, ad meliorem statum et clementiorem remedium corregere et reuocare preuidemus.

1. De trigenta annorum usocapione. Si seruus aut ancilla per trigenta annos, qualiter rei ueritas cognita fuerit, per triginta annos dominis suis seruisset, et per superbia aut iniusta patrocinia se uoluerit de domino suo proprio per pugna uindicare, nullatinus ei permittimus, sed seruiat, sicut decet seruûs aut ancilla, proprio domino suo. Similiter et si *aldius* fuerit, inpendat obedientia patrono suo, sicut per trigenta annos fecit, et ei noua a domino suo amplius non inponatur; sed liceat eum res suas habere, quas per trigenta annorum spatia iuste possedit.

6. De uxoribus dimittendis. Si quis uxorem suam absque culpam legitimam posposuerit, et alia in domo superinduxerit,

---

388. [1]) ansoaldi 3, 6, 7, 9, 12; asuald 5.
  [2]) carent subscriptione 2, 3, 10; Rotharith 5, B; Rothari 6, 7, 8; Rotharus 9.
  [1]) grimvald B.
  [2]) grimouual 2; grimoald 3, 6, 7, 12; grimualtd 5; grimuald 9, 10, 11.

M e y e r, Sprachdenkmäler. 4

conponat solidos quingentos, medietatem regi et medietatem parentibus mulieris; *mundio* uero eius mulieris quam postposuit,
amittat: et si noluerit ad maritum suum reuerti, reuertatur ad
parentes suos cum rebus suis et *mundium*.

7. De crimen uxoris. Si quis uxorem suam incriminauerit
hasto sine causa legitima, quasi adulterassit aut in animam mariti
sui tractassit, liceat illi mulieri per sacramentum parentum aut
per pugnam se *mundare*. Et si purificata fuerit, tunc maritus
eius praebeat sacramentum cum parentibus suis legitimis, sibi
duodecimus, quia non *hasto* animo nec dolose ei crimen iniecit,
ut eam deberet dimittere, nisi per certam suspectionem auditum
habuisset haec uerba; et si haec fecerit, sit exolutus a culpa.
Et si non fuerit ausus iurare, conponat *uuergild*[1]) ipsius mulieris,
tamquam si fratrem eius occidisset, medietatem regi et medietatem parentibus mulieris.

8. Si mulier aut puella notum habuerit, quemcumque habere uxorem, et super ipsam introierit et tulerit ei maritum non
suum: iubemus ut omnes res suas perdat ipsa mulier, qui sciendo
alterius marito uoluntariae consensit; et medietatem de rebus
eius accipiat curtis regia et medietatem parentibus. Et illam
priorem mulierem recipiat maritus suus, et colat eam, ut decet
uxorem legitimam. Vitium suum reputet, quae super alienam
uxorem introire presumpsit, et nihil ei conponatur, et *faida* non
requiratur [*cfr. Roth.* 188 . . . 190. 214].

9. Si ancilla furtum fecerit, conponat dominus eius ipsum
furtum sibi nonum tantum. Nam quadragenta solidi, unde in
hoc edictum legitur [*Roth.* 254. 258. *cfr. Liutpr.* 147.] pro
culpa, quod est *figang*[1]) non requiratur, neque exegantur a domino ancillae.

---

7. [1]) uidrigid 2; guidrigild 8, 9; uirgild 10, B: uidrigyld 11; uuidrigild rell.

9. [1]) fegang 2, B; fagang, corr. figang 5; fegangit 6; figangit 7;
figangin 8; fegangi 9; fugange 11; fegange 12.

ITEM CAPITVLA QVOD ADDIDIT DOMNVS LIVTPRANT REX.

Legis quas christianus hac catholicus princeps instituere et prudenter cinsire disponit, non sua prouidentia, sed dei notu et inspiratione eas animo concepit, mente pertractat et salubriter opere conplit, quia cor regis in mano dei est, atestante sapientissimo salomonem, qui ait: sicut impitus aquae, ita cor regis in mano dei; si tenuerit eas, omnia siccabuntur, si autem clementer eas demiserit, uniuersa inrigantur et replentur suauitatem. Quidem et apostulus domini iacobus in epistola sua ededit dicens: omnem donum optimum et omnem datum perfectum desursum est, discendens a patre luminum. His ergo expletis, recolimus quoniam rouustissimus decessor noster atque emenentissimus *rothari* rex, sicut ipse est in scriptis affatus suis superius, in *langobardis* edictum renouauit atque instituit: ubi et prudenter hoc inserere curauit, dicens, ut quis ille *langobardorum* princeps eius successor superfluum quid inibi reperit, ex eo sapienter auferret, et quod minus inuenerit, deo sibi inspirante adicerit. Post hoc enim gloriosissimus *grimoald* rex, quae illi secundum deo placita fuerunt, minuit et ampliauit; cuius nos normam sequentes, diuinitus ut credimus inspirati, simili modo ea quae iuxta dei legem nobis congrua paruerunt, subtrahere et addere preuidemus, sicut et in presentem paginam scriuere iussimus.

Ob hoc ego in dei nomine *liutprand* excellentissimus christianus *langobardorum* rex, anno deo protegente regni mei primo, pridiae kalendarum martiarum, indictione undecima, una cum omnibus iudicibus tam de austriae et neustriae partibus, necnon et de tusciae finibus, uel cum reliquis fedelibus meis *langobardis* et cuncto populo adsistente, haec nobis commune consilio, iuxta ob dei timore atquae amore ac sancta conparuerunt et placuerunt.

1. I. Si quis *langobardus*[1]) sine filiis masculinis legetimis mortuos fuerit, et filias dereliquerit, ipsae ei in omnem hereditatem patris uel matris suae, tamquam filii legetimi mascolini, heredis succedant.

---

1. I. [1]) langub. 5; longob. 12.

2. II. Si quis *langobardus* se uiuente filias suas nupto tradederit, et alias filias in capillo in casa reliquerit, tunc omnes aequaliter in eius substantia heredis succedant, tamquam filii masculini.

3. III. Si quis *langobardus* sororis reliquerit, et uiuente eum ad marito ambulauerint, tantum habeat ex fratris facultate, si ipse filias reliquerit, quantum in diae notorum acceperunt, quando ad maritum ambolauerunt.

4. IIII. Si quis *langobardus* sorores et filias in capilio in casa reliquerit: pariter atque aequaliter, quantaecumque fuerent, in hereditatem eius succedere debeant, tamquam filios legitimos dereliquissit.

6. VI. Si quis *langobardus*, ut habens casus humanae fragilitatis egrotauerit, quamquam in lectolo reiaceat, potestatem habeat, dum uiuit et recte loqui potest, pro anima sua iudicandi uel dispensandi de rebus suis, quid aut qualiter cui uoluerit; et quod iudicauerit, stabilem debeat permanere.

INCIPIT DE ANNO QVINTO (*p. Chr.* 717).

Ego in dei omnipotentis nomine *liutprand,*[1] excellentissimus rex gentis filicissimae ac catholicae deoque dilectae *langobardorum*, reminiscor quoniam, sicut superius a nobis pagina legitur instituta, anno scilicet regni nostri primo indictione undecima ea quae nobis nostrisque iudicibus et reliquis *langobardis* fedelibus nostris ob dei timore atque amore recta conparuerunt, in antico edicti corpore recto adicere curauimus moderamine. Nunc iterum annuente dei omnipotentis misericordia diae calendarum martiarum, anno regni nostri deo propitio quinto, indictione quinta decima, simili modo cum omnibus iudicibus nostris de partibus austriae et neustriae necnon et de tusciae finibus seu ceteris nostris *langobardis* adhuc preuidemus adaugere illa, que deo credimus placita esse, ut in multis causis et locis proibeantur periuria, et causae quae a quibuscunque hominibus misericorditer disponuntur, in peccati honus deinceps nequaquam procidant, et illut, quod forsitan antea uideuatur obscuro, nunc

---

[1] liudprand 8, 9; lutprand 12; rell. liutprand.

omnibus luce clarius enetiscat. Primum omnium de *morgingab*[2]) mulierum.

7. I. Si quis *langobardus morgingab*[1]) coniugi suae dare uoluerit, quando eam sibi in coniugio sociauerit, ita dicernimus ut alia diae ante parentes et amicos suos ostendat per scriptum a testibus rouoratum et dicat: „quia ecce quod coniugi meae *morgingab*[2]) dedi“, ut in futuro pro hac causa periurio non percurrat. Ipsum autem *morgingab*[3]) nolumus ut amplius sit, nisi quarta pars de eius substantia, qui ipsum *morgingab*[4]) fecit. Si quidem minus uoluerit dare de rebus suis, quam ipsa quarta portio sit, habeat in omnibus licentiam dandi quantum uoluerit; nam super ipsam quartam portionem dare nullatenus possit.

8. II. De testibus. Si qualiscumque causa inter conlibertûs aut parentis conuenerit aut acta fuerit, et homines boni tres aut quattuor interfuerent, non reprouetur postea ipsa causa, nisi eorum testimonium ambe partis credant, qui fuerent inter; pro cuius autem causa testis illi testimonium reddederent, ipse homo causatori suo per sacramentum satisfaciat. Testis uere ipsi tales sint, quorum opinio in bonis precellat operibus, et quibus fides amittitur, uel quibus princeps aut eius iudices credere possent. Et si forsitan rememorati testes ueritatem ipsam celare uoluerent, tunc per sacramentum satisfaciant principi aut a missom eius, ut ipsa ueritas non obfuscetur. Si quidem per *uuadia* oblicatio facta fuerit, et intentio pro hoc fuerit excitata, in eo iudicio maneat, sicut in anteriori edicto legitur, quod gloriosissimo *Hrotharit*[1]) [*cap.* 360 . . . 362. 366] rex instituit.

9. III. De libertis. Si quis seruum suum aut ancillam in manum regis dederit, et ipse princeps eos per manos sacerdotis circa sacrum altarem liberos dimiserit, sic permaneant liberi,

---

[2]) morgingap 2; morgit capud 5; morgincaph 9; morgincap 10.

7. I. [1]) morgingap 2; morganicap 3; morginicapud 5; morgincaph 6, 8, 9; morginkab 7; morgincap 10, 12; morgincaput 11.

[2]) morgincaph 6; morginkap 7; rell. ut supra.

[3]) morgincap 6; morgincaph 7; morginigab 11; rell. ut supra.

[4]) mornicapud 5; rell. ut supra.

8. II. [1]) rethari 9; rottarit 10; rotharius sec. manu 11: rotharis 12; rothari B.

sicut illi qui *fulcfree*[1]*) thingati* sunt. Et qui *mundium* de ipsa libera a principe expetierit. sic eum habeat, sicut de *fulcfree*[2]) muliere: nam amplius ei nulla conditione debeat, neque ipsa neque filia eius. Et hoc statuimus, ut masculi qui de ipsa libera nati fuerent, absque *mundium* sint, femine autem habeant *mundium*, sicut et mater earum, et ipse *mundius* non sit amplius quam solidos tres.

10. IIII. Item de libertis. Si quis seruum suum aut ancillam liberum dimiserit, et posuerit ei *mundium*, aut unum solidum aut duo aut tres aut sex, tantum habeat *mundium*, quantum ei in cartola adfixerit. Et qui postea ex ipsa liberta nati fuerent, sibe masculi sibe femine, non habeant amplius *mundium* nisi quantum et mater earum.

11. V. De seruo fugace. Si seruus dum in fuga est furtum fecerit, et ipsa fuga foris prouincia exierit, sic exinde procedat iudicium, sicut gloriose memorie *Hrotharit*[1]) [*cap.* 256] rex instituit. Et si ipse seruus intra prouincia dilatauerit, tunc dominus eius habeat spatium ad eum requirendum per minsis tres: et si eum inuenerit, aut non inuenerit, et causa furti manefestata fuerit, quod isdem seruus furtum ipsum fecissit, tunc dominus eius conponat furtum ipsum, sicut lex est. Et si forsitans manefestus non fuerit, et dominus eiusdem serui uetauerit, quod ipsum furtum non fecissit seruus eius, tunc per pugnam aut per sacramentum se defendat, si potuerit.

12. VI. De puella quae intra etatem est. Si quis puella ante duodecim annos spunsauerit aut tolerit, tunc ille qui eam tolit aut spunsauit, conponat sicut edictum de raptum [*cap.* 186. 187] contenit, hoc est solidi nongenti, medietatem regi et medietatem eidem infantole, et ipsa reuertatur in casa et in pecuniam suam, et sit quieta usque ad suprascriptum tempus: postea autem elegat ipsa sibi, et nubat cui uoluerit. Si autem *munduuald*[1])

---

9. III. [1]) fulfreal 2, 3, 5, 7, 10, 11; fulfrealem 6; fulfreald 8, 9; fulcfreal 12, B.

[2]) fulfreald 8, 9; fulcfreal 12, B; fulfreal rell.

11. V. [1]) rotthari 5; rotharit 10; rotharius sec. manu 11; rotharis 12; rothari B.

12. VI. [1]) munduald 3, 5, 7, 10; mundoald 11, B.

eius consenticns fuerit, aut tradederit eam ante suprascriptos duodicem annos, conponat in sagro palatio solidos trecentos, et *mundium* eius amittat, et sit ipsa cum rebus suis in *mundio* palatii.

13. VII. De occisione hominis liberi. Si quis *langobardus* ab alio hominem, quod deus auertat, interemtus fuerit, et causa secundum legem ad conpositionem uenerit, et ipse qui occisus fuerit, filium masculinum non reliquerit: quamquam filias instituissimus heredis, sicut masculûs, in omni substantia patris et matris, ipsam conpositionem uolumus ut accipiant propinqui parentis eiusdem qui occisus fuerit, illi qui per capput succedere potuerunt; quia filiae eius, eo quod femineo sexu esse prouantur, non possunt *faidam* ipsam leuare.

14. VIII. De sororibus, qualiter una alteri succedere debeant. Si sorores in casa patris remanserint, aut ad maritum ambolauerint, succedant patri suo et matri suae in omni substantia eorum, sicut antea [*cap.* 1] statuimus. Et si contegerit una ex eisdem sororibus mori, tunc et quae in capillo remanserent, et quae ad maritum ambolauerint, in omni portioni sororis suae defunctae, quamuis puella mortua fuerit, succedant. Parentis autem propinqui aut *munduuald*[1]) earum tantum *mundium* earum suscipiant; nam de rebus eius aliut nihil percipiant. Si autem contegerit illa mori, quae iam nupto tradita est, tunc ille ei succedat, qui eam per *mundium* suam fecit.

Si autem qualiscumque causae amodo emerserent de his capitulis, quae nunc excellentia nostra statuit, a presenti diae kalendarum martiarum, hoc est quintadecima indictione et anno regni nostri in dei nomine quinto, uolumus ut sic terminentur, sicut celsitudo nostra cum iudicibus et reliquis *langobardis* decreuit, ut supra leguntur. Quae uero antea de talibus capitulis prouenerunt, et iam finitae aut statutae sunt, sic permaneant, sicut prius cognuscuntur esse decisae.

Explicit de anno quinto.

---

14. VIII. [1]) mundiald 5; munduald 7, 10; munda aldearum 11; mundoald B.

INCIPIT DE ANNO OCTABO (p. Chr. 720).

Ego in dei omnipotentis nomine excellentissimus *liutprand*
rex filicissimae gentis *langobardorum*, anno deo propitio regni
mei octabo, diae kalendarum martiarum, indictione tertia, una
cum inlustribus ueris obtimatibus meis neustriae austriae et tusciae partibus, uel uniuersis nobilibus *langobardis,* dum singola,
quae in anterioribus titulis huius edicti leguntur, studiosae hac
subtiliter perscrutassemus, asistente omni populo, presentem, quam
sequens sermo monstrauerit, addere eiucidare sibe statuere preuidemus legem.

15. 1.   Quicumque homo sub regni nostri dicione cuicumque
amodo *uuadia* dederit et fideiussore posuerit presentia duorum
uel trium testium, quorum fides amittitur, in omnibus conplere
debeat.   Et si distolerit et pigneratus fuerit in his rebus in
quibus lecitum est pignerandi, nulla calomnia qui pignerauerit
patiatur.   Nam qui sine hac manefestationem pignerare presumpserit, iouemus ut dublum pignum restituat.   Si uero inter creditorem et deuitorem et fideiussorem orta fuerit intentio, qualiter
in anteriore edicto [*cap.* 366] legitur et a gloriose memorie
Ilrotharit[1]) rege instituere, per sacramentum determinentur.
Nam si in presentia duorum uel trium testium stipolatio ipsa
facta fuerit, eorum testimonium, ut sacramentum inter dantes et
accipientes menime proueniat, credatur.

INCIPIT DE ANNO NONO (p. Chr. 721).

Ego in dei omnipotentis nomine *liutprand* excellentissimus
rex deo dilectae et catholicae gentis *langobardorum* reminiscor,
quoniam iam in superiore edicti corpore adicere curauimus, licit
in paruo, tamen in uoluminibus tribus, id est in primo in quinto
in octabo regni nostri anno, indictione undecima quintadecima et
tertia, ea quae recta et secundum deum tranquilla nobis conparuerunt.   Nunc autem anno regni nostri deo protegente nono, diae
kalendarum martiarum, indictione quarta, pertractantes omnia et
recurrentes antiquioris edicti capitula una cum iudicibus et reliquis *langobardis* fidelibus nostris, iterantes in quarto uolumine

---

15. I.   [1]) rotharene 2, 3, 6, 7, 10, pr. man. 11, B; rothario sec.
man. 11; rothari rell.

supplere et augere preuidimus, quae nobis iuxta deo recta conparuerunt.

19. I. De aetate, in quantis annis debeat esse legitima
aetas. Hoc prospeximus, ut intra decem et octo annos non sit
legitimus homo res suas alienandum; excepto si pater eius debitum dimiserit, habeat potestatem, una cum notitia principis
terrae istius tantum de rebus suis dandum, quantum ipsum debitum fuerit, ut ei maior damnietas propter onorem solidorum
non adcrescat. Et ipse princeps, qui pro tempore fuerit, propter
deum et animae suae mercedem dirigat personam deum timentem
de sui presentia, qui hoc ipsum sapienter consideret, ut ad ipsum
infantulum aliqua damnietas contra rationem aut per negligentia
minime proueniat. Et in nonodecimo anno sit homini *langobardo*
legitima etas, et quodcumque fecerit uel iudicauerit de rebus
suis, stabili ordine debeat permanere.

20. II. De homicidium. Si quis liber homo se defendendum liberum hominem occiderit, et si prouatum fuerit, quod se
defendendum ipsum hominem occisesset, sic eum conponat, sicut
in anteriore edicto contenit, quod gloriose memorie *Hrotharit*[1])
rex facere uisus est.

23. V. Si quis seruum aut ancillam suam in ecclesia circa
altare amodo liberum uel liberam demiserit, sic ei maneat libertas, sicut illi qui *fulcfree*[1]) in quarta manus traditus et *aamund*[2])
factus est. Nam qui *aldionem* facere uoluerit, non eum ducat
in ecclesia, nisi alio modo faciat qualiter uoluerit, sibi per cartola, sibi qualiter ei placuerit.

25. VII. Si quis causam habuerit, et *sculdhaiz*[1]) suo causam suam dixerit, et ipse *sculdhaiz*[1]) ei iustitiam intra quattuor
dies facere neclexerit, si ambo causatores de sub ipso *sculdhaiz*[2])
sunt, tunc conponat ei, qui causam suam reclamauit, ipse *sculdhaiz*[3]) solidos numero sex, et iudici suo similiter solidos sex.

---

20. II.   [1]) rotheri 5; rotthari 7; rotharit 10; rotharius sec. manu 11;
rotharis 12; rothari B.

23. V.   [1]) fulfræal 5; fulfreald 7, 8, 9; fulfreal B.

[2]) amud 3; hamund 9, B; aamund 12; amund rell.

25. VII.   [1]) sculdais 3, 8; sculdahi 7; sculdassio 6; sculdahis B.

[2]) sculdais 8; sculdahi 9; sculdassio 6; sculdahise 11; sculdahis B.

[3]) sculdais 3, 8; sculdassius 6; sculdahise 11; sculdahis B.

Et si forsitan ille, super quem reclamauit, infirmus est, aut pro
utilitatem suam in alia ciuitatem esse nuscitur, expectit eum dum
reuertitur, aut de infirmitate sua conualiscit. Et dum regressus
fuerit aut de infirmitate conualuerit, si intra statutûs quattuor
dies menime eum ad iustitiam faciendum distrinxerit, conponat
ipse *sculdhaiz*,[3]) sicut iam dictum est, cuius causa est, solidos
numero sex et iudici suo similiter solidos sex. Si uero talis
causa fuerit, quod ipse *sculdhaiz*[3]) deliberare menime possit,
diregat ambas partes ad iudicem suum. Et si iudex eius causam ipsam dilatauerit, et intra sex dies inter eos per legem non
iudicauerit, conponat illi qui reclamauit, solidos numero duodicem.
Et si nec iudex ipse deliberare non potuerit, diregat intra duodicem dies ambas partes in presentia regis; nam si aliter fecerit
ipse iudex, et intra duodicem dies, ut dictum est, iustitiam non
inuenerit qui proclamauit, tunc conponat ipse iudex solidos numero
duodicem, et regi sit culpauelis solidos 20.

    26. VIII. Si homenis de sub uno iudice, de duobus tamen
sculdhaiz,[1]) causam habuerint, ille qui pulsat uadat cum misso
aut epistola de suo *sculdhaiz*[2]) ad illum alium, de sub quem
ipse est, cum quo causa habit. Et si intra quattuor dies menime
iustitiam fecerit, conponat ipse *sculdhaiz*,[3]) qui distringere neglexit, ei qui reclamauit solidos sex, et iudici suo solidos numero
sex. Et si talis causa fuerit, quam deliberare non possit, dirigat
eos intra sex dies ad iudicem suum secundum anteriorem capitulo.
Nam si qualiter in superiore capitulo constitutum est, sibe *sculdhaiz*[4]) sibe iudex non in omnibus conpleuerent, conponat qualiter
supra adfixum est, illi qui causam suam reclamauit, solidos sex,
et iudici suo solidos numero sex, et iudex conponat illi, cuius
causa est, solidos numero duodecim, et regi solidos numero 20.

    28. X. Si quis causam habuerit, et *sculdhaiz*[1]) aut iudex ei
secundum edicti tinore et per legem iudicauerit, et ipse stare in
eodem iudicio menime noluerit, conponat illi, qui iudicauit, solidos 20.

---

    [3]) sculdais 3, 8; sculdassius 6; sculdahis B.
    26. VIII. [1]) sculdais 5, 8; sculd 6; sculdahis B.
    [2]) sculdais 5, 8; sculdassio 6; sculdachis 7; sculdahise 11; sculdahis B.
    [3]) sculdais 5, 8; sculdassius 6; sculdahis B.
    [4]) sculds 6; sculdachis 7; sculdais 8; sculdahise 11; sculdahis B.
    28. X. [1]) sculdais 5, 8; sculdas 6; sculdahise 11; sculdahis B.

29?. Si qua mulier res suas uenundare uoluerit, non in
absconse, sed in presentia principis aut iudicis uel *sculdhaiz*,[1])
seu duo aut tres parentes suos secum habeat, et sic iudicem
roget: „quia res meas uolo uindere;“ et ipsi parentes in ipsam
uindictionem manum ponant, et ipsa se uinditricem faciat; sic et
munduuald[2]) ei consentiat, et quod uendiderit stabilem sit.

INCIPIT DE ANNO VNDECIMO (*p. Chr.* 723).

Quoniam quidem superius in hoc edicti corpore, ea quae
nobis et nostris iudicibus uel ceteris *langobardis* congrua paruerunt, in quattuor uoluminibus adiungere curauimus, et nunc, si
aliquid pro gentis nostrae saluatione adhuc adicere possumus,
credemus pro his dei misericordia adipisci, et retributionem aeter-
nam ab ipso domino iesu christo nihilominus promereri. Ergo
in dei omnipotentis nomine ego qui supra *liutprand*[1]) excellentissimus gentis *langobardorum* rex anno regni mei deo protegente undecimo, diae kalendarum martiarum, indictione sexta,
hoc iterum in quinto uolumine adiungere curauimus; id est
kapitulo primo:

30. 1. De his feminis, quae uelamen sancte religionis suscipiunt, aut quae a parentibus suis deo uouintur, aut ipsae se
elegunt, religionis habitu aut uestem monastiga induere uedentur,
quamquam a sacerdote consegrate non sint, sic nobis iustum
paruit esse pro dei amore, ut in ipso habitu in omnibus per-
seuerent, nec sit excusatio mali hominibus dicendo: „quod sacrate
non sunt, ideo si copolantur culpa non habent“. Sed, ut supra
premisemus, quae talem signum super se, id est uelamen et ueste
sancte dei genetricos mariae, quocumque genio in se suscipiunt,
et postea ad saecularem uitam uel habitu transire nullatinus
presumat. Quia considerare deuit omnes cristianus, quod si
quiscumque saeculares parentem nostram saecularem disponsat,
cum solo anolo eam subarrat et suam facit, et si postea alter
eam oxorem ducit, culpauiles inuenitur solidos sexcentos: quantu
magis deuit causa dei et sanctae mariae amplior esse, ut quae

---

[29?] [1]) sculdachis 7; sculdais 8; sculdahis B.

[2]) mundoalt 8; mundoald B.

[1]) liudbrand 8; liudprand 9; Lutprand 12.

ipsum uelamen uel habitu in se suscipiunt, in eodem deueant perseuerare. Si qua uero femina contra hoc, quod nostra instituit excellentia, egerit aut maritum se copolauerit, perdat omnem substantiam suam, et deueniat ipsa substantia ad potestatem palatii; de persona autem eiusdem femine, quae talem malum comiserit, iudecit rex, qui pro tempore fuerit, qualiter illi placuerit, aut in monasterio mittendo aut qualiter secundum deum melius preuiderit. Simili modo et de uictu uel uestimentu eius ipse princeps ordinet, qualiter ei placuerit. Si autem ille, in cuius *mundio* talis femina est, consentiens fuerit in suprascripto malo, et prouatum fuerit, conponat *uuergild*[1]) suum; et ille, qui eam tollere presumpserit, conponat in palatio solidos sexcentos. Si autem *mundunald*[2]) in ipso malo consentiens non fuerit, medietatem de ipsis sexcentis solidis accipiat ipse, et medietatem rex. Qui autem talem feminam rapuerit, conponat solidos mille, ut precedat causa dei solidis centum, quoniam de raptu secularis feminae conpositio nongenti solidi in edicto [*Roth.* 191] lecuntur. Ipsa uero, quae non conseruauerit ea quae superius legitur, et malo suprascripto consenserit, poenae suprascriptae subiaceat.

31. II. Si quis rapuerit qualemcumque femina libera saecularem, unde in anteriore edicto legitur conpositio solidorum nongentorum, ita uolumus, ut de illis quadrigentis quinquagenta solidis, qui perteneunt ad parentes uel ad *mundunald,*[1]) ut accipiat ex ipsis solidis *mundunald,*[1]) qui fuerit, pro fatigio suo ex acceptione de ipsa poena solidos numero centum quinquaginta. Reliquos uero trecentos habeat ipsa femina, cui tales iniuria aut detractio facta est. Si autem patrem aut fratrem ipsa femina habuerit, et in eorum *mundium* fuerit, tunc pater aut frater de ipsam conpositionem, quod sunt solidi quadringenti quiquaginta, faciant cum filia aut sorore sua qualiter uoluerint. Nam alter *mundunald*[2]) aut parentes sic diuidant ipsam conpositionem, sicut supra statuimus.

30. I. [1]) uuirigild 2; uuidrigildum 7; guidrigild 8; uuirgild 10, 11, B; uuidrigild rell.

[2]) munduald 5, 7, 10; mundoald B.

31. II. [1]) munduald 5, 7, 10; mundoald B.

[2]) mundoalt 2; munduald 5, 10; mundoald B.

35. VI. Si quis sine uolontate regis in qualicumque ciuitatem contra iudicem suum seditionem leuaberit, aut aliquod
malum fecerit, uel eum sine iussione regis expellere quesierit,
aut alteri homines de altera ciuitate contra aliam ciuitatem uel
alium iudicem, ut supra, sine iussione regis seditionem fecerint,
aut eum expellere sine regis uoluntate quesierint: tunc ille, qui
in caput fuerit, anime sue incurrat periculum, et omnes res eius
ad puplicum deueniant; reliqui autem, qui cum ipso fuerint in
malo consentientes, unusquisque conponat in palatio *uuergild*[1])
suum. Et si casam cuiuscumque bluttauerint, aut res eorum
tulerint, qui cum palatio aut cum rege tenent, et fidem suam
cum iudice in palatio couseruant, conponat omnes res ipsas, cui
eas tulerit, in *ahtogild*,[2]) et *uuergild*[3]) suum, ut supra diximus,
conponat in palatio. Hoc autem ideo preuidimus in presente
pagina edicti scribere, ut malum uitium non crescat, sed ampu-
temus, et ut omnes in pace et gratia dei et regis uiuere ualeant.

36. VII. Si quis dederit *uuadia*, et eam recepere neglexerit, conponat, sicut in anteriore edicto legitur. Et si ille, qui
ipsa *uuadia* acceperit, reddere neglexerit per fideiussores, et aput
eum remanserit, sic conponat, quomodo et ille, qui *uuadia* sua
recipere neglexerit.

37. VIII. Si quis alteri homini *uuadia* dederit, et antequam eam per fideiussorem liberit, uiolenter de manu illius abstraxerit, cui eam dedit, conponat ei cui ipsa *uuadia* abstraxerit,
solidos 24. Hoc autem ideo adfigi precipimus, ne pro tali causa
scandalum oriatur, aut anima pereat.

38. VIIII. Si quis alii *uuadia* dederit, et uoluerit eam
per fedeiussores suos recipere, et duxerit ad eum, qui *uuadia*
recepit, fideiussores unum duo uel tres, et ipse dixerit „quia
nescio qui sint“, ut damnum ei facere possit: tunc adducere ei
debeat fideiussorem aut de illa ciuitate, unde ipse est, qui *uuadia*
dedit, aut de illa unde ipse est qui suscepit. Et si menime ita
inuenti fuerint, tunc suscipere debeat ipse, qui *uuadia* accepit,

---

35. VI. [1]) uuidrigilt 2; uuidricild 5; uuidrigildum 7; guidrigild 9;
uuirgild 10, B; uuidrigyld 11; uuidrigild rell.

[2]) actogilt 2; actigild 3, 8, 9; actighild 5; actogild 6, B; actogyld
11; octogild 12.

[3]) uuidrigild 5; uuidrigildum 6; uuirigild 10, B; rell. ut supra.

fideiussorem hominem liberum, quem conlibertus eius cognitum habet, et dicit ei: „quod ego scio quia ei credere potes"; et homo ille qui *unadia* dedit, damnum non patiatur.

39. X. Si quis alii homini *unadia* dederit pro quacumque causa, et fideiussorem posuerit, et postea ad ipsum fideiussorem antesteterit, aut pignus de manu tulerit, et probatum fuerit, conponat solidos uigenti.

40. XI. Si quis alii homini *unadia* dederit et fideiussorem posuerit, et ipse fideiussor cum pignerauerit, et piguera ipsa ad creditorem eius dederit, et postea ei ipse, cuius piguera fuerit, per uirtutem tulerit, conponat ipsa piguera in *ahtogild.*[1]

41. XII. Si quis alium ante constitutum pignerauerit, et probatum fuerit, quod ante constitutum pignerasset, conponat ipsum pignum in *ahtogild.*[1]

42. XIII. Si quis index aut actor puplicus in qualicumque ciuitatem aut locum inter homenis, qui aliquam discordiam habent, *triuuas*[1]) tulerit, et unus ex ipsis hominibus, inter quos ipsas *triuuas*[2]) tulta sunt, eas ruperit, medietatem de ipsas *triuuas*[3]) conponat in puplico, et medietatem illi cuius causa est. Et ipsas *triuuas*[4]) non sint minus quam solidi ducenti; qui autem amplius forsitan pro maioribus causis ponere uoluerit, sit ei licentiam.

43. XIIII. De donatione. Si quis alio homini qualiscumque rem donauerit et *launigild*[1]) susceperit, et postea defendere minime potuerit, tunc aliam talem rem, qualem donauit, qualis in illa diae inuenitur esse, reddat cui donauit, et amplius non calomnietur.

44. XV. De seruo fugace et aduena homine, si in alia iudiciaria inuentus fuerit, tunc deganus aut saltarius qui in loco

---

40. XI. [1]) actogilt 2; actigild 3, 5, 8, 9; actogild 6; octogild 12: actigyld rell.

41. XII. [1]) actygild 11; rell. ut in tit. 40.

42. XIII. [1]) treuuas 2, 6, 9, B; triuuam 8: triuuas 10, 11, 12; treugas 12 in marg.

[2]) tribuas 3; trebuas 5; triuuam 8; triuuas 10; triuuæ 12.

[3]) trebuas 3; 8 & 10 ut supra; treuuis 11: triuuis 12.

[4]) trebuas 3, 5; triuua 8; triuuæ 12.

43. XIV. [1]) launechilt 2; launigild 3, 7, 10; lanegild 5; launegild 6, 8, 9, 12: launegyld 11.

est, conprehendere debeat et ad *sculdhaiz*[1]) suum perducat, et
ipse *sculdhaiz*[2]) cum iudici suo consignet. Et ipse iudex potestatem habeat cum inquirendum, unde ipse est: et si inuentus
fuerit, quod seruus sit aut fur, mox mandet ad iudicem aut ad
dominum eius, unde ipse fuerit, et habeat pro presura de ipso
seruo per caput solidos duos. Si autem post inquisitam causam
ipse homo qui conprehensus aut inquisitus fuerit liber aparuerit,
nulla sit culpa ei, qui eum presit aut inquisiuit. Si uero deganus aut saltarius hoc facere distulerit, conponat solidos 4,
medietatem *sculdhaiz*[3]) suo, et medietatem cuius causa est. Et
si *sculdhaiz*[4]) neclectum posuerit, conponat solidos 8, medietatem
iudici suo et medietatem cuius causa est. Si uero iudex ad eum
inquirendum uel mandatum faciendum, unde ipse homo est, distulerit, conponat in palatio solidos 12. Et si ille iudex, cui mandatum uenerit, neclectum fecerit ad ipsum hominem recollegen-
dum, aut *harimanno*[5]) suo mandatum faciendum: „quia in tali
loco homo tuus conprehensus est“, et hoc neclexerit, conponat
in palatio solidos 12. Et sit spatio de ipso mandato faciendo in
istis partibus in uno mense; trans alpes uero, in partibus tusciae,
in menses duo.

48. XVIIII. Si quis liberum hominem foris prouincia uindederit, conponat *uuergild*[1]) eius, tamquam si eum occidisset.

INCIPIT DE ANNO DVODECIMO (*p. Chr.* 724).

— Ideoque ego *liutprand*[1]) in dei nomine excellentissimus
gentis christianae et catholicae *langobardorum* rex, anno regni
mei christo protegente duodecimo, die kalendarum martiarum,
indictione septima, una cum iudicibus et reliquis *langobardis*[2])

---

44. XV. [1]) scul 2; sculdais 5; sculdassium 6; sculdahissu 7; sculdabise 11; sculdahis B.
[2]) sculdassius 6; sculdahis (sec. man. sculdahiss) 7, B.
[3]) sculdai 2, 5; sculd 6, 9; sculdabise 11; sculdahis B.
[4]) sculdais 2, 5, 8; sculdahis 3, 7, B; sculdas 6, 9; sculdahise 11.
[5]) arimanno codd. & B.
48. XIX. [1]) uuidrigilt 2; uuidricild 5; guidrigild 8; uuirigild 10, B;
uuidrigyld 11; uidrigild rell.
[1]) liudprand 8, 9.
[2]) langubardis 5.

fidelibus nostris hoc adiungere in edicti curauimus pagina, in
uolumine quidem sexto, quod antea fuerat multis superuenientibus
causis obmissum; id est in primis:

54. I. De possessionem. Si quis cartolam donationis per
gairethinc[1]) facta aut per susceptum *launigild,*[2]) uel forte con-
paratione ostenderit, et res ipsas unde legitur non possederit, et
dixerit quod ei monimem suum absentatum fuisset: si per triginta annos et super possessio ipsa fuerit, non habeat aduersus
eum, qui possedit, facundia loquendi eum monimem ipsum, quod
ostendere uidetur; nisi ipse firmiter possedeat, qui per triginta
annos possedit, quia iam gloriose memorie *grimuuald*[3]) rege per
triginta annorum possessione institutum est.

55. II. Si quis seruum suum *fulcfre*[1]) *thingauerit,* et
aamund[2]) a se fecerit, uel quocumque modo eum a se absolserit,
in manu regis dandum, aut in ecclesia circa altare ducendum,
et postea ipse libertus uoluntatem patroni sui fecerit, manifestare
debeat libertus ipse libertatem suam sepius iudici et ad uicinos
suos, qualiter absolutus esse uidetur; et postea nullo tempore
ipse patronus aut heredes eius contra eum qui libertatus est,
querellas possit mouere, dicendo quod ei debeat obedire pro eo,
quod sua sponte pro beneficio de domino suo uoluntatem eius
fecerat; sed firmis ei sua permaneat libertas.

57. IIII. Si quis debitum fecerit, et res suas uindederit,
et talis fuerit ipse debitus, quod sanare non possit, et filius eius
per uxorem suam aliquid conquisierit, uel postea sibi per quo-
cumque genio laborauerit, posteus genitor eius omnes res suas
uenundauit, uel pro debito suo creditoribus suis dederit, aut a
puplico intromissi fuerent: non habeant licentiam creditoris eius,
res quas filius de coniuge sua habere uedetur, uel quod postea
conquisiuit aut laborauit, repetendum aut distrahendum, sed habeat

---

54. 1. [1]) garethinx 2, 6, 10; gairethinx 3, 9, 12, B; garitinx 5;
garethincx 7; garithinx 8, 11; gairithinx 11 in ind.

    [2]) launechilt 2; launigild 3, 7; lanigild 5; launegild 6, 8, 9; lauigild
10; launegyl 11: launechild 12.

    [3]) grimoalt 2, 8; grimoald 3, 7, 11, 12, B; grimuald 5, 10; grimo-
aldo 6, 9.

55. II. [1]) fulfreal 3, 6, B; fulfræt, sec. man. fulfraal 5, fulfreale
11, 12; fulfrealem rell.

    [2]) amunt 2; aamund 8, 12; haamund 9, B; ahamund 10; amund rell.

sibi filius eius iure quieto: sic tamen, ut si a creditoribus pulsatus fuerit, preueat . sacramentum, quod de rebus patris aut
matris suae, si ipsa in *mundio* patris eius mortua fuerit, nihil
aput se habeat nec alicubi comendassit aut abscondissit, et sit
absolutus. Et si postea aput eum inuentum fuerit de rebus pa-
ternis, conponat in *ahtogild.*[1])

58. V. Si infans, dum intra etate est, res suas cuicumque
dederit aut infiduciauerit, postea, cum in legitima etate uenerit,
secundum legem cartolam ipsam inrumpere uoluerit, et in rebus
ipsis introire, non habeat pontificium, qui emit aut infiduciauit,
quod dederat requirendum ; quia quando conparauit aut infiduciauit, tunc debuit perspicere, quia puer ipse intra etatem erat,
et contra legem faciebat: et posteus constitutum est, [*Liutpr.* 17]
ut qui intra etatem fuerit, menime uindere aut infiduciare possit,
talem causam eum habere dicemus, qui emit aut infiduciauit,
qualem et ille habere uedetur, qui de seruo aut *aldione* emere
aut infiduciare dinuscitur.

59. VI. Si quis *gastaldius,*[1]) uel actor curtem regiam
habens ad gobernandum, ex ipsa curte alicui sine iussionem
regis casa tributaria, uel terram, siluam, uitis uel prata ausus
fuerit donare, aut si amplius quam iussionem fuerit, dare presumpserit, uel si requirere neglexerit, quod per fraudem tultum
est, omnia ipse, qui hoc contra iussionem regia facere ausus
fuerit, in dublum *ahtogild*[2]) conponat, sicut qui res regias furauit
[*Roth.* 369]. Et si ipse antea mortuus fuerit, quam fraus ipsa
appareat, heredis eius conponat, sicut supra [*cap.* 57] legitur.
Nam si per actorem fraus facta fuerit, et anteaquam ad nostram
perueniat noditiam, fraus ipsa per *gastaldium*[3]) inuentam fuerit,
habeat ipse *gastaldius*[4]) de conpositione quam actor conponere
deuit partem tertiam, et duas partes sint in curtis regia. Et si
per qualicumque hominem prius ad nostram peruenerit notitiam,
quam per *gastaldio* inuenta sit, tunc conpositio ipsa in integrum
nobis et curti nostre perteneat. Quod si iudex aut actor uel

---

57. IV. [1]) actogild 2, 6, B; actygyld 11; octogild 12; actigild rell.
59. VI. [1]) gastaldeus 8: castald 9.

[2]) actogild 2, 6, B; actegyld 11; octogild 12; actigild rell.

[3]) gastaldeum 8; castaldium 6; hastaldium 10.

[4]) gastaldens 8; castaldens 9.

heredis eorum pulsati a nobis fuerint, quod neglectum fecissint
ad exquirendas res nostras, et ipsi dixerent, quod ipsam fraudem
nescissent et nullum neclictum fecissent, preueant in tali ordine
sacramentum, et dicant: „quia pater noster fraudem istam numquam sciuit nec consensit, nec neglictum posuit ad exquirendum,
nec nos per legem culpauelis esse deuemus“, et sint postea absoluti. Hoc enim capitulum amodo statuimus, ut firmis sit; nam
quidquid antea actum est, in nostro arbitrium reseruamus. Et
hoc proinde statuere preuidemus pro eo, quod multas fraudes a
gastaldiis[5]) uel actoribus nostris factas inuenimus, unde iam
multas fatigationis habuimus. Nam quod a nostris decessoribus
cuicumque datum est, stabili ordine uolumus permanere, sicut et
illum, quod nos dedimus aut inantea dederemus.

60. VII. Si *aldius* cuiuscumque cum libera muliere aut
puella fornigatus fuerit, conponet solidos quinquaginta ei, in
cuius *mundium* ipsa fuerit, et illa repetit uitium suum, pro eo
quod *aldioni* consensit.

61. VIII. Si quis alii *uuadia* de sacramentum dederit, et
sacramentalis dicti fuerent, et postea ipse qui nominatus est, cum
ad sacramentum uenerit et euangelia posita fuerit, se subtraere
quesierit, ut sacramentum rumpatur, sicut in anteriore edictum
[*Roth.* 363] est constitutum: tunc preucat prius ille, qui iurare
debet, ad illos sacramentalis suos sacramentum, quod cum eo
munditer iurent. Et si sacramentalis ipsi audire noluerent, et
se aliquis in omnibus subtrahere quesierit, ut ipse causam suam
qui iurare debuerit perdat, iubemus ut manefestare debeat ipse
sacramentales qui se subtraere uoluerit, certam ueritatem, pro
qua causa iurare menime presumit; et si manifestare menime
potuerit, preucat sacramentum, quod nullum conludium habeat
cum hominem illum, qui sacramentum audire debeat, nisi quod
animam suam timendo non presumat sacramentales esse. Et
ipse postea qui iurare debet, habeat spatium noctis duodecim
[*Roth.* 361], qui prope sunt; et qui de longinquo sunt, quomodo
sunt de tuscia uel de austria, noctis uiginti quattuor; et querat
alium sacramentalem, quem in loco ipsius ponat et sic sacramentum deducat, sicut *uuadia* dedit. Et si iurare ausus non

---

5) gastaldeis 8; castaldeis 9.

fuerit aut manefestare non potuerit, quidquid ipse, cui sacramentum in terra dederit, damnum passus fuerit, de propriis rebus suis restituat.

62. VIIII. Reminiscimur enim, qualiter iam statuimus [*cap.* 20]: qui hominem liberum occiserit, ut res suas in integrum perdat; et qui se defendendum hominem occiserit, conponat secundum qualitatem personae. Nunc autem statuere preuidemus, quomodo sit ipsa qualitas consideranda. Consuitudo enim est, ut minima persona, qui exercitalis homo esse inuenitur, centum quinquaginta solidos conponatur, et qui primus est, trecentos solidos. De *gasindiis*[1] uero nostris uolumus, ut quicumque miniuissimus in tali ordine occisus fuerit, pro eo quod nobis deseruire uidetur, ducentos solidos fiat conpositus; maioris uero secundum qualis persona fuerit, ut nostra consideratione, uel successorum nostrorum, debeat permanere, quomodo usque ad trecentos solidos ipsa debeat ascendere conpositio.

63. X. Si quis testimonium falsum contra quemcumque redderit, aut in cartola falsa se scientem manum posuerit, et ipsa fraus manefestata fuerit, conponat *uuergild*[1] suum, medietatem regi et medietatem cuius causam fuerit.

INCIPIT DE ANNO TERTIODECIMO (*p. Chr.* 725).

Ego *liutprand*[1] in christi nomine rex gentis *langobardorum*[2] anno regni mei tertio decimo, diae kalendarum martiarum indictione octaba: dum rememorassem, quod uenientis homenis nostri in presentia nostra adduxerunt causas inter se altercantes, quae nec per usum fuimus certi ad terminandum, nec in edicti corpore ante insertae: proinde prouidimus eas usque ad diem supra scriptum kalendarum martiarum suspendere, dum usque nostri ad nos coniungerent iudecis, et una cum ipsis certum ibi terminum deberemus inponere, unde postea nulla essit intentio. Sicut et factum est, et subter leguntur capitula; primum omnium:

---

62. IX. [1] gasinadiis 5; casindiis 9.

63. X. [1] uuirigild 2, 10: uuidrigild 3, 5, 6, 12; uuidrigildum 7; giudrigild 8, 9; uuidrigyld 11.

[1] liutpr. 3; liudprand 8; liudbrand 10; lutprand 12.

[2] langubardorum 5; Longob. 12.

65. I. De eo qui filiam in capillo in casa habuerit, et filium non reliquerit legetimum, ut de rebus suis amplius per nullum titulum cuiquam per donationem aut pro anima sua facere possit, nisi partis duas; tertia uero relinquat filiae suae, sicut iam gloriose memorie *Hrotharit*[3]) rex instituit [*cap*. 158. 159]. Quia qui *thinc*[4]) facit, et postea filiam nascitur, in tertiam partem ipsum *thinc*[4]) rumpit secundum anteriorem edictum, et si duas aut amplius, in mediaetate: ideo nos, dum in ipso edicto legitur de *thinc*[4]) quod est donatio [*Roth*. 171], nobis comparit, quod per nullam donationem nec per *launigild*[5]) possit filiam suam de ipsam tertiam portionem substantiae suae exherede facere, et si duas aut amplius fuerent, de medietatem.

66. II. De liberum hominem, qui oxorem de seruo aut de *aldione* suo uiuente ipso marito tolerit, et filiis aut filias exinde nati fuerent, nullatinus ei heredis succedant, sed nec libertatem suam habeant, nec per nullum genio eis de rebus suis aliquit facere possit: quia in dubium uenit causam ipsam, cuius filius aut filia sit, quando ambo uiuent, et dominus et seruus, qui ante habuit et qui postea tulit.

68. IIII. De *aldionibus*, qui de persona sua *aldiones* sunt, si aliqua conpellatio facta fuerit: patronus eius eum defendat, aut per sagramentum aut per pugnam, qualis causa fuerit.

69. V. Si *aldius* cuiuscumque in casa alterius nesciente domino suo fuerit, cum inuentus fuerit, sic debeat dare homo ipse, qui eum habuerit, operas quomodo et de seruo.

INCIPIT DE ANNO QVARTODECIMO (*p. Chr*. 726).

71. II. Si quis alio *hasto* conpellauerit de pugna, quod solet fieri per prauas personas, preucat sagramentum ipse qui conpellat solus, et dicat iuratus, quia non *hasto* animo eum per pugna faticare querat, nisi quod certam habeat suspitione, siue de furto fuerit, siue de incendio, aut unde ipsa conpellatio agitur. Et si hoc iurauerit, postea uadat exinde pugna; si autem menime iurare praesumpserit, non fiat ipsa causa per pugna indicata aut finita.

---

[3]) rotherri 5; rotharit 10; Rotharis 12.
[4]) thinx B; tinx pr. man. 5; thinx 7.
[5]) launeghild 2, 8; lanicild 5; launigild 10; launegyld 11; launegilt 12.

73. IIII. De donatione quae sine *launigild*[1]) aut sine *thingatione*[2]) facta est, menime stare deucat. Quia et sic specialiter in edictum non fuit institutum, tamen usque modo sic est iudicatum: ideo pro errore tollendum hoc scribere in edicti paginam iussimus. Et qui fuerit propinquus parens, ipse succidat, et si ille supraestis fuerit, qui ipsam donationem sine *launigild*[3]) dedit, possit eam a se recollegere; excepto si in ecclesiam aut in loca sanctorum aut in exencodochio pro anima sua aliquit quiscumque donauerit, stabile deueat permanere, quia in loga sanctorum aut in exencodochio nec *thinc*[4]) nec *launigild*[5]) inpedire deuit, eo quod pro anima factum est.

77. VIII. Si duo fratres, aut si pater et filius *thingati*[1]) fuerent, si unus ex ipsis sine filiis filiabus mortuos fuerit, curtis regia ei succedat. Ideo autem hoc scripsimus, quia et si adfictum in edictum propriae non fuit, tamen omnes iudices et fidelis nostri sic dixerunt, quod *cauuarfida*[2]) antiqua usque nunc sic fuissit.

78. VIIII. De possessione, qui aliquit de puplico habit, et per sexagenta annos quietos possedit, leceat cum inantea sine aliqua molestatione habere et possedere. Hoc autem ideo statuimus, quia possessio aliorum hominum secundum *langobardorum* legem [*Grim.* 4] in triginta annos finitur; causas quidem regalis, unde conpositio expectatur, dublicatas statuit decessor noster *Hrotharit*[1]) rex [*cap.* 369] conponere: propterea nobis rectum cum nostris iudicibus conparuit esse, ut et in ista causa de possessione duplicentur ipsi anni, ut fiant 60. Et si aut iudex aut actor noster ipsum, qui possessionem talem habit, pulsauerit, quod ipsam rem iniuste possedissit aut inuasissit, et non sint

---

73. IV. [1]) launechild 2; launigild 3, 7, 9; launichild 5; launichil 10; launegyld 11.

[2]) tingatione 3, 5.

[3]) lanichild 5; launegild 7; launigil 10; rell. ut supra.

[4]) thinx B.

[5]) launechild 2; launigild 3; launichild 5; launegild 6, 7, 8, 9; launichil 10; launegyld 11; launchild 12.

77. VIII. [1]) tingitti 5; tingati 7.

[2]) cadarfeda 2; cauuerfeda 3, 5, 8, B; cadarfida 6; uuarfida 7; guaderfia 9; cartafeda 10; gadarfedas 11; catarfeda 12.

78. IX. [1]) rotthari 5; roctari 9; rotharit 10 & sec. manu 2.

conpleti sexaginta anni: tunc ille cuius possessio est, dicat iuratus ad sancta euangelia aut de se aut de patre aut de auio, quod ipsam rem per principem, qualem ausus fuerit nominare, ipse aut parentis ipsius per sexaginta annos possedissit, nec eam per legem dimittere deueat, et sit postea securus. Et si hoc facere ausus non fuerit, aut forte *gastaldius*[2]) aut actor prouare potuerit, conpleti sexaginta anni possessio ipsa non sit, et ueritas apparuerit, quod de puplico fuissit: aut ostendat preceptum aut amittat ipsam rem, si sexaginta anni in ipsa possessione non fuerit conpleti. Et si forsitans aliquis de seruo aut de *aldione* domno regis conparauit, et prouata causa fuerit, relaxit ipsam rem in puplico, quia de seruo aut de *aldione* regis possessio uinditionis esse non deuit, sicut nec de aliorum seruis uel *aldionibus.*

79. X. De eo homine, qui cauallo in mercato conparare noluerit, ut ante duos aut tres homines cum emere deueat, nam non segrete; et si aliquis postea ipsum cauallum cognouerit, habeat testimonia, in cuius presentia conparauit, et ei postea furti calomnia non fiat. Et si ad ipsos testes non credederit, qui furtum querit, firment ipsi testes per sagramentum, excepto si tales homenis fuerent, quibus rex aut iudex sine sagramento credere possit. Et si homenis non habuerit, in quorum presentia conparauit, nisi simpliciter dixerit: „quod conparaui de *franco* aut nescio de qualem hominem", conponat ipsum cauallum pro furtum.

83. XIIII. De omnibus iudicibus, quando in exercito ambolare necessitas fuerit, non dimittant alios homenis, nisi tantummodo qui unum cauallo habent, hoc est homines sex, et tollant ad *saumas* suas ipsos cauallos sex; et de minimis hominibus, qui nec casas nec terras suas habent, dimittant homenis decem: et ipsi homenis ad ipsum iudicem faciant per ebdomata una operas tres, usque dum ipse iudex de exercito reuertitur. *Sculd-haiz*[1]) uero dimittat homenis tres, qui cauallus habent, ut tollant ad *saumas* suas cauallos tres; et de minoribus hominibus dimittant homenis quinque, qui faciant ei operas, dum ipse reuersus

---

[2]) castaldeus 9.

83. XIV. [1]) sculdais 5, 8; sculdassius 6; sculdahise 11; sculdahis B.

fuerit, sicut ad iudicem dixemus, per ebdomata una operas tres. Saltarius quidem tollat cauallo uno, et de minoribus, qui ei operas faciat, tollat homine uno, et faciat ei operas, sicut supra legitur. Et si amplius iudex uel *sculdhaiz*[2]) aut saltarius dimittere presumpserit homines sine regis permisso aut iussione, qui in exercito ambolare deuit, conponat *uuergild*[3]) suo in sagro palatio.

INCIPIT DE ANNO QVINTODECIMO (*p. Chr.* 727).

Iam enim . . . uicibus illa in antico edicti corpore auementare preuidemus, quae credimus deo et bonis hominibus placita esse: modo quidem una cum nostris iudicibus et reliquis *langobardis* fidelibus nostris, diae kalendarum martiarum, anno deo protegente regui nostri quinto decimo, indictione decima, iterum pro quietudine pauperum et omnium *langobardorum* fidelium nostrorum tranquillitatem prospeximus in edicti corpore illa adiuugere, unde antea erat incerta definitio, quoniam alii uolebant per usum, alii per arbitrium iudicare.

85. II. Si quis iudex aut *sculdhaiz*[1]) atque saltarius uel deganus de loco, ubi arioli aut ariolas fuerit, neglexerit amodo in tres mensis eos exquirere et inuenire, et per alios homines inuenti fuerent, tunc conponat unusquisque de locum suum mediactatem pretii sui, sicut supra legitur. Et si manefestatum fuerit, quod sciat iudex aut *sculdhaiz* uel saltarius aut deganus, ubi ipsi arioli aut ariolas sunt, et eos non condemnauerit aut premium tolerit, aut quasi causa piaetatis uel pro qualicumque genio absolserit: tunc integro *uuergild*[2]) suo in sagro palatio conponat. Nam si per iudicem inquisiti aut inuenti fuerent sine noditia *sculdhaiz*, tunc habeat ipse iudex potestatem foris prouincia eos uindendum et praetium sibi tollendum atque habendum; nam si per *sculdhaiz* inuenti fuerent, mediaetatem de ipso

---

[2]) sculdassius 6; sculdais 8, 11; sculdahis B.

[3]) uuirigild 2; uuidrigild 3, 6; uudrichild 5; guidrigild 8, 9; uuirgild 10, B; uuirgyld 11; vudrigild 12.

85. II. [1]) sculdahis 2, 3, 5, 9, 11, B semper in hoc capite; sculdassius 6; sculdais 8, 10.

[2]) uuirigild 2; uuidrigild 3, 5, 6, 12; guidrigild 8, 9; uuirgild 10, B; uuirgyld 11.

practio tollat iudex et mediaetatem *sculdhaiz*. Et si deganus aut saltarius ipsos ariolus aut ariolas uel suprascriptus sagrilecus inuenerit et *sculdhaiz* suo manefestauerit, tunc tertiam partem ipse saltarius aut deganus de ipso pretio per quem inuenti fuerent, habeat sibi, et duas partis tollat ipse *sculdhaiz*. Et ita prospeximus, ut unusquis iudex et *sculdhaiz* faciat mittere preconem, ut qui usque modo ipsa nec dicenda opera egerunt, siue masculus siue femina, ut amodo non fiat; et si amodo non fecerent, non uadant uenales. Nam si post ipsum preconem in talibus malis operibus inuenti fuerent, poenae suprascriptae subiaceant. Et ita uolumus atque precepimus ut unusquisque *sculdhaiz* et saltarius atque deganus iurare debeat iudici suo ad sancta dei euangelia, quod in ista causa nullum neclictum ponant; quia iustum est, ut dum in nostra causa neclictum ponere non presument nec nobis celare, qui contra nos agent aut consiliant: quantum magis non debent neclictum in dei causa ponere, quae plus est, ad inquirendum.

86. III. Si quis cauallum alienum in damnum suum inuenerit, et iuxta anteriore edictum [*Roth.* 343] ad clausura minauerit, et illam rationem fecerit quam edictus anterior cernit, sic exinde procedat iudicium, sicut gloriosae memoriae *Hrotharit*[1]) rex instituit.

87. IIII. Si quis cum seruo aut *aldione* uel cum pertenentem alieno de qualiscumque re conuenerit sine noditia domini eius, quae in anteriore edicto [*Roth.* 233—235] non contenetur, et prouatum fuerit, quod res domini sui naufragassit, tunc reddat ipsam rem, qui eam suscepit absque practio, domino eius, ita ut satisfaciat per sagramentum, quod amplius exinde non tolissit. Postea dominus eius faciat de seruo aut de *aldione* suo, quod illi placuerit.

89. VI. Si quis coniogi suae *metam* dare uoluerit, ita nobis iustum esse conparuit, ut ille, qui est index, debeat dare, si noluerit, in solidos quadringentos, amplius non, minus quomodo conuenerit; et reliqui nouilis homenis debeant dare in solidos trecentos, amplius non; et si quiscumque alter homo minus uoluerit, quomodo conuenerit. Et ipsa *meta* sub aestima-

---

86. III. [1]) rotharit 2, 10; rotheri 5; Rotharis 12; rothari B.

tioue fiat data et adpretiata, ut nullo tempore exinde intentionis
aut causationis procedat.

91. VIII. De scriuis hoc prospeximus, ut qui cartolas
scribent siue ad legem *langobardorum*,[1]) quoniam apertissima
et pene omnibus nota est, siue ad romanorum, non aliter faciat.
nisi quomodo in ipsis legibus contenetur; nam contra legem
langobardorum[2]) aut romanorum non scribant. Quod si non
sciunt, interrogent alteros, et si non potuerent ipsas legis pleniter
scire, non scribant ipsas cartolas. Et qui aliter facere presumpserit, conponat *uuergild*[3]) suum, excepto si aliquid inter conlibertus connenerit.

93. X. Si quis mulierem aut puellam aut religiosa femina.
quae in alterius *mundium* est, in sacramento mittere presumpserit, conponat ad *munduuald*[1]) eius solidos numero quinquaginta.
et in palatio sol. numero 50.

94. XI. Si quis *fream* alienam sine uolontatem de *munduuald*[1]) eius mouere de casa, ubi inhabitat, presumpserit, et
alibi duxerit, conponat ille qui in caput est, pro inlecita presumptione ad *munduuald*[2]) eius solidos numero octonta. Et si
liberi homenis cum ipso fuerent, conponat unusquis per caput
sol dos 20; serui autem in conpositione domini sui conpotentur.
Nam si forte ille homo liber, qui ipsam *fream* de casa ubi est
tolerit, et sibi uxorem duxerit, sic conponat, sicut gloriose
memorie *Hrotharit*[3]) rex in anteriore edicto [*Roth.* 186. 187]
instituit.

INCIPIT DE ANNO SEXTO DECIMO (*p. Chr.* 728).

Pluribus iam quidem uicibus in antiquo edicti corpore ea
adiungere curauimus, quae pro salute animae et gentis nostrae
saluatione esse prospeximus; nunc itaque simili modo ea consi-

91. VIII. [1]) langub. 5.
[2]) langub. 5; laucob. 2.
[3]) uuirigild 2; uuidrigild 3, 6; uuedricibld 5; unidrigildum 7; guidrigild 8, 9; uuirgild 10, B; uuirgyld 11: unidrigilt 12.
93. X. [1]) munduald 5, 7; mundoaldo 6 et sec. Vesm; mundoald B.
94. XI. [1]) munduald 5; mundoaldo 6; mundoald B.
[2]) munduald 5; mundoald B.
[3]) rotharit 2, 10; rotheri 5; rotharis 12; rothari B.

derantes, quae secundum deum recta esse cognouimus, ut nec periuria nec iurgia inter nostros emergantur fideles, una cum nostris iudicibus atque fidelibus *langobardis,* et modo presenti tempore die kalendarum martiarum anno christo protegente regni nostri 16, indictione 11, iterum adiungere: deum innocamus testem, non pro aliqua uana gloria aut laude humana querendum, sed dei omnipotenti placendo et nostros de errore tollendo subiectos.

96. I. Si quis pro causam suam aliquid iudici aut ad qualemcumque locopositus uel fidelis regi dederit, et uiuentem cum requisierit, dicendo quod liberatum non sit, faciat illi iustitiam, post quantuscumque annos requisierit. Nam si post mortem eius filius aut heredis pulsauerit, sic statuimus, ut si uiuentem patrem pulsauit proclamando ad regem, aut conpellandum per tales homines quorum fedis amittitur, et ueritas apparuerit, quod pulsauit et iustitiam inuenire non potuit, faciat ei filii aut heredis iustitiam sicut lex est, si intra anni spatium post mortem patris repetitionem suam ostendere potuerit. Nam si suam reclamationem ostendere non potuerit, et anni spatium preterierit, etiamsi pulsassit, non habeat fagundiam filius aut heredes repetendo, nisi sit sibi contemptus. Quia de *uuadia* et fideiussore de sagramento ita *Hrotharit*[1]) decessor noster in anteriorem edicto [*cap.* 361] sic statuit, ut post anni spatium, cuius pars neglexerit, amittat causam suam: ideoque nobis congruum paruit, ut ipse qui sine *uuadia* et fideiussorem repetire querit, post anni spatium facundiam non habeat repetendo.

97. II. Si quis alium pulsauerit de seruo suo aut *aldione,* quod furtum aut humicidium aut aliquod malum fecissit, si uiuentem ipso seruo aut *aldione* cum pulsauit et conpellationem fecit, faciat ei iustitiam, quandoque pulsatus fuerit. Nam si dum ipse seruus aduixerit, dominum eius non pulsauerit, nisi post mortem serui aut *aldionis* ipsius quesierit ad domino eius, ut ei iustitiam faciat: decreuimus ut nullam facundiam habeat requirendi, si uiuente seruo aut *aldione* non pulsauit dominum eius; quia iniuste nobis apparuit, ut posteus seruo aut *aldionem* ipsum inquirere non potest, ut ei aliquam iustitiam faciat.

---

96. I. ¹) rottari 5; rothari 6, B; rotharus 9; rotharit 10, rotharis 12.

98. III. Si seruus cuiuscumque ancillam alterius tolerit, et dominus ancillae eam libertauerit et *aamund*[1]) fecerit, aut si eam uindederit et qui eam emit doloso animo libertauerit, et seruus ipse in seruicium permanserit: amittat ipsam libertatem suam et sit ancillam regis; et ipse qui eam libertauerit, conponat regi aliam talem, aut precium quantum ipsa naluerit, eo quod conludium fecit.

99. IIII. De puero intra aetatem decreuit clementiam nostram cum nostris iudicibus uel reliquis *langobardis*, ut sicut in alium hominem de rebus suis, dum intra aetatem est, dare non potest, ita nec regi donare possit, antequam ad legitimam perueniat aetatem; quia de causam istam multae contentionis fuerunt.

100. V. Nulli sit licentiam, qualeuit mulierem, *mundium* eius habens in potestatem, post mortem mariti sui ante anni spacium uelare aut monachico habito inducere. Et si ipsa sua uolontatem ante anni spacium hoc facere disposuerit, ueniat ad palatium regi et dicat clementiae eius uolontatem suam et interrogata uel inquisita diligenter a rege, per eius permissum accipiat religiones uelamen. Si uero ante anni spacium sine permissum regis quis hoc facere presumpserit, conponat regi *uuergild*[1]) suum; *mundio* uero mulieris, uel res eius propriae sint in potestatem palatii. Qui hoc ante anni spacium facere querit, propter logrum pecuniae uel seculi cupiditatem hoc facere querit, nam non ob amorem dei, aut anima eius saluandam; quia post mortem uiri sui, dum dolor recens est, in quale partem uoluerit, animum eius inclinare potest. Nam cum in se reuertitur, et carnis dilectatio ei obuenerit, quod peius est, in adulterium cadit, nec monacha esse inuenitur nec laiga esse potest. Et si alter quiscumque homo, in cuius *mundium* non est, hoc facere presumserit, conponat *uuergild*[2]) suum in sagro palatium, et ipsa cum rebus suis sit in potestatem *mundualdi*[3]) sui.

101. VI. Si qua mulier religionis uelamen induta fuerit,

---

98. III. [1]) amundi 5; ammund 6; amond 12.

100. V. [1]) uuirigild 2, 10, B; uuidrigild 3, 6; uuidrichil 5; uuidrigildum 7; guidrigild 8, 9; vuidrigilt 12.

[2]) uuidrichild 5; rell. ut supra.

[3]) mundoald 3, 10, B; mundualdi 5, 7; mundialdi 9.

uel obseruata omnia, qualiter in superiore capitulo adfixa sunt, in monasterio intrare noluerit: si filius aut filias habuerit, in quorum *mundium* esse inueniatur, cum tertiam portionem de propriis rebus suis intrit in monasterium, et post ouitum eius remaneat in ipso monasterium, ubi ipsa intrauerit. Si uero filius aut filias non habuerit, cum medietatem de rebus suis in monasterio intrare possit, si uoluerit, et post eius decessum maneat ipsa metietas in potestatem monasterii. Nam si in domum permanserit, potestatem habeat de rebus suis iudicare pro animam suam, aut cui uoluerit, tertiam portionem; duas uero portionis ex rebus eius sint in potestatem ipsius, ad quem *mundium* eius pertinet.

102. VII. Si quis *langobardus* habuerit filium masculinum legetimum unum, aut filia legetimam unam aut plures, et antequam eam ad maritum tradat, ad mortem uenerit, potestatem habeat ad filiam suam per cartola donationis, si uoluerit, usque ad quartam portionem de rebus suis iudicare: si iudicauerit, stabilem permaneat.

103. VIII. Nulli sit licentiam, coniugi suae de rebus suis amplius dare per qualecumque ingenio, nisi quod ei in diem uotorum in *metfio*[1]) et *morgincap*[2]) dederit secundum anteriorem edicti pagina [*Liutpr.* 7] et quod super dederit, non sit stabilem.

INCIPIT DE ANNO SEPTIMODECIMO (*p. Chr.* 729).

Vicibus iam etiam . . . in uolumina in antiquo edicti corpore illa adicere curauimus, que deo placita et genti nostre expediuilia esse cognouimus: et nunc quidem propter singulas uexationes, que inter homines oriuntur, prospeximus etiam et modo adiungere, que oportuna esse probantur. Et ita statuimus atque censuimus, ut a die isto kalendarum martiarum anno regni nostri, deo propitio septimodecimo, indictione duodecima, sic debeat de istis causis iudicium procedere: nam quod antea statuta sunt, modo minime renoluantur. Quia nobis sic constetit

---

103. VIII. [1]) mepfio 2; mifio 3, 5 pr. manu; mitfio corr. 5: metphio 6, 11, B; methfio 7; meffio 8, 12; mephio 9; mitphio 10.

[2]) morgincap 2, 3, 8, 10, 12; morgincapit 5; morgincaph 6; morginkap 7; morgincapud 9; morgingapd 11.

cum nostris iudicibus tam de austria et neustria et de tuscie partibus uel cum ceteris *langobardis* fidelibus nostris, id est in primis:

105. II. De his qui de inlecito matrimonium ante tempo nati sunt, et ei legetimi fratri sui uolontariae partem dederunt, ita statuimus, ut si ei fratri sui legetimi uolontariae partem dederunt, in ipso deueant permanere, et eos exhereditare menime deueant. Nam pater non possit illos inlecitûs neque per *thinc* uel per qualicumque conludium heredis instituere.

106. III. Si quis *aldiam*[1]) alienam aut suam ad oxorem tollere noluerit, faciat eam *uuirdibora,*[2]) sicut edictus contenit [*Roth.* 222] de ancillam. Nam qui sine ipsa ordinatione eam quasi oxorem habuerit, filii qui ex ea nati fuerent, non sint legetimi, sed naturalis.

111. VIII. Si quis seruum aut *aldionem* alterius per conludium conprachindere presumpserit, dicendo quod super furtum suum conpraesissit aut tacito in curtem suam noctis tempore inuenissit, et conludius ipse apparuerit et certa fuerit ueritas adprouata: conponat ipse, qui cum adprachindere per talem ingenio presumpserit, ei cuius fuerit seruus aut *aldius,* quantum ipse conponere debuit, si absque conludium aut fraudem cum presissit, id est furtum ipsum, quod querebat, in *ahtogild*[1]) et pro inlecita presumptionem solidos 40; et si furtum non repetierit, nisi de tacito in curtem suam conprachinsum dixerit, conponat solidos 40, si ipse conludius apparuerit.

113. X. Si quis *langobardus* noluerit in filios suos sibi bene seruientibus aliquit largiri, habeat licentiam in hoc modo, ut si fuerent duo filii, tertiam partem substantiae suae possit meliorare eum, qui ei bene et secuudum deo obediens fuerit et seruierit.

---

105. II. [1]) thinex 7; thinx rell. & B.

106. III. [1]) aldiane 2, B; aldianam 3, 8; aldiam 6, 12 et ex corr. 11; aldionem 7; aldia 9; haldionem 10.

[2]) uuiderbora 2, 3, 11, B; uuirdebora 6; uuidriuora 7; guidribora 8, 9; uuirboda 10; guiderboram 12.

111. VIII. [1]) actogild 2, 6, B; actegild 5; actochild 10; actogylt 11; octogild 12.

114. XI. Si puella sine uolontate parentum absconse ad maritum ambolauerit, et ei *meta*[1]) nec data nec promissa fuerit, et contegerit, ut maritus ipse antea moriatur, quam *mundium* de eam faciat, contenta sit ipsa mulier, nec possit postea *metam* querere ad heredibus eius, qui defunctus est, pro eo quod neclegenter sine uoluntatem parentum suorum ad maritum ambolauit, nec fuit, qui iustitiam eius exquirere.

INCIPIT DE ANNO NONODECIMO (*p. Chr.* 731).

Superstitiosae et uanae contentiones assidue nostram inpulsare clementiam non cessant. Et dum ad resecandas intentiones inproborum noster intenderet animus: quicquid nostris iudicibus uel reliquis *langobardis* recta conparuerunt, sicut etiam . . . . . . nicibus a nobis alia statuta sunt, ita et nunc in presenti nonodecimo anno regni nostri die kalendarum martiarum indictione quartadecima decidere et confirmare in huius edicti pagina preuidimus; ut si amodo de his capitulis, que subter aduexa sunt, aliqua intentio excreuerit, sicut statuimus, ita finiantur ac determinentur.

117. I. Si infans ante decem et octo annos, quod nos instituimus [*cap.* 19] ut sit legetima etas, spunsalia facere uoluerit, aut sibi muliere copolauerit, habeat potestatem et *metam* facere, et *morgincap*[1]) dare iuxta edicti tinore [*Liutpr.* 7. 89], et oblicationem facere et fideiussore ponere, et carta, si uoluerit, pro causa ista scribere: et qui fideiussoris exteterit aut scriua, qui pro causa ista cartam scripserit, nulla exinde habeat damnationem.

118. II. Recolimus enim, quod statuimus [*cap.* 20. 62] cum nostris iudicibus, ut qui hominem liberum occiserit, omnem substantiam suam amittat. Modo uero dum repetirent singuli homenis, cui forte aliquam duritiam detenebant, quod parentis eius, qui in lectuium suum mortuos fuerat, per ueninum occisissit, et dum per pugnam ipsam causam, sicut antiqua fuerat consuitudo, querere disponebat: grauis causa esse nobis conparuit,

---

114. XI. [1]) meda 5.

117. I. [1]) morgincap 2. 3, 12; morginicap 5. 11; morgincaph 6; morgincaput 8, 9.

ut sub uno scuto per pugnam omnem substantiam suam homo amitterit. Ideoque statuere preuidemus, ut si amodo talis causa emerserent, quis ille mortem parentis sui querere per pugnam noluerit, quod cum per ueninum occisisset, obseruata ea, quae in anteriorem edicto scripsemus [*cap.* 71], ut per euangelia firmit, quod non *hasto* animo causam ipsam querat, nisi quod certa ei sit suspectio: potestatem habeat querere per pugnam, sicut antea fuit consuitudo. Et si ei ferita uenerit, cui crimen ipsum inmettitur, aut ad *camfionem*[1]) ipsius, quem conductum habuit, non amittat omnem substantiam suam, sed conponat eum secundum qualitatem personae, sicut antea fuit lex conponendum. Quia incerti sumus de iudicio dei, et multos audiuimus per pugnam sine iustitia causam suam perdere; sed propter consuitutinem gentis nostrae *langobardorum* legem ipsam uetare non possumus.

119. III. Si quis filiam suam aut sororem sponsare noluerit, habeat potestatem cui uoluerit, libero tamen hominem, sicut anterior contenit edictus [*Roth.* 178]. Nam posteñs eam sponsauerit, non habeat potestatem alteri homini eam ad maritum dandi ante bienni tempus. Et si dare cuilcuit presumpserit, aut ipsa spunsalia inrumpere uoluerit, conponat sponso ipsius, sicut inter se poena posuerunt, qualiter in anteriorem edicto legitur pagina; insuper in palatium regis conponat *uuergild*[1]) suum. Et ille qui eam tollere presumpserit, conponat similiter in palatio *uuergild*[1]) suum; si uero sine uolontatem patris aut fratris eam tollere presumpserit, qui iam alteri est disponsata, conponat sponso eius dubbla *metam*, sicut edictus anterior contenit; in palatium regis conponat *uuergild*[1]) suum.

120. IIII. Contenit autem anterior edictus [*Roth.* 182] de *fream* suam, qui eam male tractauerit, ut amittat *mundium* ipsius; et non dicit, qualis sit ipsa mala tractatio. Proinde prouidimus dicere, quia ipsa sit mala tractatio, id est si eam fame negauerit, aut uestimentum uel calciamentum secundum qualitatem pecuniae non dederit, aut ad seruum uel *aldionem*

---

118. II. [1]) camfionem 5; camphioni 8; campionem 12; camphionem B.
119. III. [1]) uuirizild 2; uuidrigild 3, 6, 12; uuidricild 5; uuidrigildum 7; guidrigild 8, 9; uuirgild 10, B; uuirgyld 11.

alterius eam oxorem dare presumpserit, aut eam battederit turpiter (excepto si infaus fuerit, pro honesta disciplina ostenden-
dum muliebre opera, aut ad nicium malum emendandum, sicut
de propriam filiam suam) et si eam in indicebilem operam quo-
acta minauerit, aut si ipsa adulterauerit: omnia haec qui facere
presumpserit, male tractata esse dicimus. Insuper et addimus,
ut nec ad liberûs homenis eam ad maritum absque eius uoluntatem dare presumat, quia peius tractata esse non potest, si
illum nerum tollit, quem ipsa non uult. Ideo statuimus, ut
propter plagas et feritas, si fecerit, uel de adulterium, conponat
eidem feminae sicut edictus contenit [*Roth.* 43—74] et *mundium*
eius amittat.

121. V. Si quis admodum inuentus fuerit cum oxorem
alienam torpiter conuersari, id est si manos in seno aut ad
pectum eius miserit uel ad alium locum unde turpe esse potest
cum consensum ipsius mulieris, et prouatum fuerit, conponat qui
hoc malum penetrauit *uuergild*[1]) suum ad maritum ipsius mulieris.
Si autem causa non fuerit prouata, nisi tantummodo quispiam de
suspecto alium de oxorem suam conpellauerit, habeat licentiam
ipse qui conpellat aut ad pugna aut ad sagramentum ipsum
hominem querere, qualis noluerit. Si uero ipsa mulier in hac
inlecita causam consentiens fuerit, potestatem habeat maritus
eius, in eam uindicta dare, sibi in disciplina, sibi in uindicionem,
ubi noluerit; uerumtamen non occidatur, nec ei sematio corporis
fiat. Si quidem forsitans talis fuerit ipse liber homo, ut non
habeat, unde conpositionem faciat, tunc puplicus deucat eos dare
in manu mariti eius, et ipse in eum faciat uindictam in disci-
plinam et in uindicionem, nam non in occisionem aut in sema-
tionem. Si autem *aldius* aut seruus alienus hoc malum in libera
mulierem facere presumpserit, tunc patronus eius conponat ad
maritum ipsius mulieris solidos 60, et ipsa persona dit ei in
manu. Si uero seruus aut *aldius* alienus per uoluntatem domini
sui hoc malum fecerit, quod suprascriptum est, et prouatum
fuerit quod ipse dominus consensit, conponat sicut supra *uuergild*[1]) suum; sic tamen ut ipse seruus in ipsa conpositionem

---

121. V. [1]) uuirigild 2, 10, B; uuidrigild 3, 6; uuidrichild 5; uuidrigildum 7; guidrigild 8, 9; uuirgyld 11.

tradatur. Et si prouata causa non fuerit de domini eius uolontatem, tunc ipse dominus serui aut *aldionis* purcficct se per
sagramentum cum legetimis sagramentalibus suis, ut in ipsum
malum consentiens non fuissit, et sit absolutus, et tantum fiat,
sicut supra prcuidemus uel statuimus de seruo uel *aldione.*

122. VI. Si quis miser insipicns homo presumpserit sponsare mulierem habentem uirum, sibe ipse uir eius egroto sit sibe
sanus, sicut modo et nobis talem causam adnuntiatam est, et
prouatum fuerit, conponat ipse, qui hoc fecerit, *uuergild*[1]) suum
ad maritum eius; et ipsa suscipiat in se talem condemnationem,
qualem superius diximus [*cap.* 121] de illam mulierem, qui se
turpiter adtractare permittit.

124. VIII. Si quis *aldium* uel *aldiam,* seruum uel ancillam
battederit, et per ipsam battcturam ponderosi facti fuerent, me-
dictatem pretii conponat dominum uel patronum eorum, tamquam
si eum occidissit; excepto plagas aut feritas sic conponat, sicut
in anteriorem edicto [*Roth.* 76—127] legitur.

125. VIIII. Si quis malitiosae et per superbia, sicut et
modo factum esse cognouimus, mulierem aut puellam liberam
sedentem ad necessitatem corporis sui, uel in alium locum, ubi
ipsa femina pro sua necessitatem nuda esse uedetur, pungere
uel percutere presumpserit, conponat ad *munduuald*[1]) eius solidos octuagenta; et si *aldius* aut seruus fuerit, qui hoc facere
presumpserit, conponat dominus eius solidos sexaginta, et ipsam
personam, qui hoc malum fecerit, tradere deucat in manu de
munduuald[2]) eiusdem femiuae.

126. X. Si *aldius* cuiuscumque *aldiam* alterius tulerit ad
oxorem et filii de ea procreati fuerent, et *mundium* ex ea non
fecerit, sint filii eius *aldionis,* cuius et mater fuerit; nam posteñs
mundium fecerit, et filii nati fuerent, sicut anterior edictus
[*Roth.* 218] contenit, patre sequantur, et talem legem habeant
cum patrono suo, qualem et pater eorum habuit.

127. XI. Si quis romanus homo mulierem *langobardam*
tolerit, et *mundium* ex ea fecerit, et post eius decessum ad

---

122. VI. [1]) uuirigild 2, 10, 12, B; uuidrigild 3, 6; uuidrichild 5;
uuidrigildum 7; guidrigild 8, 9; uuirgyld 11.

125. IX. [1]) mundoald B.

[2]) munduad 5, 7; mundoald B.

alium ambolauerit maritum sine uolontatem heredum prioris mariti,
faida[1]) et *anagrif*[2]) non requiratur; quia, posteûs romanum maritum se copolauit, et ipse ex ea *mundio* fecit, romana effecta est, et
filii, qui de eo matrimonio nascuntur, secundum legem patris romani
fiunt et legem patris uiuunt; ideo *faida* et *anagrif*[3]) menime conponere deuit qui eam postea tolit, sicut nec de alia romana.

128. XII. In anteriore edicto nostri [*Liutpr.* 36. 38] capitula adfiximus, ut si *uuadiam*[1]) suam soluendam quispiam liber
homo tres fideiussoris habuerit, liberûs homines, et ipse qui
uuadiam[1]) suscepit, reddere neclexerit, sic conponat sicut ille,
qui non habuerit fideiussores paratûs. Modo uero, dum prauûs
homines cognouissimus talis fidiussores uelle statuere, qui nihil
habuerent, nisi solumodo personam suam, ut per eos iustitiam
suam creditûr ipse inuenire menime possit, statuimus, ut talis
esse deueant fidiussoris ipsi, ut, si amplius non habuerent, quomodo eum pignerare possiut, quam ipsa oblicatio sit, uel tantum
habeant, quantum, ut diximus, ipsa oblicatio est, unde fidiussores
interuenire debeant. Nam si minus habuerent, non sit culpauelis
ille, qui eum recepere noluerit, nec ipse qui dare deuit, possit
se excusare a culpam dicendo, quod fidiussores paratûs ha-
buissit; quia inpossebilem est, ut talis fidiussoris homo recepiat
qui non habent, etsi amplius non, uel quantum ipsum deuitum
fuerit, quod tollere locum pigneris possit. Et si de presenti
habuerit, unde dare talis fidiussoris, qui recipiendi sunt, ecce
bene: si autem ipsa ora non habuerit, sit spacium de ipsam
uuadiam[2]) tres dies sine culpam, et postea debeat dare talis
fidiussores, qui habeant unde persoluant, quod deuitor dare
debuit; si uero amplius dilatauerit ad fidiussoris dandum, sicut
antea statuimus, sic conponat.

129. XIII. Interuenientem uanissimam et superstitiosa uel
cupida soasionem et peruersionem apparuit modo in his temporibus, quia inlecita nobis uel cunctis nostris iudicibus con-

---

127. XI. ¹) fahida 9.

²) anagrip 2, 8, 11, B; anagriph 3, 7; anacrip 5; auagrit 6, 10;
anegriph 9; anegrip 12.

³) anacrif 5; rell. ut supra.

128. XII. ¹) uuadiam 2, 6, 7; uuadia 3, 5; guadiam 8, 9; uuadium 10.

²) uuadiam 2; guadia 8, 9; uuadiis 10; uuadia rell.

iunctio esse paruit, quoniam adulte et iam mature aetate femine copolabant sibe puerolûs paruolûs et intra ętatem legetimam et dicebant, quod uir eius legetimus esse deuerit, cum adhuc se cum ipsa miscere menime ualerit. Nunc itaque statuere preuidimus, ut nulla amodo femina hoc facere presumat, nisi si pater aut auus pueri cum legetimûs parentis puellę hoc facere preuiderit. Nam si puer post mortem patris aut aui sui intra ętatem remanserit, et ei se qualiscumque femina, antequam ipse puer terciodecimo anno conpleat, copolare presumpserit, dicendo quod legitimus maritus eius esse debeat, inrita sit ipsa coniunctio, et separentur ab inuicem. Femina uero ipsa reuertatur uacua cum obproprium suum et non habeat potestatem alio uiro se copolare, dum ipse puerolus ad aetatem suprascripta peruenerit, siquidem ipsa inpleta ętatem puer ipse sibi eam oxorem habere uoluerit, habeat licentiam, et si eam noluerit, tollat sibi oxorem aliam qualem uoluerit aut potuerit. Illa uero, si ad alium maritum ambolauerit, et ipse puerolus eam habere noluerit, non ei possit uir suus qui eam tollit, pleniter *metfio*[1]) dare, sicut ad aliam puellam, sed tantumodo mediactatem, sicut ad uiduam mulierem [*Roth.* 182. 183]. Qui uerum puerum ipsum soaserit, sibe parentis eius sint, sibe extraneus homo, conponat solidûs centum, medietatem regi et medietatem ad ipsum puerolum.

INCIPIT DE ANNO VICESIMO PRIMO (*p. Chr.* 733).

130. I. Si quis dixerit coniugi suae malam licentiam dandum: „Quia uade, cumgumbe cum talem hominem", aut si dixerit ad hominem: „Veni et fac cum mulierem meam carnis comixtionem", et talem malum factum fuerit, et causam prouatam, quod per ipsum maritum factum sit: ita statuimus, ut illa mulier, qui hoc malum fecerit et consenserit, moriatur secundum anteriorem edicto [*Roth.* 212], quia talem causam nec facere debuit nec celare. Quia si uir eius cum ancillam suam aut cum alia femina adulterassit, mulier ipsa ad palatium et ad iudicis habuit proclamare: ideo tacere hoc nequaquam debuit, quando ei primo fuerat dictum. Propterea, ut diximus, moriatur secundum anteriorem edicti pagina. Ille autem uir eius, qui ei tam malam

---

129. XIII. [1]) mefio 2, 3; femi 5; mitphio 6; metphio 7; meffio 8; mephio 9; miffium 10; metfio 11.

licentiam dedit aut alteri homeni dixit, et auctoritatem tribuit in mulierem suam talem malum perpetrandum, conponat ad parentis ipsius mulieris suae, tamquam si in scandalum occisa fuissit [*Roth.* 378], quia et ipsa ex peccatis in scandalum cocurrere uisa est, quando ad hoc malum penitrandum accessit; quia in maiorem scandalum currere non potuit, quando se ad mortem traxit. Ideo, ut premisemus, conponat *uuergild*[1]) eius, sicut supra statuimus.

132. III. Si quis fraudolenter tolerit ancillam alienam et dixerit, quod eam seruus aut *aldius* ipsius tolissit ad oxorem, et postea ueritas clarifacta fuerit, quod non eam ipse seruus aut *aldius* tolissit, tunc primum omnium reddat ipsum mancipium, cuius fuit, et sit eius ancillam cuius antea fuerat. Et ille qui hanc fraudem fecerit, dit insuper aliam talem ancillam aut *aldianam* eidem homini, cui fraudem fecit, et reddat operas de ipsa ancillam, quam fraudolenter tolit, quamdiu eam habuit aput se.

133. IIII. Si quis liber homo in casam alienam introierit ad resedendum, et ei censum reddendum, et postea aliquid emerit de illis rebus, quas secum adduxit, quando in ipsam casam introibit, aut forsitans habuerit res de mulierem suam et exinde emerit, et prouatum fuerit: tunc ipsum negotium dimittat in ipsam casam et recipiat pretium suum. Et ipsa prouatio in hoc ordinem deucat fieri, ut quando de rebus mulieris suae aliquid conparauerit, adducat homenis qui sciant quod ipsum precium de rebus mulieris suae sit, ut causam ipsam non ueniat ad periurium; sed quando uoluerit iurare de rebus mulieris suae conparationem facta fuissit, et illi testis firmiter sciant et iurent, „quia interfuimus, quando ipsa conparatio de rebus mulieris ipsius facta est“: et sic postea recipiat pretium suum et ipso negotium remaneat in ipsam casam. Nam si de illo laborem conparauerit, quod postea laborauit, aut fecit posteûs in ipsam casam ad censum reddendum introiuit, in ipso cespite dimittat, ubi laborauit. Hoc autem ideo nunc adfiximus, quia tantumodo causa ista in hoc modo semper et antecessorum nostrorum tempore et nostro per *cauuarfida*[1]) sic iudicatam est; nam in edicto scripta non fuit.

---

130. I. [1]) uuirigild B.

133. IV. [1]) cauuarfida 2; quauarfeda 3; cadarfaeda 5; uuarfida 6, 7; guarfida 8; uuardarfida 9; qua uarfita 10; gadarfeta 11; qua uuadarfida 12.

134. V. Si homenis in uno uico habitantis aliqua intentionis habuerit de campo aut uinea, prado aut silua, uel de alias
res, et collexerent se una pars cum uirtutem et dixerent „quia
uuifamus et expellimus eum de ipsum locum per uirtutem foras“,
et ambolauerunt, et scandalum ibi comissum fuerit et plagas aut
feritas factas uel homo occisus fuerit: ita decernimus, ut plagas
et feritas aut hominem mortuum conponant secundum anteriorem
edicto, quod gloriosus *Hrotharit*[1]) rex [*cap.* 43 *sqq.*] uel nos
[*cap.* 20. 62] instituimus; pro autem inlecita presumptionem de
ipsa collectionem conponat solidos 20 ad illam partem, qui in
campum aut in uitis uel in prado aut in silua suum laborem
faciebat. Hoc autem ideo statuimus, ut nullus presumat malas
causas in qualiscumque locum excitare aut facere: et non potuimus causam istam adsimilare, neque ad *hariscild*[2]) [*cfr. Roth.*
19. *Liutpr.* 35. 141] neque ad consilium rusticanorum [*Roth.*
279], neque ad rusticanorum seditione [*Roth.* 280]: et plus
congruum nobis paruit esse de consilium malum, id est de consilio mortis [*Roth.* 11].

135. VI. Adnuntiatum est quidem nobis, quod aliquis per-
uersus homo, dum se quedam femina in fluuio lauarit, pannûs
eius, quos ibi habuit, totûs tolissit, et ipsa remansissit nuda, et
qui ibant et transiebant per locum illum, pro peccatis uedebant
turpitudinem eius; ipsa autem in ipso fluuio semper stare non
potuebat, reuertere autem ad casam suam nuda erubiscibat.
Proinde statuimus, qui talem inlecita presumptionem fecerit, conponat eidem femine, cui talem inlecida presumptionem fecerit,
conponat eidem femine, cui talem turpitudinem fecit, ipse *uuergild*[1]) suum. Ideo hoc dicemus, quia si inuenissit eum aut frater
aut uir aut propinquus parentis eiusdem feminae, scandalum cum
eum comittere habuit, et qui superare potuissit, unus alterum inter-
ficere habuit. Propterea melius est, ut se uiuo conponat *uuergild*[2])
suum, quam de mortuo crescat *faida* inter parentis, et conpositio maior.

---

134. V. [1]) rotharit 10; rotharus 11; rotharis 12; rothari B.
[2]) arischild 2, B; arsgild 3; edarcild 5; arschild 6, 11; uuidrigild 7;
adarschild 8; ariscild 9; arischil 12.
135. VI. [1]) uuidri gildo 5; uuidrigildum 7; guidrigild 8; uuirigild
10, B; uuirgyld 11; uuidrigilt 12; uuidrigild rell.
[2]) uuirigild 2, 10, B; rell. ut supra.

136. VII. Item adnuntiatum est nobis, quod quidam homo
habebat poteum in curtem suam, et secundum consuitudinem
furca et tolenum ad auriendum aquam. Veniens autem alter
homo stetit sub ipsum tolenum; et cum autem uenissit quidam
ad auriendam aquam de ipsum poteum, et incaute ipsum tolenum
dimisissit, uenit super eum, qui sub ipso stabat, et mortuos est.
Cum autem requisitio eiusdem mortui fuerit, quis eum deberit
conponere, et nobis rellatum fuissit: ita nobis et nostris iudicibus
rectum paruit esse, ut ipse homo qui ibi mortuos est, quia non
fuit animal sed sensum rationalem habuit, sicut homo debit habere, prospicere debuit in qualem locum se ponere ad standum,
aut qualem pondus super se habebat. Ideo repotit sibi duas
partis pretii de conpositionem suam, et tertiam partem, quantum
ipse secundum edicti tinorem adpretiatus fuerit, conponat ille qui
ipsam aquam incaute auriebat, et dit eam filiis aut ad propinqui
parentis, qui ei heredis exhistunt, et sit causam finita absque
omnem *faida* uel dolus, quia nolendum factum est.

INCIPIT DE ANNO VICESIMO SECVNDO (*p. Chr.* 734).

Pauca quidem capitula, que nuper exorta sunt et antea
minime in edicto adfixa esse reperiebantur, et erat iudicibus
nostris dubium ad iudicandum, prospeximus nunc in ipso edicti
corpore adnotare et iungere; hoc est diae kalendarum martiarum,
ego in dei nomine *liutprand*[1]) rex gentis *langobardorum* anno
deo propitio regni nostri uicesimo secundo indictione secunda.

139. I. Si *aldius* cuiuscumque *aldiam* alicuam tulerit, aut
seruus ancilla, et antequam de ipso coniugio aliquam conuenentia
domini eorum inter se faciant, contegerit, ut quispiam miser
homo ipsam *aldiam* aut ancilla, qui est uxor alterius, fornicatus
fuerit, ita preuidimus ut ei de ipsa culpa debeat subiacere ille
qui hoc malum perpetrauerit, cuius uxorem adulterauit; nam
dominus eiusdem mulieris tantum *mundium* de ea suscipiat, si
aldia fuerit, sicut lex est; et si fuerit ancilla, accipiat exinde
pretium aut uegariam, sicut conuenerit. Hoc autem ideo prospeximus de uxore de seruo uel *aldione*, quia si de libero hominem quispiam miser homo mulierem adulterat, ad maritum

---

[1]) liuprand 9.

eius conponit [*Liutpr.* 122], ut etiam non habeat eam *mundiatam,* nam non ad parentes.

140. II. Si quis homo liber habuerit seruum uel ancillam, *aldium* aut *aldiam* coniucatûs, et insticantem inimicum humani generis cum ipsa ancilla, que seruus eius maritum habit, aut cum *aldia* qui cum *aldione* eius copulata est, adulterium perpetrauerit: ita statuimus, ut perdat ipsum seruum aut *aldionem,* cuius uxorem adulterauit, et ipsa mulier insimul, ut uadant liberi et absoluti *fulfrealis,*[1] tamquam si *thingati*[2] fuissint, ubi uoluerint; quia non est placitum deo, ut quileuit homo cum uxore aliena debeat fornicari. Tamen de ipsa libertatem dicimus, quia non possunt sic sine uera absolutione ueri liberi esse, nisi sicut edictus contenit [*Roth.* 224], aut per *thinc,*[3] aut circa altare, sicut nos instituimus [*cap.* 9]: ideoque ueniant ad palatio ad nos aut qui pro tempore princeps fuerit terrae istius, eos absoluat et faciat eorum preceptum, et sint postea certissimi liberi et absoluti.

141. III. Relatum est nobis, quod aliqui hominis perfidi et in malitia astuti, dum per se non presumpsessent mano forti aut uiolento ordinem intrare in uicum aut in casam alienam, timentes illam conpositionem que in antiquo [*Roth.* 279. 280] edicto posita est, fecerunt collegere mulieres suas, quascumque habuerunt, liberas et ancillas, et miserunt eas super homines, qui minore habebant uirtute, et adprehendentes hominis de ipso loco, et plagas fecerunt, et reliqua mala uiolento ordine plus crudeliter quam uiri exercuerunt. Dum autem hoc ad nos peruenissit, et ipsi homines pro sua uiolentia, qui minus potebant, interpellabant: ita prospeximus iu hoc edicto adfigere, ut si amodo mulieres hoc facere in qualecumque locum presumpserit, primum omnium decernimus, ut si aliqua iniuria aut obprobrium, aut plagas aut feritas, aut mortem ibi acceperint, nihil ad ipsas mulieres aut ad uiros aut ad *munduuald*[1] earum conponant illi, qui se defendendum eis aliqua fecerint lesionem aut internicionem.

---

140. II. [1] fulfrealis 3, 10, 12, B; fulfreales 5, 9, 11; fulfreals 7; fulfreald 8.

[2] tingati 3, 5, 7.

[3] thux 5; thincx 7; thiux rell. & B.

141. III. [1] munduald 5, 7; mundiald 9; mundoald rell. & B.

Insuper et publicus, in quo loco factum fuerit, conprehendat ipsas mulieres, et faciat eas decaluare et frustare per uicos uicinantes ipsius loci, ut de cetero mulieres tale malitia facere non presumant Et si in ipsa causa feritas aut plagas fecerint ipsae mulieres cuicumque homini, mariti earum conponant ipsas plagas aut feritas, quas ipsae fecerunt, secundum edicti tinore. Hoc autem ideo prospeximus tam de disciplina quam de conpositione, quia non potuimus mulierum collectionem ad *hariscild*[2]) [*Roth*. 19. *Liutpr*. 35. 134] consimilare, neque ad seditionem rusticanorum [*Roth*. 280], quia istas causas uiri faciunt, nam non mulieres: ideoque sic de ipsis mulieribus faciat, sicut supra statuimus. Si quidem simpliciter in scandalum qualiscumque mulier cucurrerit, et mortem aut plagam aut feritam ibi susceperit, sic ei faciat iustitiam, sicut decessor noster *Hrotharit*[3]) rex instituit [*cap*. 378] et iudicauit.

142. IIII. Si quis homo sciens *aldium* aut *aldiam* suam, seruum uel ancillam, in casam cuiuscumque essit, aut copolatûs aut aliter, et non eum requesierit aut per iudice aut per publico et non eum retulerit, et dimiserit eum aput alterum hominem diutius permanere: non requirat operas eorum, quia sciendum neglexit requirire seruum uel ancilla, *aldium* uel *aldiam* suam. Nam si requisiuerit dominus eorum, et ille qui eos habuerit, neglexerit redderet, aut antesteterit, reddat operas eorum sicut lex est.

INCIPIT DE ANNO VICESIMO TERTIO (*p. Chr*. 735).

In nomine domini nostri iesu christi ego *liutprand*[1]) excellentissimus christianus atque catholicus rex gentis *langobardorum*, adiungere praeuidimus una cum iudicibus et fidelibus nostris in edicti pagina, anno regni mei deo propitio uicesimo tertio die kalendarum martiarum indictione tertia, illa capitula, que antea instituta non erat et unde cognouimus esse intentione, ut amodo nulla sit iudicibus nostris, qui iudicare debent, qualiscumque dubietas, sed firmiter possint decernere, sicut hic deo fauente adnotauimus, id est in primis:

[2]) arsgild 3; arscil 5: archild 7: uuidrigild 9; arschild B.
[3]) rotharit 10; rotharius corr 11; rotharis 12; rothari rell. & B.
[1]) liudprand 3; liuprand 9.

143. I. Si cuiuscumque seruus aut ancilla, *aldius* uel *aldia* in ecclesiam dei confugium fecerit, et dominus uel patronus eorum aut per se aut per missos suos exinde uiolenter traxerit, conponat *uuergild*[1]) suum in suprascripta basilica. Et si seruus uel *aldius* sine uoluntate domini sui hoc malum fecerit, det ipso seruo aut *aldionem* pro ipso malo in manu de custode ipsius basilicae, et ipse dominus uel patronus satisfaciat, quod per ipsius uoluntatem hoc factum non fuissit, et ipsum *uuergild* suum non conponat.

144. II. Si quis timorem dei inmemor pro cupiditatem terrena propter qualiscumque rem sciens se periurauerit, et postea sic inuentum et probatum fuerit, quod periurassit, tunc amittat ipsam rem unde periurauit, et habeat eam ipse, cui contra rationem iurauit. Insuper, quia in se ipso, et quod plus est, in deo peccauit, et negauit fidem suam et periurauit, domino deo suo et sibimet ipsi non pepercit, conponat medietatem de *uuergild*[1]) suo ei, cui periurauit.

145. III. Recolimus enim, qualiter iam antea [*cap.* 4] instituimus ut si quis decidens reliquerit filiam unam aut plures, et sororis in capillo similiter unam aut plures, ut pariter atque equaliter sorores et filiae ei succedere debeant, et si soror in capillo deciderit, soror qui remanserit, similiter sorori suae succedat. Modo uero, quia intentio exorta est inter fratres et sorores de nepte, que in capillo mortua fuerat, altercationem ponentes quis ei succedere deberit, statuimus ut barbas eius, in cuius *mundio* fuit, ipse ei succedat in eius portione; nam amedanis ipsius de eius portione nihil percipiant, nisi tantum habeant quantum, si uiuens fuissit, ipsa neptis earum.

146. IIII. Si quis inuenerit libera mulierem aut puellam per campum suum seminatum ambolantem et uiam indicantem, pignerit eam, et parentes aut *munduuald*[1]) eius conponant pro ipsa solidos sex sicut lex est [*Roth.* 357]; nam si ipsa conprehendere presumpserit et ad casam suam legatam aut submanicatam duxerit, conponat solidos centum, medietatem regi et

---

143. I. [1]) uuidrigild 3, 6, 9, 12; uuidrigildum 5, 7; guidrigild 8; uuirigild 10, B; uuirgyld 11.

144. II. [1]) uuidrigild 5, 7; uuirgyldi 11 rec. manu; rell. ut in cap. 143.

146. IV. [1]) munduald 5, 7; mundoald rell. & B.

modietatem cuius causa est; sic tamen ut conpositio illa de sex solidis in ipsa conpositione conputetur. Et si pulsatus fuerit ille, in cuius *mundio* fuerit mulier aut puella, quod *hasto*[2]) et iniquo animo feminam ipsam ambulare per laborem alterius fecissit, ut ei conponerit: tunc preneat sacramentum, quod cupiditatem habendum de conpositionem ipsam *hasto*[2]) animo per laborem ipsius ipsa femina non ambulassit, nec damnum *hasto*[2]) faciendum. Et si iurauerit, tunc ipse qui eam conprehendere presumpserit, conponat solidos centum ut supra; et si iurare non praesumpserit, parentes aut *munduuald*[1]) ipsius feminae, ut supra dictum est, conponant solidos sex pro uia indicata, sicut supra diximus, et ille qui conprehensit, sit solutus.

147. V. Si cuiuscumque seruus aut *aldius*, ancilla uel *aldia* in furto conprehinsi fuerint, et dominus eorum neglexerit eos liberare, et usque ad dies triginta eos dimiserit: sint *figanges*,[1]) et habeat eos sibi in transacto, cui furtum fecit, et postea ipsum furtum ei conponat, sicut lex est et edictus contenit.

148. VI. Si quis ex sua auctoritate terra aliena sini puplico *uuifauerit*,[1]) dicendo quod sua debeat esse, et postea non potuerit prouare quod sua sit, conponat solidos sex, quomodo qui palo in terra aliena figit.

151. IX. Si quis porcûs in silua alienam diffensam miserit, sicut edictus anterior habit, hoc est usque ad decem porcûs, et occiserit porco uno, sic sit sicut anterior edictus contenit [*Roth.* 349. 350]. Si quidem tantum decem inuenerit et plus occiserit quam edictus habit, conponat eum in *altogild*,[1]) sicut qui malo ordine res alienas tullit. Nam si ille homo qui ipsos porcos habit, amplius miserit *hasto*[2]) animo suos aut alienûs in defensum quam edictus habit, et ille cuius silua est occiserit ex ipsos plus quam edictus contenit, non requirantur. Et si ille, qui porcûs miserit, iurare presumpserit, quod *hasto*[2]) non misissit,

---

[2]) asto codd. & B.

147. V.   [1]) figanges 3, 10; figangi 5; fagangi 6; figantes 7; figangin 8; finganges 9; feganehis 11; feugaugi 12.

148. VI.   [1]) guiffauerit 7; guifauerit 8; uiffauerit 9, 10; uiuificauerit 11; Geinfahuerit 12.

151. VIIII.   [1]) actogild 6, 7, B; actygild 11; actigild rell.

[2]) asto cod. & B.

nisi sine uoluntatem ipsius domini, reddat ille, qui occisit, ipsos porcûs *ferquidûs;* et si de pastore suo similiter iurauerit, similiter reddantur. Nam si de pastores de *hasto*[2]) iurare non presumpserit, medietate reddantur, et medietatem repotit sibi, quia seruum habuit indisciplinatum.

153. XI. Si quis *langobardus* oxorem habens filiûs aut filias procreauerit, et postea inspirationem dei conpulsus clericus effectus fuerit, tunc filii aut filiae qui ante eius conuersionem nati fuerint, ipsam legem uiuant, quam ille uiuebat, quando eos genuit, et causam suam per ipsam legem finire debeant.

Explicit edictum domno *Liutprand.*[1])

CAPITVLA EXTRA EDICTVM **VAGANTIA.**

I. GRIMVALDI SIVE LIVTPRANDI MEMORATORIVM DE MERCEDIBVS MAGISTRI COMMACINORVM.

ITEM MEMORATORIO DE MERCEDES COMACINORVM.

I. Si *sala* fecerit, reputet tegulas in solido uno numero sexcentos; si in solario, tegulas trecentas per solidum unum uestitum: quia quindecim tegulas uiginti pedes lebant.

(II. NOTITIA DE ACTORIBVS REGIS, p. Chr. 733.)

2. Item unde antea iussemus [*cap.* 78] per sexagenta annûs inquirire possessio de pigunia puplicam, pro eo quod peccatis inminentibus de sexagenta annis aliquis non memorat, et pauci inueniuntur, qui tantûs annûs habeat: ita statuimus, ut excepto quod iam per notitiam inpubligatum est, ut actor qui bene certus est, quod intra 30 annos aliqua inuasatio aut fraus in pecuniam puplica peractum est, ipsum requirat et adducat ad nostram noditiam; sic tamen ut antea non presumat *uuifare*[1]) aut pignerare, quia nos uolumus ista causa per uosmed ipsûs audire et secundum deum ordinare; quia apparuit nobis, quod si nos ipsa causa audierimus, deo fabentem sine peccatum cam

---

1) liuprandus 9.

2. 1) uifare 2; uuiffare 13, 14.

inquirere habemus, et sic ordinare ut mercedem habeamus; quia indices nostri neque *harimannos*[2]) nec actoris nostri possunt sic disciplina distringere, sicut nos. Quod autem prouatum est, qui per triginta annos aut super, cuiuscumque possessionem fuit, et amodo habeat, ut nullus actor eo presumat nec *uuifare*[1]) nec molestare; et qui presumpserit, conponat ipse actor *uuergild*[3]) suum; excepto unde preceptum falsum inueniatur, quod aperta causa est ad requirendum.

3. Si quis seruus noster occisus fuerit, duas partis de ipsa conpositionem tollat curtis nostra, et tertiam pars parentis ipsius serui nostri defuncti, sicut superius diximus. Hoc autem in diebus nostris et in tempore regni nostri statuimus, quamuis lex nostra non sit: post autem nostrum decessum, qui pro tempore princeps fuerit, faciat sicut ei deus inspirauerit aut rectum sicut secundum animam suam preuiderit. Quia non semel, sed multotiens cognouimus ubi talis causam emerserit, quoniam nec in rebus publicis, nec nulla rationem palatii profuerit, quod exinde actoris nostri tollerunt; et insuper inuenimus et cognouimus multos actores nostros, qui tollebant de singulis unde decem solidos, unde sex, unde amplius, et dabant talem spatium atque tranquillum, donec ipse qui homicidium faciebat obsegrare potuisset, ut exinde nihil daret. Proindeque preuidimus statuere: curtis nostra medietatem de *aldiones* et duas partes de seruos, sicut super diximus, habeat, et relinqua parte ipsi parentis propinqui, ut unde habent dolore, habeant in aliquo propter mercedem consolationem.

4. Propter deum et eius misericordia precipimus atque statuimus sola pietatis causa, ut si *aldius* noster occisus fuerit, medietatem de ipsa conpositionem tollat curte nostra, et medietatem parentes ipsius defuncti, si uiuo patrem habuerit *aldione* nostro, sibe matrem, sibe fratres, sibe filii.

5. Oc precipimus, ut nullus presumat nec da seruo nec da *aldione* nostro aliquid emere; quia pro cautella et futuris temporibus per omnes curtes nostras brebi facimus de omni territuria de ipsas curtes pertinentes. Vnde precipimus, ut qui

---

[2]) arimannos codd. et B.

[3]) uuidrigild codd. et B.

amodo inuentus fuerit de seruo aut de *aldionem* uel a pertinente
de curte nostra aliquid emere, ipsum perdere habet, sicut qui
res alienas malo ordinem inuadit. Et si actor consenserit aut
conscius fuerit, res eius tollere et inpublicare faciat. Quia debet
omnis homo considerare propter deum et animam suam, quoniam
nos illum relaxauimus a liuero *cremmanos,* quod nobis in curtes
nostras secundum antiquo edicto legibus pertinebat; quoniam qui
unam filiam relinquebat, tantum in tertiam pars substantiae patri
suo succedebat, et duas in publico reuertebant, si propinquos
parentes non habebat; et si duas filias habebat aliquis aut
amplius, in medietatem tanto succedebant patri suo, et publicus
in medietatem: et ecce nos modo omnia de talibus causis propter
deum et mercedem anime mee relaxauimus. Proinde unicuique
debet sufficere sua substantiam, et non debet cupiditatem habere
contra rationem conparandum da seruo aut de *aldionem* uel a
pertinente nostro. Vnde qui hoc facere presumpserit, conponere
habet sicut scriptum est; insuper in periurii reatum nobis conparuit pertinere, eo quod nobis iuratum habet quod nobis fidelis
sit; et qualis fidelitas est, dum ille cum indicis aut actorem aut
aldionem uel seruo conludium facit, et res nostra contra nostram
uoluntatem inuadit? Quia hoc statutum est in edictum, ut qui
de serbo aut *aldionem* conparauerit, perdat pretium; et quale
legem unus quis *langubardus* sibi habere uult, talem debet
curtem nostram conseruare. Et quis modo conparauit aut infi-
duciabit, perdat pretium suum secundum edicti tinore; qui uero
hoc modo facere presumpserit, et pretium perdat, et sicut qui
res aliena malo ordine inuadit nesciente domino, conponat. Actor
uero admittat substantiam suam, qui hoc consenserit, sicut superius legitur. Nam si nos relaxauimus, unusquisque habere
debeat, cui preceptum fecimus aut fecerimus.

6. Et hoc enim statuemus, ut nullus iudex neque actor aut
qui super furouis erit nuscuntur, non presumat seruum aut *aldionem* alterius conprehindere pro furto aut alia culpa . . . .

INCIPIT LEGES QVAS DOMINVS **RATCHIS** REX INSTITVIT.

1. Ut unusquisque iudex in suam ciuitatem debeat cottidie in iudicium residere, et non adtendat ad exemulationem suam aut aliam sacculi uanitatem, sed per semetipsum resedeat et omnibus iustitiam conseruet, ita ut de nullo homine premium accipiat, sicut iam per manum scriptam nobis promiserunt; qui aliter iudicauerit iudicatum suum amittat. Sed si quis iudex amodo neglexerit *harimanno*[1]) suo, diuiti aut pauperi, uel cuicumque homini iustitiam iudicare, amittere debeat honorem suum, et conponat in palatio regis *uuergild*[2]) suum, et illi conponere debeat, qualiter edicti continet pagina, cui iustitiam iudicare neglexerit. Quoniam iam teste deo dicimus, quia nec alicubi uel ad orationem possumus exire aut ubicumque caballicare, propter reclamationes multorum hominum. Ideo hoc statuimus et uolumus, ut omnis iudex hoc faciat, ut in dei non perueniamus offensa. Et ipsi iudices uolumus ut in eo tinore precipiant ad *sculdhaiz*[3]) suos, aut ad centinos, aut ad locopositos, uel quos sub se habent ordinatos, ut et ipsi similiter faciant, et promittant ad iudice suo, sicut et ipsi iudices nobis promiserunt, ut sit nobis et illis tranquillitas et mercedes in anima.

2. Si quis uero *harimannus*[1]) aut quislibet homo ad iudicem suum prius non ambulauerit, et iudicium de iudice suo non susceperit, et post iustitiam suam receptam sic uenerit ad nos proclamare: conponat ad ipsum iudicem suum solidos quinquaginta.

3. Et hoc uolumus, ut nullus homo presumat causa alterius ad dicendum supprehendere aut causare, nisi cum notitia de iudice suo, causam de uidua aut de orphano dicendum. Nam qui, ut diximus, de conliberto suo causa supprehendere aut causare presumpserit, conponat *uuergild*[1]) suum, medietatem regi et medietatem iudici suo. Et si iudex, qui fuerit ante quem causa altercatur, hoc fieri permiserit aut consenserit, conponat regi *uuergild*[1]) suum.

---

1. [1]) arimanno codd. & B.
[2]) guidrigild 8: unidrigild B.
[3]) sculdas 6; sculdais 8; sculdahis B.
2. [1]) arimannus codd. & B.
3. [1]) guidrigild 8, 9; uuidrigild B.

4. Haec itaque uolumus et statuimus, ut unusquisque *hari-mannus*,[1]) quando cum iudicem suum caballicauerit, unusquisque per semetipsum debeat portare scutum et lanceam, et sic post ipsum caballicet. Et si ad palatium cum iudicem suum uenerit, similiter faciat. Hoc autem ideo uolumus ut fieri debeat, quia incertus est homo quid ei superueniat, aut quale mandatum suscipiat de nos aut de terra istius, ubi oportet fieri caballicatio. Si quis uero aliter facere presumpserit, conponat iudici suo solidos uiginti; et [*si*] iudex ille, cuius *harimannus*[1]) hoc distulerit inplere, non distrinxerit, sicut supra diximus, conponat *uuergild*[2]) suum in palatio regis. De ferratura quidem et aliis armis uel caballis ita fieri debeat, sicut iam antea per nostram iussionem precepimus.

II. INCIPIT PROLOGVS DOMNI RATCHISI REGIS
(p. Chr. a. 746).

Christi iesu et saluatoris nostri adsidue nos conuenit precepta conplere, cuius prouidentia ad regiminis culmen peruenimus: ipsius auxiliante misericordia ea que genti nobis commissae conueniunt, id est catholice et deo dilecte *langobardorum*, statuenda preuidimus. Quoniam gloriosissimus ac precelsus *Hrotharit*[1]) rex, huius gentis *langobardorum* princeps, sibi deo inspirante leges inseruit atque innouauit, et omnes intentiones et disseusiones malorum regali studio resecauit; quidem et statuit, ut cuncti successores eius, que sibi deo inspirante aspera et dura cognoscerent, illi ad mollitiem et pietatis perducerent gratiam. Deinde successor eius *grimouuald*[2]) precellentissimus rex, dum studiose atque uigilanter singulorum consideraret necessitates, que illi melius conplacuerunt, ad cultum salutis augendum minuendumque adiunxit. Post hunc uero gloriosissimus et orthodoxus fidei cultor atque huius gentis gubernator et noster per dei omnipotentis misericordiam nutritor, *liutprand*[3]) eximius et precelsus hac sapientissimus princeps, persistens in dei operibus et cotidianis uigiliis, omni pudicitia et sobrietate ornatus, sicut a

---

4. [1]) arimannus codd. & B.
[2]) guidrigild 8, 9; uuidrigild B.
[1]) rotthari 5; rotharis 8; rotharit 10; rothari B.
[2]) grimuald 5, 10; grimouald 8, B; grimoald 6, 7, 9.
[3]) liuprand 3; liudprand 8; leudprand 10.

deo promeruit per ipsius inspirationem omnia decenter elicuit et
in edicti pagina cum suis *langobardis* ac iudicibus confirmauit.
Idcirco per redemptoris nostri prouidentiam ego diuino auxilio
ratcis,[4] precellentissimus et eximius princeps, anno regni mei
secundo, die kalendarum martiarum indictione quarta decima,
dum cum gentis nostrae, id est *langobardorum*, iudicibus, tam
de austriae, quam et de neustriae uel tusciae finibus uniuersa,
quae a decessoribus nostris statuta sunt, sollicite considerassem,
quaedam ibi iusta et quaedam purganda esse inuenimus. Quia
dum praui homines ea quae ad dominum pertenent, non consi-
derant, magis huius saeculi lucrum, quam animarum suarum
remedium intendunt, et per humanam astutiam debiles et egenos
opprimere non desistunt; quoniam peccatis facientibus multos
homines neglegenter et humana cupiditate conpulsos in periurio
cadere cognouimus, eo quod gloriosus *Hrotharit*[1]) rex in edicti
pagina [*cap.* 366] statuerat, inter creditorem et debitorem seu
fideiussorem intentione orta, quo tinore *uuadia* dedisset, et debitor statutae causae tinore negauerit, licentiam ei esset aut per
sagramento aut per arma ipso tinore negare. Sed nobis et nostris
iudicibus atque *langobardis* adstantibus iustum conparuit, ut hoc
periurium fieret resecatum.

Explicit prologus.

6. II.   Reminiscimus enim, quia anterior edictus contenere
dignoscitur de liberis feminis, qui seruis copulantur, ut quandoque inuenti essent, in seruitio reducerentur. Sed quia *grimouuald*[1]) rex instituit de his qui per triginta annos in libertatem
uiuerent, ut in seruitio non replicarentur, tamen quia curtes
regia possessio non inpedit, nisi per sexaginta annorum curricula,
sicut domnus *liutprand*[2]) rex instituit, ideo definiuimus: si quae
feminae admodum inuentae fuerint, que sibi serui copulauerunt
et per sexaginta annos in libertatem permanserunt, ipsae aut
filii uel filiae earum, aut qui de ipsis procreati inuenti fuerint,
nullus eos in seruitio replicare praesumat, sed in libertatem
suam permaneant, sicut per sexaginta annos permanserunt.

---

[4]) ratchis 5, 6, 10, 11, B; rachis 7, 8, 9.

6. II.   [1]) grimouuald 3; grimuald 5, 11; grimouald 8: grimoald rell.

[2]) lintprandus 6; liudprandus 8; liuprand 9; leudpland 10; lut-
prandus 12.

7. III. Si quiscumque *langobardus* qualecumque hominem scruum aut *aldionem* suum facere noluerit, et ipse ad palatio ucnerit proclamandum, et iussionem regis acceptam ei deportauerit, ut aut ipse iudicit, aut ueniat in presentia regis uel de iudices cum ipso iudicium habendum, et ipse neglexerit, et furore accepto si eum battederit, aut quod absit occiderit, sicut nunc factum ex peccatis esse cognouimus: conponat *uuergild*[1]) suo in palatio. Et si ipse homo uiuus fuerit, et iam seruus aut *aldius* sit, perdat cum cum rebus eius, et in libertatem permaneat ipse uel filii ipsius; et si liber fuerit, *uuergild*[2]) suo conponat regi, si eum battederit, et ei conponat sicut ad liberum hominem. Nam si ipsum occiderit, pro hoc capitulum, sicut supra legitur conponat mortem illius, simul et *uuergild*[3]) suo regi pro praesumptionem: si uero *aldius* fuerit aut seruus, perdat filios eius et res ipsius, et conponat in palatium *uuergild*[4]) suum.

10. VI. Cognouimus enim, quod per singulas ciuitatis mali hominis *zauuas*[1]) et adunationes contra iudicem suum agendum faciebant. Sed ita statuimus, ut si amodo quiscumque homo adunationem cum quattuor uel quinque aut amplius hominis fecerit, dicendo quod uoluntatem iudici suo non faciat quae ille ei recte dixerit, aut ad eius iudicium non uadat, confidens in alicuius patrocinio, et alios circa se adgregare noluerit ut ipsi similiter faciant, conponat sicut anterior edictus de seditionem contra iudice suo leuatam continere uidetur. Si uero de causa regis aliquid dicere uoluerit, sit ei licentiam ueniendum ad palatium; et si, super quem dixerit, ueritatem adprouauerit, sit condemnatus cui adprouauerit, et suscipiat sententiam secundum qualitatem cause, sicut anterior edictus contenit; et si ueritatem adprouare non potuerit, fiat ei datus in manus cum rebus suis, et faciat de eo quod noluerit. Violentia quidem, si sustinuerit aliquid aut a iudicem suum, aut ab alium hominem, et iudex

---

7. III. [1]) uuidrigild 3, 5, 6, 12; uuidrigildum 7; guidrigild 8, 9; uuirigild 10, B; uuirgyld 11.

[2]) uuidrichild 5; rell. ut supra.

[3]) uuidricild 5; rell. ut supra.

[4]) uuidrigild 3, 6, 7, 12; rell. ut supra.

10. VI. [1]) zauas 3, 8, 10, B; zeuas 5; zaua 6, 11; zabas 7, 9; tanas 12.

neglexerit iudicare, forsitaus adtenderit ad *casindium*,[2]) uel ad
parentem, aut ad amicum suum, uel ad premium, et legem non
iudicauerit: tunc ueniat ad palatio, et reclamit sua uiolentia; et
si prouatum fuerit, non conputetur in adunationem ei qui proclamauit, sed ipse iudex conponat *uuergild*[3]) suum, medietatem
regi et medietatem ei cui iustitiam denegauit, et honore suo
amittat. *Harimannus*[4]) quidem ille, si mentierit et dolosae hoc
dixerit, et si antea uenerit ad palatium, quam ad iudicem suum
uadat ad iudicium: si habuerit unde conponere, conponat solidos
quinquaginta, medietatem regi et medietatem iudici suo. Et si
talis homo fuerit, quod non habuerit unde conponere, suscipiat
disciplina, ut ipse emendatus fiat, et alii hoc facere non presumant.

11. VII. Si quis causam alterius agere aut causare presumpserit in presentia regi aut iudici, excepto si rex aut iudex
licentiam dederit de uidua aut de orfano aut de tale hominem
qui causam suam agere non potit, conponat *uuergild*[1]) suo, medietatem regi et medietatem ei contra quem causauerit. Et si
forte aliquis per simplicitatem causam suam agere nescit, ueniat
ad palatio, et si rex aut iudex praeuiderit, quod ueritas sit, tunc
ei dare debeat hominem, qui causam ipsius agat. Nam si iudex
hoc consenserit, excepto his capitulis, et non emendauerit, et
ipse similiter conponat *uuergild*[2]) suum regi. Si enim quiscumque liber homo in seruitio de *casindio*[3]) regis, aut eius fidelis
introierit, et iudex, de sub quem fuerit, dolose eum obpremere
quesierit, pro eo quod ipse in alterius seruitio introiuit, et per
ipsum dolum inlecite ei iudicauerit, et forsitans ab ipso iudice
suo iustitia inuenire non potuerit: tunc conponat iudex, sicut
supra legitur, et ille in cuius obsequio est, habeat licentia causam eius agere, et usque ad legem perducere; sic tamen, ut

---

[2]) casindio 9; gastaldium 3; gasindium 6, 10, 11, B.

[3]) uuidricild 5; uuidrigildum 7; uuirigild 10, B; uuirgyld 11; uuidrigild rell.

[4]) Trimannus 8; Arimannus rell. & B.

11. VII. [1]) uuidrigild 3, 6, 12; uuidrigildo 5; uuidrigil 7; guidrigild
8, 9; uuirigild 10, B; uuirgyld 11.

[2]) uuidrigild 3, 6, 7, 12; uuidrigildo 5; guidrigild 8, 9; uuirigild
10, B; uuirgyld 11.

[3]) casindio 9; gas. rell. & B.

antea nadat ad iudicium de iudice suo, ut ad ipsum suscipiat iustitiam.

13. Hoc autem statuere preuidimus, ut *marcas* nostras christo custodiente sic debeat fieri ordinatas et uigilatas, ut inimici nostri et gentes nostre non possint per eas sculcas mittere aut fugacis exientes suscipere, sed nullus homo per eas introire possit sine signo aut epistola regis. Propterea unusquisque iudex per *marcas* sibi commissas tale studium et uigilantiam ponere debeat, et per se et per locopositos et clusarios suos, ut nullus homo sine signo aut epistola regis exire possit. Et dum ad ingrediendum ueneriut peregrini ad clusas nostras, qui ad romam ambulare disponunt, diligenter debeat eos interrogare unde sint; et si cognoscat, quod simpliciter ueuiant, faciat iudex aut clusarius syngraphûs, et mittat in cera et ponat sibi sigillum suum, ut ipsi postea ostendant ipsum signum missis nostris, quos nos ordaenauerimus. Signum post hoc missus nostri faciant eis epistola ad romam ambulandi; et con uenerent da romo, accipiant signo de anolo regis. Si uero cognouerent, quid fraudelenter ueniant per suos missos, eos ad nos diriga, et innotescat nobis causa ipsa. Nam qui ille iudex hoc facere distullerit et, quod absit, forte per ipsius noticia aliquis exierit, sanguinis suo incurrat periculum, et res eius infiscentur. Et si presumpserit iurare, quod sine eius premissu factum fuisset, sit solutus a culpa: pro nilectum tamen, sit se *iduniauerit*, conponat in palacio *uuergild*[1]) suum. Et hoc addimus, ut unusquisque iudex pona*t* sollicitudinem per iudicaria sua in partibus tusscie, ut nullus homo possit sine uoluntate regis uel sigillum aliquid transire; et si inuentum fuerit, quod sine iussione transisset, [uel sigillum aliquid transire] ne*c* edoniauerit, conponat *uuergild*[1]) suum.

14. De *gasindiis* quidem nostri ita statuere, ut nullus iudex eos opremere debeant, quoniam nos debemus *gasindios* nostros defendere. Et si contra lege aliquid faciunt ad *harimannano*[1]) homine, et ad iudice reclamaret suum, iudex aut per epistola aut proprio ore admoneat *gasindio* nostro, ut iudicet ips*e*, et ipsum si iudicare non scit, aduocis alios conlibertûs, qui

---

13. [1]) uuidricild B.
14. [1]) arimannano B.

sciunt iudicare, et indicit causam ipsam per legem et faciat iudicatum suum ut *harimannus* ipse fatigatus non fiat: nam antequam cum admoneat, sicut dictum est, non per *uuifa*, non per pigneracionem sine iussione nostra faccre quis presummat. *Gasindius* uero ipse, si distullerit iudicare, et legem non iudicauerit, (*in*)dix eum distringat idem *harimanno*²) iusticia faciendo: sit tamen non doloso aninno, et ipse *gasindius* stare debeant in iudicium ipsiuuis iudicii, et ipse indix amittat iudicatum suum. Si enim postea ei apparuit, quod legibus non iudicasset, ueniat cum ipso iudicato in presencia nostra.

Explicit de domno Ratchis.

I N C I P I T   L E G E S   Q V A S   H A I S T V L F¹)   R E X   A D I V N C X I T.

I. DE ANNO PRIMO (p. Chr. 750).

. . . . in generatione et tempora antiquorum *langobardorum* promiserunt, et antiquorum suorum dispositiones usque nunc seruauerunt. Sed modo auxiliante domino nostro iesu christo *haistolfus,*¹) in ipsius nomine rex gentis *langobardorum*, traditum nobis a domino populum romanorum, anno regiminis primo, indictione tertia, residente intra ticinum in palatio nostro una cum cunctis iudicibus et *langobardis* uniuersarum prouinciarum nostrarum: preuidimus enim ut, cum edictus *langobardorum* antiquorum regum precessorum nostrorum fuerat institutus, paruit in eius uolumine adaugeri et in capitulare affigere die kalendarum martiarum.

1. Primo omnium statuerunt de donationes illas, quae facte sunt a *ratcis*¹) rege et *tassia* coniuge ipsius, ut omnia illa praecepta quae postea facta sunt, postquam *haistolf*²) factus est rex, stare nullatenus debeant, nisi per *haistolfum*³) regem ei denuo, cui donatum est, fuerit concessum.

---

²) arimanno B.
¹) Ahistulf B.
¹) aistolfus B.
1. ¹) rachis B.
²) aistolf 7, B; aistolfus 8.
³) ahistolfus 7, B; aistolfum 8.

4. Et hoc item de illis hominibus, qui negotium fecerint sine uoluntate regis cum romano homine: si fuerit iudex, qui hoc facere presumpserit, conponat *uuergild*[1]) suum et honorem suum amittat; si fuerit *harimannus*[2]) homo, amittat res suas et uadat decaluatus clamandum: „sic patiatur qui contra uoluntatem regis cum romano homine negotium fecerit, quando lites habemus". Similiter conponat iudex, qui neglectum fecerit ad inquirendum, si ante ad eius notitiam peruenit, quod *harimannus*[2]) eius hoc fecisset, aut alius homo in eius iudicaria, conponat *uuergild*[1]) suum, honorem suum non perdat. Et si dixerit ipse iudex, quod ad eius notitiam non uenisset, purificet se ad sancta dei euangelia, quod ad eum non peruenisset.

6. De naugio et terreno negotio: ut nullus debeat negotium peragendum ambulare, aut pro qualecumque causa, sine epistola regis aut sine uoluntate iudicis sui; et si hoc fecerit, conponat *uuergildum*[1]) suum.

7. De iudicis et *sculdhaiz*[1]) uel auctores, qui homines potentes dimittunt ad casa seu de exercitu: qui hoc faciunt, conponant sicut edictus continet pagina.

8. De inlicita coniunctione, qui nec unde canones aut edictus habet, esse non possunt copulatus, placuit idem principi, ut a presente separentur; et quis intra presentem indictionem causam istam de nostris iudices neglexerit ad iudicandum aut distringendum, conponat *uuergild*[1]) suum; quia de causa ista apparet nobis et omnibus: qui talia consentiunt, contra deum et animam suam faciunt, et malitia amplius crescit.

DE ANNO QVINTO (p. Chr. 755).

INCIPIT PROLOGVS.

Quoniam prophetica nos uaticinatio admonet dicens: „Iusta iudicate filii hominum", et alibi: „Iustitiam discite, qui habitatis terram, quia iustus dominus iustitiam dilexit", illa nos sedule

---

4. [1]) uuidrigildum 7; guidrigild 8; uuidrigild B.
　[2]) arimannus B.
6. [1]) guidrigild 8, 9; uuirigildum B.
7. [1]) sculdahis B; sculdais 8.
8. [1]) uuidrigild B; unidrigildum 7; guidrigild 8.

conuenit sancire, ut et gens nobis commissa in iudicio non grauetur, et omnipotenti deo, cuius opitulatione regnamus, in omnibus placere ualeamus, decessorum nostrorum sequentes exemplum, qui, redemptori omnium saeculorum pleno pectore placere desiderando pro sibi commissae gentis tuitione, ut recto moderamine regeretur, leges inposuerunt. Idcirco ego, in dei omnipotentis auxilio *haistulf*,[1]) praecellentissimus rex catholicae gentis *langobardorum*, praecessorum nostrorum omnia instituta perpendens, quedam ibi repperimus non adnexa, de quibus maximus error nostros indices ad danda iudicia inuoluebat, anno felicissimi regni nostri in dei nomine quinto, die kalendarum martiarum, indictione septima, connocatis ex diuersis partibus regni nostri pertinentibus iudicibus, communi consilio in edicti pagina adfigi statuimus, quae praecellentiae nostrae iuxta deum insta comparuerunt, quatinus iustitia maneat et uostrorum iudicum iudicio omnis obscuritas inluminetur.

10. I. Recolimus enim in anteriore edicti paginam esse insertum, ut si frater decederit absque filiis filiabus, et sorores relinquerit, ipsae ei heredes succederint; nam amedanis eorum nepotum possessionem capere nullumodo potebant, quia nihil de eisdem amedanibus ipse continetur edictus, nisi aut sorores aut parentes propinqui succedebant; et dum remanebant in capillo in casa inordinate, patientes necessitatem, seruis se copulabant. Ideo deo nobis inspirantem statuere preuidimus, ut si quis *langobardus* moriens sororem, una aut plures, in capillo in casa reliquerit, et filium unum aut plures, filii ipsius debeant perpensare, qualiter amedanis eorum absque necessitatem niuere possent secundum qualitatem substantiae suae, ut amedanis illorum indigentiam non patiatur, neque de uictum, neque de uestimentum, sed nec de obsequio suo.

11. II. Anterioris edicti leguntur capitula, ut si quis *langobardus* pertinentem suum in quarta manum tradiderit et ad se *amund*[1]) fecerit, aut circa altario deducendum sacerdoti tradiderit, soluti ab omnem conditionem scruitutis permanerint. Sed quoniam peruersi hominis benefactores suos accepta libertatem

---

postponebant, et ipsi cum postmodum retinere nequaquam ualebant, multi hominis timentis ne sui liberti eos postponerent, libertatem eis facere obmittebant. Propterea statuimus, ut si quis *langobardus* pertinentem suum *thingare*[2]) uoluerit in quarta manum et cartola illi fecerit, et sibi reseruauerit seruitium ipsius dum aduixerit, et decreuerit, ut post obidum eius liber sit: stabilem debeat permanere secundum textu cartule quam ei fecerit, quia iustum nobis apparuit, ut homo benefactorem suum, uiuente eum, dimittere non debeat. Nam qui in ecclesia liberum dimiserit per manus sacerdotis, sic maneat ei libertas, sicut anterior edictus contenit.

12. III. Cognouimus multotiens perfidos homines contra uoluntatem defunctorum suorum parentum agere, dum ipsi pro animabus suis per loca uenerabilia res suas distribuebant, et pertinentibus suis simplicem libertatem cum rebus quibuslibet donabant, et cum ipsis hominibus per astutia agebant, et eos ad suis cespitibus remouentis in suum seruitium replicabant, postmodum libertatem simul et res amittebant. Ideo preuidimus, hanc resecare malitiam, ut uoluntas et ordinatio inpleatur defuncti. Et ita sancimus, ut si quis *langobardus* per cartola, in sanitatem aut egritudinem suam, res suas ordinauerit, et dixerit eas habere loca uenerabilia, et familias, per que res ipsas excoluntur, liberas esse dixerit, ut in ipsis religiosis locis redditum faciant: secundum ipsius statuta reddant omni in tempore iuxta domini sui preceptionem ipsi et filii filiorum illorum; et sint liberi de suis personis sicut domini eorum instituerint, et ab eius heredibus non replicentur, nec ad suis cespidibus remoucantur, sed ab ipsis locis uenerabilibus defensentur; excepto si sua uoluntate uoluerit exire, licentiam habeat in sua libertate exire, et uiuere ubi uoluerit. Nam si ad finis mortis properauerit, ita ut nec *thingare*[1]) hominem suum possent, neque in manu sacerdotis traderint circa altario liberum dimittendum, propter subitanea morte, et instituerit, ut post eius obitum per manum sacerdotes, qualem designauerit, circa sacro altario deduci debeatur: causa miserationis decreuimus, ut sicut dominus eorum preceperit, ita inpleatur, et

---

2) ahingare 8; tingare 5.
12. III. 1) tingare 5, 11.

sacerdotes, quem designauerit, eum absque cuiuscumque contra-
dictionem absoluat, et liber permaneat; quia maxima merces
nobis esse uidetur, ut de seruitio serui ad libertatem ducantur,
eo quod redemptor noster seruus fieri dignatus est, ut nos libertatem donarit. Si uero aliquid ei in ipso exito suo donauerit
aut donare preceperit, stabilis ei ipsa donatio permaneat, quia
apostolus paulus auctoritas maxime ad domesticos fidei beneficium
praestare iubit. Et pro *launigild²*) inputetur ei seruitium suum,
eo quod seruus non habit, unde aliut *launigild²*) ei faciat.

13. IIII. A nostris decessoribus iam antea est institutum,
ut *langobardus* potestatem habeat filium suum sibi bene ser-
uientem de rebus suis meliorare; de filiabus non contenebatur.
Ideo statuimus, ut si duas filias habuerit, et filium non reliquerit,
potestas ei sit unam filiam suam, qualem uoluerit, meliorare tertia
parte rerum suarum; si tres fuerint quarta, et si amplius fuerint,
per hanc rationem conputetur.

14. V. Si quis *langobardus* decidens uxori suae usumfructum de rebus suis iudicare uoluerit, et filius uel filias ex ea
reliquerit, non amplius ei pro usumfructum iudicare possit, quam
medietatem ex sua substantia super illut, quod ei in *morgincab¹*)
et *metam* secundum legem datum fuerit. Et si filius aut filias
ex alia uxore reliquerit unum aut duos, possit uxori suae tertiam portionem ad usumfructum relinquere; si fuerint tres, quartam partem; si amplius, per eo numero conputetur; *morgincap²*)
et *meta*, quod ei legibus data est, habeat inantea. Si quidem
nupserit postea, aut mortua fuerit, usumfructum in integrum ad
heredes reuertatur, de *meta* uero et *morgincap³*) fiat secundum
anteriore edictum.

15. VI. Peruenit ad nos, quod dum quidam hominis ad
suscipiendum sponsam cuiusdem sponsi cum paranimpha et *troc-
tingis* ambularent, peruersi hominis aquam sorditam et stercora

---

²) launigild 3, 6, 10; lanicild 5; launegild 7, 9, B; launechild 8, 12;
launeghyld 11.

14. V. ¹) morgincaph 3, 8; morgincap 5, 6, 7, 10, 12; morgincapud
9; morginicaph 11.

²) morgincap 3, 5. 7, 10, 12; mornicap 5; morgincaput 7; morchin-
gaph 11; rell. ut supra.

³) morginicap 5; morgincaph 7.

super ipsa iactassent. Sed quia cognouimus malum hoc per singula loca fieri, preuidimus, ne pro hanc causam scandala uel humicidias surgant, ut si quiscumque liber homo talem rem facere temptauerit, conponat solidos nonientûs, medietatem regi et medietatem ad *munduuald*[1]) eius. Nam si pertinentes hominis hoc fecerint sine uoluntatem domini sui, et se dominus eorum per sacramentum purificare ausus fuerit, quod cum eius uoluntatem nec consilio nec consensum factum non fuissit: serui ipsi tradantur in manus *munduuald*[1]) eius, et ipse faciat de eis quod ei placuerit; amplius patronus calomnia non habeat. Et si iurare non presumpserit, conponat, sicut supra legitur, solidos nongentos.

20. XI. Si quis cum curte regis causam habuerit, et cuenerit ut pars curtis regis sacramentum deducere debeat: si maior causa fuerit, per sacramentum *houescarioni*[1]) cum actoribus finiatur; si uero minor fuerit causam, actor de loco cum actoribus secundum qualitatem causae sacramentum persoluant.

PRINCIPVM BENEVENTI LEGES ET PACTA.

INCIPIT CAPITVLA DOMNI AREGIS[1]) PRINCIPIS.

9. Si quis liberorum seu libertinorum ostenderit praeceptum libertatis quondam scriptum ante reuersionem domini *gisolfi* de tras pado, et falsum procul dubio apparuerit, propterea si manifestare potuerit illis diebus scriptum fuisse, quos praediximus, in libertate permansisse, ita profecto censemus, ut quodquod ex tali libertate superstites sunt, siue homines siue mulieres, in pristinam seruitutem reuertantur. Filii uero uel filiae eorum, qui de ingenuis uxoribus procreati sunt, libertatem cum matribus permaneant.

12. Satis infamis et inlicita consuetudo istis [*temporibus*] hinoleuit, dum quaedam muliercule defunctis uiris, maritalis dominaturae solutae, licentius proprii arbitrii libertatem fruuntur.

---

15. VI. [1]) munduald 5; mundoald rell. & B.
20. XI. [1]) ouescarius 3; ubiscarionis 5; obscarioni 6; ubiscariones 7, 9; abscarionibus 8; ouescarioni 10, B; obsecario 11; obscuriorum 12.
[1]) Arechis 8, 9.

Abitum sanctimonialis insecrete domi suscipiunt, ne uim nuptialem perpatiantur, quippe tuta sibi cuncta fore arbitrantur, si coniugalis dominatui non subiciantur. Sicque fecit, ut sub optentu religionis demta omni formidine, quicquid animo delectantur, licentius assequantur. Namque deliciis affluunt, commessationibus student, potibis uineis ingurgitantur, lauacra frequentant, et quanto magis assequi possunt, tanto eodem habitu im mollitię delectationemque uestimentorum habutuntur. Igitur si quando in plateas processurae sunt, facies polliunt, manus candidant, incendunt liuidinem, ut uescentibus incendia misceant: saepe etiam formosûs uidere atque uideri impudentius appetunt, et ut brebiter dicat, ad omnem lasciuiam uoluntatemque animi frena relaxant. Hoc quoque procul dubio luxuriante uitae fomite succensa, exurunt eas carnis incentiba, adeo ut non solum unius, set quod dicit nefas est, plurimorum prostitutionibus clanculo substernantur: et nisi uterus intumuerit, non facile comprobatur. Talem itaque pestem execrandam modis omnibus contestantes, instituimus, ut quiuisliuet affinitate iunctae, innuptae uel uiduae, [*quae*] uelamen sanctae religionis induerunt, et intra anni circulum eas, quatenus uoluerit uel potuerit, in monasterium trudi dilatauerit, propterea si stupri crimine detectae fuerint, componat *uuergild*[1]) suum in palatium; princeps uidelicet eiusdem temporis cum ipso *uuergild*[1]) rebusque propriis retrudat eas in monasterium.

Explicit cap. domni aregis.

---

12.   [1]) guidrigild B.

PACTIONES DE LEBVRIIS CVM NEAPOLITANIS FACTAE.

ITEM CONSVETVDO LEBVRIE ET PACTVM.

Incipit pactum quod constituit domnus *haricis*[1]) gloriosus princeps cum iudex neapolitanorum, de seruis et ancillis et de terris et de legurias et de tertiatoribus, quae communes est inter partes [*c. a.* 780].

8. (Quando institutum fuit facto a dom. *haricis*[1]) gloriosissimo primo princeps *langobardorum* cum partem de neapolim et firmatum est, qualiter inter partes esse deberent de terris in liburia, de seruis et de ancillis, de tertiatoribus et de omnibus causis, transgressi sunt neapolitani ipsum pactum et noluerunt de omnibus praedictis rebus uiuere secundum pacti tinorem; nullo modo consensimus ei illud.)

---

[1]) arechisi B.
8. [1]) arechis B.

ORIGO GENTIS LANGOBARDORUM.

In nomine domini incipit origo gentis *Langobardorum*. Id

p. 642. est sub consule qui dicitur ... *Scandanan*,[1]) quod interpretatur in partibus aquilonis, ubi multe gentes habitant. Inter quos erat gens parva quae *Winnilis*[2]) vocabatur, et erat cum eis mulier nomine *Gambara* habebatque duos filios; nomen uni *Ebor*[3]) et nomen alteri *Agio*.[4]) Ipsi cum matre . . . nomine *Gambara* principatum tenebat super *Winnilis*.[5]) Moverunt se ergo duces Guandalorum, id est Ambri et Assi cum exercitibus suis et dicebant ad *Winnilis*:[5]) Aut solvite tributa, aut praeparate vos ad pugnam et pugnate nobiscum. Tunc responderunt *Ebor*[6]) et *Agio* cum matre sua: Melius est nobis pugnam parare quam Guandalis tributa persolvere. Tunc Ambri et Assi, hoc est duces Guandalorum, rogaverunt *Godan*, ut diceret eis super *Winniles* victoriam; respondit *Godan* dicens: quos sol surgente antea videro, ipsis dabo victoriam. Eo tempore *Gambara* cum duobus filiis suis, id est *Ebor* et *Agio*,[7]) qui principes erant super *Winnilis*,[8]) rogaverunt *Fream*, uxorem *Godan*, ut ad *Winnilis*[9]) esset propitia. Tunc *Frea* dedit consilium, ut sol surgente venirent *Winniles*[10]) et mulieres eorum crines soluti circa faciem

---

[1]) . . . danan Matr. scandanan Cav; scadan Mut.

[2]) uuinnolis Cav. uinnili Mut; guinnilis Matr.

[3]) ybor. Cod.

[4]) sic Cav; aio Matr; agyo Mut.

[5]) uuinolis Cav? Guinniles Matr. uuinnilis Mut.

[6]) Iber. Cav.

[7]) agyo Mut.

[8]) uinnili Mut.

[9]) uuinnili Mut.

[10]) guinniles Matr; uuinnili Mut.

in similitudinem barbae, et cum viris suis venirent. Tunc lucis-
cente sol dum surgeret, giravit *Frea* uxor *Godan* lectum, ubi
recumbebat vir ejus, et fecit faciem ejus contra orientem et ex-
citavit eum. Et ille aspiciens vidit *Winniles*[11]) et mulieres
ipsorum habentes crines solutas circa faciem. Et ait: qui sunt
isti longibarbae; et dixit *Frea* ad *Godan:* sicut dedisti nomen,
da illis et victoriam. Et dedit eis victoriam, ut, ubi visum essit,
vindicarent se et victoriam haberent; at illo tempore *Winnilis
Langobardi*[12]) vocati sunt.

Et moverant se exhinde *Langobardi*[12]) et venerunt in *Go-
laidam* et postea possederunt *aldones*[13]) *Anthaip*[14]) et *Bainaib*[15])
et *Burgundaib.*[16]) Et dicitur, quia fecerint sibi regem nomine
Agilmund,[17]) filium *Agio*[18]) ex genere *Gugingus;* et post ipsum p. 643.
regnavit *Lamicho*[19]) ex genere *Gugingus,* et post ipsum regnavit
Lethuc,[20]) et dicitur, quia regnasset annos plus minus quadraginta. Et post ipsum regnavit *Aldihoc,*[21]) filius *Lethuc,*[20]) et
post ipsum regnavit *Godehoc.*[22])

Illo tempore exivit rex *Audoachari*[23]) de Ravenna cum
exercitu Alanorum, et venit in *Rugilanda* et inpugnavit Rugos.
Et occidit Thewane, regem Rugorum, secumque multos captivos
duxit in Italiam. Tunc exierunt *Langobardi* de suis regionibus
et habitaverunt Rugilanda annos aliquantos. Et postea regnavit
Claffo filius *Godeho,*[24]) et post ipsum regnavit *Tato*, filius
Claffonis;[25]) sederunt *Langobardi* in campis *feld*[26]) annos tres.

---

[11]) guinniles Matr; uinnili Mut.
[12]) longob. Codd.
[13]) sic Mut; aldonus Matr.
[14]) sic Mut; Matr. anthabus.
[15]) baynaib. Mut.
[16]) sic Mut; Matr. burgundhaubus.
[17]) sic Matr; Mut. agelmund.
[18]) aio Matr; agyoni Mut.
[19]) laiamicho Matr; lamicho Mut.
[20]) lethun. Mut.
[21]) aldihoc Codd.
[22]) . . . deoc Mut; g'odehoc Matr.
[23]) audachar' Mut.
[24]) Mut. Gedehoc.
[25]) claffoni. Mut.
[26]) Mut. f . ldach.

Pugnavit *Tato* cum Rodolfo, rege Herulorum et occidit eum, tulit *bando*[27]) ipsius et capsidem; post cum Heruli regnum non habuerunt. Et occidit *Wacho*, filius *Winichis*,[28]) *Tatonem* regem, barbanum suum, cum *Zuchilone*, et pugnavit *Wacho* et pugnavit *Ildichis*[29]) ad Gypidas, ubi mortuus est. Injuriam ejus vindicanda Gypidi scandalum commiserunt cum *Langobardis*. Eo tempore inclinavit *Wacho* Suavos sub regno *Langobardorum*.

Wacho habuit uxores tres, Ratecunda, filiam Fisud, regis Turingorum; et post eam accepit uxorem Austrigusa, filiam Gypidorum. Et habuit *Wacho* de Austrigusa filias duas; nomen uni *Wisicarda*,[30]) quam tradidit in matrimonium Theudeperti, regi Francorum; et nomen secundae *Walderada*,[31]) quam habuit uxorem Scusuald, rex Francorum; quam odio habens, tradidit eam Garipald in uxorem, principem Bajoariorum. Tertiam uxorem habuit nomen Sigilinda; de ipsa habuit filium nomine *Walthari*.[32])

p. 644. Mortuus est *Wacho*, et regnavit filius ipsius *Walthari* annos septem. Isti omnes *Lethingis*[33]) fuerunt. Et post *Walthari* regnavit *Auduin*,[34]) et ipse adduxit *Langobardos*[35]) in Pannonia; et regnavit *Albuin*, filius ipsius, post eum, cuius mater est *Rodelinda*.[36]) Eo tempore pugnavit *Albuin* cum rege Gypidorum, nomine Cunimund; et mortuus est Cunimund in ipsa pugna, et debellati sunt Gypidi. Tulit *Albuin* uxore Rosemunda, filia Cunimundi, quam praedaverat, quia iam mortua fuerat uxor ipsius *Flotsinda*;[37]) quae fuit filia *Flothario*.[38]) regis Francorum; de qua habuit filia nomine *Albsuinda*.[39]) Et habitaverunt *Langobardi* in Pannonia annis quadraginta duo; ipse *Albuin* adduxit *Langobardos* in Italia, invitatus a Narsi patricio.

---

[27]) sic Mut; Matr. uando.

[28]) hoc nomen evanidum in Mut.

[29]) ildichis Matr. ildechis Mut. Hilmichis Cav.

[30]) cui secarda. Cav. uiuiscarda Mut. guiselgarda. Matr.

[31]) sic Mut; Matr. gualderada.

[32]) Waltari Mut; gualtari Cav.

[33]) lethingis. Cav; letiguuni Mut.

[34]) sic Mut; audohinus Cav; auduin Matr.

[35]) sic Cav. Mut; longobardis Matr.

[36]) sic Mut; rell. rodelenda.

[37]) hondsuinda, (flotsuinda?) Cav; flotsinda Mut.

[38]) hodtario (flodthario?) Cav. loth...i Mut.

[39]) abshoindam Cav; al..nda Mut.

Et mobuit *Albuin*, rex Langobardorum, de Pannonia mense
aprilis a pascha indictione prima; secunda vero indictione coe-
perat praedare in Italia, tertia autem indictione factus est dominus Italiae. Regnavit *Albuin* in Italia annos tres et occisus
est in Verona in palatio ab *Helmichis*[40]) et Rosemunda, uxore
sua, per consilium *Peredeo*.[41]) Voluit regnare *Helmichis*[42]) et
non potuit, quia volebant cum *Langobardi* occidere. Tunc man-
davit Rosemunda ad Longinum praefectum, ut eos reciperet
Ravenna. Mox ut audivit Longinus, gavisus est; misit navem
angarialem, et tulerunt Rosemunda et *Helmichis* et *Albsuindam*, p. 645.
filiam *Albuin* regis, et omnes thesauros *Langobardorum* secum
duxerunt Ravenna. Tunc ortare coepit Longinum praefectum
Rosemunda, ut occideret *Helmichis*[43]) et esset uxor Longini.
Audito consilium ipsius temperavit venenum et post valneum
dedit ei in caldo bibere. Cumque bibisset *Helmichis*,[44]) intellexit quod malignum bibisset. Praecepit, ut ipsa Rosemunda
biberet invito, et mortui sunt ambo. Tunc Longinus praefectus
tulit thesaurum *Langobardorum* et *Albsuinda*, filia *Albuin* regis,
ponere in navem et transmisit eam Constantinopolim ad imperatorem. Reliqui *Langobardi* levaverunt sibi regem nomine *Cleph*[45])
de *Beleos*,[46]) et regnavit *Cleph* annos duos, et mortuus est.
Et judicaverunt duces *Langobardorum* annos duodecim, et post
haec sibi levaverunt regem nomine *Authari*,[47]) filio *Claffoni*,[48])
et accepit *Authari*[47]) uxorem Theudelinda, filia Garipald et
Walderade de Bajuaria. Et venit cum Theudelinda fratrem
ipsius nomine Gunduald, et ordinavit eum *Authari*[47]) rex ducem
in civitatem Astense. Et regnavit *Authari*[47]) annos septem.

Et exivit *Aggo*,[49]) dux Thuringus, de Thaurinis et junxit
se Theudelindae et factus est rex *Langobardorum*. Et occidit

[40]) ilmichis Cav; elmechis Mut.
[41]) perithaei Cav; peritheo Mut.
[42]) ermichis. Mut.
[43]) sic Cav; elmichis Mut.
[44]) helmechis Cav; elmichis Mut.
[45]) sic Cav; clep Mut; leph Matr.
[46]) belleo Mut.
[47]) sic Cav. & Mut.
[48]) clephoni Cav.
[49]) sic Mut. acquo Matr; aquo Cav.

duces rebelles suos *Zangrolf*[50]) de Verona, *Minulf*[51]) de insula
Sancti Juliani et *Gaidulf*[52]) de Bergamum et alios, qui rebelles
fuerunt. Et genuit *Aggo* de Theodelcuda filiam nomine *Guntiperga,*[53]) et regnavit *Aggo* annos sex, et post ipso regnavit
Rothari ex genere *Arodus*[54]) et rupit civitatem et castra Romanorum, quae fuerunt circa litoralia a prope Lune usque in
terra Francorum, quam Ubitergium ad partem orientalem. Et
pugnavit circa fluvium Scultenna, et ceciderunt ex parte Ro-
p. 646. manorum octo milia numerus. Et regnavit *Rothari* annos decem
et septem, et post ipsum regnavit *Aripert* annos novem. Eo
tempore exivit Constantinus imperator de Constantinopolim et
venit in partes Campaniae et regressus est in Siciliam et occisus
est a suis. Et regnavit *Grimoald* annos novem, et post ipsum
regnavit *Berthari.*[55])

Primus rex *Langobardorum* fuit *Agilmund* ex genere
Guingus, secundus *Lamicho,* tertius *Leth,* quartus *Fildehoc,*
filius *Let,* quintus *Godehoc,* sextus *Claffo,* filius *Godeoc,* septimus *Tato,* filius *Claffoni,* octavus *Wacho,* filius *Unichis,* nepos
Tatoni, nonus *Waltari,* decimus *Audoinus,* ex genere *Gaugus,*
undecimus *Alboinus,* filius *Audoin,* qui exercitum in Italiam
adduxit. Duodecimus *Clep,* terciodecimus *Authari,* filio *Claffoni,*
quartodecimus *Agiluf,* Turingus ex genere Anawat, quintodecimus
Adalwald, filius *Agluf,* sextodecimus *Ariowald* ex genere Caup',
septimodecimo *Rothari* rex, filius *Nanding,* ex genere *Arodus.*
Nondingus filius *Noconi, Noco* filius *Alamund, Alamund* filius
Alamand, Alamand filius *Ilzoni, Ilzo* filius *Veiloni, Veilo*
filius *Weoni, Weo* filius *Fachoni, Faccho* filius *Mammoni,*
Mammuo filius *Utfora.*

Post *Grimuald* ut sup. reg. petari annnis XVIII; postea
Cunipert, filius ejus reg. an. XIII. *Liutpert* filius *cunipert*
reg. an. V. *Aripert,* filius *rachipert,* reg. an. XII, *Asprand*
reg. an. III, *Liudprand,* filius ejus, reg. annos XXIII, *Utprand*

---

50) zangrolf Matr; zangrolfum Cav; gangulf Mut.
51) mimulf Matr; miuulfum Cav; mingulf Mut.
52) galdulfum Cav.
53) sic Cav; gunperga Matr; güperga Mut.
54) sic Cav; Arodum Matr: Arodus, corr. Aroaldus Mut.
55) sic Matr; Vertari Cav.

reg. menses VIII. Post ipsum reg. *Achis,* filius *Pimoni* an. V; post ipsum reg. *Aistulfus,* frater ejus, an. VIII, qui persecutus est a rex Francorum. Post ipsum reg. Desiderius an. XVII. et menses III, et ductus est captivus in Francia et postea reg. *Karolus* an. XL.

CHRONICON GOTHANUM.

(Cod. 11. fol. 335. col. 2, lin. 35).

Asserunt antiqui parentes *langobardorum* per *gambarā* p. 641. parentem suam: pro quid exitus aut mouitio seu uisitatio corum fuisset? de inter serpentibus parentes corum breuiati exissent, sanguinea et aspera progenies et siue lege. In terra italic aduentantes, fluentem lac et mel et quod amplius est, salutem inuener baptismatis; et uestigia sancte trinitatis recipientes inter numerum bonorum effecti sunt. In illis impletum est: non inputatur peccatum cum lex non esset. In primis lupi rapaces, postea agni inter dominicum gregem pascentes. Proinde tanta laus et gratia referenda est dō, qui illos de stercore inter iustorum numerum collocauit, nisi dauidica impleta prophetia: et de stercore erigens pauperem sedere facit cum cum principibus populi sui. Sic super scripta *gambara* cum eisdem mouita adserebat, non ut prophetaret que nesciebat, sed phitonissa inter sibille cognomina dicens eo quod illi superna uisitatione mouissent, ut de spina rosa efficeretur, nesciens in qualia, nisi diuinandum perspiceret. Mouiti itaque non ex necessitate aut duricia cordis aut pauperum oppressione, sed ut ex alto salutem consequeretur, asserit exituros. Mirumque est omnibus et inauditum uidere, ubi non fuit meritum parentum, talis salus refulgere quidem inter mucrones, spinarum odoramenta aecclesiarum inuentis, sicut ipse misericors filius dī antea praedixerat: Non ueni uocare iustos, sed peccatores. Isti fuerunt unde ipse saluator ad iudeos in prouerbiis dicens: habeo alias oues quae non sunt ex hoc ouili, et illas me oportet adduci ad aquam uiuam poscendam. hic incipiens originem et nationem seu parentelam *langobardorum,* exitus et conuersationem eorum, bella et uastationes, quae fece- p. 642.

runt reges eorum, et patrias quas uastarunt. Vindilicus dicitur
amnis ab extremis galliae finibus; iuxta eundem fluuium in
primis habitatio et proprietas eorum fuit. Primis *uuinili* proprio
nomine seu et parentela; nam, ut asserit hieronimus, postea ad
uulgorum uocem *langobardi* nomen mutati sunt pro eo, quod
barba prolixa et nunquam tonsa. Hic supra dictus ligurius
fluuius, albiae fluuii cannalis inundans, et nomen finitur. Postquam de eadem ripa, ut supra dictum est, *langobardi* exierunt,
sic *scatenaugae* albiae fluui ripa primis nouam habitationem
posuerunt. Sic deinde certantes, saxoniae patriam attigerunt,
locus ubi *patesbruna* cognominantur, ubi sicut nostri antiqui
patres longo tempore asserunt habitasse et in multis partibus
bella et pericula generarunt; ibique primum regem leuauerunt
nomine *agelmund*. Cum ipso de hoc loco in antea patrias ad
suam partem expugnare coeperunt. Unde in beouinidis aciem
p. 643. et clauses[1]) seu tuba clangentium ad suam proprietatem perduxerunt unde usque hodie presentem diem *uuachoni* regi eorum
domus et habitatio apparet signa. Deinde, meliorem ubertatem
patriae requirentes, ad traciam prouinciam transierunt, in pan-
noniae urbis patriam suam hereditatem affixerunt; unde cum
abaris reluctantes seu bella plurima ardentissimo animo ipsam
pannoniam expugnauerunt, et abari cum illis foedus amiciciae
emiserunt et XX et duos annos ibi habitare perhibentur. illo
uero tempore exiuit rex odoiacer de rauenna cum exercitu alanorum, et uenit in *rudilanda*, et expugnauit rugos, et occidit
fewane regem rugorum et secum multos captiuos duxit in italiam.
Tunc exierunt *langobardi* de pannonia, et uenerunt et habita-
uerunt in *rudilanda* annos et plurimos et ad suam dogmam
perduxerunt. Ante *peronem* regnauit *godoin.* post *peronem* tenuit
principatum *langobardorum claffo.* et post *claffonem* regnauit
tatto. eo tempore redierunt *langobardi* in campis *filda*, fecerunt
ibi annos tres. Et post haec pugnauit *tatto* cum rodolfo, rege
herulorum, et occidit eum, et tulit *uandonem* ipsius et populum
ipsius in fugam misit; ibi praedauit omnia bona eorum; postea
heroli regem non habuerunt. Et occidit *uuacho* filius *unichis*
tatonem regem barbane suo cum uinsilane et regnauit *uuacho*.

---

[1]) corr. classes.

et expugnauit *heldechis* filium *tatonis*, et fugit *heldechis* ad gibidos, et ibi mortuus est. iniuriam uindicandum gibites scandalum commiserunt cum *langobardis*. Eo tempore inclinauit *uuacho* suauûs sub regno *langobardorum*. *uuacho* habuit uxores tres. ranigundam filiam pisen regis turingorum, et post ipsam accepit uxorem nomine austrecusam filiam gibedorum. Et habuit *uuacho* ex eis filias duas, nomine *uuisecharda*, quam tradit in matrimonium teodeperto regi francorum. Nomen secunde *uualderada*, quam habuit uxorem chusubald rex francorum. Postea accepit *uuacho* tertiam uxorem filiam regis herolorum nomine silenga, de qua habuit nomine *uualterenem*. Et mortuus est *uuacho*, et regnauit filius ipsius nomine *uualteri* annis VII far- p. 644. gaetum. Isti omnes *adelingi* fuerunt. et post *uualterene* regnauit *audoin*. Mater autem *audoin* nomine menia uxor fuit pissae regis. *Audoin* ex genere fuit *gausus*, ipse adduxit *langobardos* in pannoniam, et mortuus est *audoin* in pannonia. Et regnauit *albouin* filius eius pro eo, cui mater fuit *rodelenda*. Eo tempore pugnauit *albuin* cum rege gebedorum nomine cunimundo, et occidit eum *albuin* in ipsa pugna, et debellati sunt gebeti ualidissime uehementer. Tunc tulit *albuin* rex uxorem nomine rosemoniam filiam chunimundi, quem ipse occiderat, et ipse praedauerat. Antea habuit mulierem nomine ludusendam, que fuit filia flothari regis francorum, de qua habuit filiam nomine *albsuinda*. Iste *albuin* mouit et adduxit *langobardos* in italiam, inuitatus ad narside proconsule et praeside italiac, qui minas suffiae reginae erat perterritus. Eo tempore cum exire coeperunt *langobardi* a pannonia, tunc fecerunt pactum et foedus amiciciae abari cum ipsis *langobardis*, et cartam conscriptionis, ut usque ad annos ducentos, si eorum opporteret pannoniam requirere, sine omnia bella certaminis ad eorum partem ipsam terram relaxarent, et in italiam in quam ipsi perrexerant, usque ad plenos ducentos annos in eorum auxilium essent parati. Et mouit se *albuin* rex *langobardorum* de pannonia cum exercitu suo ualde copioso, mense aperile in pascha indictione prima. secunda uero indictione incipiente coeperunt praedare finem italiae, tertia autem factus est dominus italiae. Nam Narsis proconsul italiae, si quid eorum promiscrat, relinquens italiam ad spaniarum prouinciam est reuersus. Tunc papiae ciues et mediolanum

8*

metropolim, cum reliquae aliae ciuitates italiorum uidentes se
uacuae, sicut a domino fuerat praedestinatum, colla sua ipsi
albuin regi subicierunt.   Et cum regnasset *albuin* in italia annos
tres et menses sex, malo inito contra eum consilio, per roscmo-
niam uxorem et consilio *peredei* cubicularii sui, ab *elmechis*
spatario suo occisus est in uerona ciuitate.   Et uolebat *helmechis*
regnare, et non potuit propter metum *langobardorum* et necem
albuini.   Tunc mandauit rosemonia festinanter longino praefecto
militi rauennensi, ut eam in fugam reciperet rauennam.   Vt autem
audiuit longinus haec uerba, misit mouere angarias, et tulerunt
p. 645. rosemoniam et *alsuendam* filiam *albuini* regis, et omnem thesaurum *langobardorum* secum duxerunt et *helmechis*.   Vnde plures
annos scisma et bella inter *langobardos* et romanos fuerunt.
Tunc ut per foemeneum primum exordium accidit mala suasio
peccati, inde usque ad presentem diem feminalis tenet consuetudo peccandi.   Suasit ipsa rosemonia longino militi, sicut prius
ab *elmechis*, ut et ipsa occideret *helmechis*, et longino esset
uxor.   Inito isto consilio temporauit uenenum rosemonia et dedit
helmechis. cumque gustasset, intellexit quod malignum biberat;
praecepit ut ipsa rosemonia cum eo biberet inuita, et mortui
sunt ambo.   Tunc longinus praefectus tulit omnes thesauros
langobardorum, et *albsuendam* filiam *albuin* regis iussit ponere
in naues, et transmisit eam constantinopolim ad imperatorem
suum.   Eo tempore leuauerunt *langobardi* sibi regem nomine
cleps, de genere *peleos;* et regnauit annos duos et menses sex,
et mortuus est.   Et iudicauerunt iudices *langobardorum* sine
rege italiam annos XII. Post haec leuauerunt sibi regem nomine
autarenem filium *cleffonis*, et accepit *autarem* uxorem nomine
teodelendam filiam garibaldi et uualderadae.   Et uenit cum teode-
lenda frater eius nomine gunduuald, et ordinauit cum *authari*
rex ducem in ciuitatem austinse.   Et regnauit annis septem, et
mortuus est.   Et uenit *agiluuald* dux turig de taurini, et iunxit
se teodelindae reginae, et factus est rex *langobardorum*, et
occidit tres duces rebellos suos, *zangrulf* de uerona, *mimolfo*
de insula sancti iuli, et *gaidulfo* de bergamo, et alios plures
rebellos suos. et genuit *auuald* rex de teodelinda filiam nomine
gudebergam et filio nomine *adeluuald.*   Et regnauit *agiluualdo*
annos XX et V. *Adeluuald* filius eius regnauit annos X.

Arioaldus regnauit annos decem. *Rothari* regnauit annos sedecim, per quem leges et iustitia *langobardis* est inchoata, et
per conscriptionem primis iudices percurrerunt. Nam antea per
cadarfada et arbitrio seu ritus fierunt causationes. Istius *rotharis*
regis ortum est lumen in tenebris, per quem supra dicti *langobardi* ad cannonica tenderunt certamina, et sacerdotum facti sunt
adiutores. *rodoald* regnauit menses sex. *aribertus* regnauit annis
VIIII. *Grimuuald* regnauit annos VIIII. *berthari* regnauit annis
X et VII. *cunibert* regnauit annis XIII. *liupert* regnauit annos
duos. *aribert* regnauit annos XII. *ansprando* regnauit menses
tres. *liutprando* regnauit annos XXXI et menses VII. *hilde-
prand* regnauit menses VII. *ratgis* regnauit annos IIII et menses
VIIII. *aistulfus* regnauit annos VII. desiderius cum filio suo
adelchis regnauerunt annos decem et VII. et menses tres.[2]) —

PAULI WARNEFRIDI DIACONI FOROJULIENSIS DE GESTIS LANGOBARDORUM LIBRI VI.

I, 1. — Pari etiam modo et *Winilorum*, hoc est *Langobardorum* gens, quae postea in Italia feliciter regnavit, a Ger-
manorum populis originem ducens, licet et aliae causae egressionis
eorum asseverentur, ab insula, quae *Scandinavia* dicitur, adventavit.

I, 3. Igitur ea pars, cui sors dederat genitale solum ex-
cedere exteraque arva sectari, ordinatis super se duobus, *Ebor*[1])
scilicet et *Agione*,[2]) qui et germani erant et juvenili adhuc
aetate floridi et ceteris praestantiores, ad exquirendas quas possint incolere terras sedesque statuere, valedicentes suis simul et
patriae, iter arripiunt. Horum erat ducum mater nomine *Gambara*, mulier quantum inter suos et ingenio acris et consiliis
provida, de cujus in rebus dubiis prudentia non minimum con-
fidebant.

---

[2]) Der Schluss des Chronicon Gothanum behandelt die Schicksale
Italiens nach der fränkischen Eroberung; langobardische Worte und
Namen enthält derselbe nicht.

I, 3. [1]) ebor P.

[2]) agione P; ajone M.

I, 7. Igitur egressi de *Scadanauia*[1]) *Winili* cum *Ebor*[2]) et *Agione* ducibus in regionem, quae appellatur *Scoringa* venientes, per annos illic aliquot consederunt. Illo itaque tempore Ambri et Assi, Wandalorum duces, vicinas quasque provincias bello premebant. Hi, jam multis elati victoriis, nuncios ad *Winilos*[3]) mittunt, ut aut tributa Wandalis persolverent aut se ad belli certamina praepararent. Tunc *Ebor*[4]) et *Agio* adnitente matre *Gambara* deliberant, melius esse armis libertatem tueri quam tributorum eandem solutione foedare, mandant per legatos Wandalis, pugnaturos se quam servituros. Erant siquidem tunc *Winilorum* universi aetate juvenili florentes, sed numero exigui, quippe qui unius non nimiae amplitudinis insulae tertia solummodo particula fuerint.

I, 8. Refert hoc loco antiquitas ridiculam fabulam, quod accedentes Wandali ad *Wodan*[1]) victoriam de *Winilis* postulaverint illeque responderit, se illis victoriam daturum, quos primum oriente sole conspexisset: tunc accessisse *Gambaram* ad *Fream*, uxorem *Wodan*[1]) et *Winilis* victoriam postulasse, *Freamque* consilium dedisse, ut *Winilorum* mulieres, solutos crines erga faciem ad barbae similitudinem componerent maneque primo cum viris adessent seseque a *Wodan*[1]) videndas pariter e regione, qua ille per fenestram orientem versus erat solitus adspicere, collocarent, atque ita factum fuisse. Quas cum *Wodan*[1]) conspiceret, oriente sole dixisse: Qui sunt *Langobardi?*[2]) Tunc *Fream* subjunxisse, ut quibus nomen tribuerat, victoriam condonaret, sicque *Winilis Wodan*[1]) victoriam concessisse.

I, 9. Certum est, *Langobardis*[1]) ab intactae ferro barbae longitudine, cum primitus *Winili* dicti fuerint, ita postmodum appellatos. Nam juxta illorum linguam *lang* longam, *bard*[2]) barbam significat. *Wodan*[3]) sane, quem adjecta litera

---

I, 7.   [1]) scadanauia P.
[2]) ebor P.
[3]) uuinolos P.
[4]) sic P.
I, 8.   [1]) godan P.
[2]) longobardi Ambr.
I, 9.   [1]) langabardos P.
[2]) bard P; bart Mur.
[3]) Odan P.

Gwodan[4]) dixerunt, ipse est, qui apud Romanos Mercurius dicitur et ab universis Germaniae gentibus ut deus adoratur.

I, 13. Igitur *Langobardi* tandem in *Mauringam* pervenientes, ut bellatorum possint ampliare numerum, plures a servili jugo ereptos ad libertatis statum perducunt, utque rata eorum haberi posset libertas, sanciunt more solito per sagittam, immurmurantes nihilominus, ob rei firmitatem, quaedam patria verba. Egressi itaque *Langobardi* de *Mauringa* applicuerunt in *Golanda*, ubi aliquanto tempore commorati dicuntur. Post haec *Anthaib*,[1]) *Banthaib*,[2]) pari modo et *Burgundaib*[3]) per annos aliquot possedisse, quae nos arbitrari possumus esse vocabula pagorum seu quorumcunque locorum.

I, 14. Mortuis interea *Ebor*[1]) et *Agione* ducibus, qui *Langobardos* a *Scandinavia* eduxerant et usque ad haec tempora rexerant, nolentes jam ultra *Langobardi* esse sub ducibus, regem sibi ad ceterarum instar gentium statuerunt. Regnavit igitur super eos *Agelmund*,[2]) filius *Agionis*, ex prosapia ducens originem *Gungingorum*,[3]) quae apud eos generosior habebatur.

I, 15. — Contigit itaque, ut rex *Agelmund*,[1]) dum iter carperet, ad eandem piscinam deveniret. — — Et quia eum de piscina, quae eorum lingua *lama* dicitur, abstulit, *Lamissio* eidem nomen imposuit.

I, 18. Defuncto post haec *Lamissione*, qui secundus regnaverat, tertius ad regni gubernacula *Leth*[1]) ascendit. Qui cum quadraginta ferme annos regnasset, *Hildehoc*[2]) filium, qui quartus fuit in numero regni successorem reliquit. Hoc quoque defuncto *Gudeoc*[3]) regnum suscepit.

---

[4]) Gwodan Mur; Godann Ambr; Godan P; Guodan Abel.
I, 13. [1]) anthaib P. Abel; antbabet Mur.
[2]) banthaib P, Abel; bathaib Mur.
[3]) burgundaib P; burgundhaib Abel; vurgundaib Mur.
I, 14. [1]) ebor P.
[2]) sic P; Agelmundus Mur; Algemundus M.
[3]) sic P; Gungincorum Mur.
I, 15. [1]) sic P.
I, 18. [1]) lethuc P; lethu Lind. & M.
[2]) sic P; Gildehoc M.
[3]) sic Lind; godeon P; gedehoc A.

I, 20. Inter haec moritur *Gudehoc*,[1]) cui successit *Claffo*, filius suus. Defuncto quoque *Claffone*, *Tatto*,[2]) ejusdem filius, septimus adscendit ad regnum. Egressi quoque *Langobardi* de *Rugiland*, habitaverunt in campis patentibus, qui sermone barbarico *feld* appellantur. — — Germanus Rodulphi regis ad *Tattonem*[3]) ferendae pacis gratia venerat; qui cum expleta legatione patriam repeteret, contigit, ut ante regis filiae domum, quae *Rumetruda* dicebatur, transitum haberet. — — *Tatto*[2]) vero Rodulfi vexillum, quod *bandum*[4]) appellant, ejusque galeam, quam in bello gestare consueverat, abstulit.

I, 21. At vero *Tatto*[1]) post haec de belli triumpho non diu laetatus est. Irruit namque super eum *Wacho*,[2]) filius germani sui *Zuchilonis*,[3]) et eum ab hac luce privavit. Conflixit quoque adversus *Wachonem*[4]) *Hildikis*,[5]) filius *Tattonis*,[6]) sed superante *Wachone*[7]) devictus, ad Gepidos confugit ibique profugus ad vitae finem usque permansit. — — Habuit autem *Wacho*[8]) uxores tres, hoc est, primam Ranicundam, filiam regis Thuringorum. Deinde duxit Austrigosam, filiam regis Gepidorum, de qua habuit filias duas. Nomen uni *Wisegarda*, quam tradidit in matrimonium Theodeberto, regi Francorum. Secunda autem dicta est *Walderada*, quae sociata est Cusupaldo, alio regi Francorum, quam ipse odio habens uni ex suis, qui dicebatur Garipald, in conjugium tradidit. Tertiam vero *Wacho*[8]) uxorem habuit Herulorum regis filiam nomine Salingam. Ex ipsa natus est filius, quem *Walthari*[9]) appellavit, quique *Wachone*[7]) mortuo super *Langobardos* jam octavus regnavit. Hi omnes *Latingi*[10])

I, 20. [1]) gudeus P.

[2]) tatto P; rell. tato.

[3]) tattonem P; rell. tatonem.

[4]) bandan P; rell. bandum.

I, 21. [1]) tatto P; rell. tato.

[2]) Wacho Abel; walcho P, M.

[3]) zuahilonis P; luchilonis A; zachilonis M; Zuchilo Abel.

[4]) walchonem P.

[5]) ildichis P, Abel; hilchis A; hildechis M.

[6]) sic P.

[7]) walchone P.

[8]) walcho P.

[9]) sic P; rell. Waltari.

[10]) latingi P, Abel; Lithingi M.

fuerunt; sic enim apud eos quaedam nobilis prosapia vocabatur.

I, 22. *Walthari*[1]) ergo cum per septem annos regnum tenu-
isset, ab hac luce subtractus est. Post quem nonus *Audwini*[2])
regnum adeptus est, qui non multo post tempore *Langobardos*
in Pannoniam adduxit.

I, 23. — Commisso itaque praelio, dum ambae acies fortiter
dimicarent et neutra alteri cederet, contigit ut in ipso certamine
Albwini,[1]) filius *Audwini*,[2]) et Turismodus, Turisindi filius, sibi
obvii fierent, quem *Albwini*[1]) spata percutiens ex equo praeci-
pitatum extinxit. —

I, 24. — Perge, ait, in campum *Asfeld*,[1]) ibique procul
dubio poteris experiri, quam valide istae, quas equas nominas,
praevaleant calcitrare etc. . . . . —

I, 27. — Qui cum famosissimum, et viribus clarum ubique
nomen haberet, Hlotharius, rex Francorum, Chlotsuindam ei suam
filiam in matrimonium sociavit, de qua unam tantum filiam, *Albisindam*[1]) nomine genuit. — — In eo proelio *Albwini*[2]) Cuni-
mundum occidit caputque illius sublatum ad bibendum ex eo
poculum fecit, quod genus poculi apud eos *scala* dicitur, lingua
vero Latina patera vocitatur.

II, 9. — Igitur ut diximus, dum *Albwini*[1]) animum intenderet, quem in his locis ducem constituere deberet, *Gisulfum*,
ut fertur, suum nepotem, virum per omnia idoneum, qui ei strator
erat, quem lingua propria *marhpaiz*[2]) appellant, Forojulianae
civitati et toti regioni illius praeficere statuit.

II, 28. — Hoc ne cui videatur impossibile, veritatem in
Christo loquor, ego hoc poculum vidi in quodam die festo,

I, 22. [1]) sic P; rell. Waltari.

[2]) odwini P; Auduin Abel; Audoin Mur.

I, 23. [1]) sic P; Albuin V, Abel; Alboin Mur.

[2]) odwini P; audoini Mur.

I, 24. [1]) asfeld sive affeld? P; feld A.

I, 27. [1]) Albisindam V, P, Abel; Alpsiundam Mur.

[2]) sic P.

II, 9. [1]) sic P.

[2]) marpacis P: marpahis Mur. Abel.

Ratgis[1]) principem ut illud convivis suis ostentaret, manu tenentem. — — Consiliumque mox cum *Helmigiso*,[2]) qui regis *sciltporo*,[3]) hoc est armiger, et collactaneus erat, ut regem interficeret, iniit. Qui reginae persuasit, ut ipsa *Peredeum*, qui erat vir fortissimus, in hoc consilium adsciret. — — Hujus tumulum nostris in diebus *Giselbert*,[4]) qui dux Veronensium fuerat, aperiens et, si quid in ornatu ipsius inventum fuerat, abstulit.

II, 31. *Langobardi* vero apud Italiam omnes communi consilio *Cleph*,[1]) nobilissimum de suis virum, in urbe Ticinensium sibi regem statuerunt.

II, 32. — Unusquisque enim ducum suam civitatem obtinebat, *Zaban* Ticinum, *Wallari* Bergamum, *Alakis*[1]) Brixiam, *Ewin*[2]) Tridentum, *Gisulfus* Forum Julii.

III, 8. Post haec tres *Langobardorum*, id est *Hamo*,[1]) *Zaban* ac *Rodanus*,[2]) Gallias irruperunt.

III, 9. — Quam ob causam comes *Langobardorum* de Lagare, *Ragilo* nomine, Anagnis veniens depraedatus est.

III, 13. — Hac etiam tempestate *Faruald*,[1]) primus Spoletanorum dux, cum *Langobardorum* exercitu Classem invadens, opulentam urbem, spoliatam cunctis divitiis nudam reliquit.

III, 16. At vero *Langobardi*, cum per annos decem sub potestate ducum fuissent, tandem communi consilio *Authari*,[1]) *Clephonis* filium, supra memorati principis, regem sibi statuerunt.

III, 30. — Erat autem tunc ibi inter caeteros *Langobardorum* duces *Agilulf*, dux Taurinensium civitatis. — Hoc tem-

---

II, 28. [1]) sic P; Ratchis Mur. Abel; alias Ratichis Lind.
[2]) sic P & Abel; Helmicbis Mur.
[3]) scultporo P; skilpor Abel; schilpor Mur.
[4]) sic P; rell. giselbertus
II, 31. [1]) sic Mur. Abel; Clep P; Clev Mod.
II, 32. [1]) alahis P; Alachis Abel.
[2]) coin P.
III, 8. [1]) amo codd. Mur. & Abel.
[2]) sic P; Rhodanus Mur.
III, 13. [1]) sic V & Abel; rell. Faroald.
III, 16. [1]) autharium P in textu, authari id. in indice.

pore, quam ob causam incertum, *Ansul,*[1]) cognatus regis *Authari,* apud Veronam est interfectus.

III, 33. Fuit autem primus *Langobardorum* dux in Benevento nomine *Zotto,* qui in ea principatus est per curricula vigenti annorum.

IV, 1. Confirmata igitur *Agilulfi,* qui et *Ago* dictus est, regia dignitate, causa eorum, qui ex castellis Tridentinis captivi a Francis ducti fuerant, Agnellum, episcopum Tridentinum, in Franciam misit. —

IV, 3. His diebus *Agilulf*[1]) rex occidit *Minulfum,*[2]) ducem de insula Sancti Juliani, eo quod se superiori tempore Francorum ducibus tradidisset. *Gaidulfus*[3]) vero, Pergamensis dux, in civitate sua Pergamo rebellans contra regem se communivit. — — Rebellavit quoque dux *Wulfhari*[4]) contra *Agonem*[5]) regem apud Tarvisium, et obsessus captusque est ab eo.

IV, 8. — Quod factum cum regi *Agilulfo* nunciatum esset, statim Ticino egressus cum valido exercitu civitatem Perusium petiit ibique per dies aliquot Maurisionem, ducem *Langobardorum,* qui se Romanorum partibus tradiderat, obsedit et sine mora captum vita privavit.

IV, 10. — *Ewin*[1]) quoque duce in Tridento mortuo, datus est eidem loco dux *Gaidoaldus,* vir bonus ac fide catholicus.

IV, 13. — Post haec *Ago*[1]) rex rebellantem sibi *Zangrulfum,* Veronensium ducem, extinxit. *Gaidulfum* quoque Pergamensem ducem, cui jam bis pepercerat, peremit; pari etiam modo et *Warnecacium*[2]) apud Ticinum occidit.

III, 30. [1]) sic Mur. Abel; P insul.
IV, 3. [1]) sic P; rell. Agilulfus.
[2]) sic P, Mur; alias Menulfum.
[3]) alias Gandulfus.
[4]) uulfari P; ulfari Mur. Abel; alias ulfaris.
[5]) sic P & Abel; Mur. Agilulfum.
IV, 10. [1]) Euin P, euuin id. in indice.
IV, 13. [1]) sic P, Abel; Agilulfus Mur.
[2]) sic P; Warnekatius Abel; Warnecantium Mur. (Warnecausum Troya 3, 109, 110).

IV, 16. Sequenti anno *Hariulfus*[1]) dux, qui *Farualdo*[2]) apud Spoletum successerat, moritur. — — Igitur mortuo *Hariulfo*,[1]) duo filii *Farualdi*,[2]) superioris ducis, inter se propter ducatum decertantes, unus ex ipsis, qui cum victoriam adeptus esset, nomine *Theudelaupus*,[3]) ducatum suscepit.

IV, 18. Mortuo igitur *Zottone*, Beneventanorum duce, *Harigis*[1]) in loco ipsius a rege *Agilulfo* missus successit, qui ortus in Forojulii fuerat, et *Gisulfi*, Forojuliani ducis, filios educarat eidemque *Gisulfo* consanguineus erat. Ad hunc *Arigis* extat epistola beati Gregorii Papae in hunc modum directa.

IV, 20. His diebus capta est filia regis *Agilulfi* cum viro suo, *Godescalco*[1]) nomine, de civitate Parmensi ab exercitu Gallicini patricii, et ad urbem Ravennatium sunt deducti.

IV, 22. — Postea vero coeperunt *hosis*[1]) uti, super quas equitantes *tubrugos* birreos mittebant; sed hoc de Romanorum consuetudine traxerunt.

IV, 25. *Agilulfo* quoque regi tunc nascitur filius de Theudelinda regina in Modiciae palatio, qui *Adaloald*[1]) est appellatus.

IV, 27. Hoc anno *Gaidoaldus*,[1]) dux de Tridento et *Gisulfus* de Forojulii, cum antea a regis *Agilulfi* societate discordarent, ab eo in pace recepti sunt.

IV, 37. — Uxor vero ejusdem *Gisulfi*, nomine *Romilda*, cum *Langobardis*, qui evaserant, sive eorum uxoribus et filiis, qui perierant, intra murorum Forojuliani castri munivit septa. Huic erant filii *Taso* et *Cacco*,[1]) jam adolescentes; *Raduald*[2]) vero et *Grimuald*[3]) adhuc in puerili aetate erant constituti.

IV, 16. [1]) ariulfus codd. & edd.

[2]) sic V & Abel; rell. Faroaldo.

[3]) teudelaupus V & C; theodeladius P, teudelapus P in ind; Teudelapius Abel; Theudelapius Mur.

IV, 18. [1]) sic P, Mur; arichis P in ind. Abel.

IV, 20. [1]) godesciclo P.

IV, 22. [1]) osis P.

IV, 25. [1]) sic P, Abel; Adaloaldus Mur.

IV, 27. [1]) giadoaldus P.

IV, 37. [1]) sic P; Caco Mur. Kako Abel.

[2]) sic V; recdoald P, Radoaldus Mur. Roduald Abel.

[3]) sic C; Grimoaldus Mur. Grimoald P.

Habebat vero et filias quatuor, quarum una *Appa*, alia *Gaila*
vocabatur, duarum vero nomina non tenemus. — — *Taso* vero
et *Cacco*[1]) seu *Radnald*[4]), filii *Gisulfi* et *Romildae*, cum hanc
Avarorum malitiam cognovissent, statim ascensis equis fugam
arripiunt. —

IV, 38. — Eo denique tempore, quo *Langobardorum* gens
de Pannoniis ad Italiam venit, *Leupikis*,[1]) meus abavus, ex
eodem *Langobardorum* genere cum eis pariter adventavit. — —
Qui cum per multos annos in eadem regione captivitatis miseriam
sustinuissent et jam ad virilem pervenissent aetatem, caeteris
quattuor, quorum nomina non retinemus, in captivitatis angustia
persistentibus, quintus eorum germanus, nomine *Leupikis*,[2]) qui
noster postea proavus extitit, inspirante sibi, ut credimus, miseri-
cordiae autore, captivitatis jugum abjicere statuit et ad Italiam,
quo gentem *Langobardorum* residere meminerat, tendere atque
ad libertatis jura studuit repedare. — — Hic etenim genuit
avum meum *Harikis*,[3]) *Harikis*[3]) vero patrem meum *Warnefrid*, *Warnefrid* ex *Theudelinda*,[4]) conjuge sua, genuit me
Paulum meumque germanum *Harikim*, qui nostrum avum cog-
nomine retulit.

IV, 40. His ita peremptis, dux Forojulianus *Grasulfus*,
Gisulfi germanus, constituitur. —

IV, 42. Igitur *Agilulf*[1]) rex, qui et *Ago*[2]) est appellatus,
postquam viginti et quinque annos regnaverat, diem clausit ex-
tremum, relicto in regno filio suo *Adaloald*[3]) admodum puero
cum Theudelinda matre. — — Sed cum *Adaloald*[4]) eversa
mente insaniret, postquam cum matre decem regnaverat annis,
de regno ejectus est, et a *Langobardis* in ejus loco *Harioald*[5])
substitutus est. —

---

[1]) sic V, P; Roduald Abel; Rodoaldus Mur.
IV, 38. [1]) leupichis P, Abel; leupchis A & Mod; Leupigis Mur.
[2]) lupichis P; Leupichis Abel; Leupigis A, Mur; Leuphis Mod.
[3]) arichis codd.
[4]) teudelinda P, C; thiadlinda Cod. Trevir.
IV, 42. [1]) sic P; Agilulfus Mur.
[2]) ego P.
[3]) Adaloald P; Adaloaldo Mur.
[4]) sic P; Adaloaldus Mur.
[5]) arioal P; Arioaldus Mur.

IV, 43. — *Langobardorum* regnum *Hrotharit,*[1]) genere *Harodus*[2]) suscepit.

IV, 44. Ad hunc regem *Harikis,*[2]) dux Beneventi, filium suum *Ajonem* direxit. —

IV, 47. — Hic de captiva puella, sed tamen nobili, cujus nomen Itta fuit, *Romualdum* filium et duas filias genuit. —

IV, 48. At vero rex *Hrotharit,*[1]) postquam annos sedecim et menses quattuor regnum tenuerat, vita decedens *Langobardorum* regnum *Rodoald,*[2]) suo filio, reliquit. —

IV, 49. *Rodoald*[1]) igitur post funus patris *Langobardorum* regnum suscipiens, *Gundipergam,*[2]) *Agilulfi* et Theudelindae sibi filiam in matrimonium sociavit. — — Huic successit in regni regimine *Haripert*[3]), filius Gundualdi, qui fuerat germanus Theudelindae reginae.

IV, 51. — Circa haec tempora mortuo apud Forumjulii *Grasulfo,* duce Forojuliensi, ducatum *Ago* regendum suscepit. Apud Spoletum quoque *Theudelaupo*[1]) defuncto, *Atto* eidem civitati ductor efficitur.

IV, 52. Igitur *Haripert,*[1]) postquam apud Ticinum per annos novem *Langobardos* rexerat, diem obiens regnum duobus filiis suis adhuc adolescentibus, *Pertarido*[2]) et *Godiperto,* reliquit. Et *Godipert* quidem Ticini sedem regni habuit, *Pertaridus* vero in civitate Mediolanensi. —

— Qua de re *Go'ipertus Garipaldum,*[3]) Taurinatium ducem, ad *Grimualdum,*[4]) Beneventanorum strenuum tunc ductorem

---

IV, 43. [1]) rothari codd. & ed. hrothari P in ind.
[2]) arodus P.
IV, 44. [1]) arichis codd.
IV, 48. [1]) rothari codd.
[2]) sic P; Rodoaldo Mur; Roduald Abel.
IV, 49. [1]) radoald P; Rodoaldus Mur; Roduald Abel.
[2]) sic P, Abel; Gundibergam Mur.
[3]) aripert P, Abel; Aripertus Mur.
IV, 51. [1]) sic V, P, C; Theudelapio Mur.
IV, 52. [1]) Aripertus Mur.
[2]) al. Berthari, al. Partharito & Gundeberto, et sic semper Lind. & Mod. Gudipert P. Pertari & Godipert Abel. Godibertus A.
[3]) Garipaldum P; Garibald Abel; Garibaldum Mur.
[4]) Grimuald P, Abel; Grimoaldum Mur.

direxit, invitans eum, ut quantocius veniret et sibi adversus germanum suum *Pertaridum* auxilium ferret, regisque filiam, suam germanam, ei se daturum promittens. — — *Transamundum*[5]) vero, comitem Capuanum, per Spoletum et Tusciam direxit, ut per eas regiones *Langobardos* suo consortio coaptaret. — — Habebat autem tunc *Godipertus* jam filium parvulum, nomine *Raginpertum*,[6]) qui a *Godeperti* fidelibus sublatus et occulte nutritus est; nec eum *Grimuald* persequi curavit, quippe qui adhuc infantulus esset. Quo audito *Pertarit*,[7]) qui apud Mediolanum regnabat, quod germanus ejus esset extinctus, quanta potuit velocitate, fugam arripuit atque ad regem Avarum Cacanum pervenit, uxorem *Rodelindam* et parvulum filium, nomine *Cunincpertum*[8]) relinquens, quos *Grimuald* Beneventum in exilium direxit.

V, 2. — Igitur cum ad Laudensem civitatem venisset, misit ante se ad *Grimwaldum*[1]) regem *Hunulfum*,[2]) sibi fidelissimum virum, qui suum ei adventum nuntiavit. —

V, 7. -- Qui statim, ut imperatoris adventum cognovit, nutricium suum nomine *Seswaldum*[1]) ad patrem *Grimwaldum*[2]) trans Padum direxit, obsecrans, ut quantocius veniret filioque suo ac Beneventanis, quos ipse nutrierat, potenter succurreret. —

V, 8. Accepta ita obside *Romualdi*[1]) sorore, cui nomen *Gisa*[2]) fuit, cum eodem pacem fecit.

V, 10. — Cumque utraeque acies forti intentione pugnarent, tunc unus de exercitu regis, nomine *Amalongus*,[1]) qui

---

[5]) sic V, P, Abel; Trasemundum Mur.
[6]) Raginbertum A; Raginpertum Lind; Raunpertum Mod.
[7]) sic P, C; Bertaridus Mur.
[8]) Mur. Cunibertum; Kuninkpert Abel.
V, 2. [1]) grimunaldum P; Grimoaldum Mur.
[2]) unulfum P.
V, 7. [1]) sesuualdum P; Sesualdum Mur.
[2]) grimuualdum P; Grimoaldum Mur.
V, 8. [1]) sic P; Romoaldi Mur.
[2]) gira P.
V, 10. [1]) sic P, Mur. Amelongus Lind. & Mod.

regium contum ferre erat solitus, quendam Graecculum eodem
conto utrisque manibus fortiter percutiens, de sella, super quam
equitabat, sustulit cumque in aera super caput suum levavit.

V, 17. Si quidem, ut superius praemiseramus, *Grasulfo*,
Forojulianorum duce, defuncto, successor ejus in ducatu *Ago*
datus, de cujus nomine usque hodie domus quaedam intra Forum
Julii constituta, domus *Agonis* appellatur. Quo Agone mortuo,
Forojulianorum ductor Lupus efficitur.

V, 22. Denique Lupo, hoc modo, ut praemisimus, inter-
empto, *Warnefrid*,[1] ejus filius, voluit in loco patris apud Forum
Julii obtinere ducatum.

V, 23. Deinde ordinatus est apud Forumjulii dux *Wecthari*,[1] qui fuit oriundus de Vincentina civitate, vir benignus
et populum suaviter regens.

V, 24. Post hunc *Wecthari Landhari*[1] apud Forumjulii
ducatum tenuit; quo defuncto, ei *Rodualld*[2] in ducatum successit.

V, 25. Mortuo igitur, ut diximus, Lupo duce, *Grimwald*[1]
rex filiam ejus, nomine *Theuderadam*,[2] suo filio *Romwald*,[3]
qui Beneventum regebat, in matrimonium tradidit. Ex qua tres
filios, hoc est *Grimwaldum*,[4] *Gisulfum*, nec non et *Harikis*[5]
genuit.

V, 33. — Hic post mortem *Hariperti*[1] regis, expleto jam
anno uno et mensibus tribus, *Langobardorum* regnum invasit
regnavitque ipse annis novem, relicto *Garibald*,[2] filio suo, quem
ei *Hariperti*[1] regis filia genuerat.

V, 36. Cumque in magna pace degerent, et ex omni parte
in circuitu tranquillitatem haberent, surrexit contra eos filius

---

V, 22. [1] uarnefrid P; arnifrid id. in ind; Warnefridus Mur; Arne-
frit A; Arnefridus Ms. Lind.

V, 23. [1] sic Abel; uuecthari P; Wectari Mur; Juvectari Ms. Lind.

V, 24. [1] laudari P, Abel; Landheri Lind; Laudari Mur.

[2] sic Abel; Rodoaldus Mur; rodoald P.

V, 25. [1] grimuuald P, C; Grimoaldus Mur.

[2] theuderatam P; Theuderadam Mur.

[3] sic P; Romwaldo Mur; Rumwald C.

[4] sic P; Grimoaldum Mur.

[5] arichis P; Arichit Mod.

V, 33. [1] Ariperti codd.

[2] sic P; Garibaldo Mur.

iniquitatis, *Alakis*[1]) nomine, per quem in regno *Langobardorum*, perturbata pace, maximae populorum factae sunt strages. —

V, 38. *Alakis*[1]) vero jam dudum conceptam iniquitatem parturiens, annitentibus *Aldone* et *Grausone*,[2]) Brexianis civibus, sed et aliis multis ex *Langobardis*, oblitus tantorum beneficiorum, quae in eum rex *Cunincpert*[3]) impenderat, oblitus etiam jusjurandi, quo ei se fidelissimum esse spoponderat, cum *Cunincpert*[3]) abesset, regnum ejus et palatium intra Ticinum positum, invasit. —

VI, 2. — Huic in conjugio sociata fuit *Wigilinda*,[1]) soror *Cunincberti*,[2]) filia *Pertarit*[3]) regis. Defunctoque *Grimwaldo*,[4]) *Gisulfus*, ejus germanus, ductor effectus est praefuitque Benevento annis decem et septem. Huic sociata fuit *Winiberga*,[5]) quae ei *Romwald*[6]) peperit. —

VI, 4. At vero *Roduald*,[1]) quem apud Forumjulii praemisimus ducatum tenuisse, cum ab eadem civitate abesset, *Ansfrid*[2]) de castro Reunia ducatum ejus absque regis nutu pervasit. — — Forojulianorum autem ducatum post haec *Ado*, frater *Rodualdi*, loci servatoris nomine per annum et menses septem gubernavit.

VI, 17. — Hic cum multis *Langobardorum* lachrymis juxta basilicam Domini Salvatoris, quam quondam avus ejusdem *Haripert*[1]) construxerat, sepultus est, regnumque *Langobardorum Liutperto*[2]) filio adhuc puerilis aetatis reliquit, cui tutorem *Ansprandum*, virum sapientem et illustrem, contribuit.

V, 36. [1]) alahis P, A, Mod. Abel; Alachis Mur.

V, 38. [1]) alahis P, Abel; Alachis Mur.

[2]) Gusone A.

[3]) cunicpert P; Cunibertus Mur; Kuninkpert Abel.

VI, 2. [1]) sic Mur. Abel; uuingillinda P; Winiolinda Mod.

[2]) sic P; Cuniberti Mur; Kuninkpert Abel.

[3]) perctarit P; Bertaridi Mur; Pertaris Abel.

[4]) sic P; Grimoaldo Mur.

[5]) sic P; Winiperga Abel; Winiberta Mur.

[6]) sic P; Romoaldum Mur; Romuald Abel; Rumwald C.

VI, 4. [1]) sic Abel; rodoald P; Rodoaldus Mur.

[2]) sic P, Abel; Ansfrit Mur.

VI, 17. [1]) aripert P; Aripertus Mur.

[2]) sic P, Mur; liutperto P in indice.

VI, 18. Dehinc elapsis octo mensibus, *Raginbertus,*[1]) dux Taurinensium, quem quondam rex *Godibertus,*[2]) cum extingueretur a *Grimwaldo,*[3]) reliquerat parvulum, de quo et superius diximus, cum valida manu veniens adversus *Ansprandum* et *Hrotharit,*[4]) Bergomensium ducem, apud Novarias conflixit eosque in campo exuperans regnum *Langobardorum* invasit, sed eodem anno mortuus est.

VI, 19. Tunc filius ejus *Haripert,*[1]) iterum bellum parans, pugnavit cum *Liutperto*[2]) rege apud Ticinum cumque *Ansprando* et *Ottone*[3]) et *Tazone*[4]) nec non et *Hrotharit*[5]) ac *Farone.*[6])

VI, 22. Rex igitur *Haripert,*[1]) confirmato regno *Langobardorum, Ansprandi* filium oculis privavit omnesque, qui ei consanguinitate juncti fuerant, diversis modis afflixit. Minorem quoque *Ansprandi* filium *Liutprandum*[2]) in custodia tenuit, quem quia despicabilem personam et adhuc adolescentulum esse perspexit, non solum in ejus corpore vindictam aliquam minime ingessit, sed cum, ut ad patrem suum pergeret, abire permisit. — — Uxorem vero *Ansprandi, Theuderadam*[3]) nomine, rex *Haripert*[1]) comprehendi. —

— Pari etiam modo et germana *Liutprandi,*[4]) nomine *Auruna,*[5]) deformis effecta est.

VI, 24. Mortuo quoque *Adone,*[1]) quem dixeramus loci servatorem fuisse, *Ferdulfus* ducatum suscepit, qui de partibus

---

VI, 18. [1]) ragimbertus P; Raginpert Abel; Ragunbertus Mur.
[2]) sic P; Godipert Abel; Godebertus Mur.
[3]) sic P; Grimoaldo Mur.
[4]) rotharit P; Rothari Abel.
VI, 19. [1]) aripert P; Aripertus Mur.
[2]) sic P; Liutberto Mur.
[3]) otone P; Ottone Mur.
[4]) tatzone P; Tazone Mur.
[5]) rotharit P.
[6]) faraone P; Farone Mur.
VI, 22. [1]) aripert P; Aripertus Mur.
[2]) liudprandum P; Liutprandum Mur.
[3]) theodoradam P.
[4]) liutbrandi P; Liutprandi Mur.
[5]) aurona P, Abel; arona A; auruna Mod. Mur; Aurora Lind.
VI, 24. [1]) sic P, Aldone Mur.

Liguriae extitit, homo lubricus et clatus. — — Subsecutus est rector loci illius, quem *sculdhaiz*[2]) lingua propria dicunt, vir nobilis animoque et viribus potens, sed tamen eosdem latrunculos assequi non potuit. Cui exinde revertenti dux *Ferdulfus* obviam factus est. Quem dum interrogaret, quid de illis latrunculis factum esset, *Argait*[3]) ei (sic enim nomen habebat) eosdem fugisse respondit. — — Ibi tamen unus e *Langobardis* nomine *Munikis,*[4]) qui pater post Petri Forojulianorum et Ursi Cenetensis ducum extitit, solus fortiter et viriliter fecit. —

VI, 25. — Deinceps vero *Pemmo* ducatum promeruit, qui fuit homo ingeniosus et utilis patriae. — — Hic *Pemmo* habuit conjugem *Ratpergam*[1]) nomine. — — De hac ergo conjuge tres *Pemmo* filios, hoc est, *Ratkis*[2]) et *Ratchait*[3]) et *Haistulfum,*[4]) viros strenuos, genuit. —

VI, 29. Igitur defuncto *Transamundo,*[1]) duce Spoletanorum, *Farualdus,*[2]) ejus filius, in loco patris est subrogatus. Denique *Wachilapus* germanus fuit *Transamundi*[1]) et cum fratre pariter eundem rexit ducatum.

VI, 39. — Monasterium vero Beati Vincentii martyris, quod juxta Vulturni fluminis fontem situm est, et nunc magna congregatione refulget, a tribus nobilibus fratribus jam tunc aedificatum, sicut viri eruditissimi *Autberti,* ejusdem monasterii abbatis, in volumine, quod de hac re composuit, scripta significant. —

VI, 44. — Cum quibus ille juvenibus super eosdem Sclavos tertio irruens, magna eos clade prostravit, nec amplius ibi aliquis a parte *Langobardorum* cecidit quam *Sigualdus,*[1]) qui erat jam aetate grandaevus. —

---

[2]) sculdahis P, Mur; sculdabus Mod; schuldaizo Ms. Lind.
[3]) argait P, Abel; Argaid Mur.
[4]) munichis P, Mur. Abel.
VI, 25. [1]) sic P, Abel; Ratbergam Mur.
[2]) ratchis P, Mur. Abel.
[3]) ratchait P, Mur. Abel.
[4]) sic P; Ahistulfum Mur. Abel.
VI, 29. [1]) sic P, V, Abel; Trasemundo Mur.
[2]) sic P, Abel; Faroaldus Mur.
[3]) sic P, Abel, V; Trasemundi Mur.
VI, 44. [1]) sic P, Mur; Sicualdus Mod.

VI, 49. *Romwald*[1]) denique, dux Beneventi, uxorem sortitus est, *Guntbergam*[2]) nomine, quae fuit filia *Aurunae*,[3]) *Liutprandi*[4]) regis sororis. De qua filium genuit, quem nomine sui patris *Gisulfum* appellavit. Habuit rursum post hanc et aliam conjugem, nomine *Ranigundam*,[5]) filiam *Gaidualdi*,[6]) Brexiani ducis.

VI, 50. — Quod rex *Liutprand*[1]) audiens, in magnam iram exarsit ducatumque *Pemmone* auferens, *Ratkis*,[2]) ejus filium, in eius loco ordinavit. — — Tunc rex in judicio residens, *Pemmonem* et ejus duos filios *Ratchait*[3]) et *Haistulfum*,[4]) Ratkis concedens, eos post suam sedem consistere praecepit. — — Hoc modo iis *Langobardis* comprehensis, *Hersemar*, qui unus ex eis fuerat, evaginato gladio, multis insequentibus, ipse se viriliter defensans, in basilicam beati Michaelis confugit. —

VI, 53. — Rursus cum Ravennam *Hildebrandus*, regis nepos, et *Peredeo*, Vincentinus dux, obtinerent, irruentibus subito Veneticis, *Hildebrandus* ab eis captus est, *Peredeo* viriliter pugnans occubuit. In sequenti quoque tempore Romani solita elatione turgidi, congregati universaliter, habentes in capite Agathonem, Perusinorum ducem, venerunt, ut Bononiam comprehenderent, ubi tunc *Walcari*,[1]) *Peredeo* et *Hrotharit*[2]) morabantur in castris. —

VI, 54. His diebus *Transamundus*[1]) contra regem rebellavit. Super quem rex cum exercitu veniens, ipse *Transamundus*[1]) Romam fuga petiit. In cujus loco *Hildericus* ordinatus

---

VI, 49. [1]) sic C, P in ind; Romuuald P in textu; Romuald Abel; Romoaldus Mur.
[2]) sic Mur; gumpga P.
[3]) aurone P, Abel; Aurunae Mur.
[4]) sic Mur; liudbrandi P.
[5]) sic P, A; Ravigundam Mur.
[6]) sic P, Abel; Gaidoaldi Mur.
VI, 50. [1]) sic Abel; liutbrand P; Liutprandus Mur.
[2]) ratchis codd.
[3]) Ratchais Abel; ratchait P; Ratchait Mur.
[4]) aistulfum P; Ahistulfum Mur. Cf. VI, 25.
VI, 53. [1]) uualchari P, Abel; Walcari Mur.
[2]) rotchari P; Rothari Mur. Abel.
VI, 54. [1]) sic P, V; Trasemundus Mur.

est. — — Qui *Gisulfus* cum propter aetatem puerilem idoneus ad tantum populum regendum non esset, *Liudprand*[2]) rex Bene· ventum tunc veniens eum exinde abstulit et apud Beneventum suum nepotem Gregorium ducem ordinavit; cui in matrimonio uxor sociata, *Giselberga* nomine, fuit. — — Ita rex *Liudprand*,[2]) rebus compositis, ad suum solium remeavit *Gisulfum*que, suum nepotem, paterna pietate erudiens, et *Scaunipergam*,[3]) nobili ortam progenie, in matrimonium junxit. —

VI, 55. At vero Gregorius, dum apud Beneventum annis septem ducatum gessisset, vita exemptus est. Post eius obitum *Godescalcus*, dux effectus, annis tribus Beneventanis praefuit. — — Ibi quidam Spoletanorum fortissimus, *Berto* nomine, nominative *Ratkis*[1]) acclamans, armis instructus super eum venit. —

VI, 57. — Denique cum rex *Liudprand*[1]) in Urbem silvam venatum isset, unus ex ejus comitibus, cervum sagitta percutere nisus, ejusdem regis nepotem, hoc est sororis ejus filium, *Aufusum* nomine, nolens sauciavit. — — Huic quoque non dissimilis apud Veronensem civitatem *Theudelaupus*[2]) nomine fuit, qui inter miranda, quae patrabat, praesago etiam spiritu multa, quae erant ventura, praedixit. —

---

[2]) sic P; Liudprandus Mur: Liutprand Abel.
[3]) sic A, Mur; scaunniperga sive scauuniperga P; Skauniperga Abel.
VI, 55. [1]) ratchis codd.
VI, 57. [1]) sic P; Liudprandus Mur.
[2]) sic V; Teudelaupus C; theudelapius P, Mur.

KLEINERE DENKMAELER.

URKUNDEN, INSCHRIFTEN etc.

1) Brief S. Gregors an sämmtliche Bischöfe Italiens v. J. 590.
(Troya I, 149; Nr. 55).

Quoniam nefandissimus *Autharit* in hac, quae nuper expleta est, paschali solemnitate *Langobardorum* filios in fide catholica baptizari prohibuit, pro qua culpa cum divina majestas extinxit, ut solemnitatem paschae alterius non videret, vestram fraternitatem decet cunctos per loca vestra *Langobardos* admonere, ut quia ubique gravis mortalitas imminet, eosdem filios suos in Ariana haeresi baptizatos ad catholicam fidem concilient, quatenus super eos iram Domini omnipotentis placent. —

2) Brief S. Gregors an Gulfari v. J. 599.
(Troya I, 489; Nr. 201).

Gregorius *Gulfari*, magistro militum. —

3) Brief S. Gregors an Theodorus, Statthalter von Ravenna.
(Troya I, 444; Nr. 206).

— *Warnilfrida* vero, ad cujus consilium idem *Ariulfus* cuncta agit, omnino jurare despexit. —

4) Piemontesische Grabschrift.
(Hist. patr. mon. VIII, 210).

† Hic requiescit in somno pacis b. m. Honorata, qui vixit in saeculo annos pl. m. XL; defuncta est sub rege *Adlowaldo*, anno XVIII regni ejus, indic. VIII, VIII idus febr. die mer.

5) Piemontesische Grabschrift v. J. 645.
(Hist. patr. mon. VIII, 210).

† Hic requiescet in somno paces b. m. Simplicius coductor, qui vixit in seculo anno pl. m. LXXV; recesset de hac lucem die tercio kalendas julias, regnante dmn. nostro *Rothari* rege, anno VIIII, indiccione tercia, feliceter.

6) Piemontesische Grabschrift v. J. 655—657.
(Hist. patr. mon. VIII, 211).

† Hic requiescit in sompno paces b. m. *Bertaldus* presb, qui vixet in hoc sec. pl. m. XC; deces. de hunc sec. sub diem VII kal. aug, regnante dn. n *Aripertus* rege, ann. IIII, ind. fel.

7) Grabschrift v. J. 658.
(Hist. patr. mon. VIII, 211).

† Hic requiescit in somno paces b. m. Marciana q. vixit ann. pl. m. L. Et recessit de hoc sclo sub d. VI id. marcias reg. dm. *Arip.* anno V p. ind.

8) Grabschrift v. J. 669.
(Hist. patr. mon. VIII, 211).

† Hic requiescit in somno pacis b. m. Rofia, qui vixit in hoc sclo annos pl. m. XX; et recessit de hun. sclm. sub d. VIIII Kal. februar. regnante dmn. no. *Grimowaldo* rege, ano. VII, ind. XII fel.

9) Aus einer Handschrift von Bobbio v. J. 661?
(Troya II, 505; Nr. 330).

Sublimes ortus in finibus europe *Langobardorum* prosapia rex *Haribertus* pius et catholicus Arianorum abolevit heresen, et christianam fideus fecit crescere. †

10) Urtheil des Königs Pertarit.
(Troya II, 533; Nr. 340).

Flavius *Pertharitus* excellentissimus rex curti nostra Placentine, ubi praesse invenitur *Dagilbertus gastaldus*, et nostre

Parmisiane, ubi *gastaldus* noster esse invenitur, et de silvas et
de montes locaque ocitantur ponte Marmoriolo qui est in rigo
Onglena, deinde in Petra Baciana percorrente in termine quod
dicitur Petra Furmia, et in Fonte Limosa in campo Crispicellio,
et inde in monte Specla illa parte Cene, ubi termine stat, deinde
in monte Caudio et Petra Mugulana, quod est super fluvio Taro,
et illa parte Taro per rigo Gantera. — — Et dum multas inter
suprascriptas civitates erant intentiones et scandala fiebant et
pignerationes, praevidimus missos nostros, id est *Autechis* Spa-
tarium et *Ansone* notario nostro apud ipso loco dirigere, ut cognoscerent rei veritate et otilis (detulit) nobis pars Placentina
judicatum bon. me. *Arioldi* regis, ubi legebatur, quod pro ipsius
tempore causa finita fuisset et ipsum judicatum est loca superius
nominata, qualiter termina essent inter fines de Placentia et Par-
mense, et cognoverunt omnia rei veritate, qualiter ipse judicatus
designabat. — — Sed postquam judicatus praecessori nostro
Arioaldo regi sic contenebatur, et per porcarios et per sensores
homines sic cognovimus, tractantes cum judicibus nostris, utile
nobis visum fuit, ut per sacramentum pars Placentina ipsum
judicatum firmaret, quod nulla fraus facta fuisset in ipsum judicatum, et ipsi fines per ipsa termina et signa defensa sint ad
Placentia, nisi per paucos dies, quod *Godeberto* ipsorum in intentione fecerunt ipsas fines, et nos cum judicibus nostris decre-
vimus, ut judicata praecepta praedecessoribus nostris regibus a
nobis roborari inconvulsa debeant, quod et justum est, si ita
nostra custoditur parte, et nostra judicium incontaminata manent;
tamen pro amputanda intentione ipse sacramentus datus est a
parte Placentina in praesentia judicibus nostris, id est *Vulfoni*,
Majoli, Ursoni etc. . . . . . et presbiter Immo *Daghibert* cessit
sacramentum et juraverunt, ut supra diximus in eo capitulo, ut
supra legitur et judicatus *Arioldus* regi contenebat, et hoc de-
crevimus, ut cuilibet homo intra ipsas fines possessione, aut de
jure parentum aut de concessione regum habere videtur, excepto
de tempore illo. quando *Gondeberto* invasione fecit, liceat eum
habere ipsam fines inter Placentia et Parma, sicut superius
signa designantur, et judicatus contenuit, et ipsi per sacramentum deliberaverunt nostris et futuris temporibus sic debeant
permanere.

Excellentissimo Donno Regi, et ex dicato *Theodoraci* refer. dat Ticino palatio sub die X Cal. Novemb. anno filii ejus regni nostri . . . . . . per indictione secunda feliciter.

11) Grabschrift v. J. 691.
(Hist. patr. mon. VIII, 211).

Dp. b. m. Rustici epi, sub die XVI kal. oct., regnante v. gl. *Cunincpert*, ind. IV.

12) Verkaufsurkunde zu Gunsten des Klosters Farfa v. J. 704.
(Troya III, 54 ff; Nr. 371).

— Actum ad Sanctum Petrum in Germaniciano, territorio Sabinensi. Quam vero cartulam venditionis ego *Arichis* notarius per jussionem *Sindolfi gastaldii* civitatis suprascriptae: scripsi.

† Signum manus *Wilifusi* actionarii, testis.
† Signum manus Petri *gasindii*, testis.
† Signum manus Ursi cond. testis.
† Signum manus Barbati venditoris.
† Signum manus Valeriani clerici, venditoris.
† Signum manus Baroncionis, venditoris.
† Signum manus *Amechis* exercitalis, testis.
† Signum manus Dononis exercitalis, testis.
† Signum manus Theodici exercitalis, testis.
† Signum manus Clementini clerici, testis.
† Signum manus Pantaleonis exercitalis, testis.
† Signum manus Calvuli coloni, testis.
† Signum manus Vincentii coloni, testis.

13) Grabschrift aus Pavia.
(Troya III, 78; Nr. 376).

Cunipergae
Cuniberti regis filiae
S. Agathae monast. Ticin. antistitae
epitaphium.

14) Schenkung Ariberts II an Emiliano II, Bischof von Vercelli.
(Troya III, 80 ff; Nr. 377).

— Addimus et nos pro animae nostrae salvatione et statu felicissimae gentis nostrae *Langobardorum* jam dicto venerabili et sancto monasterio beati Archangeli Michaelis, ubi rememoratus *Gauderis*, olim noster miles, nunc autem Christi gratia per tuam sanctitatem jam ordinatus abbas praeesse dignoscitur, terram incultam, ubi est Ceredallum, designata loca ibidem sine publica Vercellen. usque in Sturam, et sine Tabla quam eidem monasterio *Odo* filius *Regimperti* his diebus concesserat usque finem Rivosico, sicut ex nostra praeceptione ad cumdem religiosum locum *Garrimundi* illustris viri nostra jussione valde mantradere fecit, quatenus deinceps omnis sancta illa congregatio, quae in utrisque praelibatis vestris ecclesiis nuper est aut erit, ea ipsa quae superius nostra confirmavit et corroboravit potestas, indeminute atque inconcusse omnia, et in omnibus valeat futuris possidere, et perfrui temporibus, veluti pro regni nostri fastigio et statu totius felicissimae gentis nostrae *Langobardorum* die noctuque a nullo praepediti dignas Deo laudes ut condecet possint incessabiliter decantare. —

— Ex dicto domni regis per suprascriptum *Garimundum* . . . . . . (stratarium) scripsi ego *Tassillo* notarius. —

15) Schenkung an das Kloster S. Sofia in Ponticello v. J. 706.
(Troya III, 88 ff; Nr. 378).

— Concessimus nos vir gloriosissimus Dominus *Romualdus*, gentis *Langobardorum* summus dux, tibi Zachariae, venerabili abbati nostro, casas ad Ponticellum in quantas ibidem *Wadulphus* habere visus fuerit, cum curtibus et hortis simul et clausuris, quae post ipsas casas esse videntur, et terricellam vacuam, quae trans rivum est; denique molinum et balneum, quod in nominato loco esse invenitur; simul etiam et familiam nomine Albinus cum uxore sua nomine Candida, cum filiis et filiabus suis, omnia et in omnibus, in quantum jam nominatus ad Ponticellum *Wandolphus* habere visus fuerit, tibi supradicto Zacharia abbas ea ratione, ut a nullo quopiam homine nullam habeas aliquando aliquam quaestionem aut reprehensionem, sed perpetuis temporibus per hoc nostrum firmissimum praeceptum securiter et firmiter habere et possidere valeas, et quidquid exinde facere volueris, in tua sit potestate. —

16) Bestätigungsurkunde der Privilegien des Klosters S. Sofia in Ponticello v. J. 708.
(Troya III, 91 ff; Nr. 381).

— Quod vero praeceptum firmitatis seu absolutionis ex jussione nominatae potestatis dictavi ego Persus, vicedominus et referendarius, tibi *Theodaldo* notario scribendum.

17) Bestätigung von Schenkungen an S. Sofia in Ponticello v. J. 709.
(Troya III, 105 ff; Nr. 384).

— Firmavimus atque concessimus nos vir gloriosissimus *Romivialdus*, summus dux gentis *Langobardorum* in ecclesia sanctae Sophiae, quam Zacharias, venerabilis abbas noster a fundamentis aedificare visus est in loco, qui nominatur ad Ponticellum, qui fuit de quodam *Waldulpho*, omnia et in omnibus, de quibus nostra potestas praedicto Zacchariae abbati concessit; unde et nostra habet firmata praecepta: id est, in primis casas cum curtibus vel hortis, molino et balneo, clausurias, ubi ipsa ecclesia aedificata est, et tercia bucua, quae est trans rivum; et alius hortus, qui esse videtur juxta fluvium Sabbathum, qui fuit de quodam *Trasoaldo*, casas, terras, vineas, prata et clausurias, cultum vel incultum, omnia et in omnibus, in quantum et in eodem loco habere visus fuit, simul et omnem substantiam *Totonis* Transpadini casas, terras, vineas, cultum vel incultum, mobilia et immobilia, qui habitare visus fuit erga sanctum Bajentinum (Sanctum Valentinum) territorium in loco, qui dicitur Salicto etc... —

18) Schenkungsurkunde Romualds II von Benevent v. J. 709.
(Troya III, 108 ff; Nr. 385).

— Concessimus nos, dominus vir gloriosissimus *Romoaldus*, summus dux gentis *Langobardorum*, per rogum Annumis, actionarii nostri, tibi *Theodorico* vener. abbati nostro, qui in Sancto Petro ad Aquam S. Petiti deservire videris, filio quondam Joannis Dalmatini, concedimus Zillonem et *Warnecausum*, Stephanum

seu et Therseradom cum casa et terrula, in quantum habere
visi sunt, qui fuerunt coloni nostri de subactione nominata Annumis, actionarii nostri, et habitare videntur in loco, qui nominatur Gratiano. —

19) Schenkungsurkunde an das Kloster San Teonisto in Trevigi v. J. 710.
(Troya III, 112 ff; Nr. 387).

— Ideo qin' pdic Anuarde et *Garo*, servi Christi, et Sco.
Petro et Sco. Paulo, et Sco. Theonist. monasterio, qui est con-
stitutus in loco, qui dicitur Civitatecla in primis ego Alfre de
mea proprietate per mea peccata in ipsos Scas. locas Sanctorum
dono familias tres in vico, ubi dicitur Pimano, id est Vectore
Joanne, et Marino Massari cum oma. quidquid da eys (ad eos?)
pertinere videtur, qualiter eorum censo fecimus; et porcione mea
de Molinas, quos abeo, ubi dicitur Torre. —

— Acto ineeium Tarvisiana. Signo manus *Alfredi*, servo
XPi, qui minime potuit scrivere.

Ego Anuarde servos XPi in hanc cartula ad nobis facta ssi.

Ego *Garo* servus XPi in hanc cartola dotis ad nob. facta ssi.

Ego *Gausperte* in hanc cartola ssi.

Ego Florentius *gasindio* in hanc cartola rogans scripsi.

Ego Ticinianus notarius rogatus ad *Alfredi*, Anuarde, *Ga-
rone* in hanc cartola subscripsi.

20) Schenkung Romoalds II an S. Sofia in Ponticello v. J. 711.
(Troya III, 116 ff; Nr. 388).

— Simul etiam et concessimus in nostrum venerabilem
locum *waldum* nostrum de fluvio Calore, hoc est usque Vadum
Carrarum Sancti Marciani et usque sub casa Valerii, ut annue et
semper homines de ipsa ecclesia piscationem faciant, et nullus
sine permissu sacerdotis nominatae ecclesiae in ipsum *waldum*
habeat licentiam introire ad piscandum, sed sicuti hactenus ad
nostram manum defensum est, ita et a saepenumero dicta ecclesia
defendatur, et a nullo quopiam homine numquam ab ipso venerabili loco aliquando subtrahatur, sed perpetuis temporibus jure ab
antelata ecclesia et a Zacharia abbate vel ab eiusdem ordinis
sacerdotibus detineatur.

21) Historisches Bruchstück v. J. 711, betreffend die Ermordung des Godelpert.
(Troya III, 118 ff; Nr. 389 .

— Tunc autem haec temeraria praesumptio et prima usur-patio initium sumpsit, ut in vetustissimis thomis ego *Gerardus* antiquus Sanctae Aretinae ecclesiae primicerius, qui et haec omnia, Deo teste, veraciter ordinavi, legi, paucis ab . . . —

— Illo autem tempore Senensis civitas erat domnicata ad manus *Ariberti*, regis *Langobardorum*, habitabatque in ea judex regis *Ariberti*, nomine *Gundipertus*, qui veniens simul cum *Roberto*, *castaldio* regis *Ariberti* ad plebem Sanctae Mariae in Pacina, ubi episcopus Lupertianus Aretinensis erat, nullamque reverentiam episcopo exhibens, coepit homines ipsius episcopi in-juriose atque contumeliose distringere atque per placita fatigare. —

22) Gründungsurkunde der Kirche San Pietro in Cassiano v. J. 713.
(Troya III, 132 ff; Nr. 394).

— Ego Fortunato relig. vir una cum filio meo *Benuald* v. v. presb. nus ad Sancto Domini commendare altario, et fra-gilis hic peritura relinquere; dum enim Domino meo J. X. to cumplacuet in loco qua natis sumus vico qui vocatur Cassiana uno patienti consilio Deo dignum est nus havitare in monasterio, petivimus licentiam Domno Talesperiani Dei gratia episcopo, et cum gratia dn. *Walperti* duci nostro civitatis nostre Lucensis, quantum virtus animis et a fundamentis fabricis vestibulis eccle-siam constituemus in honore S. Petri apostuli. —

— Signum † ms. Fortonati vir religiosus benefactori et conservatori.

Signum † ms. *Bonuald* v. v. presb. benefactori et conser-vatori.

Signum † ms. Benetato filio ejus consentientis.

Signum † ms. *Roduald* v. v. filio ejus consentientis.

Signum † ms. *Raduald* v. v. filio ejus consentientis.

Signum † ms. Baronte filio ejus consentientis.

Signum † ms. *Widican* v. d. testis.

Signum † ms. *Wileradu* v. d. testis.

Signum † ms. Benenato v. d. testis.

Signum † ms. Mauricioni v. d. testis. —

— Ego *Sicherado* indignus presb. hanc cartulam ex autentico fiditer exemplavi.

23) Urtheilsspruch des Majordomus Ambrosius.
(Troya III, 158 ff; Nr. 400).

— Hoc audito fecimus suprascriptum Adeodatum una cum *Taiperto castaldio* Senensis civitatis . . . . in nostram venire praesentiam, quatenus, cum jam dictus Lupertianus episcopus Aretine civitatis de praedictis ecclesiis causam dicere deberet. —

24) Gründungsurkunde des Klosters Santa Maria in Pavia v. J. 715.
(Troya III, 163 ff; Nr. 401; Mon. hist. patr. XIII, 11 ff).

— In quo (scil. monasterio) sub monachico habitu sacra tecta velamine dulcissimam filiam nostram *Sinelindam* devotissime militavimus, ubi nos supradicti fundatores Christi fideles Senator et *Theodelinda* donamus et conferimus omnem facultatem nostram, quam possidemus, vel quam ex parentum successionibus seu ex regio dono vel quoquo dono ubi ubi habere videmur. —

— † *Bruningus* vir illustris filius quondam *Aldoni* in hanc cartulam donationis seu oblationis rogatus a Senatore et *Theodelinda* propria manu subscripsi.

† Ego *Todo* notarius regiae potestatis in hanc cartulam donationis et oblationis rogatus a Senatore et *Theodelinda* propria manu subscripsi.

† Ego *Saxo* vir magnificus *macescarius* regiae potestatis hanc cartulam donationis rogatus a Senatore et *Theodelinda* manu mea subscripsi.

† Ego *Auferit* notarius regis hanc cartulam subscripsi.

† Ego *Sinderam* regie potestatis hanc cartulam propria manu subscripsi. —

25) Vorschrift Liutprands v. J. 715.
(Troya III, 182 ff; Nr. 405).

— Ex edicto domini regis per *Posonem* notarium, et ex edicto *Sigifredi* notarii.

26) Zeugenverhœr v. J. 715.

(Troya III, 185 ff; Nr. 406).

— Breve de singulos presbiteros, quos pro jussione excellentissimi Domni nostri *Liutprandi* regis ego *Guntheram* notarius in curte regia Senensis inquisibi de dioceas illas et monasteria, de quibus intentio inter episcopum Senensis civitatis nec non et Aretine ecclesie idemque episcopum vertebatur. —

— Et vobis veritatem dico, quia ab antiquo tempore oraculus fuit de sub ecclesia Sancte Marie in Pacina et corpus Sancti ibi quiescit. Nam tempore suo quondam *Willerat* et ejus filius *Rotto* cum a fundamentis restaurasset. —

— Item introductus est *Tanigis* presbiter de suprascripta ecclesia Sancti Andree Malecino, interrogatus dixit etc. . . . —

— Nam antecessor meus nomine *Aunigis* in peccatis incriminatus est; nam et ille ibidem habuit sacrationem. —

— Item *Goldericus* de suprascripto baptisterio Sancti Viti, qui dixit: habeo annos pene cento. —

— Item introductus est *Aufrit* presbiter de monasterio Sancti Donati ab Abso, qui interrogatus dixit etc. . . . —

— Item introductus est in praesentia nostra *Matuchis* presbiter de monasterio Sancti Peregrini in loco Passeno prope baptisterio Sancti Stephani. —

— Item *Audechis* clericus, custos de ipsa baselica Sancti Ampsani, jam senex, dixit etc. . . . —

— Item *Manechis* exercitalis de eodem loco similiter dixit. —

— Item *Teudo* exercitalis similiter dixit. —

— Item *Gundoald* exercitalis de vico Reuninade prope Sancta Restituta. —

— Item *Tiso* exercitalis de eodem vico similiter dixit. —

— Item *Ellerad* centenario de vico Pantano dixit: Avus, et Besavus meus tenuerunt ecclesia Sancte Restitute. —

— Item *Sindari* centenario similiter dixit. —

— *Gunfrit* similiter dixit: Diocia Sancti Donati fuit, et infantes nostri consignationem ad episcopum Aretinum habuerunt. —

— Item *Troctoald* exercitalis similiter dixit. —

— Item *Landoari* exercitalis de Cosona dixit etc . . . —

— Item *Allerat* clerecus dixit etc. . . . —

— Item *Poto* liber homo senex dixit etc. . . . . —

— Item *Godegis* clericus, custos Sancti Marcellini probe Sancto Petro in Paba dixit etc. . . . . —

— Item *Radulfus* senex similiter dixit etc. . . . —

— Item *Cunoald* liber homo similiter dixit etc. . . . —

— Item *Gaosoald* liber homo similiter dixit etc. . . . —

— Item *Tanoald* liber homo similiter dixit etc. . . . —

27) Beschluss in Bezug auf Grenzstreitigkeiten der Sprengel von Siena und Arezzo v. J. 715.

(Troya III, 212 ff; Nr. 407).

— Ego *Ansilmundo* archipresbiter sanctae ecclesiae Pisanae hunc judicatum interfui et manus mea subscripsi. —

28) Urtheil Liutprands zu Gunsten des Bischofs von Arezzo v. J. 715.

(Troya III, 222 ff: Nr. 408).

— Tunc nostra Excellentia una cum venerandis viris Theodoro, episcopo Castri nostri Felicitatis, et Emuliano abbate atque Sergio vel Albino presbiteris nec non illustribus judicibus nostris, qui nobiscum aderant, id est *Audualdo* duce, *Gaidualdo* et Landonio, Autris et *Aufrit* statoribus (stratoribus), Senone, *Rotfrit* et *Ruberto* Majordomo, hanc audientes vestram alligationem interrogavimus et per Dominum factorem celi et terre et per beatum Petrum, cui Dominus ligandi solvendique in celo et in terra tribuit potestatem, adjuravimus ipsum Adeodatum, episcopum Senensis ecclesie, ut nobis de hac causa luce clarius diceret veritatem, qualiter causam sine peccato finire deberemus. —

— Hanc igitur professionem nostra Excellentia cum jam dictis venerabilibus viris per illustres judices nostros audientes, rectum nobis paruit, ut qualiter suprascripte ecclesie et monasteria a longo tempore a sedem B. Donati pertinuerunt et in antea pertinere debeant, et omnis sacratio in presbiteros et in diaconos per presulem Aretine ecclesie, qui nunc est aut fuerit omni tempore, in eos perveniat, sicut et prefati sanctissimi nostri *Theodaldi* Maximi Speciosi et Talespriani episcopi per suum judicatum statuerunt, et nulla amodo liceat ipse Adeodatus, Senensis ecclesie episcopus, vel successores ejus de ipsis diocesis monasteriis oraculis facundiam ad loquendum habeat . . . . in ipsis ecclesiis, monasteriis aut oraculis, qui sunt aut in tempore fuerint, maneat ordinatio nullo contradicente, sicut et antiquitus usque actenus fuit, qualiter ipse Adeodatus, episcopus Senensis ecclesie, *Warnefrit* et *Agiperto*, *castaldi* ejusdem civitatis nobis professi sunt, quod vestra mansisset semper possessio . . . . in mandatis cunctis judicibus et gentibus atque sub regni nostri indictione pertinentibus, ut nullus eorum contra hoc nostrum dijudicatum audeat ire quandoque praeceptum: sed nostris perpetuis et infinitis presens noster judicatus stabilis persistat temporibus. —

29) Erlass Romualds von Benevent v. J. 715.
(Troya III, 240 ff; Nr. 409).

In nomine Domini Dei salvatoris nostri Jesu Christi. Firmamus nos vir gloriosissimus *Romualdus*, summus dux gentis *Longobardorum*, per rogum Ursi Duddi et referendarii nostri, vobis Joanni et sorori *Tuetundilae* (tue *Tundilae*), secundum qualiter ad nostram potestatem postulatis, ut si tibi Joanni Dominus donaverit spatium ad vivendum, simulque et sorori tuae dum venerit ei tempus, ut sibi virum sociare debeas, tu Joannes eam ordinare et in omnibus dotem dare, sicuti omnis disponit sororem ad viro sociandum. —

30) Urtheil Ulzians, Notars des Königs Liutprand, v. J. 716.
(Troya III, 249 ff; Nr. 414).

— Unde hac notitia Judegati *Ebregausus* notarius regie potestati scribere commonuemus.

31) Erklærung der Anstruda v. J. 716.*)
(Mon. hist. patr. XIII, 14).

Regnante domno nostro *Liutprand* viro excellentissimo rege in Italia anno pietatis ejus tercio duodecima diae mensis madias indictione quarta Scripsi ego Vitalis v̄r subdiaconus exceptor civitatis Placentinae rogatus et petitus ad *Anstruda* mulierem

---

¹) Troya III, 324 setzt diese Nummer in's Jahr 721.

ipsa tamen praesentem mihique dictantem et praesentia testium mano suo propria subter signum sanctae crucis facientem qua constat mi accepissit et in praesenti accepi ad te *Sagirad* et *Arochis* uu dd germanis civis Sepriasca avitaturis loco qui dicitur Campeliune *mundio* pro stato meo auri solidos nomero tres, pro eo quod servus vester in conjugio tuli. Ea vero scilicet rationem ut ab hac diae in *mundio* suprascriptorum *Sigirado* et *Arochis* permaneat sicut et alias mundiatas ipsorum, nec ullum umquam tempore se possit jam dicta *Anstruda* de ipsorum *mundio* subtrare, sed ut supra dixemus ab hac diae diaebus vitae meae semper quem in *mundio* *Sigirat* et *Arochis* vel ab heredibus ipsorum permanere deveant, et si ex ipso coito filii aut filias procreati fuerint mascolini vero semper quem in vestro *mundio* permaneant feminas vero qui natas fuerint quando ad maritum ambolaverit dit una quis *mundium* suum per caput sicut in suprascriptum genetricim ipsorum datum est; et si forsitans jam sepia dicta *Anserada* de ipsorum suprascriptorum *mundio* subtraere voluit non haveat licencia sed ab hac diae praenominatis *Sigirat* et *Arochis* vel ipsorum heretdis quoco in tempore exire voluerit conponat vobis vel ab heredibus vestris auri solidos decim et hanc cartolam in sua maneat firmitatem. Actum Augusta Placentia.

Signum ☨ manus *Anstruda* qui hanc cartolam *mundii* pro stato suo fieri rogavit.

Signum ☨ manus *Authareni* v̄h genitur ipsejus consentiens.

Signum ☨ benedicto ūr clericus testis.

Signum ☨ manus *Gaifrit* v̄d filius quondam Lopuni de Marinasco testis.

☨ Ego *Godefrit* clericus uhic cartule de acceptum *mundio* rogatus ad *Anstruda* et *Autharene* jenitore ipseius testis subscripsi.

☨ Ego Faustinus hp̄r uhic cartole de accepto *mondio* rogatus ad *Anstruda* et *Autharene* genitore ipsejus testis subscripsi.

☨ Ego *Heldo* hp̄r uhic cartole de accepto *mundio* rogatus ad *Anstruda* et *Autharene* genitur ipsejus testis subscripsi.

☨ Ego qui supra Vitalis v̄r subdiaconus scriptor hujus cartole post tradita complevi et dedi.

32) Verkaufsurkunde eines Hauses in Pistoia v. J. 716.
(Troya III, 252 ff; Nr. 415).

1. In nomine Domini regnante domn̄ n̄ *Liutprandus*. excell. rege anno propit. quarto et diae vicesimo septembris per Indictionem . . .

2. Scripsi ego *Tacuald* notar. rogatus et petitus ad *Filipert* clirico filio quondam *Filima* —

3. *ri* qui pretium accepit ad *Galduald* v̄m̄ medico regpeus pro solidis nobus nomero centum. —

— 24. † ego *Falco* relegioso rogatus ad *Filipertu* vendituris manu mea.

25. testis subscripsi et s̄st centu sol. presente accepit.

26. † ego *Eldept* in c̄ *gast.* (in civitate *gastaldus*) rogatus ad *Filipt* venditore in hanc cartula venditionis . . . —

28. signum † manus *Peruald* v̄d̄ filio q̄d̄ *Tunnoni* testis signum † manus *Tunoni* v̄d̄ filio qd . . . .

29. signum † manus *Totoni* v̄d̄ filio q̄d̄ *Ansicaus* testis. —

33) Abtretungsurkunde der Kirche San Prospero d'Antraccoli
v. J. 718.
(Troya III, 278 ff; Nr. 421).

— Ego *Walprand* in Dei nomine Episcopus in hanc cartula donationis facta in Maurino a Domno Talesperiano anticessori meo. post eas mihi relecta est. cum conscuso de Sacerdotis proprias manus mea subscribsi et confirmavi. —

— Ego *Osprandus* Diaconus ex autentico exemplavi nec plus addedi nec menime scribsi.

(Anno 758 Gen. 1).

† Noditia facio Ego *Peredeo* in Dei nomine Episcopus qualiter atduxerunt Maurino virio presbiteri cartula donadionis de Eglesia Sancti Prosperi quem ei facta fuerat a qd. Domino Talesperianos Episcopus, et ipsa cartula fecimus relegi in ostris presentiis et exemplare, et regdedimus ipsa autentica: Magno viro Presbitero qui in ipsa Eglesia erat, quem Maorino Presbitero miserat at nus. Actum est in presendia Jordann . . . .

10*

Arcipresbiteri, Guilli Presbiteri, *Teuderadi* Presbiteri *Gaidoni* Presbiteri, Johanni Presbiteri.   Johannacim, Petronaci, et Fratelli Subdiaconi, *Periprandi* Subdiaconi, *Gauseramu* filio *Gulisperti*, *Rodsprandi* filio *Cheidi*, *Rotchis* filio Sulduli, Amuli Clerici, *Teufridi* Clerici, Donnulo Clerici.

Et hanc breve scripsi ego *Raspert* Clericus Anno Domini Desiderii primo.   Kalendas Januaria indict. undecima.

34) Schenkungsurkunde der Kirche S. Lorenzo e Valentino di Vaccole v. J. 719.
(Troya III, 284 ff; Nr. 423).

† In nomine Domini Dei Salvaturi nostri Jhesum Christum. Regnante Domno nostro *Liutprand* viro excellentissimo Rege, Anno Regni ejus octavo, per indictione septima (secunda) feliciter.   Ideo auturem cunstat me *Aunefrid* V. V. Clirico ac die repromisse et repromisi me servire ad Beato Sancto Laurentio, et Sancti Valentini amturi meo cum omnia ris mea quod mihi etvincret, casa, vinea, servus, vel ancilla, cultum, desertum, movile, vel in moviles esse, que moventinur. — — Sic tamen ut dum die vite me (meae) fueret, in mea sit potestatem usumfructu: Et pos viro ovitum meum de ipsa sorticellula mea aveas potestates vivendum *Rotperga*, et *Perticunda* Ancille Dei. —

— Signum † manus *Aumfrit* V. V. Clirico anc cartula fieri rogavi.

Signum † manus *Paldoin* V. V. Presbiter cumsentientem *Aunefrid.* advocandum.

Signum † manus *Gudualdi* testis.   Signum † manus *Tachipert* filii qd. Tappuli.

Signum † manus *Magnuald* V. D. testis.   Signum † manus Firmicciani V. D. testis. —

35) Verkaufsurkunde aus Pisa v. J. 720.
(Troya III, 286 ff; Nr. 424).

— Constant, me *Sunduald*, vir honorabilis, hac dies arvitrium bone mee voluntatis . . . . . interveniente neque aliquis me suadente, nisi bono animus meus vindedisse, et vindedi, tradedisse et tradedi tivi *Filicausi* medietatem de casa meas infra Civitatem cum gronda sua livera, tam solamentum, quam ligname fine grondas, ipsa medietatem de casas cum petras que inibi esse videtur tibi *Filicausi* venondavit, atque tradedit, de quibus pretium petivi. —

— Signum manus † *Sunduald* Vir honorabilis, qui hanc Cartula scrivere rogavit.

Signum manus *Pertualdi* v. d. testis.

Signum manus *Audolfi* v. d. testis. —

— Ego *Ansolf* Notarius rogatus et petetus ab *Sunduald*, qui hanc cartula scripsit et deplevit.

36) Gründungsurkunde von San Silvestro in Lucca v. J. 720.
(Troya III, 289 ff; Nr. 425).

— Unde nos *Teutpald* cum germanus meus, et Dommulum, Leonaci cum germano meo et *Aunuald*, *Wilifrit*, Maurinum, Teudoraci, Nandulum, Geminianum cleric. *Gudiscalcum*, recorrentes nos nos omnis ad aula misericordie pro . . . . nostris, quam in hoc seculo gessimus adque gerimus, pro hamorem Dei et redemtione anime nostre Hecclesia ha fundamentis fabricis vestibolis constituemus in honore beatiss. Dei confessoris S. Silvestri . . . . porta Beati S. Petri, ubi nos vel si indigni Sinedocium facere visi sumus in terra, qui novis . . . . . tionem a Teodoraci filio qd. Leotari advinet, in qua fundamento prefata Eccl. sita est. —

— Quamque et per unumque nostrum terra prope civitate a designato nomine, idest ego *Teuhtpald* cum gg. meus offerui inivi terra modiorum tris super . . . . *Waltari*; Dommulum terra modiorum tris in Placule inter adfinis terra Duci nostri; Leonaci cum gg. suo terra modiorum quattuor super casa Borunciuli in Macritula; et duas modiorum terra Maurinus in Albingoro pro . . . . . . *Aunuald* terra mod. tris in loco ubi *Teutpald* dedet super Silice; *Wilefrit* terra mod. tris prope casa *Waltari*; Nandulo mod. duo in Fabruro, et tertio modi locum ante casa Bucciuli; Geminianus pro terra et vinea offeruit solidos quadragenta; etc. . . . —

— Et ita addidet animus nostrus ut ad guvernandum in potestatem custudis illius *Gundoni* presb., quem inivi cum comune

consilio presbiterum ordinavimus, inveniatur esset peregrinus
suscipiendum, pauperis viduis et orfanis consolandum, mandatum
juxta regule ordine faciendum, et pro nostris facinoribus Dominum deprecandum; in omnibus et per omnia opem ujusce Xine-
doci secundum priscorum patrum traditionem juxta ujus sententie
in omnibus adimplire diveas. —

— Signum † ms. *Teutpald* v. d. donatoris.

Signum † ms. Dommuli conserbatoris.

Signum † ms. *Teutpert* fratri ejus consentientis.

Signum † ms. Leonaci v. v. auctoris et conservatoris.

Signum † ms. Petronaci . . . consentientis.

Signum † ms. *Aunuald* v. d. idem conserbatoris.

Signum † ms. *Wilifrid* consentientis.

Signum † ms. Maurini *scario* traditoris.

Signum † ms. *Teudoraci* idem consentientis.

Signum † ms. Nanduli Negudianti ciditoris.

Signum † ms. Geminiani consentis.

Signum † ms. *Gudiscalco* v. d. qui hanc cartulam fiere
rogavirunt, quem ego qs. ad signa eorum contrascripsi.

Signum † ms. *Waltarini* qui hoc offeruet.

Signum † ms. *Radipert*.

Signum † ms. *Gaufrid*.

Signum † ms. *Auriwandali*.

Signum † ms. *Gairipald*.

Signum *Asprand*.

† Album   † *Guiduald*. —

— † In nom. Dn. J. X. ti Dum Deo juvante Eccl. beati
S. Silvestri sita fuisset ad porta beati S. Petri, et per cristianus
homenis condita, et per dotis et donis tetulo confermata, amor
superne vertutis meum animum adcomodavet, pro meis facinoribus offero ego Geminianus v. d. Deo et tibi sepe dicte Hecclesie
beati S. Silvestri, id est in primis quatuor mod. terra ad Argili
super via, ad Aqualonga mod. dua, ad Tempaniana mod. duo,
de terra da *Cunichisi* ad Area mod. duo de summo campo da
S. Martino, Caldaria una, ornile cum catena fumaria. —

37) Schenkungsurkunde an Kirche und Kloster S. Michele in Lucca v. J. 721.

(Troya III, 312 ff; Nr. 432).

— Signum † manus *Pertuald* V. M. autori et conservatori.

Signum † manus *Sundipert* filio ejus consentientis.

Signum † manus *Ansuald* V. M. testis.

Signum † manus *Aunifredi* V. D. testis.

Signum † manus *Peretheo* idem filio ejus consentientis.

Signum † manus *Radiperti* V. D. testis.

Signum † manus *Teuderisci* V. D. testis.

Signum † manus *Autpert* V. D. testis.

† Ego *Osprandus* Diaconus ex autentico fideliter exemplari, nec plus addedit nec menime scripsi.

† Ego *Rachiprandus* Clericus exemplar iterum fideliter exemplari.

† Ego *Ermimari* Clericus de exemplare iterum fideliter exemplari.

38) Gründungsurkunde des Klosters S. Maria in Lucca v. J. 722.

(Troya III, 338 ff; Nr. 438).

— Et casa *Aroaldi* . . . . . casas duas in Novale de *morganicaput* mulieri mee una qui regitur per *Fridichis* et una per Corbulo. Godoata . . . . . . pro livera. *Gunda* pro livera. *Wilipergula* pro livera. Candida pro ancilla. Tinchila pro ancilla. —

— † Manus Ursuni. autori. et donatori. sco. et conservatori. qui hanc cartulam fieri rogavit.

† Ego Talesperianus eximius Episc. huic cartule dotalium rogatus ad filio meo Ursone testis subscr.

† Ego *Roduald* indignus. ac presbiter rogatus. ad Orsum. testis subsc.

† Ego *Lunichisi* exiguus presb. rogatus ab Ursone testis subsc.

† Ego *Gaufridi* presb. rogatus ad Arsune huic cartule dotalium testis subsc.

† Manus *Walpert* viro illustri Duci testes.

Signum † manus *Alachis* vm. testem.

. . . . v. L. rogatus a Ursone vir devotus ubic
cartule dotalium facta in S. Maria, vel confirmationis in filia sua
. . . . superius legitor testis subsc.

. . . . manus *Sinduini* testem . . . . . . —

39) Gründungsurkunde von S. Pietro in Castiglione in Garfagnana v. J. 723.
(Troya III, 343 ff; Nr. 439).

— Hinc itaque ego *Aurinand* v. d. una cum *Gaidifrid*
v. d. germ. meus tractavimus, ut de parvitatis rebus nostris
novis mercidem adcriscat. —

— Signum † ms. *Aurinand* v. d. benefactori et conserbatori.

Signum † ms. *Gudofrid* v. d. benefactori et conserbatori.

Signum † ms. *Gairuald* v. d. filio ejus religioso Clirico
benefacturi et conservaturi.

Signum † ms. *Gairo* v. d. testis.

Signum † ms. Angilulo v. d. testis.

Signum † ms. *Sinduin* v. d. testis.

Signum † ms. *Gausari* v. d. testis.

Signum † ms. *Rateaus* v. d. testis.

† Ego *Austripertus* Cler. ex autentico fideliter exemplavi.

40) Schenkungsurkunde von Lucca v. J. 724.
(Troya 394 ff; Nr. 448).

— Unde consideravimus Dei misericordia et redemptione
anime nostre, et offerimus vobis Beati Sancti Petri, et Sancti
Martini et Sancti Quirici quidquid ad mano mea habere videor,
omnia ad ipsas suprascriptas vestras . . . . . . Sanctas offerre
disposui, sic ita ut dum advivere meruero ego, vel *Ratperga*
ad ipso Sancto loco Domino deservire debeamus. —

— † Ego *Ratthelm* Diaconus huic cartule donationis facta
in Ecclesia Sancti Petri manibus meis subscripsi.

† Ego Deusdede presbiter huic cartule donationis facte in
Ecclesia Sancti Petri manibus subscripsi.

† Ego *Prandipert* wiro religioso clirico huic cartole donationis facta in Ecclesia Sancti Petri manibus meis subscripsi.

41) Schenkungsurkunde Transmunds II, Herzogs von Spoleto, v. J. 725.

(Troya III, 404 ff; Nr. 452).

— Quamobrem ut ab hoc die firmum et stabile sit in ipso Sancto loco donum nostrum, ut a nullo actore nostro aliquando contradicatur. Unde pro stabilitate nostra virum venerabilem *Audelahisium* sacratissimum episcopum in matricula precipimus scribi.

Datum jussionis mense Maii per indictionem VIII sub *Scaptolfo gastaldio.*

42) V e r k a u f s u r k u n d e v. J. 725.

(Troya III, 406).

(Mon. hist. patr. XIII, 16).

Regnante domno nostro viro excellentissimo *Liutprand* rege anno tercio decimo sub die octabo idus iunii indictione octaba feliciter. Scripsi ego Faustinus notarius receptor hoc dogomentum vinditionis rogatus ab *Ermedruda* h. f. filia Laurentio una cum consenso et voluntate ipsius genitori suo et vinditrice, quique fatetur se accepisse sicuti et in presenti accepit ad *Totone* v. c. auri solidos duodicem nobus finito pretio pro puero nomine Saorelano, sive quo alio nomine nuncupatur natione in Gallia. —

43) Verkaufsurkunde von Trevigi v. J. 726.

(Troya III, 425 ff; Nr. 457).

— Ego *Ramigis gasundius* rogatus ad Candiana in hanc pagina vindic. testis sus. —

44) Abtswahl in San Michele in Pugnano v. J. 727.

(Troya III, 482 ff; Nr. 467).

— *Radchis* vir venerabilis abbas presbiter tibi dolcissimo et in X. to filio *Walprand* clericus filio domino *Waltpert* gloriosissimo duci salutem.

Manifestum mihi est, et multorum claruet, qualiter . . . . *Radchis* una cum b. m. *Ansefred* germanus meus monasterio S. Michaelis . . . . . menta edificare visi sumus hic in loco, cui vocabulum est Aponiano, et qualiter suprascr. *Ansfredus* germanus meus medietatem omnibus rebus substantie sue ividem per dotis pugina contulit. —

† Ego Talesperianus eximius Episcopus huic cartula donationis facta ad *Radchis* presb. facta in *Waltprand* vir cler. sicut superius legitor ad confirmando subscripsi.

Signum † ms. *Teutpald* vir devot. *scaro* testis.

† Ego *Galfred* presbiter rogatus a *Radchis* presbiter in hanc cartula donationis facta in *Walprand* abbas proprias manus meas subscripsi.

Signum † manus *Raduald* filio *Guntifred* testis.

Signum † ms. *Filimari* filio Augeni testis.

Signum † ms. *Gauserad* vir dev. filio Maurelli testis. —

45) Gründungsurkunde der Kirche S. Terenzio in Colonia v. J. 728.
(Troya III, 494 ff; Nr. 470).

— Actum Luca die et regnum et indit. suprascripta feliciter.

Signum † ms. *Trasualdi* auturis et cunserbaturis, et qui hanc cartulam fieri rogavit.

Signum † ms. *Ahaldi* rogatus a ec.

Signum † manus *Authelmi* rogatus a *Trasualdo* V. D. testis.

Signum † manus *Tanualdi* rogatus a *Trasualdu* V. D. testis.

Signum † ms. *Tanualdi* rogatus ec.

Signum † ms. Babale filius Alvarti v. d. tes.

Signum † ms. *Anfridi* rogatus testis.

46) Bitte an den Bischof von Novarra um Consecration eines Altars v. J. 729.
(Troya III, 511 ff; Nr. 475).

— Ego *Radoald* Ovil filio ci est habitatur in vico *Gausingo* horacolo beati Michaelis vel ipsius altario qui plantatus est in templo ubi est altario beati sancti Martini presens presentibus dixit benedictus dominus qui vult omnes hominis salvos fieure (fieri) et ad cognitionem virtutis venire, qui et nos nobis qui supra adedit pastorem ut per vestra predegationem ad hedernam uita pertingere mereamur. —

— Ego *Lautchis* notarius scripsit Cartolam rogatas ad *Radoald* post tradita cumplevit et dedit. —

47) Gründungsurkunde einer Diaconia bei Lucca v. J. 729.
(Troya III, 514; Nr. 476).

— In qua terra, et ipsum Sanctum locum fieri obtamus, choerente terra *Gundoin*, seu via publica, tenente capite prope murus suprascripte civitatis Lucensis, simul et offerimus in ipso venerabile loco ex omnibus quidquid in ipsis partibus Tusciae de genitrice nostra habemus, decima tam de frugebus vel peculiis, ex omnibus, ita ut in perpetuum ipsa nostra Terra recipiente modiolas duodecim in designato loco permaneant, et perennis temporibus inibi offerantur a nobis vel heredibus, atque actoribus nostris; et nobis proveniat ad mercedem.

48) Verkaufsurkunde aus Pisa v. J. 730.
(Troya III, 519 ff; Nr. 477).

— Ego *Albari* ad Candidu rogatus propria manu mea subscripsi.

Signum † manus *Ansprand* venerabilis diaconus filius quondam Tr . . . .

Ego *Ansolf* Notarius post tradita deplevit . . . . .

49) Pisanische Verkaufsurkunde v. J. 730.
(Troya III, 522 ff; Nr. 478).

— Consta me *Rodoin* vir honestus, filius quondam Baroncioni, et quia manifestum est eo quod ante as annibus venondavi tivi *Dondoni* aliquanta terrula in locum, qui dicitor ad Stabla Marcucci, uno capite tenente in terra Chisoni et alium capite tenente in terra Ciulloni. —

— Item et alia petia in locum Tautina prope terra *Haudimari* plus menus modiorum . . . . . et petia una ad uncio Belisarida, araturio prope terrula *Haudimari* et Cocciani, sistariorum quindecim. —

— Signum † manus *Rodoin* v. h. qui hanc cartula scrivere rogavit.

Signum † manus *Pertualt* v. d. filius quondam *Fridimundi* testis.

Signum † manus *Gairemond* v. d. idem filius *Fridimundi* testis.

Signum † manus *Causeradi* germano *Pertuald* v. d. testis. —

50) Inschrift aus Chiusi v. J. 730 (?)
(Troya III, 545 ff; Nr. 485).

† Xre Fabe votis Gregorio et *Austreconde* docis.

51) Inschrift von S. Maria Maggiore in Pavia v. J. 730 (?)
(Troya III, 553; Nr. 486).

Nomine quod vocitans ornavit marmore pulcro
Intima cum varii templi fulgore metalli
Templum Dno devotus condedit *Anso**)
Tempore praecelsi *Liutprandi* denique regis
Aedibus in propriis Mariae virginis almae
Orn'es penitrent hinc coelos, vota God.

52) Inschrift von S. Giorgio in Val Pulicella v. J. 730.
(Troya III, 556; Nr. 487).

Colonna I^a.

† In nomine Domini nostri
Jesu Christi de donis.

Sancti Johannes
Bapteste edi
ficatus est hanc
ciborius sub tempore
domno nostro
Lioprando rege
et ven. paterno
domnico epescopo
et custodes ejus
w. Vidaliano et
Tancol prbris
et *Refol gastaldio.*
Gondelme indignus
diaconus scrip
si.

Colonna II^a.

† Ursus Magester
cum discepolis
suis Juvintino
et Juviano edi
ficavet hanc
civorium.
Vergondus,
Theodoald,
Foscari.

—

*) Auso bei Muratori.

53) Schenkungsurkunde von Laveriano v. J. 732.
(Troya III, 579 ff; Nr. 491).

— Ideo Deo autoris nostri constat me Baronta, *Auderat* fratres germani qui pro mercide, et remedio anime patris nostro, vel barbani nostri Ursoni, et *Ghisolf*, qui fuet barbane nostro, vel mercidem anime Barontani, et *Auderat*, vel de nostris cridis damus et tradimus vinea nostra propria plus minus ordinis vigenti et duo, ad Beata Sancta Maria offerimus, qui genetrige Domini nostri, in talem tenore, ut qui pos nostro ovitum Presviteratum in casa Sancte Mariae tenuere semper noviscum sia (sit), ut licentiam aveas omo noster ipsa vinea transsire ad alia vinc nostra, et de ipse offerta semper securus possedeas ipsa vinea cum homnis edificia suas. —

54) Grabschrift v. J. 732 (?)
(Troya III, 581; Nr. 492).

Hoc *Radoald* conjux Romitis prolesque mariti
Madelgrima jacet contumulata loco. —

55) Verkaufs- und Schenkungsurkunde des Klosters Farfa v. J. 735.
(Troya III, 612 ff; Nr. 501).

— Et ideo constat nos *Siso* et Lupulus et *Wino* seu (et) Ursus germanis donasse et donavimus pro luminare genitoris nostri quondam Rimolfi olivas tallias in loco quod dicitur Autianus (Acutianus). —

— † Signum manus *Sisonis*, venditoris seu (et) donatoris.
  † Signum manus Lupuli, fratris ejus.
  † Signum manus *Winonis*, fratris ejus.
  † Signum manus Ursi, fratris ejus.
  † Signum manus *Contrami*, exercitalis, testis.
  † Signum manus *Gradolfi*, sculdascii, testis.

56) Urkunde v. J. 736.
(Troya III, 614 ff; Nr. 502).

1. In n̄ dni d̄i salvatoris Jhū X̄p̄i regnante domnis nostris viri exce-

2. ll. regibus anno regni cor. domno *Liutprando* anno vicesimo quarto et domno *Hil-*

3. *prando* anno primo mensis martio p̱ Ind. quarta fel. placuit igitur adque

4. bona boluntate convenit inter *Faichisi* sco (et) Pasquale fratris g̅g̅ filii

5. qd̅. Beninato qui fuet *aldio* vestrum Sci Saturnini nec non et Mauru w̅

6. prb̅ et abbas monasterj vel concta congregatione Sci̅ Saturnini una cum

7. boluntate et consensu *Gausnaldo* Oportuno et *Perideo* conditori de ipso

8. munasterio tu predictu Pasquale et *Faichisi* in casa Sci̅ Saturnini resedire

9. diveatis in Diano casa vel in omni res patris nostro qd̅ Veninato qua ma-

10. nifestum est quod de livera mater natis sumus et de istato nostro nulla condi-

11. cione bovis redivibamus nisi tantum bovis de ipsa casa vel omni res patris

12. nostro Warciuisca facere diveamus sicut bovis pater nostrum qd Veni-

13. natus usum facere fuet ad pratum sicandi stabulum faciendum in via ubi novis op-

14. um fueri sicut unum de Warcini vestri nam nulla alia superpositam novis impona-

15. tur nisi sicut iamdicto qd̅ Veninato pater nostrum usum facere fuet et sicut mini-

16. me credimus si nos Pasquale et *Faichisi* vel nostros hhd de ipsa casa exire volue-

17. rimus aut ipsas Warcinia facere minime voluerimus excamus bacui et

18. inanis et insuper conpunamus pine nomini auri sol. vigenti et si nos Maur. prb̅

19. et abbas vel posteris nostris bovis aliqua superimpunere voluerimus aud de ipsa casa

20. bos minare boluerimus sine vestra culpa excatis cum omnem res movilem et con-

21. puna bovis auri sol. vigenti unde hec viro duas cartula pari tinore *Tachinolfu* a-

22. col. ambas partis conscrivere rogavimus actum Tuscana Ind. s̄sta feliciter

23. sign † in Pasquali v̄h promissori qui hanc cartula fieri rogavit

24. sign † m̄ *Faihisi* ḡḡ eius qui hanc cartula promissionis fieri rogavit

25. siḡn † m̄ *Astolfo* v̄d̄ testis siḡu † m̄ Maurutiolo filiu qd Massoni testis

26. siḡn † m̄ Ormideo vd testis

27. siḡn † m̄ *Grisoni* v̄d̄ testis

28. † Ego *Tachinolfu* acol. scriptor quam postradita conplivi et dedit.

57) Schenkungsurkunde v. J. 736.
(Troya III, 625 ff; Nr. 507).

— Et ideo Deo auctore constat me *Anuald* v. d. donasset et donavemus, concessisse et concessemus tivi *Anecardo* v. v. presbiter germano meo homnem res mea, quidquid ad manus mea abire visus fuit quarta portionem, quem mihi da fratris meis contigit, homnia et in homnibus tibi *Anecardo* presbiter germano meo concessus sum, cuu sis (cum suis) mancipiis tam in civitate quam extra civitate, vincis pratis pascuis silvis salectis pumiferis fructi fructiferis, diversis territuriis, movile vel immovile, vel seseque moventibus, homnia et in omnebus tivi q. s. *Anecardo* presbiter concidemus possedendum. —

— Signum † ms. *Anuald* v. d. donatori hanc cartulam fieri rogavit.

Signum † ms. *Ansuald* v. d. exercitalis te.

Signum † ms. *Aufridi* v. d. testis.

Signum † ms. *Galdilapo* v. d. testis. —

58) Uebereinkunft v. J. 736.

(Troya III, 632 ff; Nr. 510).

1. † In nomine domini placuit adque convinet in (inter) *Tasulu* conti-

2. narius et *Pertulu* qui Baruccio ut residere divea

3. suprascripta Baruccio in casa Tasulo in fundo Agelli. —

— † Ego *Gidilapus* testis. —

59) Bestätigungsurkunde geschenkter und verkaufter Ländereien v. J. 737.

(Troya III, 634 ff; Nr. 511).

— † Ego *Waldifrid* Diaconus in hanc cartula confirmationis facta in *Filiperto* Presbitero bono animo consensi et subscripsi.

60) Abtretungsurkunde v. J. 737.

(Troya III, 639 ff; Nr. 512).

— Dolcissimus nobis semper, et in bonis omnibus nominando te *Sichipert* Causule, et *Sichifridi* viri devoti germ. filii quondam *Rothari* optivi filiis meis. *Filimari* v. d. filio quondam *Autari:* pro vita legum bene sanxit antiquitas forensis contemplationem . . . . tum arbitrium. in quibus placitum fueret digno moderamine. suscepiat . . . . um ut ille qui non habet descensoris. Necessarium est mihi. *Filimari* inqui. et illas personas. te *Sichiperte.* Causule *Sichifridi* viri devoti qui mea: *Filimari* vel de . . . meis necessitate. enutrire seo defensare debeas. —

61) Testament der Manigunda v. J. 737.

(Troya IV, 96 ff; Nr. 552).

(Mon. hist. patr. XIII, 20 ff).

— Ego *Manigunda* per Dei misericordia Dei ancilla et veste monialis induta sum, que visa sum vivere lege *Longobardorum* presens presentibus dixi: Dominus homnipotens ac redemptor noster animas quas condidit ad studium salutis semper invitat. —

— Signum manibus *Vuallerami* de Abiate et *Eldeprandi* de Venegono isti testes. Rimegasus in hoc iudicato rogatus subscripsi. — — Signum manibus *Brunengoni* et *Maniberto* de vico Seprio testes. — —

62) Verkaufsurkunde aus Lucca v. J. 738.
(Troya III, 642 ff; Nr. 513).

— Constat me *Aurepert* Clerico filio quondam Auti hac
die vendidisse: et vindedi, tradedisse et tradedi tibi Jordanni
w. presbiter casa mea quem habere videor: hic infra civitatem:
cum fundamento orto: seo puteo. —

— Signum † ms. *Aurepert* clerico vinditor et conservaturi
Signum † ms. Cari filii quondam Maurelli v. d. testis
Signum † ms. *Causualdi* . . . .
Signum † ms. *Alapert* filius quondam *Licuald* v. d. testis
Signum † ms. Fuolfu . . . .

† Ego *Alipert* notarius hujus cartule vinditionis post traditam complevi et dedi

† Ego *Richiprandum* clerico in quantum cugnuscere potui
hec cartulam fideliter exemplavi.

63) Schenkungsurkunde v. J. 738.
(Troya III, 646 ff; Nr. 515).

— *Anstrualda* religiosa Dei ancilla, una cum licentia et
auturitatem filii sui *Gumprandi*, tibi Ecclesia Dei, adque Beati
Sancti Georgi Dei Martheris, sita in loco Noctuno, perpetuam
salutem. —

— Signum manus *Anstrualde* Religiosae Deo copolatae
offeretricis et auctrix.
Signum manus Ursi Avinio testis.
(Signum † manus *Gumprandi* v. d. filio ejus consentientis).
(Signum † manus *Framuald* v. d. filio q. Maurelli test.).
(Signum † manus *Waldifred* v. d. diacono testis).
(Signum † manus *Gulrimud* Cognato ejus testis).
(Signum † manus *Aduald* v. d. testis).
Ego *Osprandus* Diaconus quantum in autenticum inveni
nec plus addedi, nec menime scribsi.

64) Verkaufsurkunde v. J. 739.
(Troya III, 649 ff; Nr. 516).

— Constat me Petru vir devotus filio quondam Alti de
vico Viniale cedisse et vendidisse et vindidi, tradidisse et de

presenti etiam tradedi tebi *Aloin* v. v. presbitero aliquantula
terrula juris mei sita in loco, qui vocitator Limite, ubi voca-
volum est Tentuipore. —

65) Verkaufsurkunde von Toscanella v. J. 739.
(Troya III, 672 ff; Nr. 524).

— 22. sign † m *Rodiperto* vh vinditoris qui anc cartulam
fieri rogavi.

23. sign † m *Itiperto* vd curatori testis sign † m *Loponi*
vd testis rogit

24. sign † m *Radicauso* vd testis

25. † Ego Avizoe no in anc cartula vindicioni rogatus ad
Rodipertu

26. vh venditori me testis subscripsi

† Ego *Gausualdu* ve notar. postradita conplivit et dedit.

66) Schenkungsurkunde aus Rieti v. J. 739.
(Troya III, 675 ff; Nr. 525).

— Temporibus domni *Hilderici* gloriosi et summi ducis
gentis *Langobardorum* seu et viri magnifici *Picconis castaldii*
civitatis Reatine mense Decembris indictione VIII. —

— Actum in civitate Reatina † signum manus Probati et
Ravennonis † *Mansualdus* testis sculdor † *Audualdus* testis
† Probatus testis.

67) Schenkungsurkunde von Farfa v. J. 740.
(Troya III, 677 ff; Nr. 526).

— Datum jussionis mense Januarii indictione VIII. sub
Rimone gastaldio.

Quod vero preceptum ego *Arichisius* notarius ex dicto
Rimonis gastaldii scripsi.

68) Schenkungsurkunde von Lucca v. J. 740.
(Troya III, 678; Nr. 527).

— *Sichimund* V. V. Archipresbitero tibi Ecclesia Dei adque
Beato Sancto Petro patrono meo perpetuam salutem dico. —

69) Urkunde v. J. 740.
(Troya III, 682 ff; Nr. 528).
(Mon. patr. hist. XIII, 23).

— Repromittimus adque spondamus nos *Agelmus*[1]) et *Dusso*[2])
germanis pro nos et germano nostro Petrono tibi Staveli et consoprino nostro de causas quas cum Borgolino consoprino nostro
avemus ut tu sebe dictus Stavelis deveas exigere de portione
nostra et germano nostro Petroni de omui id et ex omnibus
quanto Borgolinus de nostrum justitia avit contra lege tam de
terras quam familias seo scherpas vel peculius aut qualiscumque
res ad nos pertinente ut tu iam dictus res Stavelis per potestate
deveas man . . . . omnis causas sumere in te tam quam
nos ipsi et ad causa nostra ibi . . . . essa de omnia metiaetate
de nostra portione tollas tu Stavelis mediaetate, tollamus nos
Agelmus[1]) et *Dusso*[2]) et Petrus et de illa metiaetate pervenire
et tu Stavelis nobis pretio deveas dare sicut adque . . . . .
tuos homines do . . . . extimade fuere . . . . repromit-
temus tibi qui supra Staveli nisi de suprascripto omnia quae
superius legitur removere presumseremus nos aut germanus noster
Petrus aut nos aut pareremus ante Borgolino fiendas au . . . . .
nus Componamus tibi Staveli vel ad tuis here . . . . . . *Agelmus*[1]) et *Dusso*[2]) . . . . . . nostri h . . . . pena nomine . . . .
et ex hec res aveas in tua potestate per . . . . . . esum que
ad nos pertinet.

Garivald notarius scrivere rogavimus. — Acto in Sabiano.

Signum † manus *Agelmmi* u. d., qui hanc cartolam fieri
rogavit.

Signum † manus *Dussoni* u d qui cartolam promissionis
fieri rogavit.

Signum † manus *Garibaldi* ud filius . . . . . testis.

Signum † ma . . . . de Sabiano.

† Ego qui supra *Garivald* pos tradita complevi et dedi.

---

[1]) Anzelmus Troya.
[2]) Dasso Troya.

70) Schenkungsurkunde aus Benevent v. J. 740.
(Troya III, 683 ff: Nr. 529).

— Concessimus nos vir gloriosissimus Dominus *Godeschalg* summus Dux gentis *Langobardorum* tibi *Aufrid* filio quondam Ursi thesaurarii nostri, puerum nomine Ursum cum uxore, filiis et filiabus suis, qui in terra ad habitandum se collocaverunt in loco, qui dicitur Fenilia, qui fuerunt de actu Sipontino de subactione *Warnefrid. gastaldi* nostri. —

71) Verkaufsurkunde v. J. 740.
(Troya III, 684 ff; Nr. 530).

— Signum † ms. Baroncioni v. h. vendituris et conserbaturis.
Signum † ms. *Gaifridi* v. d. de Marilia testis.
Signum † ms. *Anspaldi* v. d. filio *Teutpaldi* testis.
Signum † ms. *Ansipert* filio *Teutperti* testis.

72) Schenkungsurkunde v. J. 740.
(Troya III, 693 ff; Nr. 533).

— † Ego *Filicausu* presviter in ac donationis cartula propria manu mea subscripsi.
Signum † ms. *Aricaus* germano ipsius consentientis.
Signum † ms. *Filipert* germano ipsius consentientis.
Signum † ms. *Chispert* filio quondam *Ghiselmi* testis.
Signum † ms. *Sintifrid* de Schito testis.
Signum † ms. *Teusprand* filio Alisci testis.

73) Verkaufsurkunde v. J. 740.
(Troya III, 695 ff; Nr. 534).

— Constat me *Ermelinda* religiosa Deo copulata ancilla Dei filia quondam *Godiperti* de Wlamo, hac die vindedisse et de presente vindedi tibi *Rodipert* v. d. filio quondam *Rodpald*, idest aliquantula terrula mea, qui mihi per donationem obvine da quondam b. m. germano meo *Gumpert*, in loco qui dicitur Salicetas, et est pauco menus de modiloco uno; aduc uno caput tene in Auserclo, et et alio caput tene in terra tua *Rodpert*, et uno latere in terra *Teutpert*, et alio latere tene terra Mauruli:

ipsa suprascripta terrula in integro, et nulla ividem reserbavi in meo dominio. —

Actum Luca.

Signum † ms. *Ermilinde* religiose Dei ancille vinditricis et autricis.

Signum † ms. *Aurinand* presbitero consen.

Signum † ms. Danihel v. d. nepote epsejus consentientis et testis.

Signum † ms. *Hifferad* v. d. filio quondam *Rothari* testis.

Signum † ms. *Ausperti* clerico testis.

† Ego Gaudentius ante presentia testium ipsos suprascriptos solidos dante vidi.

74) Schenkungsurkunde aus Mailand v. J. 741.*)

(Mon. patr. hist. XIII, 24).

(Troya IV, 90 ff.).

— Domno sancto et Angelorum meritis coequando basilice sancti Ambrosii confessoris domini nostri Jeshu Xpi in qua uubil *Aunemundus* diaconus custos esse videtur *Theopertus* hum filius quondam Mauroni de Brisconno presens presentibus dixit.

75) Urtheilsspruch des Herzogs Godescalc von Benevent v. J. 742.

(Troya IV, 85 ff; Nr. 548).

Cum coniunximus nos vir gloriosissimus Dominus *Godelschac* summus Dux gentis *Longobardorum* in *Waldo* Noaeto, loco qui nominatur Valueum, tunc venerunt *Ringo* cum partionariis suis, et Reparatus cum germanis suis qui fuerunt de quodam *Wadulpho*, et *Rode*, cum suis qui fuerunt de quodam *Rodecauso*, ad altercandum aduersus venerabilem Abbatem Sancti Joannis Monasterii. —

— Ad haec respondebat pars Dominus-Dedit Abbati dicens: Nonne ita quando vobis *Waldulphus* superius dictus casalem in Sapione idem nominatum et perennum dedisse, sed antequam Notarius *Wadulphus* ad manum potestatis ipsam substantiam suam dedisset, septem greges sui integrum cum pastoribus de omni peculio in ipsa loca pascuum abire visi fuerunt, tam ipse

---

¹) Nach Troya v. J. 742.

quam etiam et *Tindo* germani, qui et dum aduenisset ad manum nominatae potestatis. Dominus bonae memoriae *Romualdus* sic exinde firmauit suum praeceptum de integra portione nominati *Wadulphi* in praedictis casalibus, sed tantummodo et exinde reservauit ad suam potestatem clausariam, ut factum est; nam reliqua omnia nobis concessit: unde et acriter talem illicitam altercationem mecum habuistis, sed dum ad aures aduenisset, tunc ipsius potestas demisit ad iam fatas casales *Ropertum* filium *Radolphi* qui vos exinde foras expulit, vos quidem venistis cum praeceptis vestris, et mecum iudicium habuistis, tunc ille cognoscens per testimonium iterum mihi exinde firmauit suum iudicatum, quod et praesens ostendo et legibus possidere debeo secundum quod praeceptum, et iudicatum iam fata territoria. —

76) Schenkungsurkunde aus Benevent v. J. 742.
(Troya IV, 94 ff; Nr. 551).

In nomine Domini Dei Saluatoris nostri Jesu Christi Dominique aeterni, atque indiuiduae Trinitatis, concedimus nos Dominus vir gloriosissimus *Gisolphus* summus Comes gentis *Longobardorum* per rogum gloriosissimae conjugis nostrae, tibi *Hermanno* Abbati nostro de Monasterio sancti Martini Episcopi quod fundatum dicitur in strada Pontina, territorium illud, nempe Sylvas, vineas, prata, territoria, culta et inculta, mobilia atque immobilia, quae moderno tempore *Gastoldius* noster tenere ac possidere videtur: quatenus amodo et in perpetuis temporibus habeas, necnon in tuo seruitio semper pro tuo libero arbitrio habeas ac in tuo seruitio detineas tam tu supranominate *Hermanne*, et quidcunque de eis facere atque parare volueris in tua sint omnia potestate, et nullus ex nostris hacredibus, id est, amicis, cognatis atque parentibus, nec quisquam homo contra nostram potestatem atque firmatum propositum ire atque quicquam attentare praesumat, at nostra concessio nunc omnique in tempore firma ac roborata permaneat.

Quod autem praeceptum concessionis ex iussu et dictatu nominati gloriosissimi Domini *Gisolphi* scripsi ego *Lambertus* Not. —

77) Gründungsurkunde des Klosters S. Maria in Cairate v. J. 742.

(Troya IV, 96 ff; Nr. 552).

— Ego *Manigunda*, Deo dicata, veste monialis induta sum, in hoc judicato a me facto subscripsi.

Signum manibus *Vallerami* de Abbiate, et *Heldeprandi* de Venegono.

Isti testes *Rimegasus* in hoc judicato rogatus subs. —

— *Theuprandus* judex retuli exempla ex autentico edita subscripsi, et autentico hujus exempla vidi, et legi: sic tenet in ipso authentico, sicut in ista legitur exempla extra litteras plus minus.

Arnaldus, qui et Bezo, judex sacri palatii, in hoc exemplo ex autentico subs. et autentico hujus exempli vidi, et sic tenet in ipso autentico, sicut in ista legitur exempla extra litteras plus minus.

Nazarius, qui et *Amizo*, judex, autentico hujus exempla vidi et legi, et sicut ibi continebatur, sic in ista legitur exempla extra litteras plus minus.

Ego Adam, qui et *Hosbertus* notarius, haec exempla ex autentico exemplavi, et autentico hujus exempla vidi, et legi: et sicut ibi continebatur, extra litteras plus minus.

78) Bestätigungsurkunde aus Benevent v. J. 742.

(Troya IV, 105 ff; Nr. 554).

— Quod vero praeceptum renouationis ex iussione nominatae potestatis dictaui *Ermemarus*[1]) tibi Gratiano Notario scribendum.

79) Verkaufsurkunde aus Lucca v. J. 742.

(Troya IV, 108 ff; Nr. 555).

— Signum † ms. Mauri v. h. vendituri et serbaturi

. . . . . . † ms. Petti v. d. filio *Authelmi* testis

. . . . . . † ms. *Tuchipert* v. d. germano *Amalongo* testis

. . . . . . † ms. *Bonichis* Caldarario da porta S. Petri testis

Et postradita ego *Teutpert* cumplivi et dedi

† Ego Alpert v. d. in hanc cartula suprascripta testis

---

[1]) So bei Assemani nach Troyas Anmerkung; im Texte hat Troya nach Ughelli Emerius.

80) Bestätigungsurkunde aus Benevent v. J. 743.
(Troya IV, 116 ff; Nr. 558).

— Quod vero praeceptum firmitatis, ex iussione nominatae potestatis, dictavi ego *Arefusus* Duddus et referendarius tibi *Godeperto* Notario scribendum. —

81) Urkunde von Rieti v. J. 744.
(Troya IV, 148 ff; Nr. 567).

— Ideo ego *Teudemundus* Actionarius sana mente et spontanea, bonaque voluntate mea, et integro consilio concambiavi cum voluntate venerabilis *Fulcualdi* Abbatis de Monasterio S. Dei Genitricis Mariae, in monasterio S. Georgii, medietatem de casale qui dicitur Pacilianus, casas, vineas, terras cultas et incultas, omnia sicut a me *Teudemundo* possessa sunt, cuncta in predicto monasterio S. Georgii in integrum concambiavi. —

— Unde pro stabilitate ambarum partium duas cartulas pari tenore *Gudiperto* notario tradedimus scribendum, et testibus a nobis rogatis optulimus, qui supter signum sanctae crucis fecerunt.

Actum in Reate, mense, et indictione suprascripta.

Ego † *Teudemundus* in cartula ista concambiationis a me facta manu mea subscripsi.

Signum † manus Martiniani *sculdais* testis.

Signum † manus *Gudeperti* testis.

Signum † manus *Teudemundi* fratris *Isemundi* testis.

Signum † manus *Aldonis* testis.

Signum † manus *Magnolfi* testis.

Signum † m. *Alderisini* testis.

Signum † m. *Hilderici* testis.

Signum † m. *Tendualdi* filii *Anserami* testis.

82) Diplom Gisulfs II v. J. 744.
(Troya IV, 152 ff; Nr. 569).

— Quod vero praeceptum firmationis seu priuilegij, ex iussu nominatae potestatis dictavi ego *Trifusus* Duddus et Referendarius tibi *Adelpho* Notario scribendum. —

83) Vertrag des Klosters Farfa v. J. 745.
(Troya IV, 159 ff; Nr. 574).

In Nom. D. D. S. N. X. Temporib. V. M. *Picconis Gastald*
Civit. Reat. mense Febr. Indict. XIII.

Non est incognitum quod *Grifio* quondam per cartam omnes
res suas et portionem in integr. in Monast. vel Congregationi
S. Marie qd. ponitur in fundo Acutiano ubi et ipse *Grifio* semetipsum tradidit et quiescit in corpore condonavit, unde inter
partes ipsius Monast. vel germanos ejus idest *Nannonem* et
Ursicinum atque nepotes ipsius idest *Acimundum* et *Teudemundum* maxima contentio orta est. —

— † Sig. man. Nonni exercitalis. et Ursicini et *Acimundi*
et *Teudimundi* rog.

† Claudianus pbr test.

† Palumbus diac. subscripsi.

84) Testament des Rotopert v. J. 745.
(Mon. hist. patr. XIII, 25 ff.).

— Et ideo ego *Rottopert* um . . . . de Grate
considerans casus humane fragilitatis et repentinam mortem ven-
turam previdi de rebus meis disposicionem facere vel pro anima
mea iudicare ut cum de hoc seculo vocare iussero michi pro
sua pietate peccatorum meorum veniam condonare dignetur. Id
cerco primo omnium volo habere ecclesiam beati prodomartiris
et levite sancti Stephani sidaque est Vicomercado vites meas
petia una in fundo bonate quam ego emmi et est suprascripta
petia iusta intera fine clausura boniti . . . . . atfine supradito
ipsius *Rotoperti* et da sera via publica percurente, habente in
se plus minus ioge una. Ita volo de pecunia mea quod abeo
in finibus Plumbense ut diebus vite Gallani et *Rodolende* germane mee adque filias meas *Anselda* et Galla omnia medietate
de usufructuario de usque ad una de ipsis advixerit et ipsa
avidum religionis secundum Deum in ipso monasterio conserva-
verit earum ibique ipso usufructu ut supra dixi metietatem per-
curat excepto vel earum consignata per aratoris de heredibus
meis et si quod non credo forsidan heredibus meis earum con-
trariaverit ipsa metietatem de predicto censu diebus vite earum

ipso quod earum contrariare presumpserit duplum earum resti-
duere debeant, nam post decessum eorum in integrum ad heredibus meis revertatur. — — Et volo suprascripta *Gradane* filia
mea habere in auro ficurato solidos trecentos excepto vestito vel
ornamento eius adque fabricato auro, ea vero ratione ut suprascripti trecentis soldis ei in divorcium eius a presenti dati fiant:
et si forsidans heredes mei a presenti menime suprascriptis tre-
centi solidos dare voluero et tunc postea volo ut pro suprascriptis trecentis solidis habeat suprascripta *Grada* filia mea
casa illa tributaria in fondo Rocello qui dicitur de Lopetione, et
volo suprascripta *Gradane* filia mea habere mancipias decem,
quatuor pueri et sex puellas et volo adque adfirmo de argento
meo quod emi de Roderate baxia una maiore adque scudellas
duas et gorale uno quod emi de Ambrosio clerico. Volo ut si
ipse ego in vida mea non dedero volo ut in die transitus mei
fractam fiat et ibi ad presenti pauperibus datum pro remedium
anime mee, et *renga* mea aurea volo ut in die transitus mei
dit filio meo pro suprascripta *renga* solidos centum et a presenti ibique pauperibus dati fiant: et si suprascriptis centum
solidos a presenti dare non voluerit suprascripta *renga* ibique a
presenti frangantur et pauperibus distribuantur. Sic tamen volo
adque adfirmo tam predicto argento quam et auro si *Retruda*
conius mea me superadvixerit in eius sit potestatem ipso fran-
gendi et pauperibus pro anima mea et sua distribuendi habeat
potestatem ex meam plenexima largietate tam pro nostra anima
quam et pro bone memorie Dondoni germano meo: et vestimento
meo omnia quod in tempore illo relinquero omnia metietatem
pauperibus distribuatur pro suprascripta *Ratruda* coniuge mea.
— — Acto Gradate † *Rotpert* v͞m in hanc disposiciones iudi-
cadi mei a me facto mano mea propria subscripsi † manus Ambrosio filio quondam Panzioni de Concoregio † manus *Gaosoni*
de Gradate filio quondam *Adoni* testis. † *Poto* v͞m in hanc
dispositione iudicati rogatus a *Rotperto* testis subscripsi † Geor-
gius in hanc dispositiones iudicati rogatus a *Rotperto* testis subscripsi. † Ego Deusdedit v͞m in hanc dispositione iudicati
rogatus a *Rotperto* testis subscripsi. † Ego Deusdedit scripsi
subscripsi complevi et dedi.

Ego Suzo Gambarus notarius sacri palatii hautenticum huius exempli vidi et ab eo hoc exemplum exemplavi et ut in eo continebatur ita in hoc legitur exemplo extra literas plus minus et dictiones que legi non posunt.

85) Gründungsurkunde des Klosters S. Maria in Solaro in Verona v. J. 745.
(Troya IV, 166 ff; Nr. 577).

— Oratorio semper Virginis et Dei Genetricis Marie, quae intra domum Cella nostra Veronense sito in Civitate construere visi sumus simul cum Nazario Connato et Jogali nostro *Aut-conda* et Natalia germanas pro utilis Christi Ancillas, presens presentibus dixi: Dominus ac Redemptor noster Jesus Christus et admonentibus nos ad gremium Sanctae Marie Ecclesie redire ortatus est, et dulci uberum, qua primus admiserat parens, ubertim fluentia saciare commonisset dicens: Venite, saciamini. —

— Signa eorum, qui in otentico manus posuerunt: in primis *Autconda* et *Natalia*, que ipsa cartola fecerunt.

> *Sigipert* Episcopus.
>
> *Gigelpert* Dux.
>
> *Curerat* Presbyter.
>
> *Auderat* filius conda *Wibiloni*.
>
> *Sigelais* filius *Sigerat*.
>
> *Azo* filius conda *Raziloni*.
>
> *Radoin* filius conda *Totoni* scripsit.

86) Bestätigungsurkunde aus Benevent v. J. 745.
(Troya IV, 171 ff: Nr. 578).

In nomine Domini Dei Salvatoris nostri Jesu Christi, firmamus atque concedimus, nos vir gloriosissimus Dominus *Gisolphus* summus Dux gentis *Longobardorum* in Ecclesia B. Sophiae, quam Zacharias Venerabilis Abbas pater noster a fundamentis aedificare visus est, in loco qui nominatur ad Ponticellum qui fuit de quodam *Wandolpho*, omnia et in omnibus de quibus Dominus bonae memoriae *Romualdus* genitor noster, praedicto Zachariae abbati concessit; unde et praecepta potestatis firmata habere videtur, id est in primis casas cum curtibus vel hortis, molinum et balneum clausurias, vbi ipsa Ecclesia aedificata est, et terram

vacuam quae est trans riuum, et alium hortum qui esse videtur
iuxta fluuium Sabbathis, qui fuit de quodam *Trasoaldo;* simul
et eam casam quae fuit in Decimoquinto, quae fuit de quodam
Pergoaldo, simul cum terris, vineis, pratis seu clausuris, cultum
et incultum, omnia et in omnibus, quantum in eodem loco habere
visus fuit; simul et omnem substantiam cuiusdam quod totum
trans tadini (*Totoni* Transpadani), casas, terras, viucas, cultum
et incultum, mobilia et immobilia, qui habitare visus fuit erga
sanctum Valentinum; simul etiam et omnem substantiam quae
fuit cuiusdam *Aioaldi* filii cuiusdam Seduli. —

— Quod vero praeceptum offertionis ex iussione nominatae
potestatis dictani ego *Andefusius* referendarius tibi *Adelcho*
notario scribendum. —

87) Verkaufsurkunde v. J. 745 (?).
(Troya IV, 174 ff; Nr. 579).

— Constat nus *Emithancu* V. D. filius *Emmi,* una com
cojuge sua *Teuflada,* filia qd. Muccioni, hac die vendedisset et
vendedi, tradedisse, et tradedimus secutis in presentia testibus,
qui subter presente cartula rovoraturi sunt, propriis manibus
nostris contradedimus tibi *Tanualdi* V. V. Presbitero de Beatus
Sancto Reculi, medietate de case me (mea) in Paternu, case
Minculi, Racculi, cum terra et vineas campis, silvis cum arboribus tra fructefera, cum fontis omnia in adpretiato in tregenta
soledus tibi vendere visus sumus, quam tertio homo qui supra
dimente dixere. —

— Et quod fieri non cridimus, nec fiari, ego, aut meus
heredis tibi intentum ficere in ipsu pretium completum tibi dare
ipsa suprascripta res, nclixero (neglexero); et ego, aut meus
heredes tibi intentum ficere, et da qualivet homine defensare
non potuerimus, spondimus nus qui supra *Emitancu,* et *Teufleda*
componiturus, vel nos heredis, tibi *Tanualde* Presbiteri, vel ad
successore tuo in duplum res meliorata, de quod agitur, in
ferquede loco.

Quam venditionis cartula *Altipertu* amico meo iscrivere
rogavi.

Actum ad Monasterio Sanctu Donatu in Fusqua, in finibus
Voloterrana; die, regnum, et indictione suprascripta feliciter.

Signum † manus *Enitanchi* V. H. vendituri et tradituri.

Signum † manus *Teufrada* viro onesta venditricis et tra-
detricis. —

88) Schenkungsurkunde aus Benevent v. J. 745.
(Troya IV, 177 ff; Nr. 581).

. . . . . Nos vir gloriosissimus *Gisolfus* Dei providentia
summus Dux *Longobardorum* gentis, motus Dei Omnipotentis
misericordia, et ob animae nostrae totiusque nostrae gentis salutem, quam et per rogum Majonis comitis nostri concessimus
in Monasterio Beatae et gloriosae Dei Genitricis semperque Virginis Mariae, quod ab olim constructum est in locum, qui nominatur Cingla, in quo *Acetruda* Deo digna Abbatissa praeesse
videtur inclitas duas curtes nostras, quas habemus in finibus
Teano loco Bairanum, et sunt ambo conjunctae, quarum una
nominatur ad Gruttule et altera ad Tora, habente finis prae-
dictas curtes, ab una parte qualiter vadit per pedem de Monte
S. Leuttherii, et ab inde qualiter juxta eundem montem descendit
in fluvio Bulturno, ab alia parte qualiter ascendit per medium
albeum praedicti fluminis usque in ribo, qui nominatur de Bag-
nula de tertia parte praedicto ribo, qui decernit inter has curtes
et terra praefati monasterii, de quarta parte fine ribulus, qui
intret in praedicto ribo, et qualiter ascendit praedicto ribulus
usque in eo loco, unde egreditur, et ab inde in praedictum pedem
de Monte S. Leuttherii, qui est prior finis. —

89) Nichtigkeitserklärung eines Diploms v. J. 745.
(Troya IV, 182 ff; Nr. 583).

— Quod vero praeceptum firmitatis iudicati, ex iussione
nominatae potestatis, dictaui ego *Andefusus* Duddus et referendarius tibi *Adelchisio* Notario scribendum. —

90) Schenkungsurkunde aus Rieti v. J. 745.
(Troya IV, 187 ff; Nr. 585).

— Qua de re ego *Adualdus* et *Audolfus* considerantes
humane fragilitatis et seculi hujus excessum, quia omnes qui in
hoc mundo sumus morti jugiter subjacemus juxta testimonium
prophete ubi dicit: Quis est homo qui vivit et non videbit

mortem? Ideoque pro remedio anime nostre tradidisse atque tradedimus et in eterna traditione concedimus casales duos idest Asilianum qui fuit casalis *Audolfi* et casalis qui dicitur Fiola qui fuit *Audaldi* unde pro istis duobus casalibus quos tradidimus in predicto S. Marie resuscepimus ego *Adualdus* et *Audolfus* a te *Godefrido gastaldio* casales duos ubi invenire in republica poterimus. —

Signum † manus *Audolfi* concambiatoris. Et pro ipsis casalibus duobus quos recipere habeat *Adualdus* et *Audolfus* dedit gratiam predictus *Godefridus gastaldius* coram omnibus circumstantibus ut ipsos duos casales sine intermissione redderet. Unde exivit fidejussor *Pando Marepassus*, et Lucanus et *Audualdus* actionario. —

91) Schenkungsurkunde des Klosters Farfa v. J. 745.
(Troya IV, 190; Nr. 586).

In Dei nom. Domnus Lupo gloriosus et summus Dux gentis *Langobardorum* Monasterio S. Mariae qd. positum est in Sabin. ubi V. V. *Fulcoaldus* Abb. preesse videtur per presens praeceptum summe gloriae nostre donamus atque concedimus in ipso S. Monast. vel ad Congregationem Monachor. colonos duos. hoc est Calendinolum et *Tursonem* cum casis suis seu terris vineis olivetis quantum ipsi tenere visi sunt ex integro in territorio Reatino loco qui nominatur ad S. Cassianum vel in Musoleo. —

92) Grabschrift der Ageltruda.
(Troya IV, 191; Nr. 587).

Pacis *Ageltruda* puel
la filia *Maldefrid*
comiti que bixit ann
VIII. men. II dieb. XIIII
Algarda mater posui.

93) Schenkungsurkunde des Klosters Farfa v. J. 746.
(Troya IV, 192 fl; Nr. 588).

— Temporibus domni viri gloriosi Luponis summi ducis gentis *Langobardorum* et viri magnifici *Pertonis gastaldii* civitatis Reatine mense Februarii indictione XIV. —

— Signum manns viri venerabilis Palombi diaconi donatoris qui hanc cartulam fieri rogavit.

Signum † manus *Codiradi* germani ejus consentientis.

Signum † Alparini *sculd.* testis.

Signum † manus Citei *sculd.*

Signum † manus *Andualdi sculd.*

Signum † manus Martiniani actionarii.

Signum † manus *Alfredi* vestararii.

Signum † manus *Anserami* exercitalis testis.

Signum † manus Camponis exercitalis testis.

94) Urtheil Gisulfs II von Benevent v. J. 746.
(Troya IV, 221 ff; Nr. 592).

— Quod vero iudicatum definitionis ex dictatu et iussione nominati Domini nostri viri gloriosissimi *Gisolphi*, per Joannem Notarium scripsi ego *Chachelapus* notarius. —

95) Urkunde v. J. 746.
(Troya IV, 225 ff; Nr. 594).

— Manifestu su ego *Auselmi* v. d. quia repromctto et ispundeo, atque manus meam faceo tivi domnus v. v. *Walprand* ep. ut in casa tua in loco Wamo, uvi quondam b. m. genitor meus avitare visus fueret, ividem natus est, ut in ipsa casa usque in diebus vite mee ividem resedire diveam, et consuetudo ipsejus case, quas parentis nostris ficerunt per singulos annos perexolvere diveam, tam ego quam et filius meus, et ipsa suprascripta casa et res bene lavorare, et guvernare sicut rectum fueret. —

— Quam meis repromissionis cartula et *Perteradu* cler. scrivere rogavi, et supter signa s. Croci feci.

Actum in domo s. Eccles. regnum, et indit. suprascripta feliciter.

Signum † ms. *Auselmi* v. d. repromessori et conservaturi.

Signum † ms. Juvacini cler. et testis.

Signum † ms. Lucianu presb. de Colonnola testis.

Signum † ms. *Auniperti* de Guamo testis.

Signum † ms. *Alamundi* cler. testis. —

96) Urkunde aus Lucca v. J. 746.
(Troya IV, 229; Nr. 595).

— † Ego Luceri presb. in hac manus mea subs.

Signum † ms. Buciuli v. v. presb. testis.

Signum † ms. *Guntelmi* clerico testis.

Signum † ms. *Aunipert* v. v. presb. da Rocca testis.

Signum † ms. *Seipert* cler. filio qd. *Scifridi* testis.

Signum † Lucifridi cleric. testis. —

97) Verkaufsurkunde aus Lucca v. J. 746.
(Troya IV, 231 ff: Nr. 597).

— Signum † ms. Causuli v. h. vindituri et tradituri.

Signum † ms. *Ratpert* v. d. soceru ejus testis.

Signum † ms. *Guspert* v. d. filius qd. *Arochis* testis.

Signum † ms. *Elprandi* v. d. testis.

Signum † ms. *Bonari* v. d. filius qd. *Auradi* homo Pisanus testis.

Ego *Altipert* v. d. iscripsi et pos tradita complevi et dedi.

98) Verkaufsurkunde aus Lucca v. J. 746.
(Troya IV, 233; Nr. 598).

— Constat me Albulo filio qd. Toudioni, havitator in Vico Civiliano ad Piscia minore v. h. trado, et vendo tibi Crespine v. d. clausura mea in ipso loco Viliano, ubi super casa posita habuit cum fondamento, vel vinea, sco et arboribus, qui de omne parte cum sepe cercumdata est, omnia quantum infra ipsa clausura havere videor, cui de uno latum decorre via publica, simol et capo alia via publica ei decurre, uno latum tene in via Fraolmi, allio capu tene in terra Freduli, et *Alipert* filio qd. *Teudualdi*, ipsa clausura in integro tradedi tibi quia nihel mihi ibidem reservavi. —

— Et *Teutfrid* notario iscrivere rogavimus.

Actum Luca, regnum et indictione suprascripta quintadecima feliciter.

Signum † ms. Albuli v. h. venditoris, et conservatoris.

Signum † ms. *Ansipert* clerico filio *Rinconi* v. d. testis.

Signum † ms. *Guntiperti* filio qd. *Guntifridi* testis.

Signum † ms. *Radipert* v. d. testis.

† Ego *Teutfrid* Notario pos tradita complevi, et dedi.

99) Verkaufsurkunde v. J. 746.
(Troya IV, 234 ff; Nr. 599).

1. In nm. dni di Salvatoris nostri Jhūs Xi. regnan-

2. te domnu nostru: virum exscel rex *Radchisi* rige anno ter-

3. tio per Ind. quintadecima fel. scripsi ego *Galdilupus*

4. rogatus a *Alolfo* filius qd *Aliperto* vh venditore

5. Constans me hac diac vindedisse vindedi tivi *Rodfri-*

6. *di* emturi terrula in fundo Matiani qui habet in lungo ipsa terrula

7. pd plm tricenti et in latu da capu pd sexsaginta et in mediu lo-

· 8. cu pd septuaginta et in pede in latu pd plm nonaginta et po-

9. sita est ipsa terra di una parte terra ssto emturi et alia par-

10. te terra *Radcauso* et da capu binca idem ssto *Rodfridi,* et da pede

11. terra Fasaoni et ipsa terrula una cum arvoribu suis et recipi pre-

12. tui placitum et di presente xsolutum ego qs vinditor da

13. te ssto emture in aurum solidus duo et tremisse unu finitum pretiu

14. quod inter novis vono hanimo convinet in ea viro ratione ut si quis ego.

15. qs vinditor aut eridis mei aud aliquis homo contra hanc vinditione

16. mea quandoque irc temtaveri et ego qs vinditor aud eridis

17. mei hab omne homine minime defensare potuerimus duplu pretiu et cris

18. meliorata sub extimatione tivi qs emturi velut eredibus

19. tui conpunituri promittimus ab stipulatione spunsio-
neque inter-

20. posita: Actum Clusio rignum per Iud. ssta fel.

21. Signū † manu *Alolfo* v. h. vinditoris.

22. Signū † manus *Altifuso* testis.

23. † Ego *Cuniradu* testis.

24. Signū † manus *Audifridi* filius qd̄ *Teudifridi* testis.

25. † Ego *Gairimundus* testis s̄s̄

26. † Ego *Warnicausus* testis s̄s̄

27. Ego *Galdilupu* pos traditione conplevi et emisi.

100) Verkaufsurkunde aus Lucca v. J. 747.
(Troya IV, 236 ff: Nr. 600).

— Manifestum est mihi *Teutpert* filio qd. *Auti* de Placulo,
quia cum pretio meo emtus sum Ecclesia beati Petri in loco,
qui dicitur Castellone da Douni filio qd. *Gaduin* portione ejus
in integrum, quantum inivi avire visus fuet, quantum ei da fratre
ejus qd. *Aurinand* in portionem contiget, hoc est ex integra
medietas, cum cultum et incultum, cum movile vel immovile,
quod ad ipsa Eccl. pertenet, sicut dotis ejus continet portione
ejus in integrum, hoc est medietatem tibi *Anucardi* v. v. presb.
per hujus testi cartula vendere et tradere visus sum, secundum
qualiter ea mihi *Donni* vendidet, omnia et in omnibus res et
Ecclesia ipsa in tua *Anuardo* presb. sit potestatem, sicut cartula illa legitur de venditionis, quem mihi exinde *Donnis* fecet
quem tibi pro monimen dedi. —

— Et ego *Teutpert* autor in anc cartula venditionis a me facta
in *Anucardu* presb. sicot superius legito prop. m. m. subscripsi.

Signum † ms. *Autpert* filio qd. *Aunipert*.

Signum † ms. *Rachipert* filio qd. *Ratchis* de Filectole testis.

Signum † ms. Auruli testis.

† Ego *Alpert* v. d. rogatus in *Teupert* in anc cartula venditionis facta a me in *Anacardo* presb. sicut supra legitur testis
subscripsi.

† Ego Petro presb. rogatus etc.

† Ego *Chiserat* scriptor ujus cartule post tradita et com-
pleta ea deplevi et dedit.

101) Schenkungsurkunde aus Benevent v. J. 747.

(Troya IV, 238 ff; Nr. 601).

— Concessimus nos Dominus vir gloriosissimus *Gisolphus* summus Dux gentis *Longobardorum*, per rogum *Schaunibergae* gloriosae dilectaeque coniugis nostrae tibi *Rimecauso* Abbati nostro de Monasterio sancti Stephani Martyris gloriosissimi, quod fundatum est in Strada, pueros duos nomine Ursus et Ditentius vna cum vxoribus, filiis, ac filiabus suis pro homicidio quod perpetrauerunt, solummodo eorum personae, et fuerunt de actu Canusino, quem modo *Gastaldus* noster tenere videtur. —

102) Grenzberichtigung des Waldes von San Giacinto v. J. 747.

(Troya IV, 240 ff; Nr. 602).

— Et ego *Adoaldus* tempore illo dum essem archiporcarius tradidi cuidem *Guilperto* qui fuit germanus suprascripti *Audulphi* casalem qui cognominatur Amisianus in ipso *gualdo* prope terram ejus per jussionem suprascripti *Picconis*. —

— Et ipsorum *Adoaldi* et *Audulfi* accessit fidejussor *Guinilaipus* et ad S. Dei evangelia firment sicut dixerunt in verbo. —

— Unde nos inquirentes per Alparenum *sculdaschium*, *Tachibertum* et *Hisimundum* atque Pandonem didicimus ab eis quod in terra ipsa nullum professionem habuisset Clarissimus nisi solummodo in olivis que in ipso casale sunt que data fuerunt predicto Maurolo a quodam *Faroaldo* duce. —

103) Schenkungsurkunde aus Lucca v. J. 747.

(Troya IV, 247 ff; Nr. 603).

— Ego *Achiperte* vir devotus filio qd. *Sicuald* tibi Ecclesie Beatissimi s. Georgi sita hic civitate Lucense, ubi Jordonni presbiter preesse videtur, do duno et per dotis titulo per hanc cartula confirmo pro anime mee remedium, idest casa una ubi vocabulum est Miliano, qui regitur pro servo meo nomine Maurulo, qui mihi in sorte obvinct . . . . gg. mei cum omnia ad ipsa casa pertenente in integrum, serbis vel ancellas in mea reserbo potestate pro anima mea livertandi . . . . —

— Et si conjuge mea *Waltruda* super me remanseret, et lectum meum custodierit, et fidis maritalis observaveret, in omnibus rebus meis quantum per anc cartulam ad Ecclesia judicavi, domina et gobernatrice usufructuandi in ejus set potestatem . . . . . randi, non doloso animo judicandi. —

— Signum † ms. Fermuso filio *Ghisi* v. d. testis.

Signum † ms. Suatchis filio *Alathei* v. d. testis.

Signum † ms. *Ildipert* filio *Perteradi* testis.

104) U r k u n d e v. J. 747.
(Troya IV, 250 ff; Nr. 604).

In nomine Domini Dei Salvatoris Jesu Christi firmamus, atque largimus nos domnus vir gloriosissimus *Gisolfus* summus Dux gentis *Langobardorum* nobis (vobis) *Gausani* dicatae deo Abbatissae et *Lancritude*, et *Gariperge* religiosissime ancille Christi pii monasterii S. Mariae in Cingla, quia manifesta causa est qm. postposuistis parentes, et substancias vestras, et venistis peregrinare in terra nostra Beneventana, et nos propter deum, et animae nostrae mercedem, et quia post deum in nostra venistis fiducia, dedimus vobis una cum beatissimo Patre nostro Petronaci Abbati Cella in Cingla: quae pertinet de jure S. Benedicti, et una cum ipso nobis suprascriptum monasterium fecimus et substanciam largiti sumus una cum *Scauniperga* gloriosa conjuge nostra, unde previdimus vos suprascriptas in ipso Sancto Coenobio confirmare in eo ordine, ut dum una ex vobis advixerit, inibi regimen tenere debeatis ut super vos alia priore non imponatur, quia et ex parte ibidem noster est labor, nam post vero vestro discessu quorum supra quem ipse sancta congregacio elegerit, et providerit potestas de Abbate, qui fuerit S. Benedicti ipsa confirmetur, nam dum vos vixeritis, in vestra sit potestate secundum honorem, et conversacionem vestram si recte, et caste vixeritis, atque conversaveritis, quod enim praeceptum largitati seu firmitatis ex jussione suprascripti Domni viri gloriosissimi *Gisolfi*, et ex dictato *Scarolfi* notarii scripsi ego Beatus Notarius data jussione in hunc sacratissimo Beneventano Palacio mense Magio per Indiccione quintadecima.

105) Schenkungsurkunde v. J. 747.
(Troya IV, 252; Nr. 605).

— Ideo constat me *Rotfredum* electum pro mercede et absolutione animae meae donasse atque concessisse in hoc loco Santae Dei genitricis Mariae in Acutiano de casale Sancti Viti terrulam recisam usque in fossatum: a latere uno Farfa; et a fronte supra terram Sanctae Mariae usque in ipsum vadum.

106) Schenkungsurkunde des Klosters Farfa v. J. 747.
(Troya IV, 253 ff; Nr. 606).

— Temporibus domni viri gloriosi Luponis summi ducis gentis *Langobardorum* et viri magnifici *Golfredi gastaldii* civitatis Reatine mense Maii per indictionem XV.

Quotiens aliqui inter partes bono ordine conveniunt oportet scripture testimonio roborari ne imposterum propter longinquitatem dierum aut annorum spatia oblivione ducta aliqua nascatur intentio et ideo contra me *Bonam* ancillam Dei pro mercede et absolutione anime mee et viri mei *Guerolfi* et filiorum meorum *Octeramni* et *Fulcoaldi* tuo sancta Dei genitrix semper virgo Maria M. territorii Sabinensis in fundo Acutiano vel tibi domne *Fulcoalde* abbas et ad monachos servientes in eodem M. donasse atque concessisse in fundo Foruicata quantum ibidem die presenti possidere visi sumus terras silvas campos vineas oliveta cultum vel incultum exceptis hominibus cum mobilibus suis. —

— Signum † manus *Bone* ancille Dei donatricis.

Signum † manus *Fulcoaldi* filii ejus consentientis.

Signum † manus Patricie ancille Dei sororis ejus.

Signum † manus *Rodimari* conductoris testis.

Signum † manus Constantii testis.

Signum † manus Sisinii testis.

Signum † manus Lucoli testis.

Signum † manus *Manualdi* testis.

Signum † manus Genesi testis.

Signum † manus *Usualdi* exercitalis testis.

Signum † manus Luponis exercitalis testis.

Signum † manus Fusonis consentientis.

Signum † manus *Sisonis* exercitalis testis.

Ego *Octeramus* manus meas proprias subscripsi et hujus cartule consentiens fui.

107) Tauschvertrag v. J. 747.
(Troya IV, 257 ff; Nr. 608).

— Constat me Aurimo vir honorabilis filio qd. *Marichis* hac die dedisse e dedi, tradedisse et tradedi tibi Petrus terra mea in loco ad s. Paulo in clausura ante casa Ajuli, qui est posita ad latum de terra *Leopardi*, alio latum est terra mea, qui in meo reserbavi potestatem, quod est modiorum quattuor ad mensura, si in ipsa clausura non fueret complita, ut tibi dare diveam in alio loco prope s. Paulo in Campora cum ipsa fossata, qui in ipsa terra est. —

— Et *Teuspert* v. d. iscrivere rogavimus.

Actu Luca, regnu et indictione suprascripta feliciter.

Signum † ms. Aurimi v. h. auturi et tradituri.

Signum † ms. *Plitelmi* v. d. filio qd. *Antelmi* testis.

Signum † ms. Curnucio v. d. de Colonia test.

Signum † ms. Barucottuli v. d. de Apulia

Et pos tradita ego *Teutpert* v. d. deplevi et dedi.

108) Grenzregulierung von Grundstücken des Klosters Bobbio v. J. 747.
(Troya IV, 260 ff; Nr. 610).

— Ideo accedentes inibi Missi nostri . . . . . cum *Giselpert Waldeman* inquirentes per Silvanos nostros, idest Otonem et *Rachim* . . . . . veritatem, et renovantes signa et Cruces cum Clavos ferreos adfigentes simul, et ti . . . . ipsos Medianenses. —

— Unde inquisitio per suprascriptos Missos nostros, idest *Gumpert, Gisilpert.* atque *Gaideris* Notarium facta est. —

109) Testament des Archidiacons Liutpert aus Pisa v. J. 747.
(Troya IV, 321 ff; Nr. 617).

— Ideoque ego qui supra *Liutpert* qui et Centolus Archidiaconus Sanctae Pisanae Ecclesiae hac die quae superius legitur. dum Dei visitatione aegrotante me lectulo rejacerem. in praesentia venerabili patri nostro Justino Episcopo. *Aunimundo* Archipresbytero. *Ganserado* Presbytero. *Liudualdo* Presbitero. Pirro Presbitero. *Wandalo* Diacono. Seo et *Gunderad* filio quondam *Cuniperti.* Cocceapertoli. *Wandoli* Portoligi. Seo et aliorum plurium amicorum. medietate de omnes res, et substantiam mea. tam homines. quam casas. prata vineas. campos. silvas. quadropedias. omnia, et in omnibus. tam de parentum jura. quam de comparatione quidquit mihi conpetit. tradedi tibi Consobrino meo *Bigiberto,* qui et Maccio Diacono. — — Postea vero in eorum supradictorum praesentia nos . . . . Centolus Archidiaconus. et Maccio Diaconus. commune consilio parique consensu tractantes pro nostrarum animarum remedio . . . . . asses. ut dum usque advivere meruerimus. unus aut ambo omni . . . . sit potestate. post obito vero nostro, volomus. de colon . . . . *Filicausa* et *Aliperga* cum Casa filios vel filias suas. et cum mobile vel immobile . . . . substantia sua que ad ipsa Casa pertinere dinuscitur. Seo et *Fridichisi,* et *Gisa* cum filios et filias suas. *Causerado* et *Walderada,* Seo et Rosola cum filias suas. de monte Guitolfi. *Rodichis,* et *Perterada* cum filiis et filias suas. *Teupert* et *Perterada* cum filios et filias suas.

Isti superscribti cum Casas, et personas sua, et omnem substantias suas ad se pertinentia mobilia, et immobilia Seo et *Teutpald. Radtruda. Eirnefrid.* Bonello. *Magnifridi* Mucciolus. Iffulo et *Fridicauso* Germanis. Baroncellus et *Ratperga* cum filios et filias suas. et Liosolus Germanus ejus. *Pertiald Gundipert.* et *Aunitrada* cum filios et filias suas. *Buggulo* et *Aunitrada* cum filios et filias suas.

Isti omnes cum casas, vel omnes res suas movilia et immobilia quidquit ad manus suas habere videntur. Seo et *Rodicunda* Ancilla d̄i., et de Cultano *Auniperga* persone ejus vel quae de eos procreantur. —

— † Ego *Liutpertus* qui et Centulus Archidiaconus in unc Testamentu a me facto manu mea subscripsi.

† Ego *Bighipertus* qui et Maccio Diaconus in unc testamentum a me facto manu mea subscripsi.

† Ego *Aluart* Diacunus in unc Testamentum rogatus me teste subscripsi.

Signum † manu *Ermefridi* filio quondam *Arnicausi* testis.

† Ego *Aufusus* ud̄. Clericus in hunc Testamentum mi teste subscribsi.

Signum † manu Gudolini ud̄. filio quondam *Filerad* testis.

Signum † manu *Cunipert* filio quondam Pittoni ud̄. testis. —

110) Urkunde aus Trevano v. J. 748.
(Troya IV, 328 ff; Nr. 619).
(Mon. patr. hist. XIII. 29, 30).

— Signum † manus Alexandro qui hanc cautionis fieri rogavi.

Signum † manus Ursoni di Sporticiana testis.

Signum † manus *Radoald* de Sporticiana testis.

† Ego *Cunimund* in hanc cautionis rogatus ad Alexandro me testes subscripsi.

† Ego *Austrolf* notarius post tradita complevi et dedi.

111) Schenkungsurkunde aus Lucca v. J. 748.
(Troya IV, 330 ff; Nr. 620).

— Signum † ms. Theopigritus arcidiac. testis.

Signum † ms. Milonia v. v. presb. testis.

Signum † ms. Deusdede v. v. presb. magistro scole testis.

Signum † ms. Alvari cler. testis.

Signum † ms. Gumpulu cler. filio *Munipert* testis. —

112) Gründungsurkunde von S. Pietro, Paolo & Anastasio in Pistoia v. J. 748.
(Troya IV. 332 ff; Nr. 621).

— *Ratpert* filius quondam *Guilichisi* spera (sperans) ut in me divina potentia dum complexus rejacere in infirmitate . . . . 2. sine fine ubi fures non effodiunt nec furantur ut illa voce audire merear quam dominus noster Jhesus Christus ac redemptor omnium in se credentibus promittere dignatus est: venite benedicti patris percipite regnum quod vobis paratum est ab origine mundi. Et iterum ammonuit dicens . . . . 3. filius masculus previdimus in proprio meo aedificare ecclesia monasterio beatissimorum sancti Petri et Pauli atque Anastasii et inivi me vel anima mea commendare atque offerre medietatem de omnem parvitatem pecuniam vel adquisitum meum quod nunc presenti die avere eo ... 4. tuero tam Casa avitationis mee quam et Casa masaricie seo Casalia vinea terra pratis pascuis Silvis Salectis Sanctionibus cultum atque incultum movilem vel immovilem seseque moventibus omnia et in omnibus ad ipsum sanctum et venerabile locum offerri et condonire previdi . . . . . . 5. seu et *Astruelda* qui veste mona- stica induta esse videtur. In cum vero tenore ut si jam dicta filia mea volucre cum genitrice mea *Muntia* atque conjuge mea *Pertederada*[1]) seo germana mea *Vatperta* in ipso monasterio deservire voluere 6. nodo domino egenos vel pauperes recipien- dum et elemosina tribuendum et guvernandum per ebdomota una pauperes vel peregrinas animas et una cum Dominico abbate rectore quem inibi ordinare previdi. — — Actum Pistoria regnum et indictione suprascripta feliciter. Signum manus 21 *Fredus* medicus rogatus ad *Ratperto* manu mea propria teste subscripsi. Ego Lazarus rogatus a *Ratperto* manu mea testi subscripsi. Signum manus Maurelli quondam filio quondam Sta- tari rog. 22. Signum manus *Anselmi* quondam filio quondam *Barafuli* teste signum manus *Tatoni* quondam filio quondam Fusoni testis. —

113) Schenkungsurkunde des Klosters Farfa v. J. 748.
(Troya IV, 337 ff; Nr. 622).

— Et ideo ego Bona relicta cujusdam *Averolfi gastaldii* Castri Pontani una cum permissione et voluntate filiorum meorum idest *Octerami* et *Fulcoaldi* reminiscens peccatorum que egi per ignorantiam meam et pro anima predicti viri mei vel filiorum meorum dono et in eterna traditione concedo in M. S. Dei geni- tricis semperque virginis Marie sito territorio Reatino in loco ubi dicitur Acutianus et sanctissimo viro *Fulcoaldo* abbate vel cuncte congregationi M. hujus portionem nostram infra *gualdum* qui vocitatus ad S. Jacinthum de casale qui dicitur Fornicata casas vineas oliveta silva salecta limitibus terminibusque omnia et in omnibus quantum infra predictum *gualdum* vel casalem Fornicatam tenere visi sumus in integrum in ipso concessimus M. in tali vero tenore ut si ipsi homines Coloni nostri residere

---

[1]) weiter unten heisst dieselbe richtig Perterada.

voluerint in ipso casale omne servitium aut dationem quod nobis fecerunt de predicto casale Fornicata qui in suprascripto *gualdo* esse videtur persolvant in ipso Dei coenobio tantummodo ut nulla eis fiat super impositio nisi ut superius diximus quantum de prenominato casale nobis persolverant. —

— Quam vero cartulam donationis atque concessionis ego *Landemarius* notarius rogatus et petitus a suprascripta donatrice scripsi et testes ab ipsa rogati super signa sancte crucis fecerunt.

Actum Spoleti in Palatio mense et indictione suprascripta feliciter.

Signum † manus *Bone* donatricis.

Signum † manus *Octerami* donatoris et concessoris.

Signum † manus *Fulcoaldi* filii ejusdem consentientis.

Signum † manus *Rabennonis* comitis testis.

Signum † manus *Ansualdi* comitis testis.

Signum † manus *Teutprandi* comitis testis.

Signum † manus *Ansefridani gastaldii* testis.

Signum † manus *Scaptonis gastaldii* testis.

Signum † manus *Raciperti* de Camerino testis.

Signum † manus *Romualdi* similiter de Camerino testis.

Signum † manus Furonis consentientis.

114) Urkunde aus Benevent v. J. 749.

(Troya IV, 342 ff; Nr. 625).

— Simul et puerum nomine Florentium . . . . . qui et eam sibi ancillam in conjugium sociavit, qui fuit de subactione *Trasarii, gastaldi*, et vestararii nostri (scil. concessimus). —

115) Verkaufsurkunde aus Reate v. J. 749.

(Troya IV, 344 ff; Nr. 616).

— Signum † manus Benedicti Diaconi, venditoris et traditoris.

Signum † manus *Teuderadi*, venditoris.

Signum † manus *Rimonis*, fratris ejus consentientis.

Signum † manus *Guinelapi Sculduscii*, testis.

Signum † Clarissimi *Sculduscii* testis.

Signum † manus *Alifredi*, testis.

Signum † manus *Reudemundi*, testis.

Signum † *Aidualdi*, testis.

Signum † manus Herniani, testis.

Signum † manus *Lausperti*, testis.

116) Verkaufsurkunde aus Reate v. J. 749.
(Troya IV, 345 ff; Nr. 627).

— Signum † manus Benedicti Diaconi, venditoris.

Signum † manus *Teuderadi*, venditoris.

Signum † manus *Rimonis* fratris ejus, consentientis.

Signum † manus *Guinelapi Sculdascii*, testis.

Signum † manus Clarissimi *Sculdascii*, testis.

Signum † manus *Alifredi*, testis.

Signum † manus *Teudemundi*, testis.

Signum † manus *Aidualdi*, testis.

Signum † manus Leuniani, testis.

Signum † manus *Liusperti*, testis.

117) Schenkungsurkunde aus Reate v. J. 749 od. 750.
(Troya IV, 349 ff; Nr. 629).

— Ex jussione supradicti scripsi ego *Landemarius* notarius. Datum jussionis in civitate nostra Reatina anno in Dei nomine Ducatus nostri quinto indictione III sub *Immone gastaldio* nostro. Feliciter.

118) Urkunde aus Luca v. J. 749 od. 750.
(Troya IV, 350 ff; Nr. 630).

— † Ego *Tanoaldo* Presbitero in hanc cartula promessionis a me facta sico sopra legitor, propria manos mea subscripsi.

† Ego *Sisemundus* indignus Presbiter rogatus a *Tanualdo* Presbitero in hanc cartula repromissionis sicut superius legitur me teste subscripsi.

† Ego *Magnipertus* Presbiter rogatus a *Tanualdus* Presbiter in hanc cartula repromissionis sicut supra legitur testis susscripsi.

† Ego *Peredeus* licet indignus Diaconus rogatus a *Tanualdo* Presbitero in hanc cartulam repromissionis sicut supra legitur testis subscripsi.

Signum † Manus *Alamund* V. M. filo quadam *Alanis* testis.

Signum † Manus *Gauspert* V. D. filio *Raduare* testis.

(Troya IV, 359 ff; Nr. 635).

† In nm dni di nostris Jhum XPi rignante domnu n viro exscellentiss. *Aistolfo* rige anno primo m. Aprilis Ind. tertia fel. Cscripsi Ego *Appo* rogatus a Donatum vh vinditure Constantes hac diac vindedissent et vindedi duppla vonis (bonis) cunditionib. secundum dibal (divalia) cunstituta vobis *Tanduini* et *Fuolfo* sorticilla mea de Casa seo et urto seo et curtem de Casa et binea in Casale Agelli ad Orcia qui ipsa sorte meam quam vobis vindedi de ipsa Casa seo et vinea adque urto vel Curticella quanta mihi inter germano meos cuntiti sortis quantum *Vadimari* et *Vaduini* ad suam abuerunt manus ut supra dicximus omnia et in omnibus ut supra facti sumu sortem meam de ipsa casella seo et urto curte et vinea ut dicximus quidquid ipsi ssti *Vadimari* et *Vadini* ad suam abuerunt potestatem de ipsa sorticilla mea vobis in integrum vindedi excepto alia portionem meam quod in ipso casale abeo in mea reservabo potestatem et accepi ego qs Donatus ab emturib. sstis sorticilla de ipsa casa vel vinea seo urto vel Curte quantum ibidem *Vadimari* et *Vadini* ad suam abuerunt manum pretium placitum et de presenti solutu in auro solid. bonus pinsantis numero affinitum pretium quod nobis vono animo cunvinet in ea rationem si quando nus qui vindituri sumus aut aliquis homo vineris qui v. (vobis) emturibus aut hh vestros de ipsa vinditionem nostra v. (vos) cunpellaveris aut suam esse diesceris et nus qui vindituri minime ab omne homine defensare potuerimus duppl. pretium et rem meliorata av ipsa extimationem vobis cs emturib. vel ad fil. vel hbs v. reddituri promittimu estipulatione et responsioneque interposita Act. Clusi regn. et m. et Ind. ssta feliciter.

sign † manus Donato vh vindituri sign † manus *Tasuni* vh testis.

† ego *Arnipertus* testis ego Johannis abate rogatus a Donatu manus mea suscripsi.

† Ego *Appo* notharius ad omnia que superius legitur postraditionem cumplevit et dedit.

120) Schenkungsurkunde v. J. 750.
(Troya IV, 362 ff; Nr. 636).

— Signum † manus Racoli v. d. qui han cartula iscrivere rogavit.

Signum † manus Birrica filio quondam Ursi, testis.

Signum † manus *Teofrid* filio *Lautperti*, testis.

Signum † manus *Sisiperti* filio quondam *Aunefrid*, testis.

Signum † manus *Lamperti* filio quondam *Teuperti*, testis. —

121) Schenkungsurkunde des Klosters Farfa v. J. 750.
(Troya IV, 364 ff; Nr. 637).

— Per presens preceptum summae glorie nostre donamus atque concedimus in ipso monasterio et vestre venerationi pro mercede et luminare curticellam unam ad sanctum Vitum prope fluvio Farfe loco, ubi nominatur Vitianus, cum edificiis et pascuis ad ipsam curticellam pertinentibus atque Colonis, qui residere videntur in eodem Bezano idest Marciolo Claro Magno *Auderado* Maximo Decciolo *Sindone Gradulo* Papiano cum filiis suis et Magna vidua cujusdam Maximi Justo et Petro germanis. —

122) Urtheil des Herzogs Lupus von Spoleto v. J. 750.
(Troya IV, 371 ff; Nr. 641).

In Dei nomine dum residerem ego domnus Lupo, gloriosus et summus Dux gentis *Langobardorum* in Spoleto, in palatio, una cum judicibus nostris, id est *Gademario*, *Arechis* Diac. *Perto Stol Allone Sculd*. Camerino *gastaldo* de Valva, *Immo* de Reate *gastaldo*, vel aliis pluribus adstantibus, ibi venerunt in praesentia nostra Claudianus presbyter et monachus una cum Vitulo Germano suo, et nepotibus suis, id est, *Ansualdo* presbytero, Saxoreo, *Ausone*, habentibus cum eo altercationem de substantia sua. —

— Ipsi vero donaverunt ei, et amiserunt sacramentum ipsum ante praesentiam *Immonis gastaldi*, *Andualdi sculd*. *Thuderadi* presbyteri, *Alifredi* actionarii, *Teudualdi gasindii*, *Guederici* seu Ursi centurionis, et Probati atque Gustantii: et finita est inter eos causa. Quod vero judicatum ex jussione suprascriptae Potestatis scripsi ego *Dagar*. Notarius mense Decembri per Indictionem IIII. feliciter.

123) Schenkungsurkunde aus Benevent v. J. 751.

(Troya IV, 376 ff; Nr. 642).

— Concessimus nos Dominus vir gloriosissimus *Gisolphus* summus Dux gentis *Longobardorum*, vobis Zachariae, Abbati sanctissimo, Patrique nostro, omnem substantiam quae *Auroaldi* fuit Curtisani nostri, tam casas infra hanc Beneuentanam civitatem nostram, quam etiam et foras, domus cultas, condomas, seruos et ancillas, casas, vineas, territoria, cultum et incultum, mobilia atque immobilia, simulque Musolam cum filio Sabbatino et *Franculo*, quos sine nostrae iussione potestatis tibi ipsam substantiam post obitum *Auroaldi* concesseramus Curtisanos de ipsis seruis qui fuerant: nunc denuo ipsam substantiam integram cum ipsis seruis concessimus, ut a nullo quopiam homine vnquam habeas aliquando aliquam quaestionem aut reprehensionem, sed perpetuis temporibus securiter et firmiter per hoc nostrum firmissimum praeceptum, sicuti *Auroaldi* fuit, integrum habere et possidere valeatis, vel facere de eis quodcumque volueritis.

124) Schenkungsurkunde v. J. 751.

(Troya IV, 379 ff; Nr. 644).

In Dei nomine domnus Lupo et domna *Hermelinda* gloriosi et summi Duces, monasterio Sancti Georgii martyris Christi, sito prope muros civitatis nostrae Reatinae, quem Christo protegente monasterium puellarum esse constituimus. —

125) Bestätigungsurkunde von Schenkungen durch König Haistulf v. J. 751.

(Troya IV, 382 ff; Nr. 645).

Flavius *Haistulfus* rex excell. Monasterio dei genitricis Mariae sito in finib. Civit. nostrae Reat. in loco qui nuncupatur Acutianus territorio Sabin. et V. V. *Fulcoaldo* Abb. —

— Quamobrem postulavit nos beatitudo vestra suprascripte beatissime *Leodegari* Episc. ut munimina ipsa in ipso dei Cenobio per nostrum robustissimum deberemus confirmare praeceptum. —

126) Schenkungsurkunde des Klosters San Vincenzo am Volturno v. J. 752(?).

(Troya IV, 387 ff; Nr. 648).

— Concessimus nos Dominus vir gloriosus *Gisolfus* Summus Dux gentis *Langobardorum* in Monasterio Sancti Vincentii Levitae et Martyris Christi, quod venerabiles famuli Christi, nobis carnis consanguinitate propinqui, *Paldo*, *Tato* et *Taso*, pro Dei amore, patriam, parentes, et mundi gloriam relinquentes, nuper aedificare coeperunt in territorio Sacrae nostrae civitatis Beneventanae super Vulturni fluminis fontem, terras, et possessiones per designatos fines. —

— Monasterium nihilominus Beati Petri Apostoli juxta nostram Beneventanam Civitatem, quod est Sanctimonialium, quod Domna *Theoderada* avia nostra constituit juxta fluvium Sabbati: Monasterium quoque Sanctae Mariae in Locosano. —

127) Schenkungsurkunde des Klosters San Vincenzo am Volturno v. J. 752 (?).

(Troya IV, 395 ff; Nr. 652).

— Curtem Sancti Casti et Sanctae Mariae, quae sunt ad Sanctum Georgium, fine, Fonte Caruli, et fine Valle de Vieu, quomodo in Rosanisco vadit, et Sanctum Maurum de Anglone cum pertinentiis suis; simulque Campum, qui dicitur Borrani, qui habet fines ab una parte Terra *Ricardi*, ab alia parte Via publica, a tertia parte fine Terra *Adelberti*, qui Sabinianus vocatur. —

128) Schenkungsurkunde König Haistulfs ungefähr v. J. 752.

(Troya IV, 402 ff; Nr. 656).

Flavius *Aistulfus* Rex excellentissimus Ecclesiae Beatissimi et Confessoris Christi Geminiani, qua ejusdem Corpus quiescit humatum, et beatissimo viro Patri nostro Lopccino Episcopo, per presens Praeceptum potestatis Regni nostri, sicut a nobis tua speravit paternitas, per gloriosissimam atque precellentissimam *Giseltrudam* Reginam dilectam Conjugem nostram, concedimus atque donamus, in ipsa Sancta Ecclesia Curtem nostram, quae dicitur Zena, territorio Motinensi, Silva jugeris numero quingentis,

coherentes ibi a tribus partibus Gajo nostro, qui pertinere videtur
de ipsa Curte Zena, de quarta vero parte percurrente fluvio, qui
nominatur Scultenna. —

129) Schenkungsurkunde von Farfa v. J. 752.
(Troya IV. 404 ff; Nr. 657).

— Ideo constat me *Rotharium* Abbatem una cun Conjuge
mea *Hitta* Sanctimoniali femina. seu cum filiis meis hoc est
Teudilapo et *Teuderico. Nondemanno* et *Hitto* pro mercede et
absolutione animae nostrae donasse atque concessisse in Monaster.
S. dei genitricis semperq. Virg. Mariae in Acuziano sito territorio Reatino Olivas tallias XV. in loco qui vocatur Mussinus
quas domus culte habuimus. —

— Quod vero scriptum donationis nostrae *Rinolfum* Notar.
scribendum rogavimus. et testibus a nobis rogatis optulimus qui
supter signum Sanctae crucis fecerunt.

Actum Spoleti Anno et Indictione suprascripta feliciter.

Sign. † m. *Rothareni* abb. donatoris.

Sign. † m. *Hittae* Sanctimonialis feminae conjugis ejus
donatricis.

Sign. † m. *Tendelassi Teuderici Nordemanni* filiorum ejus
donatorum.

Sign. † m. *Immonis Sculd.* test.

Sign. † m. *Tendemareni* a Porta.

Sign. † m. *Tanonis* nepotis ejus test.

130) Schenkungsurkunde aus Nonantulo v. J. 752.
(Troya IV, 405 ff; Nr. 658).

— Signum man. † † † † de testibus *Bernerius*, et *Aldoinus* atque Stabilis, seu *Cotebertus*, et Addoneis, qui de a
testibus rogatis.

Scripta cartula per manus *Eldeverto* notario.

131) Schenkungsurkunde v. J. 752.
(Troya IV, 408 ff; Nr. 659).

— Idcirco propexi Ego, *Altiperga* Religiosa Ancilla Dei,
filia qd. *Radoni*. qualiter monusculo. meis parvitatis. substantia

donari, et offerri deverem: sicut. et in Dei. nomine. factum. est
bono. animo: benigna volumtate: mea. do: dono. offero. tibi:
Deo: et Beato. Sancto. Salvatore situs. in loco: qui vocitator:
Octabo. —

— Signum † manus *Gauspert:* Cliricus filio. qd. Desdedi: testis.
Signum † manus *Teutpert:* V. D. filio: qd. *Wilipert.* testis.
Signum † manus *Cunichis* V. D. testis.
Signum † manus *Sundipert.* V. D. idem: filio qd. *Wili-*
pert testis.

† Ego *Rotpert* Presbiter post. rovoratas subscripsi: deplevi
et dedit.

132) U r k u n d e v. J. 752.
(Troya IV, 416 ff; Nr. 662).

— In $\overline{\text{XPi}}$ nom regnante $\overline{\text{dnn}}$ *Aistolfi* $\overline{\text{v}}$ excell. rege anno
regni eius deo propitio tertio m. Junio per Ind. quinta fel. ideo-
que in $\overline{\text{di}}$ $\overline{\text{nom}}$ repromitto me ego *Arnifrid* qui superno$\overline{\text{m}}$
vocatur Arnucciulu fil. $\overline{\text{qd}}$ *Arduini* et abitator bicum qui no$\overline{\text{m}}$
Lulu tibi Farciano abitator in vico qui no$\overline{\text{m}}$ bico Tinu resedire
in Casa $\overline{\text{qd}}$ Martaloni socero meo diebus vitem mee quodque
nullam conbersationem facias nec in Clusio nec in alia cibitatem
ad abitand. nisi in . . . . —

— Sig$\overline{\text{n}}$ † $\overline{\text{m}}$ *Arnifrid* qui anc cartul. fieri rogabit et eis
relectum est.

Sig$\overline{\text{n}}$ † $\overline{\text{m}}$ *Grasoni abiscaro* d$\overline{\text{n}}$ regi rogatus testis.

Sig$\overline{\text{n}}$ † $\overline{\text{m}}$ *Wineghild* qui superno$\overline{\text{m}}$ vocatur Inquirici rogatus testis.

Sig$\overline{\text{n}}$ † $\overline{\text{m}}$ *Possoni aremanno* rogatus testis.

Sig$\overline{\text{n}}$ † $\overline{\text{m}}$ *Guntarini* filius $\overline{\text{qd}}$ *Viruald* rogatus testis. —

133) Verkaufsurkunde aus Lucca v. J. 752.
(Troya IV, 418 ff; Nr. 663).

— Constat me *Perprand* v. m. filio b. m. domno *Walperto*
duci hac die vendedisse, et vendedi, tradedisse, et tradedi tibi
domno *Walprand* gratia Dei Episcopo parte mea de *sala* . . . .
sundriale quem avire visum sum in loco, qui dicitor Tocciano

cum terra, et vinea, sylvis vergaria olivis pumis arboribus, simol
et casas massaricia in ipso loco Tocciano cum territuri vineis
sylvis vergarias olivis pumis arboribus cum cultum, et incultum,
cum movile, vel immovile seo se moventibus, cum serbus vel
ancella, quem avire visus sum in ipso loco, omnia, et in omnibus
meam portionem in integrum, excepto *Teudifridulo* cum muliere
sua, et uno filios suum, nomine personali alii infantis sui. —

134) Verkaufsurkunde aus Lucca v. J. 752.
(Troya IV, 428 ff; Nr. 665).

— Constat me *Vallerado* clirico v. d. fili qd. *Iffoni* hac
die vendedisse et vindedit, tradedisse et tradedit tivi Crispinulo
negutiante duos petioli de terra, uno petio est in locho qui
dicitor at Grippo in integro; uno latere tenet in terra *Lamperti*, et uno caput tenet in rio Chaprio: et alio petio est in
integro quem visu sum avire at Murianise; caput tenet in terra
Ratduli, et alio caput tene in terra S. Frediani, ambas petiolas
tivi q. s. Crispinulo tradedit in integro pars mea, et de frater
meus. —
  — Signum † ms. *Willeradi* clirici v. d. venditoris et traditoris.
  Signum † ms. *Tachipert* v. d. vicino testis.
  Signum † ms. *Vallipert* di Lunata testis.
  Signum † ms. *Pertualdu* v. d. testis.
  Signum † ms. *Cospert* v. d. testis.
  Signum † ms. *Iscaffuli* v. d. testis.

135) Schenkungsurkunde König Haistulfs v. J. 752.
(Troya IV, 430 ff; Nr. 666).

† † Signa manuum de ipsa supranominatis *Aystulpho* et
Giseltruda jugalibus qui cartulam compromisere et confirmavere. —
  — † † † † Signa de testibus Juredonduco et Warnis duce,
seu Boderagas atque *Lothari* et medico germanis quidem et
testibus rogatis.
  Scripta per manum *Ello* notarii et scavini, qui scribere tolli,
complevi, et dedi.

136) Verkaufsurkunde des Klosters Farfa v. J. 752.

(Troya IV, 438 ff; Nr. 667).

— Signum † manu Spentonis Actionarii testis.

Signum † manu *Audualdi* Sculdhoris testis.

Signum † manu *Teudeperti Scarionis* testis.

Signum † manu *Hisemundi* testis.

Signum † manu *Teudemundi* testis.

Signum † manu *Rimonis* testis.

Signum † manu *Hittonis* testis.

Signum † manu *Raciperti* testis.

Signum † manu *Ansefridani* medici testis.

Signum † manu Valerini actionarii testis.

Signum † manu *Nandonis* testis.

Signum † manu *Adonis* testis.

Signum † manu Taurilli *Scarionis* testis.

137) Bestätigungsurkunde aus Benevent v. J. 752.

(Troya IV, 440 ff; Nr. 668).

— Firmavimus nos gloriosissima Domna *Scaniperga*, et Domnus Vir gloriosissimus *Liuprand* summi Ducibus gentis *Langobardorum* per rogum Eufimiae Abbatissae, et Oratricis nostrae in Monasterio Beatae Sanctae Mariae Genitricis Domini nostri Jesu Christi, quod fundatum esse dinoscitur in locum, qui nominatur Loco Sano, ubi *Albileopa* Abbatissa regimen tenere videtur, hoc est Condoma nomine Dodone cum uxore filios et filias suas, vel cum integra eorum pertinentia, et Condoma nomine Candolus cum uxore, filios, et filias, vel cum omnia sua, qui habitare videntur in Viviano, et Condoma nomine Mauro cum uxore, filios et filias, seu germanos, vel cum omnia eorum pertinentia. Condoma nomine *Ansoald* cum uxore, filios et filias, germanos, vel cum omnibus rebus eorum, qui habitare videntur in Turri. Condoma nomine *Maruald* cum uxore, filios et filias, germanos, vel cum omnibus rebus eorum pertinentia. Condoma nomine Marullo cum uxore, filios et filias, seu germanos suos, vel cum omnia sua, qui habitare videntur inibi.

Simul et Condoma nomine Augustaldo cum uxore, filios et filias suas cum omnia sua. Condoma nomine *Alissone* cum

13*

uxore, filios et filias suas, seu germanos suos, vel cum omnia eorum pertinentia, qui habitare videntur in Baruli. —

— Quod vero praeceptum firmitatis ex jussione et dictatu suprascriptae Domnae *Scanipergae* scripsi ego *Auderissius* Notarius. —

138) Erlass aus Benevent v. J. 752.

(Troya IV, 443; Nr. 669).

— Firmamus atque constituemus nos domna gloriosissima *Scaniperga*, et Domnus vir gloriosissimus *Liutprand* summi ducibus gentis *Langubardorum* per rogum *Radoald marepahis* nostro libertatem tibi mulieri nomine Cunda cum filia tua *Liuperga* quem de *Ansprando* clericus procreatam habusti, vel in antea procreaberit, juxta ut nos ipse *Ansprando* postulavit, et in nris tradedit manibus, ut nos juxta ritus gentis *Langobardorum* liberam *fulfreal* constituere ...: quod et eiusdem audientem postulationem in . . nostrorum fidelium ipse *Ansprandus* in nostris tradedit manu nos eam tradedimus in manum *Theautpald* duddi et referendarii: et *Theautpald* te tradidit in manum Johanni. *stolesatin:* Johannis tradedit in manu *Radoaldi gastaldi* nostro, hoc est in quarta manu te tradidimus, qui te per nram jussionem *Witrepora* in *gahida* et *gisel fulfreale* constituit una cum filia tua .. in omnem tua substantia hereditabi. quatenus amodo et deinceps libera inter libertes *aremanne* dominorum nrorum heres inbeniaris, et nullus ex nris *gastaldeis* aut actionariis, vel quisquam homo contra ea que nra fermabit potestas quandoque ire presumat, sed nra firmitas roborata permaneat. —

139) Schenkungsurkunde v. J. 753 ?
(Troya IV, 448; Nr. 670).

— Concessimus nos Domina gloriosissima *Scauniperga*, et Dominus vir gloriosissimus (*Liutprand*) summus Dux gentis *Longobardorum*, per rogum *Atenolphi* Cubicularii nostri, (tibi Puunuui *Scaffardo* nostro), mulierem nostram, nomine *Fusam* una cum duobus infantulis suis, et cum casa, vineis, territoriis, omnia, et in omnibus, quantum illi pertinuit, portionem *Peroaldi*, qui habitare dignoscitur prope l'ontem Pium, et fuit de subactione *Ferdolphi Gastaldei* nostri; quatenus amodo, et semper in perpetuisque temporibus habeas ac possideas, tam tu qui supra nominate l'inno (Punno), quam et filii filiorum tuorum, et a nullo ex nostris *Gastaldeis*, vel Actionariis, aut a quopiam nomine habeas aliquam molestiam, nullusque contra ea, quae nostra concessit potestas, quandoque ire praesumat, et omni in tempore roborata perennisque temporibus firma ac stabilis permaneat.

Quod autem praeceptum concessionis dictaui ego *Gaydemarius* Duddus ac referendarius in *gualdo* nostro Mirenda (Mirilaccla), mense Februario per Indict. 13. (XIII) anno autem ab Incarnat. Omnipotentis Salvatoris nostri .... feliciter ad modum.

140) D i p l o m v. J. 753?
(Troya IV, 450 ff; Nr. 671).

— Nunc autem postulavit veneratio tua nostram precelsam potestatem, et dilectam conjugem nostram *Gisaltrudam*, quatenus jam dicto Monasterio vel tue venerationi jam dictam sylvam, sicuti coherentia dicta est, cum omnibus que supra leguntur, per nostrum preceptum confirmare deberemus. --

— Similiter confirmamus vobis et in prefato Cenobio vestro chartulas illas donationis, quas vobis *Anscausus*, Episcopus, et *Guidualdus* Medicus emiserunt cum omnibus rebus illis, quibus in eis liberi homines per chartulas prescriptas contulerunt, ut firmiter vos et prefatum Cenobium possideatis. —

— Conferimus etiam vobis et in ipsum vestrum sacrum Cenobium olivetum unum in luminaribus Ecclesie positum prope Castellum *Aginulfi* quod pertinuit de Curte nostre Lucense, et

duas casas massaricias ex ipsa curte, que regebantur per *Mani-*
frit et *Fulculonem* germanos et nepotes eorum Crespulo, Luciolo, et *Bertulo*. —

141) Urkunde aus Lucca v. J. 753.
(Troya IV, 474 ff; Nr. 675).

— Manifestus sum ego *Pertifuns*, quia devitor sum dare
tibi dn. *Walprand* Episcopo solidus propter casa *Auderad*,
quod mihi per alia cartula vinditionis: mihi venundare visus
fuisti. —

—Signum † ms. *Pertifuns*, daturi et conservaturi.

Signum † ms. Pacifici cler. v. d. filio quiddam *Rodpert* testis.

Signum † ms. *Arnipert* filio qd. *Warnicaus* v. d. testis.

Signum † ms. *Teuprand*, v. d. filio Fermuns testis.

† Ego *Osprand* subd. pos tradita deplevi et relegi.

142) Schenkungsurkunde aus Rieti v. J. 753.
(Troya IV. 476; Nr. 676).

— † Ego *Alifredus* manu mea subscripsi.

† Ego *Teudoaldus* manu mea scripsi.

† Ego Clarissimus manu mea subscripsi.

† Ego *Audualdus Sculdahiscus* manu mea propria subscripsi.

143) Urtheilsspruch v. J. 753.
(Troya IV, 478; Nr. 677).

— Dum resideremus nos vir venerabilis *Teuto* episcopus,
Probatus et Preco *gastaldius*, *Adualdus sculdahisius*, *Goderisius*
actionarius, Lucanus, Martinianus, Stephanus, Lucianus vel aliis
plurimis circumstantibus, at ubi proponebat ipse Maurus dicens. —

144) Verkaufsurkunde v. J. 754.
(Troya IV, 525 ff; Nr. 682).

— Constat me *Gairipert* V. H. ac die vindedisse et vindedi. tradedisse et tradedi. tevi V. V. Presbiter *Tanuald* de
Sanctus Richulo da *Waldo* particela mea, et b. m. Danit (David)
et Gabbaci Ditachom (Diaconi), in loco qui dicitur at Munte, at
Panchule prope *Waldo* Domni Regi tam excepto parte de dui

germani mei qd. *Hibdipert* (Hildipert), et Vitaliani, quemque menime deded . . . . . nam ille tris partis cot (quod) sunt de nos suprascripti germanis ex integre dedi in fenito, et deliverato chapitulo. —

— Signnm † manus *Gairipert* V. H. venditoris et conserbatoris filio qd. *Aruchis.* —

145) V e r t r a g v. J. 754.
(Troya IV, 534 ff; Nr. 684).

— Ideo constat nos *Bonualdum* et Radulum germanos, considerantes parvulitatem nostram et quod minime censum vel angarias de portiuncula nostra dominis nostris persolvere valeamus. per concessum et jussionem Domini *Fulcoaldi* Abatis Monasterii Sanctae Dei genitricis semperque virginis Mariae. in cujus Casale nomine Fornicata videmur residere. —

146) Tauschvertrag aus Lucca v. J. 754.
(Troya IV, 536 ff; Nr. 685).

— Dum per jussionem Domni excellentissimo *Aistolf* Rege demandatum fuisset mihi *Alpert* Duci, sco et *Walprand* Episcopi viganeum facere de res *Aurifert* Pictori cum Curte Domni Regi, ita et factum est. —

— Et dum hec dictum fuisset Domni Regi. per *Peredeus* venerabilis Episcopus eo quod ipsa cartula. minime invenire potuisset, demandavet ipse. piissimo . . . . tale cartula. relevare per ipso Notario qui. ea. antea. rescripserad. qualis ille erat quem de parte Ecclesie ad Curtis regia emissa fuerad. Placuet adque convinet inter. Ecclesiam. Sancti Martini. nec non. et Curte domni Regi. et qualiter av ipso piissimo et ad Domino conserbato Domnus *Aistolfu* Rege est. demandatum. ut cambium. de Curte ipsius. Lucense in predicta Ecclesia S. Martini melioratum datum. fieri devirent pro personas de germanis vel germanas *Auriperti* Pictori, sco et homenis pertenentibus. eorum, vel res quam ad manum. sua. abuissent qui sunt pertenentes Ecclesie S. Martini . . . . . .

Unde aconsentientem. Venerabilis *Walprand* Episcopus et av ipso ordinati fuissent ipsa commutationem. faciendum Jordanni Arcipresbiteri *Rachipert* Arcidiaconus et *Auduaci Scario.* et da parte Curtis Domni Regi. ab *Alpert* Duce ordinati fuisset ad ipsa. res extimandum *Teupertu Scario. Teutprand* filio q. Teppuloni et Grasulus. negudias. —

— De hominis viro dedet Ecclesia Sancti Martini *Asprand*, Catocciulo, Forculo, Hemmulo, Cloteulo (Hemmulo Cler. Teulo), Mauriculo, Aurifia, *Auriperga. Castaldu* . . . et Aricondula; et recipet a Curte Domni Regi *Auripert*, Baroncello, Bonari, *Agiorand (Agiprand)*, Luciprand, *Audipert*, et *Magniperga, Ermitroda*, Ciontula . . . . Aurella, et *Asperta, Selpert, Teudipert, Hildipert*, Clirico, et *Galtroda*.

147) Testament des Bischofs Walprand von Lucca v. J. 754.

(Troya IV, 541 ff; Nr. 686).

— Et vos fratres meos *Perprand*, et *Pertifuns* volo, ut habeatis parte mea de pecunia nostra in Corsica in integrum, et in hoc sitis contempti. —

148) Gründungsurkunde des Klosters S. Pietro di Palazzolo v. J. 754.

(Troya IV, 544 ff; Nr. 687).

— Ego *Walfridi* filio q̄d *Ratchausi* huic Cartule dotis mee manus mea propria subscripsi et testibus obtuli roborandum sign † manu *Aripert* filio q̄d Arieti testis. Sign † manu *Pertualdi* filio qd *Arioldi* testis sign † manu Beati *abiscario* testis sign † manu *Gadualdi* filio qd Magiani testis. Ego Maccio notarius rogatus a *Gualfridi* in anc Cartule me teste subscripsi Ego *Gundiperto* filio q̄d Barbentin rogatus ad *Walfridi* in ac Cartule me teste subscripsi. Sign † manu *Guiliperti* filio q̄d Vitaliani testes. Ego *Ansperto* notarius rogatus a *Walfridi* hac Cartule scripsi et subplevi Ego Benedictus notarius autentico illum vidi et legi Ego *Gospertus* notarius autentico vidi et legi unde unc exemplar factu est et hic subscripsi Ego *Illo* not, donni Impris autentico illo vidi et legi et fideliter exemplavi litteris plus minus etc.

149) Grabschrift aus Vercelli v. J. 754?
(Troya IV, 555; Nr. 688).

In nomine patris et filii et spiritus sancti amen. Sacerdos Christi hoc tumulo *Anselbertus* consedit.

150) Diplom aus Benevent v. J. 755.
(Troya IV, 557 ff; Nr. 690).

— Quod vero praeceptum firmationis ex iussione nominatae potestatis, scripsi ego *Gaidemarius* Duddus et Referendarius (dictavi . . . . . . tibi *Daciperto* Notario scribendum). —

151) Brief Pabst Stephans II an Pipin v. J. 755.
(Troya IV, 584 ff; Nr. 694).

— Non enim, quia jam reddere, ut constituit, propria beati Petri voluit, sed etiam *scameras*, atque depraedationes seu devastatione in civitatibus et locis beati Petri facere sua imperatione nec cessavit, nec cessat. —

152) Schenkungsurkunde der Kirche S. Fridiano in Gricciano v. J. 755.
(Troya IV, 591 ff; Nr. 755).

— Manifestu sum ego *Rolcauldo* filio qd. *Cheldi* havitator in Gliciano, quia consideratus sum Dei timore et remedium anime mee, quia non aurum non argentum, quia non alius thensauru non est talis, quali est illa aeterna vita, quod nobis Dominus preparare potest: et ideo ego qui supra *Rotchaldo* do dono adque aufero Deo et tibi Domino S. Fridiano petias mea de terra qui est isula, ubi vocabulum est in Delica: ipsa Hisula in integrum. —

— Signum † ms. *Rotchaldo* v. d. qui hanc doti pagina fieri rogavit.

Signum † ms. Ferrucio v. v. Presbiter de S. Fridiano v. d. testis.

Signum † ms. Jhoani filio qd. Pauli de Griciano v. d. testis.

Signum † ms. *Cospertu* germano ipsius *Rotchaldi* v. d. testis.

† Ego *Gulduin* huic chartula doti post complita et tradita deplivi et dedi.

153) Schenkungsurkunde derselben Kirche v. J. 755.

(Troya IV, 592 ff; Nr. 696).

— *Gaiprand* v. d. tibi Eccles. S. Fridiani loco Griciano perpetuam salutem dicit. —

— Et ideo ego q. s. *Gaiprand* v. d. offero Deo et tibi Eccl. beati S. Frigidiani et presb. qui inibi ordinatus est, aut in antea fuerct, casa ubi *Filerat* massario resedet hic in Griciano, una cum terra vinea oliveto silva cultum et incultum, mobile et immobile, omnia et in omnibus, quantum modo ab ipsa casa pertinet. —

—Signum † ms. *Gaiprand* v. d. aucturi.

Signum † ms. *Rotcaido* v. d. germ. ejus testis.

Signum † ms. *Gauspert* v. d. similiter germano ejus testis. —

154) Schenkungsurkunde von S. Cassiano in Vico Moriano v. J. 755.

(Troya IV, 595 ff; Nr. 697).

— Manifestum est mihi Cleonia Religiosa F. eo quod. ante hos. dies b. m. *Ostripert* Domnus meus. tertia portione ex omnibus rebus suis per cartula in Ecclesia firmavet. et donavet et sic decrevet. animus ejus. ut ubi mihi placueret. in ipso loco ipsa Ecclesia a fundamentis construere devirem in honore Beati. Sancti. Cassiani. sicut et post decesso ejus modo presenti a me factum est . . . . . —

—Signum † ms. *Aufusi* v. d. filio qd. *Wiripranduli* teste subs.

Signum † ms. *Ilprandi* diac. filio qd. *Alpert* teste subs.

Signum † manus Cleonie Religiosa qui hanc pagina fieri rogavit.

Signum † manus *Ortrifun* filio ejus in omnibus consentientes.

Signum † manus *Richiprand* Germano ipsei fem: testis. —

———— ———

— Recordatus sum ego *Austripert* . . . . in hoc seculo. penetravi. que non sunt. extimanda. volo adque decerno. ut pro anima mea . . . . . . ram. —

155) Tauschvertrag des Bischofs von Rieti mit dem Abte von Farfa v. J. 755.

(Troya IV, 598 ff; Nr. 698).

— † Ego *Teuto* episcopus propria manu mea subscripsi.

† Ego Johannes presbiter manu mea subscripsi.

† Ego Paulus presbiter mea manu subscripsi.

† Ego *Gaidepertus* presbiter mea manu subscripsi.

† Ego *Sindolfus* clericus mea manu subscripsi.

156) Urtheilsspruch des Herzogs Liutprand von Benevent v. J. 756.

(Troya IV, 619; Nr. 703).

— Dum in nomine Domini residentes nos Dominus vir gloriosissimus *Leoprand* Summus Dux *Langobardorum,* adstantibus erga nos *Ingilbertone* Sosigeni, et Joanne *Marepahis,* vel Severis (ceteris) Iudicibus nostris; tunc veniens in nostras praesentias *Engilberta* (seu *Engildis*) ancilla Domini una cum nepote suo, id est, Comis Presbytero, et Ilalisco, altercandum aduersum Mauricium Abbatem, dicendo: quia Ecclesiam S. Nazarii quam tu tenes in Valle-Alifana, genitor noster et nos eam aedificauimus a fundamentis, et contra rationem nobis eam abstulisti, et per legem eam nobis reddere debes. --

157) Schenkungsurkunde aus Campilione v. J. 756.

(Troya IV, 625 ff; Nr. 705).

(Mon. patr. hist. XIII, 34).

— Baselice sancti Tzenoni sita in fundo Campelioni Ego *Walderata* relicta quondam *Arochis* de vico Artiaco consentiente mihi *Agelmundo* filio meo dono adque cedo. ego que supra *Walderata:* ad oracolum sancti Tzenoni pro luminaria et mercidem anime bone memorie quondam *Arochis* vel mea oliveto in fundo Campilioni loco qui dicitur de Gundial in mea rationem quod me legibus contanget avere de inter sorore et nepats meas quoerentem ex uno latere et de ambas capitas: olivas vel vites *Arochis* germano meo: quarto viro latere oliveto *Gunderate* germana mea. —

158) Tauschvertrag v. J. 756.
(Troya IV, 627; Nr. 706).

In Nom. Don. N. J. X.

Regnante dom. nro *Haistulfo* viro excell. rege anno feliciss. regni ejus in dei nom. VIII. Seu et Viri magnifici *Ratfredi Castald.* Civit. Reat. mens. Octobr. Ind. XII.

Ego *Gundualdus* Actionarius sana mente spontanea bonaque voluntate mea concambiavimus tibi *Fulcoalde* Abb. Monast. S. dei genitricis Mariae vel cunctae congregationi predicti Monast. Casalem nomine Bassianum q. est de *gualdo* Gallorum et mihi ex dono *Ratfredi Castald* evenit et per *Nandonem* Aradi gualdatorem traditus est. —

159) Schenkungsurkunde aus Pisa v. J. 757.
(Troya IV, 629 ff; Nr. 707).

—· Nepotis autem ipsus quondam *Rotperti* Presbiteri, qui nunc ividem habitare videntur, eorum nomina sunt *Rutperga* et Romias, monacas ambas, dum advivere meruerent, liceat earum ambabus cum sis (res) suas ividem vivere et abitare. -

—† Ego Andreas Episcopus in hanc Cartula donationis a me facta manu mea propria subscripsi.

† Ego *Aunemund* Archipresbiter ex jussio Domno Andreas Episcopus in anc cartula manus mea subscripsi.

† Ego Alvart Presbiter ex jussio Domno Andre Episcopus in hanc cartula manu mea subscripsi.

† Ego *Ilmipertus* Diaconus ex jussionibus Domni Andre Episcopus manu mea subscripsi. —

160) Urkunde aus Benevent v. J. 757.
(Troya IV, 632 ff; Nr. 708).

— Firmamus atque concedimus nos vir gloriosissimus *Liuprandus* summus Dux gentis *Longobardorum*, per rogum Ausonis Stolasi (stolesazi) nostri, tibi Martiano Sartario nostro, omnem substantiam quondam *Causarii*, tam casas extra civitatem, quam etiam et intrinsecus casas, domus, incultas casas, vineas, territoria, servos et ancillas, peculia, mobilia et immobilia, omnia et in omnibus, quidquid ipse *Causarius* iusto ordine in vita sua habere ac possidere visus fuit; pro eo quod filius tuus Leo filiam nomine *Causeradam* cum nostra iussione sibi in conjugium desponsavit. —

— Quod autem praeceptum firmitatis, nec non concessionis ex jussione nominatae potestatis scripsi ego *Antarius* Notarius. —

161) Schenkungurkunde des Klosters Farfa v. J. 757.
(Troya IV, 633 ff; Nr. 709).

— † Signum manus *Guinelapi Sculdascii*, donatoris.
† Signum manus Stephaniae, conjugis ejus donatricis.
† Signum manus Citheonis *sculdascii*, testis.
† Signum manus *Teudemundi*.
† Signum manus *Rauciperti* actionarii, testis.
† Signum manus Leoniani testis.
† Signum manus *Rimonis* actionarii, testis.
† Signum manus *Alahis*, testis.
† Signum manus *Radualdi* actionarii, testis.
† Signum manus *Godefridi*, testis.
† Signum manus *Audualdi*, testis.
† Signum manus *Taconis*, testis.

162) Schenkungsurkunde des Klosters Farfa v. J. 757.
(Troya IV, 643 ff; Nr. 711).

— Signum † manus Helii seu Colonis germani ejus.
Signum † manus *Audualdi*.
Signum † manus *Audulfi*.
Signum † manus Lupoli.
Signum † manus *Rodiperti*, nepotis ejus testis. —

163) Schenkungsurkunde des Klosters Farfa v. J. 757.
(Troya IV, 649 ff; Nr. 714).

— Actum in Reate.
Sign. † m. *Pandonis* donatoris.
† Probati *Castald.*
† *Hilderici.*
† *Audualdi Sculd.*
† *Ajo Diac.*
† Citeo *Sculd.*

† Baroncio fil. *Gudiperti.*

† *Guderisius* Act.

† *Audelusius* fil. *Auderisini.*

† *Alahis* fil. *Adonis* test.

164) Urkunde aus Lucca v. J. 757.
(Troya IV, 654 ff; Nr. 716).

— *Eonand* V. D. tibi Ecclesie Monasterio Sancte Marie sita in loco Gurgite, ubi Leonaci Abba preesse videtur perpetuam salutem. —

— Signum † manus *Eonandu* V. D. offertor et dotator.

Signum † manus *Ansipertu* V. D. testis.

Signum † manus *Garipald* V. D. filio qd. Mariniani de Gurgite testis etc.

Signum † ms. *Lampert* cler. filio qm. *Gadifrid* de Gurgite testis. —

165) Urkunde aus Gurgite v. J. 757.
(Troya IV, 656 ff; Nr. 717).

Et pro confermatione *Tanipertu* presb. scrivere rogavi. —

166) Urkunde des Klosters Farfa v. J. 757.
(Troya IV, 658 ff; Nr. 718).

— Temporibus Domini *Albuini* gloriosissimi et summi Ducis gentis *Langobardorum*, et magnifici viri *Hizzonis gastaldii* civitatis Reatinae, anno primo, XVI Kal. novembris. Indic. XI.

Profiteor me ego *Gundualdus* filius cujusdam *Hilbremundi*, habitator civitatis Reatinae, suscepisse a vobis, *Fulcoulde* Abbas Monasterii Sanctae Mariae, vel a cuncta congregatione Monasterii vestri curtem vestram in Germaniciano in actionem una cum omnibus colonis ad eandem Curtem pertinentibus; Ita tamen ut quanto tempore vobis placuerit ut actionem vestram in ipsa Curte nominata tenere debeam et sine omni neglecto vel fraude vobis debeam deservire. —

— Signum † manus *Sindonis, scarionis*, testis.

Signum † manus Baruncionis, exercitalis: testis.

Signum † manus *Guinonis*, exercitalis: testis.

Signum † manus *Aidulfi*, testis.

† Ego Barosio, etsi indignus monachus, in hac cartula manu mea subscripsi: rogatus a *Gondualdo*.

† *Sigerandus*, etsi indignus solo nomine vocatus monachus, in hac cartula promissionis, rogatus a *Gondualdo*, testis subscripsi.

† Johannes, indignus, humilis et peccator solo de nomine Monachus huic cartae promissionis rogatus a *Gondualdo*, testis subscripsi.

Signum † manus *Ramphonis*, excrcitalis; testis. —

167) Gründungsurkunde eines Hospitals bei Lucca v. J. 757.
(Troya IV, 660 ff; Nr. 719).

— Simul et ego *Alampert* in predicta Dei Ecclesia offerere videor casa mea illa in loco Subgrominio, ubi Magnulo massario residet cum ipso Magnulo, et cum omnis res ad ipsa casa pertinente in integrum: et tertia parte de oliveto meo in Versilia in integrum; et terra prope civitate ista Iscaffiliorum tres in loco Viniale: et uno petio de terra illa, qui mihi da *Aripald* abvinet in integrum; et parte mea de silva in loco qui dicitur ad Cerro in integrum: ista omnia sicut supra nus propter Dei timore in predicta Ecclesia tradere videmur. —

— Actum Luca.

Signum † ms. *Sicherad* v. v. presbitero qui hanc pagina dotalium fieri rogavit.

Signum † ms. *Fierad* (*Filirad*) qui hanc pagina item fieri rogavit.

† Ego *Alapert* in anch pagina a gnos facta, cot supra legitor manus mea propria subs.

Signum † ms. *Teudipert* filio Lucifi v. d. testis.

Signum † ms. *Ghispert* filio *Arnicauso* v. d. testis.

Signum † ms. *Pertuald* de Lunata v. d. testis.

Signum † ms. *Gumpuli* filio Infuntuli v. d. testis.

Signum † ms. *Gumpert* cler. filio qd. *Floripert* testis.

168) Urkunde aus Lucca v. J. 758.
(Troya IV, 664; Nr. 720).

— Actum est in presendia Jordann . . . . . Arcipresbiteri, *Guilli* Presbiteri, *Teuderadi* Presbiteri, *Gaidoni* Presbiteri, Johanni Presbiteri, Johannacim, Petronaci, et Fratelli Subdiaconi,

Periprandi Subdiaconi, *Gauseramu* filio *Gulisperti*, *Rodsprandi* filio *Cheidi*, *Rotchis* filio Solduli, Amuli Clerici, *Teufridi* Clerici, Donnulo Clerici.

Et hanc breve scripsi ego *Raspert* Clericus Anno Domni Desiderii primo, Kalendas Januaria Indictione undecima.

169) Bestätigungsurkunde des Königs Desiderius v. J. 758.
(Troya IV, 666 ff; Nr. 721).

— Nunc autem postulavit veneratio tua nostram praecelsam potestatem per dilectum fidelem nostrum *Giselprando*, quatenus jam facto Sancto Monasterio, et tuae venerationi jam dictam sylvam sicuti coherentia dicta est per nostrum praeceptum reconfirmare videremus cum omnibus quae supra leguntur. —

— Conferimus etiam vobis, et in ipsum sacrum vestrum Caenobium Olivetum unum in luminaribus Ecclesiae posito prope castello *Agymulfi*, qui pertinuit de corte nostra Lucense, et duos casas massaricias, ex ipsa corte, quae regebantur per *Manifrit*, et Fulconem germanis, et nepotes eorum Crispolo, et Luciolo, et *Bertulo*. —

170) Schenkungsurkunde von San Tommaso in Lucca v. J. 758.
(Troya IV, 679 ff; Nr. 723).

— Certus sum ego *Ariprandus* cler. filio qd. *Aricausi*, quia bono animo tractavi memetipsum aliquid despensare de rebus meis pro remedio anime mee, ut post ovito meo non injudicata remaneat; et modo desposui aliquid judicare, sicut et de presenti ad me per presentem paginam in Dei nomine ita et factum est. —

— Et *Bando* frater meus habeat ex rebus meis portionem meam de casas vel res, quas havire videmus in Contrune, et in hoc sit sibi contentus. —

— † Ego *Gauseramus* cler. rogatus cc. in hanc cartulam sicut supra legitur me teste subsc.

† Ego *Ospert* diac. rogatus cc.

† Ego *Ostripert* presb. rogatus cc.

† Ego Clarissimus cler. rogatus cc.

† Ego *Warnipert* cler. rogatus cc.

† Fratellus Subd. rogatus cc.

† Ego *Periprand* Subd. rogatus et. —

171) Uebertragung der Gebeine S. Benedikts nach Monte Cassino; v. J. 758.

(Troya IV, 681; Nr. 724).

— Praefuit autem ipso tempore in ipso coenobio, hoc est Leone ipse *Ermoald* Abbas, quod praefatus Rex ex Beneventum secum adduxit, seu et alii XI.

172) Ernennungsurkunde aus Lucca v. J. 759.

(Troya V, 3; Nr. 725).

— Certus sum ego *Ilprand* clericus, quia petivi, et rogavi te Venerabilem *Peredeo* in Dei nomine Episcopo, ut me ordinare digneris Rectore in casa Ecclesie Sancti Thome, ubi qd. *Siluerad* Presbiter ordinatus fuit, seu in omnes res ividem pertenente; unde et pro tua misericordia te me audire dignatus es, et per cartis volumine ipsa Ecclesia, cum res ividem pertenente tam in meo dominio, et in potestate de filio meo dedisti, si ipse tonso capite ad Episcopo, qui hic Luca fuerit, deservire voluerit, ut in ipsa Ecclesia, qui hic Luca fuerit, deservire voluerit, ut in ipsa Ecclesia Rectori, et Gubernatori esse debeamus. —

173) Schenkungsurkunde Radoalds von Antraccoli v. J. 759.

(Troya V, 5 ff; Nr. 726).

— Set tamen sit complacuet animum meum, ut ipsa suprascripta res dum advivere meruero ego *Radualdu*, una cum guge (conjuge) mea *Auderada*, vel filia mea *Sunderada* sit potestatem tantum usufructuandi. —

— Signum † ms. *Radualdi* v. d. qui ipsius dotalium fieri rogavi.
Signum † ms. *Radipertu* filio qd. *Raduald* v. d. testis.
Signum † ms. *Gheiripardi* filio qd. Marignani v. d. testis.
Signum † ms. *Lamperti* cler. filio qd. *Gudiperti* testis.
Signum † ms. *Causi* filio qd. *Raufrit* v. d. ec.
Signum † ms. *Ghisperti* filio qd. Cicchuli caleclari testis. —

174) Schenkungsurkunde des Königs Desiderius v. J. 759.

(Troya V, 7 ff; Nr. 727).

. . . . Rex, et gloriosa atque precellsa *Ansa* . . . . . Michaelis, atque Apostolorum Principis Petri, quod . . . . intra Civitatem nostram Briscianam, et Deo dicata *Ansilperga* Abbatissa . . . . . Monacharum ibidem Domino servienti. —

175) Verkaufsurkunde v. J. 759.
(Troya V, 48 ff; Nr. 731).

† In n̄ dn̄i regnante domini nostri Desiderio e *Adelgis* filio eius viri excell. regibus anno regnis eorum tertio et primo mense februar Ind. duodecima feliciter scripsi ego Domnulinus not. rogatus ad *Arnolfu* vh: et vinditorem et quia manifestum aveo ego q̄s *Arnolfu* quia iam antea vindedit tivi Jobiano una petia de terram in casale Agelli set menime tivi exinde cartola emisi modo viro previdi una cum consenso et volumtatem filiis vel generis mei ipsa cartola emittere constat me s̄stu *Arnolfu* vindedisse et vindedit tivi q̄s Joviano petia una de terram aridixsima in casale Agelli qui ipsa terram avet de una pars terram Lupulo et in pede et in capo avet terram Gundulo et de alia pars avet terram Gundulo hoc est in trimissi quattuor idest in uno sol. centum pedis in longa et centum in lato et in illo uno trimisse triginta pedis per triginta et recipi ego q̄s vinditor ad te emtore pro suprascripta vinditione in auro trimissi quatuor finitum pretium quod inter nos bono animo convinet. —

— Act. Clusi.

Signum † manus *Arnolfo* vh et vinditori signum † manus *Aliolfo* filio eius consentiente.

Signum † manus Fabrulo filio eius consentiente signum † manus . Asso genero eius consentiente.

Signum † manus Pertitio genero eius consentiente.

† Ego *Appo* testis signum † manus *Gunteperto* Matiti et Custoni testiu.

† Ego *Fusso* testis scripsi.

Ego q̄s Domnulinus postradita complivi et scrisi fl.

176) Verkaufsurkunde aus Lucca v. J. 759.
(Troya V, 55 ff; Nr. 734).

— Cunstat nos *Guduini* et *Adulfu* germani fili qd. Martini avitatori in vicho Campulo vindedissemus et vendedimus, tradedissemus et tradedimus tibi *Gundualdi* v. v. presb. casa nostra, ubi avitare visi sumus, cum fondamento corte ortalia terris vincis silvis vergarias, cum cultum in iucultum, cum res movile, vel immovile, seo semoventibus nostra sorte in integrum. —

— Signum † ms. *Guduini* v. h. vendituri et conservaturi.

Signum † ms. *Rudolfi* v. h. item vendituri.

Signum † ms. *Pettu* v. d. filius qd. *Autelmi* testis.

Signum † ms. Lilioduri v. d. filius qd. Leonaci testis.

Signum † ms. *Ruttelmi* v. d. filius qd. Rummuli testis.

† *Teutpert* pos tradita supplevi et dedi.

177) Verkaufsurkunde aus Lucca v. J. 759.
(Troya V, 57 ff; Nr. 735).

— Constat me *Agare* cler. filio qd. Auriman . . . hac die vindedisse. et de presenti. vindedi. tibi. Johanni cler. filio Jordanni presb. portione mea. et de germani mei. *Alamund:* et Roffi: cler. de terrula. quam havire visu sum: hic infra civitate. ista Lucense: qui. uno capu tenente est: invia pubblica et alio capu tenente est: in casa tua q. s. Johanni. et uno lato tenente est: in pistrinum de filii. qd. *Alatei* et alio: lato. tenente est: in terra tua q. s. Johanni . . . . . petiola per designatas locas parte mea: et de germani meis: *Alamund:* et Roffi tibi trado in integrum: unde a te pretium. suscepi in auri soled. uno infenito. et deliverato capitulo. —

— Actum Luca.

Signum † ms. *Agari* cler. vindituri: et conservaturi.

Signum † ms. *Rocheid:* filio qd. *Rutpert* v. d. testis.

Signum † ms. *Furolf:* filio qd. *Causari* v. d. testes.

Signum † ms. *Gosprand:* filio qd. *Peritei* v. d. testis.

178) Verkaufsurkunde v. J. 759.
(Troya V, 58 ff; Nr. 736).

— Manifeste profiteor ego Epolitus humelis Episcopus sancte Catholice Laudensis Ecclesie, quoniam ante hos annos *Gisulphus* Rorator (strator) per cartulam sue dispositionis statuerat, ut medietatem ex omnibus rebus ejus, quicquid per singula loca habuerat, post ipsius obitum . . . . . fieri deberent per manus Pontifici Laudensi, qui in tempore esset; et statuerat, ut ipsis rebus, qui venundatis fieri . . . . . . ejus *Radoara* advixerit, usufructuario nomine in ejus essent potestatem. —

— Ideoque manifeste profiteor ego qui supra Epolitus Episcopus juxta institucionem eidem *Gisulphi*, adstante et postulante

14*

supradicta *Radoara*, in presentia Venerabilium Sacerdotum, atque
Illustrium Judicum, vel etiam germanis suprascripte *Radoare*,
nec non et Clericorum nobilium, qui subscripturi vel confirmaturi
sunt, accepissem et accepi a te *Guideris*[1]) Rectore Monasterii
Sancte Dei Genetricis Marie sito intra Civitate Brixia ex sacolo
predicti Monasterii, auri Solidos novos protestatos ac coloratos
pensantes numero tria milia octingentos quinquaginta finitum
pretium pro medietate ex omnibus rebus illis predicti *Gisulfi*,
quas habere in jam fato fundo Alphiano, anteposito testora, que
intra ipsam domum coltilem posita sunt, et quinquaginta juges
terra, quas *Arioald* germanis suprascripte *Radoare* emere debet
de illa petia terre, que dicitur De Campo prope Reconam, omnia
et in omnibus tam terras ad ipso peculiare pertinentes, quam
etiam de Casas massaritias una cum edificiis de Casis massaritiis
seu clausis, cum campis etc. idest da parte de Occidente et
medietate de Porto in Fluvio Olio ad ipsa Curte pertinente,
qualiter ad jam dicto *Gisulfo* possessa est, et ipse in die ovitus
sui reliquid etc. —

— Quam igitur manifestationis paginam *Audonem* Notarium
rescribere conrogavemus, in qua subter nos manibus nostris propriis subscripsemus, et his quorum superius memoriam fecimus,
trademus subscrivendum. —

**179) Gründungsurkunde der Kirche S. Pietro in Asulari
v. J. 759.**
(Troya V, 62 ff; Nr. 737).

— Manifesti sumus nos Deus dede v. v. presb. et Deusdona germano ejus, et *Filipert* cler. cum filio suo *Wilipert*,
quia propter Dei timore inproprietas nostra, sicut virtus admiset,
a vestiboli in honore domini e B. Petri Apostoli Ecclesia construximus, ubi omnem ipsem nostra posuimus.

— Signum † ms. *Warnipert* v. v. presb. testis.
Signum † ms. *Pranduli* filio qd. *Causuli* testis.
Signum † ms. *Audipert* filio Offuli v. d. testis.

---

[1]) Ganderis. Troya.

180) Testament des Amolcari v. J. 760.
(Troya V, 76 ff; Nr. 742).

— Manifestum est mihi *Amolcari* filio qd. *Warnicausi*, quia per hanc paginam decerno, ut dum ego adviverc meruero, quod subter aliquid de res mea judicavero, in mea sit potestate de ea faciendi quod voluero, et si *Sindruda* obsequiale mea super decessu meo vixerit, volo ut parte de vinca mea posita tras flumen in loco Isclito in integrum: simul et terra mea in Arena, mea portionc in integrum; et terra mea in Antuniano, mea portionc in integrum: hec omnia post meo decessu sit in potestate ipsius *Sindrude* usufructuando et regendo tantum. —

— Signum † ms. *Amolcari* qui ec.

. . . . *nicausi* germano ejus testis.

Signum † ms. Lilioderi filio qd. *Alpari* test.

Signum † ms. *Warniperti* idem germano ejus testis. —

181) Verkaufsurkunde von Setteponzio v. J. 760.
(Troya V, 78 ff; Nr. 743).

— † Signum manus Maurissonis venditoris, qui hanc cartam fieri rogavit.

† Signum manus *Ubalduli* venditoris, qui hanc cartam fieri rogavit.

† Signum manus Valerini, testis.

† Signum manus Calvuli, testis.

† Signum manus *Sinderadi* presbiteri, testis.

† Signum manus Tribuni, testis.

† Signum manus Donatiani, testis.

† Signum manus Halparcni, testis.

† Signum manus Pauli, testis.

† Signum manus Marionis, clerici, testis.

† Signum manus *Godemarii*, filii Tribuni, testis.

† Signum manus Johannis, filii Calvuli, testis.

182) Verkaufsurkunde aus Soana v. J. 760.
(Troya V, 84 ff; Nr. 746).

— Et ego q̅s̅ *Audoaldu* vel meus heredi ab unoquemque homine vel da heredibus meis in antestare minime potuero tunc

promitto me ego q̅s̅ *Audoald* vel meus hered. ut in dublas bonis
condicionibus meliorata terra c. Silva tanta et alia tanta sub
stimatione quod in die illa stimata fuerit tibi es *Possoni* vel ad
tuos heredis restituere promitto: et anc cartul. *Guarpert* not.
scribend. rogavimus. —

183) Urkunde des Klosters S. Salvatore in Brescia v. J. 760.
(Troya V, 86 ff; Nr. 747).
(Mon. patr. hist. XIII, 40 ff.).

— Et cedimus in suprascripto monasterio terram iuies
quinquaginta de Brada curte ducales que est prope fluvio Mella
loco qui dicitur Runca quod est Runco novo et de Silva que
secum ipsa terra insimul tenet cedimus ibi iuies alias quinquaginta ac damus ibi *Gisolum* et *Rodolum*[1]) de *Cuntinglaca* qui
porcos ipsius monasterii pascere debeant cum rebus et familiis
suis et cedimus ibi Deosdedulum de Letrino qui sit pecorarius,
et donamus inibi Ansteum de Quintiano qui vaccas ipsius monasterii pascat cum casa et familia sua. —

184) Verkaufsurkunde aus Lucca v. J. 761.
(Troya V, 92 ff; Nr. 749).

— Signum † ms. *Aripald* vindituri et auturi.
Signum † ms. *Bandipert* presb. filio *Alfrid* testis.
Signum † ms. Claruli cler. filio qd. Deusdone testis.
Signum † ms. *Tachipert* cler. filio *Rachipert* testis. —

185) Urkunde aus Lucca v. J. 761.
(Troya V, 94 ff; Nr. 750).

— Manifestum est mihi Lopulo presb. filio qd. *Usfridi* de
loco Paterno, quia petivi te domno venerabili *Peredeo* in Dei
nom. Episcopo, ut me in casa Eccles. vestre S. Reguli prope
Waldo rectore et gobernatore ordinare debiris, sicut et vos mea
dignati exaudire petitionem. —

— † Ego *Luinipert* post traditam subscribsi complevi
et dedi.

---

[1]) *Randolum* Troya.

186) Verkaufsurkunde v. J. 761.
(Troya V, 96 ff; Nr. 751).

— Ideo constat nos *Allonem* et *Albuhinum* humiles Monachi Monasterii Sancti Vincentii, una cum concessione domini *Hermeperti* abbatis et per consensum confratrum nostrorum vendidisse et tradidisse vobis, domine Halane abbas, vel cunctae congregationi confratrum vestrorum Monasterii Sanctae Mariae in loco qui vocatur Acutianus, terram cum oliveto suo sitam in territorio Sabinensi in loco qui appellatur Valerianus: idest quartam portionem nostram qualiter nobis a fratribus nostris in portionem venit: ac colonos *Laduhin* et *Lauduhin*. —

187) Schenkungsurkunde der Kirche S. Benedetto in Campolo v. J. 761.
(Troya V, 104 ff; Nr. 754).

— Signum † ms. Blanco ad qui anc cartula oferte fieri rogavit.
Signum † ms. Orsicinu fili ejus qui similiter rogavit.
Signum † ms. Lupicinu qd. Bauci testis.
Signum † ms. *Lucifridi* adque filiu *Gudualde* de Villa testis.
Signum † ms. *Filari* adque filiu *Aufridi* testis.
Signum † ms. Aurulu clerici testis.
Signum † ms. . . . . . . presbiter atque filiu Dutali testis.
† Ego *Gunperte* post tradite deplevi et dedi.

188) Vertrag zwischen dem Bischof von Lucca und dem Abte von San Pietro in Camaiore v. J. 761.
(Troya V, 106 ff; Nr. 755).

— † Ego *Alamundu* Abbas in hanc pagina concambiationis a me facta sicut supra legitur manu mea suscripsi, et confirmavi.
Signum † manus *Alli*. V. D. filio quondam *Alatei* testis.
Signum † manus *Rachinald*. filio quondam *Rachipert* testis.
Signum † manus *Uffi* filio *Liutperti* testis.
Signum † manus Fusuli clerici filio quondam *Gudiscale* testis.
Signum † manus *Gunpert*. filio quondam *Marichi* testis. —

189) Schenkungsurkunde der Abtei Farfa v. J. 761.
(Troya V, 110 ff; Nr. 757).

— Signum † manu *Audonis* qui hanc cartam fieri rogavit.

Signum † manu Corvelli germani ejus consentientis exercitalis testis.

Signum † manu Mauronis fratris ejus consentientis exercitalis testis.

Signum † manu *Pitonis* exercitalis testis.

Signum † manu *Mannonis* exercitalis testis.

Signum † manu Floriseni testis.

† Ego *Raganfredus* rogatus ab *Audone* hanc cartam scripsi post traditam complevi et dedi.

190) Schenkungsurkunde des Klosters Farfa v. J. 761.
(Troya V, 113 ff; Nr. 758).

— Ego *Sundebadus*, qui et *Alipertus*, filius cujusdam Barbuli exercitalis, habitatoris civitatis Reatinae, in Christi nomine pp. dico . . . —

— Signum † manus *Aliperti* qui hanc cartulam donationis fieri rogavit.

Signum † manus *Hilemundi*, germani ipsius *Aliperti*, qui consensit: testis.

Signum † manus *Eudonis*, exercitalis, cognati ipsius *Aliperti*; testis.

Signum † manus Goderis, exercitalis; testis.

Ego *Raginfridus*, indignus monachus, scriptor hujus cartulae donationis, quam post traditam complevi et dedi . . .

191) Verkaufsurkunde aus Brescia v. J. 761.
(Troya V, 114 ff; Nr. 759).

(Mon. patr. hist. XIII, 44. 45).

— † Godolus subdiaconus hanc paginam promissionis factam a me recognovi, scripsi, obtuli, roboravi.

† Ego *Walpertus* rogatus a Godolo subdiacono in hac pagina promissionis testis subscripsi.

† Deusdedit rogatus a Godolo subdiacono in hac pagina promissionis testis subscripsi.

† *Otto* rogatus a Godolo subdiacono in hac promissionis testis subscripsi.

† *Auteram* rogatus a Godolo subdiacono in hac pagina promissionibus testis subscripsi. —

192) Erlass des Herzogs Gisulf von Spoleto zu Gunsten des Klosters Farfa v. J. 761.

(Troya V, 123 ft; Nr. 763).

— At ubi ipse domnus suos deputavit judices qui ambarum partium intelligerent altercationes hoc est Claudium est *Aldonem scul. Dagarium* notarium *Gualam Hisemundum sculd. Adualdum sculd.* et alios astantes. —

— Unde testes habemus idest *Hisemundum sculd Teudemundum* fratrem ejus *Gundualdum* actionarium *Autonem* qui sciunt qualiter ipse casalis nobis traditus et possessus est. —

193) Urkunde aus Lucca v. J. 761.

(Troya V, 127 ff; Nr. 765).

Exemplar ex autentico. Notitia brevis qualiter devisi ego *Sunderad* inter me et domino *Peredeo* Episcopo homenis de ista parte Arnu.

In primis *Asprandulo* de Tramonte. Maurulo germano ipsius *Aspranduli. Rodulo, Magnipertulu, Angari* fili ipsius *Roduli.* Corpulo filio Barinchuli, majure. Maricindula muliere Barinchuli. Corpula mulier Alaldi. *Gespergula* filia Marcianuli, minore. *Sisula* mulier *Magnipertoli* de filio *Roduli*, cum filio suo *Sisaldulo.* Marcianulo de Caricini.. *Auripertulo* filio ipsius Marcianuli minore. Maurulo filio Stefani mediano. Candido caprario. Martinulo filio Marrioni de Salicano. Candida soror ipsius Martinuli. Marinulo de Cincturia. Lartula mulier ipsius Marinuli, cum tres infantes suos, uno masculo, et due femine. Sunfulo de Cincturia. Due filie Furcule de Tramonte, quem habet de muliere, filio *Teudaldi. Alpergula* de Lamari. *Gunderadula,* qui est in casa Baronaci, cum due filie sue. *Teudulo* de Monacciatico. *Causulo* de Serbano. Cichula soror *Teuduli*, qui fuit mulier quondam *Radipertuli.* Uno filio, et una filia Ciantuli, nomine *Wsilinda. Ratpertulo* de Tramonte.

Item breve de homenis, quos antea inter nos divisimus. Romaldulo calicario. *Gaudipertulo* pistrinario. *Liutpertulo* vestorario. *Mauripertulo* caballario filio *Randuli*. *Arcausulo* filio *Fridipertuli*. Martinulo Clerico. *Gudaldo* quocho frater *Gaudipertuli*. Clausula sóror Ghitioli. Auria nepote *Widaldi*. *Lucipergula* nepote Marcianuli. *Tachipergula* de Massa. *Aldula* filia *Magnipergule*. *Teuspergula* filia *Sunfuli*. Marciula filia ipsius *Sunfuli*. *Ausula* soror *Alpuli*. *Alipergula* cornisiana. *Geitrada* mulier Cinctuli. Flurula filia Mugiuli. *Teudipergula* filia Murfuli. *Cosfridulo* filio *Causeramuli*. *Barulo* porcario. *Aurulo* filio Roppuli similiter porcario. *Ratcausulo* vaccario. *Teuderiscinla*, quem debet nobis Ciemiccio in viganio. *Prandulo* filio Roppuli. *Auripertula* filia Cianciuli. *Gunderadulo* filia Bonisomoli. Corpulo filio Alralai.

Item breve de homenis, quos livertavet barbane meus. *Sichiprandulu*. *Waliprandulu*. Duo filii, et una filia *Radipertuli* de Monacciatico. Mulier *Pertuli* de Vico, cum tres infantes suos. *Warnipertulo* nepote *Teuduli* de Lamari. *Aurulu* russu. Nepote *Widaldi* de Quosa *Bonipertulu* filio Bonisomuli de Tramonte. Due consubrine Dulciari de Coloniola. Nepote Bonusuli de Roselle.

Item breve de homenis, quos liveros emiset barbane meus pro anima bone memorie Genitori meo *Sundipert*, germani sui. *Alpergula* soror *Alpuli*. *Causeradula* soror *Aspranduli*. *Bonaldulo* frater *Gaudipertuli*. Cellulo frater *Clausuli*. Bonusula soror *Sanduli*. *Liutpergula* soror Magnuli de Valeriano, cum infantes suos. *Causeradula* soror *Guidipertuli*, cum tres infantes suos. *Alo* filio Radaldelli. *Aunifridulo* de Cincturia. —

— Signum † manus *Walleradi* filio *Teudipert* testis.

Signum † manus *Causeramus* subdiaconi testis.

Signum † manus *Ermisindi* clerici filio quondam Ghilduli testis. —

194) Tauschvertrag aus Pavia v. J. 761.
(Troya V, 135 ff; Nr. 770).
(Mon. patr. hist. XIII, 48 ff.).

— Unde aliam talem medietatem ante hos annos jam dicta *Anselperga* ex comparatione habere videris de Epolito Episcopo Civitati Laudensi; et quod ipse quondam Genitor noster instituerat per manus Pontifici nostri Civitati Laudensi fieri venundatus est pro ejus anima pauperibus distribuat, tantomodo de ista medietate anteposito centum viginti juges terra et silva, quam ego Natalia ante hos annos in comutatione dedit *Rodoin*, Benigno, et Boni, et *Augefrit* germanis.[1]

195) Urkunde aus Lucca v. J. 761.
(Troya V, 139 ff; Nr. 771).

— † Ego *Alaprandu* cler. rogatus.

† Ego *Osprandus* diac. pos. traditam cc.

196) Urkunde aus Lucca v. J. 762.
(Troya V, 161 ff; Nr. 777).

— Unde dedi ego q. s. *Fridulo* tibi *Rachiprando* presb. tertia parte de casa in loco Mitiano, qui a qd. Ciccone patre meo in comparationem obvenit da Perseradulo, ipsa casa cum fundamento curte: simul et una petia de vinea in eodem loco Mitiano, idest caput et latere tenente in vinea S. Marie, et alio latere in vinea *Achipertuli* et Sanituli gg. mei, et alio capite in vinea *Achipertuli.* —

197) Urkunde aus Lucca v. J. 762.
(Troya V, 163 ff; Nr. 778).

— Et clausura de vinea da *Warnichis*, medietate latere tenet . . . . et in vinea Dammiani Presbiteri, et *Alprandi*, fini signa posite. —

— Et petio majore de vinea Sundriali, quos habuit, et *Cuntipertilo* qui tenet caput in vinea Sancti Donati. —

— Et de Campore Majore ad *Luniperto*, ubi dicitur Fraxo, medietate latere tenet in terra de filii Carelli, fini signa posite. —

— Et campo ad Viniale *Brunari*, qui tenet latere in terra S. Donati in integrum. —

— Signum † ms. *Ermicaldi* filio qd. Barunci testis.

Signum † ms. *Teupert* filio v. m. *Teudeperti* testis.

Signum † ms. *Wilipert* filio b. m. *Ghispert* testis.

---

[1] que ego natalia ante hos annos in comutatione dedit in benigno et boni et angefrit germanis etc. . . (Mon. patr. hist. XIII, 50).

198) Urkunde aus Benevent v. J. 762.
(Troya V, 171 ff; Nr. 780).

— Quod vero praeceptum concessionis ex iussione nominatae potestatis per *Guidemarium* referendarium scripsi ego *Eudoald* Notarius. —

199) Schenkungsurkunde des Klosters Farfa v. J. 762.
(Troya V, 175 ff; Nr. 783).

— Signum † manus *Sisonis*, exercitalis; testis.
Signum † manus Luponis, exercitalis; testis.
Signum † manus *Usualdi*, exercitalis; testis.
Signum † manus *Guinonis*, exercitalis; testis. —

200) Verkaufsurkunde des Klosters Farfa v. J. 762.
(Troya V, 176 ff; Nr. 784).

— Constat nos *Hisemundum* filium cujusdam Barbulani, habitatoris loci qui dicitur Criptula; nec non et Xrisantum filium cujusdam *Candulfi* de Vineria vendidisse et vendidimus tibi, venerabilis Halaue abbas, terram nostram in loco qui dicitur Criptula prope fluvium Pharpham, modiorum duodecim juste mensurata. —

— Signum † manus *Hisemundi* qui hanc cartulam fieri rogavit.
Signum † manus Crisanti qui hanc cartulam fieri rogavit.
Signum † manus *Scattonis;* testis.

201) Schenkungsurkunde der Kirche San Giorgio in Montalto v. J. 762.
(Troya V, 178 ff; Nr. 785).

— Signum † Manus. *Causari* Clericus qui hanc. pagina. dotalium. fieri. rogavit.
Signum † Manus. *Cosprand* Clericus filio ejus. Consentiente. —

202) Schenkungsurkunde v. J. 762.
(Troya V, 180 ff; Nr. 786).

— Signum † ms. *Ermicausi* promissoris.
Signum † ms. Mauricii presb. filio qd. Leonaci testis.

Signum † ms. *Osperti* diac. filio qd. *Autelmi* testis.
Signum † ms. *Teuprandi* cler. filio qd. *Ermi* testis.
Signum † ms. *Agguli* filio Sandrali testis.
Signum † ms. *Ermiperti* filio *Ermei* testis. —

203) Urtheilsspruch aus Pavia v. J. 762.
(Troya V, 195 ff; Nr. 791).

† In nomine d(omi)ni dum ex juss(ione) domni praecell(entissimi) Desiderii regis resedissemus nos ill(ustri)bus veris *Gisilpert* de Berona Bursio maid̄ et *Arsiulf gast* (aldius) Ticino in sacro palatio ibique venerunt in nostri presentia Tarso *gasind* (ius) domni regis civi(tatis) Pistoriens(is) qui causa *Rodtrude* peragebat; nec non et *Alpert* de civi(tate) Pisana.

204) Urkunde aus Lucca v. J. 763.
(Troya V, 201 ff; Nr. 793).

— Manifestum est mihi *Ermipert* cler. quia ante hos annos sancte recordande memorie *Aistulf* rex per suum cessionis preceptum donavet et confirmavet Eccles. et Monasterio S. Petri fundato a qd. *Sumuald* hic prope muro hujus civitatis, cum omnia ividem pertenente in integrum *Auripert* pictori germani meo, ut in ejus esset potestatem regendi gubernandi usufructuandi et ordinandi qualiter ei placitum fuerit. —

— † Ego *Ermipert* cler. in hanc firmationis pagina sicut supra legitur manu mea subs. et confermavi.

† Ego *Rachiprand* presb. rogatus.
† Ego *Periprandus* subd. rogatus ec.
† Ego *Aliprandu* cler. rogatus ec.
† Ego Petronaci cler. rogatus.
† Ego *Isprinca* cler. rogatus.
† Ego *Osprandus* diac. post traditam complevi et dedi.

205) Testament Liutperts v. J. 763.
(Troya V, 209 ff; Nr. 795).

— *Liutpertu* v. d. filio quondam *Andoloni* dixit: etc. . . —
— Signum † manus *Liutpertu*, qui an Cartula fieri rogavit.
Signum † manus Beati filio quondam Baruncio, testis.

Signum † manus *Gumpuli* filio quondam *Cuniperti,* testis.
Signum † manus Ursi filio Beati, testis.
Signum † manus *Cuntefridi* aurifici, testis. —

206) Urkunde v. J. 763?
(Troya V, 228 ff; Nr. 802).

— *Munolfus* p̄b̄r manu sua roboravit.
Adrianus manu sua roboravit.
Caliopus manu sua roboravit. —

207) Verkaufsurkunde v. J. 763.
(Troya V, 237 ff; Nr. 803).

In X̄P̄i omnipot̄ nomine regnantes d̄n̄ nostris Desiderio et
Adelgis precellent. regibus anno regni eorum septimo et quincto
quintadecima die mensis Magii Ind. prima scripsi ego *Uboald*
notarius rogatus ab Candidus v̄h̄ et vinditore ipso presente michi-
que dictante et subter manus suas signum s̄c̄e crucis facientes
et testis qui subscriverent aut signu facerent ipse rogavit. Constat
me prenominatus Candidus vinditor vindedisse et vindedimus vobis
Audpert et Baroncello germanis emptoribus vindedimus vobis
muliere una nomine *Boniperga* qui *Tendisada* una cum infantulo suo parvulo cujus adhuc di nomen Dederit. —

208) Schenkungsurkunde des Klosters Farfa v. J. 763.
(Troya V, 240 ff; Nr. 805).

— Ideo constat me *Auderisius* de Reate pro mercede et
redemptione animae meae concessisse atque in eterna traditione
optulisse monasterio S. Dei genitricis Mariae et tibi viro venerabili Halane abbas atque cunctae congregationi hujus monasterii
hoc est quintam partem ex omnibus substantiis meis mobilibus
et immobilibus seu et portionem sextam filii mei *Hauneperti* in
integrum mobilium et immobilium et ipsum filium meum in eodem
monasterio Domini genitricis Mariae offero ut eidem in eodem
sancto cenobio monasticam degere debeat vitam una cum portione mea atque filii mei predicti de Oratorio beati Archangeli
Michaelis quod ego ipse in propria substantia mea a fundamentis
construxi exceptis reliquae meae substantiae quatuor partibus

quas reservavimus quatuor filiis nostris idest *Gualtarino Aunc-lahisio Troctichisio* nec non et *Asualdo* ut unusquisque legibus suam habeat portionem de omnibus ut diximus substantiis meis preter ut jam fati sumus portionem meam vel iam dicti filii mei quas legibus habere visi sumus.

209) Schenkungsurkunde aus Povigliano v. J. 763.
(Troya V, 242 ff; Nr. 807).

— Dilectissima mihi semper adque amantessima Forcolane, hanp, ego *Lopuald* Cl. qui Pito vocatur Domitartus pp. descrivere prosvidi; dilectionis tue ex meo dono ego qui supra *Lu-puald* Cl. tibi Forcolane concedere visus sum modica de terra in vico Pubiliano, infra Curte tua, in longo pedes viginti, ex uno capite pedes undice, ex alio capite pedes octo ad brachia exthinsa. —

— Sign. † m, manus, *Grimoald* filio qd. Urso testis.

Sign. † m *Porsuald* filio qd, quondam, Forcolla.

Sign. † m Gaudioso da Baselica Testis. —

210) Schenkungsurkunde von Santa Maria in Lucca v. J. 764.
(Troya V, 247 ff; Nr. 809).

— Manifestum et (est) mihi *Anspald* filio b. m. *Teutpald*, quia pro remedium animae meae ante nos (hos) annos a fundamentis fabricis construxi Ecclesiam in honore Dei, et Beatae Sanctae Mariae semper Virginis in fundamento de casa habitationis nostrae, hic infra Civitate ista Lucense in mea propria portione, et per Venerabilis *Peredeo* Episcopo sacrata est ipsa Dei Ecclesia. —

— In tali vero tenore, ut si *Rattruda* Dei ancilla parente mea, filia qd. *Tunti*, super decessu meo vixerit in ejus sit potestate ipsa Dei Ecclesia, et Monasterio Sanctae Mariae, et omnia suprascriptas res, quos superius in potestate de ipsa Dei Ecclesia decrevi, esse regendi, gubernandi, usufructuandi, et ordinationem de Presbitero, vel Diaconum faciendi in ipsa Ecclesia qualiter me . . . viderit. —

211) Urkunde aus Lucca v. J. 764.
(Troya V, 251 ff; Nr. 810).

— Signum † ms. *Liutpert* promessori et conservatori.

† Ego *Gausprandus* subdiac. rogatus etc.

Signum † ms. *Pertiperti* cler. testis.

Signum † ms. Fratelli filio qd. *Gumperti* de tras Clusare testis.

† Ego *Osprandus* diac. post tradita ec.

† *Ildebrandus* not. dn. Imp. autenticum illum exemplavi.

† Ego *Hubaldus* autenticum illud vidi et legi, unde hoc exemplar factum est, et hic subs.

212) Urkunde der Kirche S. Quirico di San Martino in der Diöcese Lucca v. J. 764.
(Troya V, 253 ff; Nr. 811).

— † Ego *Sundipertus* presb. in anc cartula promissionis ad me facta sicut supra legitur manu mea subs. et consensi.

Signum † ms. *Ferduli* genitori ejus consentientis. —

213) Urkunde aus Rieti v. J. 764.
(Troya V, 256 ff; Nr. 813).

— Signum † manus *Arimodi*, scaptoris; testis. —

214) Urkunde aus Farfa v. J. 764.
(Troya V, 276 ff; Nr. 817).

— Quam vero cartam donationis vel repromissionis scripsi ego *Marchambertus* rogatus ab *Hisemundo* vel filio ejus *Haunelasio*. —

— Signum † manu *Godefridi* filii cujusdam *Candolfi* exercitalis testis.

Signum † manu Mauricae exercitalis testis.

Signum † manu *Scattuli* filii cujusdam *Theoderadi* exercitalis testis.

215) Verkaufsurkunde aus Lucca v. J. 764.
(Troya V, 278 ff; Nr. 818).

— Consta me Homicio filio qd. *Auderami* de Castello *Achinolfi* hac die vendedisse et vindedi de presenti vobis Baruncello et *Pettulo* germani filii qd. Petri, uno petiolo de terrula mea, que avire visu sum in loco Asulari, qui vocitatur ipsa petia ad Vignale, qui ipsi petio uno capo tene in via publica, et alio capo tenc in terra vestra q. s. germani, et uno lato tenc in terra vestraq. s. germani, per designatus locas ipsa petia vobis trado in integrum. —

216) Gründungsurkunde von San Michele Arcangelo in Lucca v. J. 764.

(Troya V, 279 ff; Nr. 819).

— Et dum *Gumpranda*, aut filias meas advivere meruerint, nullus Sacerdos ividem avitare presumat; nisi quem ipsa *Gumpranda*, aut filias meas, invitare voluerint Messarum solemnia celebrandum. —

217) Verkaufsurkunde aus Prata v. J. 764.

(Troya V, 282 ff; Nr. 820).

Decima scriptio quomodo Arnaisclo filius qd. *Willerami* venundederat *Alduli* benerabili presbiteri vinea sua in loco Prata, et cetera in omnibus sicut ibidem continebat, quae scripta erat per *Ato* notarium. —

218) Urkunde aus Farfa v. J. 764.

(Troya V, 283 ff; Nr. 821).

— Signum † manus *Rimichisini* concambiatoris, qui hanc cartulam fieri rogavit.

Signum † manus *Rodiperti* et *Agiprandi* et *Guafarii* filiorum ejus consentientium.

† Ego *Gundualdus* actionarius rogatus a *Rimichi* et filiis ejus in hac cartula concambiationis signum sanctae crucis feci: et testis sum.

Signum † manus *Guadiperti*, filii *Gundualdi;* testis.

Signum † manus *Scaptonis*, filii cujusdam *Theoderadi*, exercitalis; testis.

Signum † manus *Godefrid*, filii cujusdam *Candoli*, exercitalis; testis.

Signum † manus Gemmuli, filii cujusdam *Rodimarini*, exercitalis; testis.

Signum † manus *Ramphoni*, filii cujusdam *Teudicini*, exercitalis; testis. —

219) Urkunde aus Lucca v. J. 822.

(Troya V, 285 ff; Nr. 822).

— Hec omnia suprascripta res offero Deo, et tibi suprascripta Ecclesia Sancti Martini in prefinito: unde decerno, adque instituo, ut dum *Teuselmi* Presbitero, filio meo advivere meruerit, suprascripta Dei Ecclesia, et suprascripta res, et omnia quidquid ividem pertenuerit, in ejus sit potestate regendi, gubernandi, usufructuandi, et officium Dei, et luminaria in ipsa Ecclesia die, noctuque faciendi caste, et recto moderamine vivendi. —

— Signum † manus Fusci, filio qd. Lupi testis.

Signum † manus *Auti* Clerici testis.

220) Urkunde des Klosters San Bartolomeo in Pistoia v. J. 764.

(Troya V, 288 ff; Nr. 823).

— Ideo in Dei omnipotentis nomine ego *Aidualdu* qndam presbiter de monasterio s̄c̄i Silvestri qui est sito prope muro Civitatis nostre Pistorie juxta Ecclesiam s̄c̄i beatissimi Bartholomei dum michi divine adveniente Inspiratione introeundi in avito s̄c̄o monachorum inter alius fr quatenus me consideravi et pertractavit de monasteria beatissimorum Silvestri atque beati s̄c̄i Angeli qui est sito locus qui appellatur Monticunule propre flubio Neore quem felicissimo p̄br seo Geminiano a fundamenta erexere seu et *Totone* et *Ratpert* aut *Pertu* germanis in suo privilegio edificaverint modo viro ego qs *Aiduald* presbiter do dono trado atque offero do datumque esse volo tam ipse predicte monasteria s̄c̄i Silvestri et s̄c̄i Angeli omnem rebus substantia et quidquid ubique modo a presenti die ad ipse s̄c̄or loca pertenere dignoscetur et nunc in antea deo protegente ividem condonaverit Iniviato ivi quod exinde fuerit aut quod ad ipsi s̄c̄i et venerabilib. locis datum vel aufertum fuit quomodo ividem esse videntur omnia et in omnibus Inviato offerre visus sum ad Ecclesia beatissimi s̄c̄i Bartholomei. —

— † Ego *Aivaldu* p̄br qui hanc cartula r̄er dotalium fieri rogavi et manu mea propria suscripsi.

† Ego *Teuderat* p̄b̄r rogatus ad *Aivaldu* p̄b̄r testis subscripsi signū̄ † manus *Tanichisi* q̄d̄ *Tanolfi* rogat. test.

221) Urkunde des Klosters Farfa v. J. 764.
(Troya V, 306 ff; Nr. 829).

— Signum † manu *Gundualdi* actionarii testis.

Signum † manu *Usualdi* filii *Siconis* testis.

Signum † manu Anastasii conductoris testis.

Signum † manu *Rimalfi* filii cujusdam Luponis testis.

Signum † manu *Undeperti* filii *Gundualdi*.

222) Urkunde des Klosters Farfa v. J. 764.
(Troya V, 307 ff; Nr. 830).

— Ideo ego *Siso* filius cujusdam *Rimolfi* sana mente et integro consilio vendidi et tradidi tibi domne Halane abbas vel cuncte congregationi M. s. Dei genitricis Marie terram de casale qui dicitur Antianus petiam unam sub ripa modiorum decem que infra congruum casalis vestri qui dicitur Pinianus esse videtur. —

— Signum † manu *Acupardi* testis.

Signum † manu *Aricisi* decani testis.

Signum † manu *Camponis* testis.

Signum † manu *Iffoni* testis. —

223) Schenkungsurkunde aus Pisa v. J. 765.
(Troya V, 309 ff; Nr. 831).

— Signum † manus Argentio, qui hanc cartula donationis pro anima sua fieri rogavit.

Signum † manus *Pertingo* filio quondam *Pertinandi*, testis.

Signum † manus Tinuti filio *Gundi*, testis.

Signum † manus *Grinpo* filio quondam *Teusperti*, testis.

Signum † manus Mauri germano *Grinpi*, testis. —

224) Urkunde des Klosters Farfa v. J. 765.
(Troya V, 311 ff; Nr. 832).

— Signum † manus *Mannonis* qui hanc cartam venditionis fieri rogavit.

Signum † manus *Goderadi* de Laimiano; testis.

Signum † manus *Rimolfi* filii cujusdam Luponis: testis.

15*

Signum † manus Anastasii Cond: testis.

Signum † manus *Usualdi* filii *Sisonis:* testis.

Signum † manus *Hildelmudi* filii *Hisemundi:* testis.

Signum † manus *Rimegausonis* filii *Rimulfi:* testis.

Signum † manus *Godefridi* conductoris: testis.

    † Ego *Raganfredus* indignus monachus qui hanc cartam venditionis scripsi, post tradita complevi et dedi.

225) U r k u n d e v. J. 765.
(Troya V, 314 ff; Nr. 834).

    — Ideoque consta meae *Wilimundu* filius q̄d̄ *Fildirado* havitator in Vico Mariano v̄h̄ vinditor liveram potestatem vindedisse et vindedit tibi *Valicarius* simil. havitator in Mariano hoc est terrul. huris (juris) mei in fundo Mariano qui posita est in loco ubi est ad fīnē de unam parte vinca Sc̄ī Petri et de aliam parte est vineas quem tu emtor meus posuisti in terrul. Sc̄ī Juhanni et de tertiam pars est vinea Teudiro et de quartam pars est terrul. quod dedit Florino ad pastinare. —

    — Signum † m̄ *Autiperto* traspadino havitator in Marta v̄d̄ teste.

    † ego *Ermiteus* rogatus ad *Vilimondu* in an cartul. vinditionis me testes s̄s̄.

Signum † m̄ *Ansoni* decano de Romiliano v̄d̄ teste.

Ego q̄s̄ *Waldipertus* scriptor huius cartul. rogatus ad s̄st̄s. —

226) V e r k a u f s u r k u n d e v. J. 765.
(Troya V, 317 ff; Nr. 835).

    — Ego *Teudimari* binditor manu mei s̄s̄

    † Ego *Aboald* nothar. rogatus a s̄st̄o ipso presente me test. s̄s̄i

    † Ego *Sisimus* rogatus a s̄st̄o *Teudimari* me test subscripsi. —

227) V e r k a u f s u r k u n d e v. J. 765.
(Troya V, 321 ff, Nr. 837).

    — Signū † manus *Alperto* v̄h̄ vindituris: signo † manus *Walfuso* v̄h̄ vindituris.

Ego Prosp. testis s

† Ego *Ildipertus* testis suscripsi.

† Ego Pipinus testis.

† Ego *Bonifrid* subdiac. postradita complevi et emisi.

228) Schenkungsurkunde v. J. 765.
(Troya V, 325 ff; Nr. 839).

— Et volo ego *Cunimund*, ut ipsas res supra et totum qualiter supra leguntur habeat ecclesia Sci Martini in castro Sermione omniam tertiam porcionem reliquas duas porciones habeat ecclesia Sci Viti ut ipsas res deveniant ad jure monasterii domini Salvatoris cui pertinent praedicte Ecclesiae quae mihi *Cunimundo* in hoc seculo pertinent ad salutem et manifesta est mihi *Cunimundo* quia omnes servos vel ancillas liberos dimisi pro animae meae remedio in eodem vero ordine dum ego *Cunimund* vel conjux mea *Contruda* advixerimus in nobis servicium servavimus ipsorum et post nostrum amborum disessum sint liberi et absoluti permaneant.

229) Schenkungsurkunde von S. Agata in Tempagnano
v. J. 765.
(Troya V, 327 ff; Nr. 840).

— Signum † manus *Gairipald,* filio qd. *Auricaus* testis.

Signum † ms. *Warini* filio qd. *Ariolfi* testis.

Signum † ms. *Aspert* filio Orsi testis.

Signum † ms. *Anduli* filio qd. *Nanduli* testis.

Signum † ms. *Filippert* filio qd. *Filimari* testis.

† Ego *Walateo* presb. rogatus etc. me teste subs.

Ego Walatus Presbiter rogatus a Regnulo ut sup.

Ego *Teutpertus* subscripsi.

230) Schenkungsurkunde von San Ambrogio in Mailand
v. J. 765.
(Troya V, 329 ff; Nr. 841).
(Mon. patr. hist. XIII, 55 ff.).

† Regnantes domni nostri veri excellentissimi Desiderio et *Adelchis* regibus anno regni eorum nono et septimo sub die tertio decimo Kalendarum septembrium indictione tertia feliciter

Oratorio beati Ambrosii confessoris Domini nostri Jhesu XPi qui est fundatum prope civitate hac Mediolani sito in loco ubi Turriglas nominatur in quo Ambrosius u̅ u̅ presbiter custus esse videtur Ursus ud̅ filius quondam *Teudulf* et donator presens presentibus dixi. —

— † Ego *Erminald* qui supra scriptor hujus cartole donationes post tradita complevi et dedi.

231) Schenkungsurkunde aus der Mitte des achten Jahrhunderts.
(Troya V, 331; Nr. 842).

† In Dei nomine Noditia qualiter *Arichis* tradidit nepta sua *Magnerata: Anscausi* in diac votorum cum omne substantia sua quitquit eis advinit de sorores vel amitane suas, qualiter rex inter eas divisione fecet: per misso suo noditia in presentia Tomati *scultasii* de uico *Ludolfo Alfret* de Sicilla et *Bruningo* de Maliacis.

232) Urkunde aus Lucca v. J. 765.
(Troya V, 332 ff; Nr. 843).

— Constat me *Bando* filio qd. *Aricausi* presenti die pro anima mea vindere et tradere videor tibi *Rachiperta* relicta qd. *Ratfuns* nepoti meo, portione mea de res nostra quem habemus ad Ruchi, terris vineis castanetis, portione mea omnia ividem in integrum. —

— Signum † ms. *Bandi* vindituri et promissori.

Signum † ms. *Ermuli* genero ejus testis.

Signum † ms. *Asperti* cler. filio *Raduald* testis.

† Ego *Rignipertu* cler. rogatus ec.

Ego *Osprandus* diac. post tradita ec.

233) Urkunde v. J. 765.
(Troya V, 333 ff; Nr. 844).

— Sign † manus *Guntefrid* firmaturis et promissuris.

Sign † manus Bonulo promissuri.

† Ego Domnulinus testis.

† Ego *Lanifrid* testis. —

234) Urkunde aus Lucca v. J. 765.

(Troya V, 335 ff; Nr. 845).

— In tali euim tenore . . . . . pater meo sic consentientem mihi, ut dum ego *Rixsolfus* presb. in hoc seculo vivere meruero, et dum mater mea *Luciperga*, et dilectissime tres sororis mee Cristina, Regnipinta, Plaita vivere meruerimus, in nostra serbamus potestatem ipse jam dicte Dei Ecclesie studendum, et res ipsorum ad usufructuandum, et secundum Dominum ad ipse Sancta Loca caste et juste serbiendum, et vivendum; nam non vindendum vel naufragandum, aut alibi trahendum. —

— Signum † ms. mea *Rixsolfus* presb. qui hanc paginam decrebit testem.

† Ego *Regnolfus* abbas inante presentiam testium, per quem hanc paginam roborata esse videntur, dedit hanc paginam fili mei me consentientem scribere, quia ego pro egretudine mea non potuit scribere. —

235) Schenkungsurkunde des Klosters Farfa v. J. 766.

(Troya V, 354 ff; Nr. 852).

— Signum † manus *Scamberti* qui hanc cartam donationis fieri rogavit.

Signum † manus *Hilderici* testis.

Signum † manus *Prandonis* testis.

Signum † manus Probati testis.

Signum † manus *Maderisii* testis.

Signum † manus Rustionis testis. —

236) Schenkungsurkunde aus Rieti v. J. 766.

(Troya V, 357 ff; Nr. 853).

— Signum † manus *Opterami:* testis.

Signum † manus *Pandonis:* testis.

Signum † manus Probati: testis.

Signum † manus *Alerisi:* testis.

Signum † manus *Rimonis:* testis.

Signum † manus *Gisulphi:* testis.

237) Urkunde aus Benevent v. J. 766.

(Troya V, 364 ff; Nr. 857).

— Unde convenit, ut haberet pars Radulhini, et *Ermeperti*, cum conjuge sua, vel Eufimia germana eorum.

In primis Condoma in Missano, idest Lagaro, et Alari, seu *Manulfus* cum uxore, filiis, et filiabus, et omnia eorum pertinentia.

Condoma in Casale Crissano *Maroaldus* cum uxore, filiis, et filiabus, et omnia eorum pertinentia.

Et condoma in Casale Vecticano, Subiolu, *Trasoaldus*, *Gueltulus* cum uxoribus, filiis, et filiabus, et omnia eorum pertinentia, qualiter haec omnia superius scripta a *Godeschalco* Duce in Monasterio offertum fuerat. —

— Quas enim duas Chartulas convenientiae uno tenore conscribere sibi ad invicem tradiderunt, et me *Aldefrid* Notarium scribere rogaverunt. —

238) Schenkungsurkunde aus Lucca v. J. 766.

(Troya V, 376 ff; Nr. 861).

— Signum † ms. Deusdedit subdiac. filio *Teutperti* testis.

Signum † ms. Celsi cler. filio qd. *Ghisperti* testis.

Signum † ms. *Peruli* vir devotus filio qd. *Alise* testis.

† Ego *Ostripertus* cler. post tradita complevi e dedi.

239) Urkunde aus Lucca v. J. 766.

(Troya V, 378 ff; Nr. 862).

— Manifestum est mihi *Braifred* filio qd. *Ermuli* havitator in civitate Pisae, quia per hanc cartulam in viganium dare prevideo tibi vir beatissimus *Peredeo* in Dei nom. Epis. S. Lucensis Ecclesie, ancilla mea nomine Alva . . . . . mulier massari vestri Ursali, qui resedet in loco prope Tucciano finibus Suanense, cum duo infantuli ejus, qui mihi obvenerunt per qd. *Walderamus* socero meo.

Et secundum legem pro eos per cartulam recepi da te in viganium ancilla S. Ecclesiae vestre nomine *Gulperga* cum infantes ejus duo, nomine *Teudiperga*, et *Teudepert* in prefinito. —

— Signum † ms. *Braifred* promessori et conservaturi.

† Ego Amabilis presb. rogatus a *Bralfrid* in hanc cartulam me teste subs.

† Ego *Ostripertus* rogatus a *Braifridi* ec.

Signum † ms. *Filinghi* filio qd. *Gundolini* de Pisa testis.

† Ego *Osprandus* diac. post. tradita complevi et dedi.

240) Urkunde aus Lucca v. J. 766.

(Troya V, 379 ff; Nr. 863).

— Manifestum est nobis *Teutperto* filio qd. *Suniperti*, et *Teudiperto* filio *Magnualdi* habitatores in loco Capannule, quia per hanc cartulam offerimus nos una cum omnibus rebus nostris Deo et tibi Eccl. S. Martini, ubi est domo Episcoporum in civitatem Lucense. —

— Signum † ms. *Teutperti* v. d. qui hanc cartulam fieri rogavit.

Signum † ms. *Teudiperti* v. d. qui hanc cartulam fieri rogavit.

Signum † ms. *Magnualdi* pater ipsius *Teudiperti* consentientis.

Signum † ms. *Ainuli* presbiteri testis.

Signum † ms. *Alpari* filio qd. *Clefoni* testis.

† Ego *Opertipert* cler. rogatus a *Teutperto* et *Teudiperto* in anc cartulam me teste subs.

† Ego *Ostripertus* clericus post traditam complevi et dedi.

241) Urkunde aus Lucca v. J. 766.

(Troya V, 387 ff; Nr. 865).

— Manifestum est mihi *Rotprand* Presbitero, filio qd. *Rotpert*, havitator in Arsicia prope Arme, quia petivi et rogavi te Domnum, et Venerabilem *Peredeum* . . . . ut me Rectore ordinare digneris in Ecclesia vestra . . . . . ad ipsa Ecclesia, et pro tua misericordia me audi . . . . manus mea facio tibi, ut diebus vitae meae ad ipsa Sancta Ecclesia deservire de . . . . . cessoribus tuis obedire promitto legibus nostrae sancte, et canonice in omnibus. —

242) Schenkungsurkunde aus Pistoia v. J. 767.

(Troya V, 388 ff; Nr. 866).

— Ecce ut meis fuerunt desideriis implevi et si quodlibet aliud iudicatum apparuerit nullum in se habeat robur nisi istud quod modo confirmavi et *Ganpertum* notarium scribere rogavi. Actum Pistoria et indictione suprascripta feliciter.

Signum † manus *Gaidualdi* medici qui hanc cartulam fieri rogavit et ei omnia relecta ut sunt complacuit. Signum † manus *Bautonis* de Umbrone testis. Signum † manus Amati de Alatiano testis. Ego *Ghisilari* rogatus a *Gaidoaldu* medico testis subscripsi signum † manus Stanechis de Matno testis. —

243) Schenkungsurkunde v. J. 767.

(Troya V, 394 ff; Nr. 867).

— Manifestum . . . . mihi *Galdoin*, filio b. m. *Filimari* quia remedium animae meae a fundamentis construxi Ecclesiam in onore Domini, et Salvatoris nostris JHesu . . . . in territurio meo in loco Nobule, et per hanc cartulam dotalium offero Deo, et tibi predicte Dei Ecclesia, in primis fundamento ubi ipsa Dei Ecclesia superposita est, cum casis et omnibus edificiis et fundamentis, una cum curte, orto, terris, vineis olivetis, pratis, pasquis, silvis, virgureis, castanetis, cultum atque incultum, casas massaricias, et *aldi*onales cum omnem rem ad ipsas casas pertinentes, movila et immovilia omnia in integrum, servos, ancillas, *aldionibus*, et *aldiones* mihi pertinentibus omnia quidquid in quemlibet loco aliquid havire visus sum, pertinentes ad curte mea in predicto loco Norbule, in integrum offero in suprascripta Ecclesia. —

— Signum † manus *Galdoin* quin hanc pagina dotalium fieri rogavet.

† Ego Deusdedit Presbitero filio qd. *Ansfrid* rogatus ad *Galdoin* in hanc pagina dotalium sicut supra legitur me testis subscripsi.

244) Testament v. J. 767.
(Troya V, 397 ff; Nr. 868).

— *Ausulo*, filio qd. *Autelmi* tibi Ecclesie Monasterio Beati Sancti Georgi, ubi Deusdede presb. esse videtur perpetuam salutem. —

— † Ego *Guntelmu* cler. rogatus ad *Ausulo* ec.

† Ego *Gumprand* subd. rogatus ec.

† Ego *Chiserat* V. D. post tradita complevi et dedi.

245) Schenkungsurkunde aus Pistoia v. J. 767.
(Troya V, 398 ff; Nr. 869).

— Signum † manus *Guinifredi*. Signum † manus Saxoni. Signum † manus *Guillerad*.

— Ego † *Tachimandu* rogatus ad *Guinifreddi*. ad Saxu. ad *Guillerad*. Agrafi. testis s̄s̄.

246) Tauschvertrag v. J. 767.
(Troya V, 404 ff; Nr. 870).

— Unde pro ipso cambio recepi ego jam dictus *Fulcoaldus* a te V. Halane Abbas casas duas absque hominibus seu absque peculiis in Casale qui vocatur Dotale et vobis contingit ab *Ippetruda* religiosa femina consentiente patre suo *Ratharivo* in territorio Aprutiensi super rivum qui vocatur Trottinus cum omnibus terris pratis vineis . . . . . —

247) Schenkungsurkunde des Klosters Farfa v. J. 767.
(Troya V, 422 ff; Nr. 875).

— Signum † manus Grisodononis, qui hanc cartam fieri rogavit.

Signum † manus Petronaci; testis.

Signum † manus *Agimundi*: testis.

Signum † manus *Godeperti*: testis.

Signum † manus *Rimulfi*: testis.

Signum † manus Adeodati Conductoris: testis.

† Ego *Ragamfredus* indignus presbiter qui hanc cartam scripsi rogatus a Grisodono, et complevi.

248) Verkaufsurkunde aus Lucca v. J. 767.
(Troya V, 423 ff; Nr. 876).

— Constat me *Fridulo* v. d. filio qd. *Cichu* de Brancalo hac die vendedisse et vindedi tivi Deusdede presb. rector Eccl. S. Georgi una petiola terra mea qui viti superposite sunt. . . . abere visu sum in loco Genariano, prope S. Gergius, et est uno capo et uno latere tenente in vinea Baruttuli, et alio capo in via publica, et alio capo tene in vinea Aspruli: ipsa suprascripta terra quod est vinea tibi vindere videor in integrum per designatas locas. —

— Signum † ms. *Friduli* vindituri et autari.

Signum † ms. *Dulcipert* filio qd. *Aritei* v. d. de Quaratana.

Signum † ms. *Perisindi* Munitario v. d. testis.

Signum † ms. *Warniprandi* de Quaratana filio Teudori testis.

† Ego *Emmo* cler. rogatus in ahc cauto me teste subs.

† Ego *Ghisprand* post traditam compl. et dedi.

249) Urkunde aus Lucca v. J. 767.
(Troya V, 428 ff; Nr. 879).

— *Fredulo* vir devotus filio qd. *Tiuti* in te Eccles. beatissimi S. Martini, iu ipsa Ecclesia Dei odie in Dei nomine do trado, ubi tu *Anselmi* presbiter esse videtor, et offero pro anima de filio *Atripertu*. idest una petia de terra, cot est super vitis positas, quem avire visus sum in locho Civiliano, qui uno capo tenet in via publica, alio capo tene in vinea *Aliperti*, et latere ambas tenet in terra et in vinea tua qui supra. —

— Signum † ms. *Freduli* v. d. qui hanc cartulam fieri rogavit.

Signum † ms. *Tassuli* v. d. de Lunata testis.

Signum † ms. *Aimi* v. d. filio *Guntuloni* testis.

Signum † ms. *Pranduli* v. d. filio *Guntiperti* testis. —

250) Urkunde aus Lucca v. J. 768.
(Troya V, 440 ff; Nr. 884).

— Ego *Tassilo* V. D. filio b. m. *Autchisi*, per hanc paginam volo et decerno, ut dum ego advivere meruero, ut omnia, et in omnibus rebus meis in mea sit potestatem vendendi, donandi, alienandi iterum judicandi qualiter, aut coquomodo voluero in mea sit potestatem quidquid exinde facere voluero . . . seculo isto recessero, et res mea a me iterum injudicata, vel non data remanseret, volo, ut vos . . . et *Rotelmi* Presbitero, et *Ausulo* Presb. *Gundipertu* Presb. et Fermuso filius qd. Petronaci, et *Cunimundo* vindere diveatis omnis res mea, quanta ad me pertene, et injudicata, vel non data remansere, tam res movile, quam et immoviles seo qui semoventibus uvique incolia, et locum ad jus meum pertene, omnia in integrum quanta ad me iterum injudicata, vel non data remansere. —

— Et volo ut terra illa qui mihi obvinet da qd. *Tachipertu* ad Archo, qui latum tene in terra trans Auserclo (latum tene in terra de filii qd. *Garisindi*, ut eas aveas Ecclesia S. Petri, qui vocatur Monasterio *Sumualdi*. Et volo ut aveas parte mea de terra trans Auserclo (Barsocchini)), qui capu tene in ipso Auserclo, et alio caput tene in terra de filii qd. Burriche Cler. Sancti Donati, volo ut si iterum non judicavero, et de seculo recessero . . . . astras actique nepotis meos, idest *Sindiperga*, *Radalperga*, et *Adalperga* portionem meam de casa *Aumaldi* (*Arualdi:* Barsocchini) de loc . . . . . Tappuniano. —

— Et de mancipias . . . . livere demettere diveatis et . . . . Corsania, et *Silbula* et *Liutpergula*, et eorum cartulas apsolutionis emettere diveatis . . . . as (nepotes), in primis *Sindiperga* de ipsa mancipias mea una ancella, nomine Dominica. *Radalperga* volo ut . . . . . Luccili nomine Luciula, et *Adalperga*, volo ut aveas filia *Autule* de Nobule, et volo ut vinca illa qui mihi obvine da Bonulo de Ispardunduco, qui . . . . . sub casa *Liutpertuli*, ut eas aveas Ecclesia Sancti Martini, qui est ad Terras Ussula. —

— † Ego *Ratfusu* not. rogatus a *Tassilo* me teste subs.

† Ego *Wistripert* not. rogatus etc.

† Ego *Willeradus* cler. rogatus etc.

† Et post tradita ego *Teutpertu* scriptur ujus supplevi et dedi. —

251) Schenkungsurkunde des Klosters Farfa v. J. 768.
(Troya V, 451 ff; Nr. 887).

— Ego *Taneldis* relicta cujusdam *Pandonis*, manifesta causa est quia b. m. *Pando* vir meus in vita sua fecit mihi

cartulam donationis de Ciciliano, ubi inhabitare videor, cum
omnibus ipsius casalibus, pertinentiis; cum colonis, casis, vineis,
terris cultis vel incultis, mobilibus vel immobilibus et omnia
quanta ad ipsum Cicilianum pertinent in integrum. —

252) Tauschurkunde v. J. 768.
(Troya V, 454 ff; Nr. 888).

— Placuit atque bona voluntate convenit inter Venerabilem
Virum Halanum Abbatem monasterii S. dei genitricis Marie siti
in Sabinis, nec non et *Hisilpergam* Sacratam deo Abbatissam
monasterii dn̄i Salvatoris fundati infra muros Civitatis Brixiane
constitutum a suprascripto Principe, ut in dei nomine debeat
dare ipse Halanus Abbas ante dictus eidem *Ansilpergae* Abbatissae, in causa commutationis, idest Cellulam unam cum Ecclesia
S. Petri, quae est posita in suprascripto fundo Sabinensi loco
qui dicitur Classicella cum omnibus suis pertinentiis, qualiter ab
Ansperto et *Guandilberto* praepositorum ipsius Cellae fuit directa
vel possessa tam in ipso loco Classicellae vel ubi ipse *Anspertus*
casas habent levatas et terras, seu et aliam Cellam in finibus
Vederbensium in loco qui dicitur Fagianus, cum omnibus suis
pertinentiis in integrum qualiter ab *Anselmo* de Vederbo, et
Aimone genero ejus fuit possessa. —

253) Schenkungsurkunde von S. Agatha in Monza v. J. 768.
(Troya V, 456 ff; Nr. 889).
(Mon. patr. hist. XIII, 65 ff.).

— Basilice beate et Christi martire Agathe site intra Mo-
dicia, ubi ego lecit indignus custus esse invenior *Theodoald*
venerabilis presbiter, presens presentibus dixit: —
— Ea vidilicet ratione volo adque instituo, ut dum me
Dominus in hoc seculo esse iusserit, omnia et ex omnibus rebus
meis in mea maneat potestate, sicuti et nunc esse videtur, et
dum Johannes germanus meus et *Theothilda* Dei famula germana
mea advixerint, omnia et ex omnibus rebus meis in eorum maneat potestate usufructuario nomine, et ipsi de usufructo licentiam habeant dandi pro anima mea et sua aut cui previderint.
Adhuc etiam statuo adque confirmo, ut post meum vel germani

atque germane meae decesso ut omnibus ipsis rebus habere et possedere debeat *Theoderis* clericus nepus meus vel consoprina eius nipote mea nomen *Theoderuna* Dei famola, et una cum ipsis rebus vel suis propriis deservire debeant iu suprascripta basilica sancte Agathe. —

254) Verkaufsurkunde aus Lucca v. J. 768.
(Troya V, 465 ff; Nr. 892).

Constat me *Rodingo* filio b. m. *Teudorichi* vindedisse et per hanc paginam tradi (tradidi) tibi *Grasolfo* munitario uno modiloco de terra mea per mensura, quem havire visu sum prope Eccl. S. Columbani, et prope muro civitatis ista Lucense. —

255) Schenkungsurkunde aus Lucca v. J. 768.
(Troya V, 467 ff; Nr. 893).

— Manifestum est nobis *Gausfrid*, una cum coujuge mea *Gausperta* abitatoribus in Vada, quia ante hos annos per cartulam offersionis qd. Praetestatus germanus meus, idest *Gautspergae*, dedit Ecclesie Sancti Colombani pro anima sua terrulam, quae est juxta Sancti Martini. —

256) Verzeichniss langobardischer Bischöfe, welche das lateranische Concil vom April 769 besuchten.
(Troya V, 488 ff; Nr. 900).

— 1. Joseph Episcopo Terzonae.
2. *Lunfrido* Episcopo Castri.
3. *Aurinandi* Episcopo Tuscanae. —

257) Schenkungsurkunde aus Lucca v. J. 769.
(Troya V, 490 ff; Nr. 901).

— Manifestu sum ego *Sicheradu* presbitero rector Ecc. beati S. Geminiani, quia ante hos annos qd. *Alapert* cler. in ipsa Ecclesia S. Geminiani aliquantas plantas de aulivas in Versilia, et uno petio de terra da *Aripaldu*, et dum ipsa inivi offerisse, comparuet ei, quod eam malo ordinem abuisse, retulle ipsa de ipsa Ecclesia, et ego ipsa plantas de ipsas aulivas dedi *Teudici*.

258) Urkunde aus Benevent v. J. 769.
(Troya V, 492 ff; Nr. 903).

— Firmamus nos Dominus vir gloriosissimus, atque Summus
Dux gentis *Longobardorum*, per rogum *Arnoaldi* Abbatis nostri,
absolutionem Ecclesiae sanctissimae Dei Genitricis Mariae, et
sancti Marciani, quam quondam *Garoin* Abbas a novo fundamine
aedificare visus fuit in loco, qui dicitur Platea. —

259) Gründungsurkunde der Klöster Santa Maria in Sesto und Santa Maria in Salto v. J. 769 (?)
(Troya V, 500 ff; Nr. 906).

— Quapropter *Erfi*, Zanto, seu Marco germani, in Lauro
nostro constituti divina inspirante gratia, edificavimus Monasteria
dua in finibus Forojulianensibus: unum in locum qui vocatur
Sexto, ad honorem semperque Virginis Dei Genitricis Mariae,
et Beatorum Joannis Baptistae, et Petri Apostoli Christi: et
statueramus, ut inibi tum Fratres sub jugo Regulae in Dei ser-
vitio viverent. Et alio Monasterio edificavimus in Ripa, quae
vocatur Salto super Hetorum semperque Virginis Dei genitricis
Mariae, et Joannis Baptistae, et Petri Apostoli Christi Sanctorum
honorem. Ubi *Piltruda*, Domina et Genitrix nostra, cum aggre-
gatis feminis, Monacorum habitu habitare deberent. —

260) Urkunde eines Tausches v. J. 769.
(Troya V, 509 ff; Nr. 907).

— Manifestum est nobis . . . havitator in Pisa, et Conjuge
ejus *Sumderada*, filia qd. Charuli, quia placuit adque convenit
in . . . . *deo* (*Peredeo*) in Dei nomine Episcopo, ut Viganium
inter nos facere deberemus, et per hanc cartulam tibi in cambium dare prevideo casam habitationis qui fuit qd. Charuli soceri,
et genitori nostro, prope Ecclesiam Santi Fridiani, idest . . . .
montane, cum fundamento et curte ante se, et fenile cum suo
fundamento sorte da Meridie . . . . et edificio ejus, et arboribus
infra ipsam curtem, una cum introitum et exitum suum simul,
et . . . . nuto ad fundamento de ipsa casa, omnia predicta res
in integrum portionem quidquit . . . . ividem reservamus: set
omnia in integrum tibi ad parte Ecclesie vestre santi Fridiani . . . .

suprascripta re recepimus a te in cambium salas duas prope muro hujus Civitati . . . . et Wileradi, et tibi modo obvenerunt per *Rachiperto* Presbitero, et Rectoribus Ecclesie Santi . . . . cum fundamenta, curte, orto, et medietatem puteo, una cum alio fundamento . . . . qd. *Randiperti* Presbiteri. —

261) Testament aus Pisa v. J. 769.
(Troya V, 512 ff; Nr. 908).

— Ego Dommolino filio quondam . . . . . . quoniam incerti sumus omnis de Dei judicio, non iscimus qualiter novis finis mortis occhurra, et ideo dispositum sum iter in exercito, et tivi *Austricunda* dulcissima Sorore germana mea in domo mea in capillo avire videor, elegisti tivi monasticho voto Deo deservire, petisti me, ut tivi largito cedere de res tua fachultate, quam tivi chonquisisti, pro anima tua dare. —

— Signum † manus *Ansari* filio quondam *Ansualdi*, testis.

Signum † manus *Auriboni* filio quondam *Aufrit*, testis.

Signum † manus Maurunte filio quondam *Filicenti*, testis. —

262) Testament aus Monza v. J. 769.
(Troya V, 514 ff; Nr. 909).
(Mon. patr. hist. XIII, 74 ff.).

— Item *Leoprand* puero meo volo ut habeat juges tres de terra aratoria in fundo Campigine in consimile loco. uolo ut habeat mancipio una nomine *Agetruda*[1]) pro *aldiane* habente soledos sex *mundio*.

Joannace. *Rimedruda. Theoderada.* et *Teodegunda* instituo esse liberos et liberas ciuesque Romanos et solutum et solutas in iure patronatus. —

— *Theoderaces* aurifex huic cartola dispositionis seu institutionis rogatus a *Gradone* diacono testes subscripsi me presente scripsit et non est mihi relicto. —

— † Ego *Ridiard* notarius in anc exempla me subscripsi. et in ipso autentico relegi sic continebatur in ipso autentico qualiter in ipsa legitur exempla littera plus minus.

---

[1]) Agedruda Mon. patr. hist.

263) Schenkungsurkunde aus Lucca v. J. 769.

(Troya V, 523 ff; Nr. 910).

— † Ego *Rachiprandus* Cler. rogatus a *Liutperto* Prb. in hanc cartula me teste subscripsi.

† Ego *Anipertus* Presb. rogatus etc.

† Ego *Argimo* rogatus ad *Liutperto* etc. —

264) Schenkungsurkunde von Montecassino v. J. 769 oder 770.

(Troya V, 526 ff; Nr. 912).

— Ideoque Ego Leo filius quondam *Unoaldi* hujus mandati non surdus auditor Evangelicum illum negociatorem inuitari cupiens qui inventam preciosissimam margaritam vendidit omnibus emit eam, ut Christus lucrifaciam, non tantum meam, sed memetipsum illi tradere magno cum desiderio studui. —

— Curte *Ersemari* boni; *Adelgisi* filii duo Malo Bonolo. Joanne Urso. Istitoticum Uxoris, et filiis Rocci cum quatuor filiis suis. Idest Leo, Stefano, Sellittolo, Ciminolo. Isti cum uxoribus, et filiis suis. *Adelgari* cum uno filio suo, et cum duobus generis suis. —

— Curte *Grisi.* Landolfo cum *Arniperto* filio suo, et cum duo filiastri, Bonito cum duo filii cum uxoribus, et cum uno alio filio, et Stephano. —

— Cur. Lupi *Sadiperto* cum uno filio suo, et generum ejus *Sico* cum uno filio cum uxore, Stephano cum duobus filiis suis. Fermoso cum tribus filiis suis. —

— Curtem Dulciperti Bonerosi cum uno filio suo cum uxore sua, et filiis suis, et tres filii *Rajenolfi*, cum uxoribus, et filiis suis.

265) Schenkungsurkunde des Klosters Farfa v. J. 770.

(Troya V, 633 ff; Nr. 915).

— Ego *Guileramus* filiis cujusdam *Coderadi* manifestus sum quia bone memorie genitor meus superius nominatus in die transitus sui deputavit pro anime sue remedio in monasterio s. Dei gen. Marie sito in Acutiano atque Halano abbati vel congregationi ipsius monasterii vineas in Lamiano quas a Palombo germano suo in partem acceperat ipsas in integrum

quantum infra claustra pertinet sive de domo culta sive cujus-
cumque portione in ipso pio loco tradidit possidenda. —

Signum † manu *Ausperti Gasindii* testis. —

266) Schenkungsurkunde des Klosters Farfa v. J. 770.

(Troya V, 534 ff; Nr 916).

— † Ego *Acerisius* in hoc testamento a me facto manu mea
propria subscripsi.

† Ego *Alefridus castaldius* rogatus ab *Acerisio* in hoc
testamento testem me subscripsi.

† Ego Lupo *Mazoscanus* rogatus ab *Acerisio* in hoc testamento testem me subscripsi. —

267) Tauschvertrag v. J. 770.

(Troya V, 538 ff; Nr. 917).

— Convenit et stetit inter vir beatissimus domnum *Perc-
deum* in Dei nomine Episcum et *Spricum* filium qd. *Sindonis*.
ut pro casa ipsius *Sprincue*, qua est prope Eccls. S. Fridiani,
seu fundamento et curte et fenile ejus cum fundamento suo,
daret ei domnus Epis. casam cum fundamento et curte, que fuit
Asprandnli cler. et in ipso fundamento levare domnus Episc. ei
Salam illam, que fuit qd. *Rondiperti* presb. et m...........ne
qd. *Tasili:* simul in eodem fundamento et facere duas caminatas
in predicta *sala Asprandnli* cler. —

268) Schenkungsurkunde der Kirche San Regolo in Gualdo
v. J. 770.

(Troya V, 543 ff; Nr. 920).

— Signum † ms. *Bruno* clirico filio qd. *Auti* testis.
Signum † ms. *Gumpaldu* cler. testis. —

269) Schenkungsurkunde der Kirche San Regolo in Gualdo
v. J. 770.

(Troya V, 545 ff; Nr. 921).

— † Ego *Sprinct* Clericus rogatus a *Tanulo* et *Teutpert* in
hanc cartula me teste subscripsi.

† Ego *Erimpertus* Clericus rogatus a *Tanulo* et *Teudulo* et *Teutpert* in hanc cartula me teste subscripsi.

† Ego *Leuterj* Clericus rogatus a *Tanulo*, et *Teudulo*, et *Teutpert* in hanc cartula me teste subscripsi.

270) Tauschvertrag aus Lucca v. J. 770.

(Troya V, 550 ff; Nr. 923).

— Manifestum est michi Deusdedit presbitero rectori Eccl. beati S. Silvestri . . . . te *Rachiprandum* presbitero rectorem Eccl. beate S. Mariae sitae in Sexto, ut cambium de c . . . . . . deberimus, et per hanc cartulam do ego tibi in viganium una clausuram Eccl. nostre S. Silvestri . . . . seu et aliis arboribus suis, et est ipsa clausura in Carpinutula, ubi dicitur ad Pastinum pr . . . . data cum fossa ex omni capite et latere seu sepe: ipsam suprascriptam clausuram tibi dare pr . . . . Eccl. obvenit per cartulam offersionis ab *Sunari* et *Munifrido*. —

— Signum † ms. Deusdedit presb. qui hanc cartulam fieri rogavit.

Signum † *Munualdi* viris . . . . . . —

271) Urkunde aus Lucca v. J. 770.

(Troya V, 552 ff; Nr. 924).

— Manifestum est mihi *Peredeo* in Dei nom. Episc. quia per hanc cartulam confirmare prevideo vos *Audiperto* cler. et *Altiperto* et *Auriprando* germanis, filiis qd. *Aurimi* cler. in casam et rem Eccl. nostre S. Fridiani, ubi nunc presenti commanetis, et in omnia quidquid a vobis possessam est, pertenente ad ipsam Eccl. nostra. —

272) Urkunde aus Tempagnano v. J. 770.

(Troya V, 556 ff; Nr. 927).

— Manifestum est nobis *Ermiteo* et *Walateo* presbiteris gg. quia . . . . *Tenualdo* genitore nostro a fundamentis construximus Ecclesia in honore Dei et beati Petri apostoli in territorio nostro, ubi commanere . . . . loco Tempaniano. —

273) Urkunde v. J. 770.
(Troya V, 560 ff; Nr. 929).

— † Ego *Cunipertulo* sculdais testis $\overline{ss}$.

† Ego *Alais* testis $\overline{ss}$.

† Ego Rosaper filiu Puri testis $\overline{ss}$.

Sign † manus *Ladoini* de Casa Pumili testis. —

274) Schenkungsurkunde von San Pietro in Castiglione v. J. 771.
(Troya V, 587 ff; Nr. 935).

— Simul et portionem meam de casas, et res in loco Peroccolo, una que regitur per *Pettulo*, et *Aupertulo*, que est inter eis devisa, tertia vero in loco Faruita, que regitur per *Crimualdo*, ut dixi, portionem meam, quod est medietatem de istas tres casas, cum omnia ad eas pertenentes in integrum. —

— † In presentia *Osprandi* Diaconi, *Rachiprandi* Presbiteri, Fermusi de Campo, David, *Rachipaldi* filio qd. *Teutpaldi*, et Alpuli de Lavoriano per voluntate Domni *Peredei* in Dei nomine Episcopi, et per rogitum Porphorei, ego Filippus Clericus iscriptor hujus cartule abstuli de hanc cartulam persona ipsius Porphorei non esset offerta in Ecclesia Sancti Petri, et iterum ividem rescripsi, sicut ambarum partium placuit. —

275) Urkunde aus Chiusi v. J. 771.
(Troya V, 589; Nr. 936).

† In $\overline{n}$ dñi regnantibus dñ $\overline{u}$ Desiderio et *Adelgis* filio ejus viri excell. regibus anno regni cor. do ausiliante quintodec. et duodec. mense aprilis Ind. uona promitto atque spondeo me ego *Ansifrid marisscalco* vobis *Saxo* et Piparello seo *Anschadi* dicti de venditione illa quas mihi *Ansifridi* seo Fridani hominibus idest Grossulus et *Bonipertus* seo Domninulo fecerunt de terrula in casale Brocciani vel silba qui et Grippo ipsolo vocatur qui eorum ex comparatione a Brittulo qui et Fasciana et ipsa vinditione quas eor. Brittulo fecit omnia nobis *Ansifridi* et *Fridani* venundaverunt et cartul. nobis exinde fecerunt . . . . . promitto ego *Ansifridi* tam pro me quam et pro Fridane vobis *Saxo* . . . . seo *Anschiadi* dicti seo Grossulo fil.

Furculo adque *Bonipert* fil. Bona . . . . . adque Domninulus fil.
Tassiolo ut si quoquo tempore cum ipse cartul. vinditionis causare voluerimus ipsis ribus nobis defensand. vel contra vos dicend. ut ipsis ribus vos mihi *Ansifridi* et *Fridani* defendatis
et ego *Ansifridi* vos non potuero da *Fridane* defensand. ut
cum ipsa cartul. contra vos nunquam agam nec ipse *Fridane* et
ejus h̄h̄d neque ego *Ansifridi* nec meos h̄h̄d nullo contra vos
omnes sstis nunquam agam dicend. ut vos nobis ipsa vinditione
defendatis da qualivet homine nec . . . . . . cartul. quas nobis
ipsis Grossulus Domninulus et *Bonibert* fecer. in e . . . .
nullum argumentum ingenii exinde agam. nisi ipsis ribus qual.
potu . . . . ipsas defendam. vinditione nam si agere voluero ego
Ansifrid vel meus hhdes vos non . . . . potuerimus da *Fridane*
vel ejus h̄h̄d defensare tunc coup promitto ego *Ansifrid* vobis
Saxo Pipirello *Anschaidi* Domninulo seo *Bonipert* adque Grossulo valentem de ipsis ribus unde vobiscum agimus idest vinditione ipsa unde vobis direximus ut . . . . . quem enim promission.
cartul. Firmo not. scrivere rogavimus. Act. Clusi. —

— ÷ Ego *Cuntulus* p̄r̄b̄ testis.

† Ego q̄s̄ Firmus not. pos traditione complevi et emisi.

276) Urkunde v. J. 771.
(Troya V, 591 ff; Nr. 937).
(Mon. patr. hist. XIII, 79).

— Signum † manus *Garimundi* ūd exercitales de vigo *Arne-
chis* testis.

Signum † manus *Raginaldi* ūd exercitales de vigo Cebo-
lini testis.

† *Gisefrit* ūd huic brevis memoratorio de *mundio* rogatus
ad *Autfrit*[1]) actore domni regi teste subscripsi. —

277) Schenkungsurkunde des Klosters Farfa v. J. 771.
(Troya V, 593 ff; Nr. 938).

— De his omnibus rebus sive locis tertiam portionem b. m.
Taciperti genitoris mei, quae mihi a sororibus meis *Taciperga*

---

[1]) Aupert. Troya.

et *Liutperga* contingit, ipsam tertiam portionem et cultum vel incultum, mobile vel immobile, et casas vineas prata silvas salicta omnia in integrum suprascriptae portionis in ipso venerabili loco concedimus possidenda. —

— † Ego *Aleris* rogatus ab Helina manu mea subscripsi.

† Ego *Teupertus* propria manu mea subscripsi. —

278) Urkunde aus Lucca v. J. 771.

(Troya V, 598 ff; Nr. 940).

— Notitiam judicati, qualiter venit ante me *Peredeo* iu Dei nomine Episc. *Alitroda* mulier cum filium suum nomine *Atripertum*, simul et Petrus cler. cum sacram jussionem excell. domni mei regis, in qua contenebatur, qualiter ipsi interpellassent excellentiam regni ejus, ut nos dedissemus Eccles. monasterium S. Savini per cartolam eidem *Atriperto* infantulo, ut ivi custos esse debuisset. —

279) Schenkungsurkunde aus Lucca v. J. 771.

(Troya V, 604 ff; Nr. 942).

— † Ego *Osprandus* diac. rogatus etc.

† Ego *Wastripertus* cler. rogatus etc.

Signum † ms. *Immuli* cler. filio qd. Ursicini testis.

Signum † ms. *Teuprandi* filii *Auriprandi* testis.

Ego *Austripertus* Clericus post traditam complevi et dedi.

280) Tauschvertrag aus Brescia v. J. 771.

(Troya V, 607 ff; Nr. 943).

(Mon. patr. hist. XIII, 81 ff.).

— Dum ipsa *Autruda* advixerit, in eius sit potestate, suprascriptas res usufructuario nomine nec alienandi licentia avitura nisi fructuare uso familiis illis quos ipsa *Altruda* avere videtur vel rebus movilibus suprascriptus Andreas in sua vel eredum suorum reservavit potestate. —

— † manus *Bertoni scafardo* domne regine testis.

† manus *Astulfi* de Cofelites finis Brexiana testis. —

281) Urkunde aus Lucca v. J. 771.

(Troya V, 616 ff; Nr. 944).

— Manifestum est mihi Valeriano presbitero qui et *Roduli* vocor rectori Ecclesie beati Santi Salvatoris sitae in loco Montione; quia propter hanc cartulam offero Deo et tibi, Eccl. S. Martini, ubi est domus Episcoporum cartulam illam quam mihi fecerunt et confirmaverunt in jam dicta Ecclesia, idest *Ansuartus*, et *Ermifridi* et *Ermualdus* seu et *Asprandus* et *Ermerixi* et *Ermulaus* una cum suprascripta Eccles. quomodo ab eis ego confirmatus sum, et cum omnibus rebus ad eam pertenentem in integrum. —

— Signum † ms. *Ermicheidi* filii quondam Baroncii testis. —

282) Schenkungsurkunde aus Lucca v. J. 772.

(Troya V, 630 ff; Nr. 948).

— Signum † manus *Racculi* Clerici qui hanc cartulam fieri rogavit. —

283) Schenkungsurkunde des Klosters Farfa v. J. 772.

(Troya V, 633 ff; Nr. 950).

— Ideo constat me *Landefredum* filium cujusdam *Landemaris* considerantem Dei memoriam et humanae fragilitatis excessus pro mercede et absolutione animae meae douasse tradidisse atque concessisse in monasterium sanctae Dei genitricis semperque virginis Mariae quod situm est in territorio Sabinensi loco qui dicitur Acutianus, vel tibi qui presens es, vir venerabilis Probate abbas, vel successoribus tuis seu cunctae congregationi ejusdem sancti monasterii ipsum Casalem nostrum qui dicitur Pantanula, qui mihi contingit de meo conquisito ab *Aimone* et *Anserada:* omnia in integrum tam casas domnicatas quam massaricias vineas prata hortos silvas pascua. —

— † Ego *Landifredus* in hac carta donationis a me facta manu mea subscripsi.

† Ego *Aredius* rogatus a *Landifredo* manu mea subscripsi.

† Ego *Fulcoaldus* rogatus a *Landifredo* manu mea subscripsi.

† Ego *Hebremundus* rogatus a *Landifredo* manu mea subscripsi.

† Ego *Guideradus* notarius scriptor hujus cartae post testium roborationem complevi et dedi.

284) Urkunde aus Roselle v. J. 772.
(Troya V, 635 ff; Nr. 951).

— Sign † m̅ *Guntifrid* v̅d̅ firmaturi et conserbaturi qui hanc cartuL fieri rogavet.

Sign̅. † m̅ *Auderadi* repromissuri et conserbaturi.

Sign̅ † m̅ *Karoli* v̅d̅ testis sign̅ † m̅ Muzziuli act v̅d̅ testis.

† Ego *Alvartu* w̅ pb̅ro rogatus ad *Guntifrit* et *Teoteupertu* me testis subscripsit.

Ego *Trasimundus* indignus pbr. postradita conplevi et dedit.

285) Schenkungsurkunde des Klosters Farfa v. J. 772.
(Troya V, 639 ff; Nr. 953).

— † Sign man. *Ubaldini* qui hanc cartam fieri rogavit.

† Ego *Pando* vir illustris rogatus ab *Ubaldino* manu mea ss.

† Ego Paulus *gasindius* rogatus ab *Ubaldino* manu mea propria testem me ss.

Ego Teufanius rogatus ab *Ubaldino* test. me. ss.

Sign † manus Fratelli fil. gsd. *Auvaldi* test. —

286) Urkunde von S. Cassiano di Torrite v. J. 772.
(Troya V, 644 ff; Nr. 956).

— Signum † ms. *Autuli* cl. qui hanc cartula cc.

† Ego *Toto* rogatus cc.

† Ego *Teupert* presb. rogatus cc.

† Ego Cospulo cler. rogatus cc.

287) Schenkungsurkunde der Kirche S. Regolo in Gualdo v. J. 772.
(Troya V, 652 ff; Nr. 959).

— Signum † ms. *Cheiduli* qui hanc cartulam offertionis fieri cc.

Signum † ms. *Tuniperti* filio . . . . . .

Signum † ms. *Alifret* filii qd. *Magnifret* testis.

Signum † ms. *Tunifret* filio qd. *Magnifret*

Signum † ms. Clarissimi filio qd. *Gudepert* . . . .

Signum † ms. Mauri filio . . . . . .

† Ego *Au'elmus* presb. pos tradita compl. et dedi.

288) Urkunde von S. Giuliano v. J. 772.
(Troya V, 653 ff; Nr. 960).

— et quis de heridis successoris meis: contra hanc pagina a me facta ire venire volueret: ipsa res retraendum aut molestandum qualiter a me offertum : tunc compona ad suprascripta Dei virtutem : vel vovis: *Warniperte* et *Lamprande* presbiteri: qui estis ejus rectoris: homnia in dopla, et melioratam ipsam res de quod agitor *fer quidem* suistimationem qualis tunc fuerint. —

— Signum † ms. *Perticausi* Sartori testis. —

289) Schenkungsurkunde aus Pavia v. J. 772.
(Troya V, 656 ff; Nr. 962).

(Mon. patr. hist. XIII, 86 ff.).

— Sed nostris felicissimis, et futuris temporibus, nostra donatio in ipsa metuenda loca vobis, quarum supra *Anselpergae* seu *Oripergae* Abbatissae, vel successarum vestrarum, stabilis debeat permanere.

Ex dicto Domini Regis per Andream, et ex ipsius dictato rescripsi *Groso* Notarius. —

290) Urkunde, betreffend die Kirche S. Maria in Cremona v. J. 772.
(Troya V, 662 ff; Nr. 964).

— Detulit veneratio tua precelse potestatis nostre per gloriosissimam atque precellentissimam *Ansam* reginam dominam et genetricem nostram Cartulas volumina duo una in qua legebatur qualiter *Ermisoind* donaverat in conjuge sua *Areldene* et in filia sua *Rochildene* quantum inter fluvio Pado et Ollio habere visus fuerat de dona regum seu de jura parentum quam etiam de comparacione vel quid ad ei pertinuerat manus aut adhuc deo auxiliante in territorio Cremonense inter Pado et Ollio adquirere poterit omnia et ex omnibus cumfinibus et terminibus ad usufructuario nomine diebus vite carum post ipsarum ambarum decessum omnia suprascripta dona ei devenerit in ipsa basilica sce Mariae ripa fluvio Ollio quam ipse *Emisoind* ad fundamentis edificaverat et instituerat ut ipsa basilica una cum res ad eam pertinentes ad *mundium* sacri palacii nostri pertinerit.

Alia quidem cartula legebatur qualiter suprascripta *Arelda* cum *Summoald Arichis, Turisind* et *Aris* donaverant casa illa ubi ipsa basilica superedificata fuerat cum monasterio et omnia adiacentia vel edificia seu territoria in integrum simul, et predicta *Arelda* de proprietate de parentibus suis per consensum de ipsis filiis suis confirmaverat in ipsa basilica casa masaricias tres, duxas in Luciaco una qui regitur per Leominum masarium cum germanum suum, alia per Banonem tercia in fundo Lebrosa quem regebatur per Stabilem masarium omnia et ex omnibus in integrum nec non et familias nomera octo idest *Albichis Gunderam* Lupone *Aloin*, Otolone et *Vualcunda* cum duos infantes suos et instituerat ut iu sacri nostri palacii essent defensi. —

291) Urkunde aus Lucca v. J. 772.
(Troya V, 664 ff; Nr. 965).

— † Ego Deusdona presbitero rogatus ec.

† Ego Filippus cler. rogatus.

† Ego *Audiprandus* cler. rogatus.

† Ego *Rachiprandus* cler. post traditam ec.

292) Urkunde aus Lucca v. J. 772.
(Troya V, 666 ff; Nr. 966).

— Manifestum est mihi *Waltulo* cler. de Placule, quia per hanc cartulam firmare te provideo *Austrule* filio qd. *Roppertuli* in casam et res mea in loco Muntione, in ipsa casa ubi ipsi genitor tuus antea residet. —

293) Schenkungsurkunde aus Veriano v. J. 772.
(Troya V, 671 ff; Nr. 96˜).

— † Ego *Gairipert* cler. qui unc scripti firmitatis fieri rogavi, et manus mea subs.

† Ego *Aripertu* presb. rogatus ec.

Signum † ms. *Tanepert* filio qd. Baruconi da S. Andrea testis.

Signum † ms. *Arnepert* aurifici rogatus ec.

† Ego q. s. *Teuderam* notario post traditam complevi et dedi.

294) Verkaufsurkunde v. J. 772.
(Troya V, 674 ff; Nr. 970).

— Constat me Danaele et Urso germanis filiis qd. Dusodo habendum vendedesse et vendedimus atque tradedesse et tradedimus vobis *Ermuald Gast.* idest aliquantola terra de Vato ad prope Casa nostra una cum panefferis suis qui havet ipsa terra in longo petis trenta et sex et quatuor. —

295) Verkaufsurkunde aus Trevigi v. J. 773.
(Troya V, 679 ff; Nr. 972).

— Constat me *Aebune* magistro Calegario hbd vindedisse, et vindedit, atque tradedisse, et tradedi tibi Lopulo Monetario aliquantula terra, qui est a starfora et porta, scilicet ad juxta Monita pupliga, una cum arboribus, et pomefferis suis: abentem in longo ipsa terra petis viginti, et in latitudinem abentem petis viginti et quinque: ab uuum latere, et uno capite ssto Lopulo possidentem, et ab alium latere ssta Monita pupliga percurrente, et de alium capite tenentem *Grimualdo*, filio quondam *Matzolo*. —

— Aego *Odibertus* rogatus ab ssto *Ebone* in hanc vind. t. sus. —

296) Schenkungsurkunde v. J. 773.
(Troya V, 682 ff; Nr. 974).

— Signum † ms. *Rachinaldi* cler. daturi et promessuri.

Signum † ms. *Chisi* filio qd. *Chisolfi* v. d. testis.

Signum † ms. *Cosperti* filius qd. *Ropaldi* v. d. testis.

Signum † ms. *Lampuli* cler. filio qd. *Gudifridi* v. d. testis. —

297) Schenkungsurkunde des Klosters Farfa v. J. 773.
(Troya V, 684 ff; Nr. 975).

— † Ego *Hatto* rogatus ab *Hilderico* et *Taciperga* manu mea subscripsi.

† Ego *Trasipertus* rogatus ab *Hilderico* et *Taciperga* manu mea subscripsi.

† Ego *Allo* rogatus ab *Hilderico* et *Taciperga* manu mea subscripsi. —

298) Urkunde aus Lucca v. J. 773.

(Troya V, 686 ff; Nr. 976).

— Manifestum est mihi Serbulo, filio qd. *Aurimi*, quia per hanc cartulam elegere prevideo te *Kachulum* Presbiterum Ecclesie Beati Sancti Columbani, ut post meum decessum . . . . tuam, et ille homo, cui istam cartulum ad exigendum dederis, potestatem habeatis vendere, et dispensare medietate ex omni re mea pro anime meae remedio, qualiter secundum Deum melius previderitis, tam mobile rem, quam et immobile, simul et notrimina mea majora et minora in prefinito pro anima mea despensare debeatis, reliquum vero medietatem rem meam sit in potestatem conjugi meae *Teusprandae* si lectum meum custodierit, de me fidem maritalis observaverit, usumfructuandi, regendi, et imperandi. —

— Signum † ms. *Gumpuli* filio qd. *Rottelmi* testis.

Signum † ms. *Asperti* testis. —

299) Urkunde v. J. 773.

(Troya V, 698 ff; Nr. 979).

— † Ego *Agepertus* u. d. clericus in hanc cartola de accepto *mundio* dictata mano mea probria subscripsi.

Signum † m. *Gidfrit* u. d. germano ipsius *Agepert* et mundiatorem filius . . . . —

300) Testament aus Lucca v. J. 773.

(Troya V, 705 ff; Nr. 983).

— Et volo ut haveas tu nominata *Ghiseruda* dum advixeris in obsequio tuo Maria . . . . . *Agiolus, Rotpertulus,* Briculus et Pugnulu; post . . . . . o tuo sint liberi et absoluti ab omni jus patronati. —

301) Urkunde des Königs Adelchis v. J. 773.

(Troya V, 711 ff; Nr. 985).

— Quam et etiam concedimus in ipsa venerabilia loca omnes res illas quas ad pul . . . . ete pro singulis hominibus judicaria Rectina (Reatina) vel Balbense atque concedimus et concedimus in jura monasterii dni Salvatoris Maurentia ancilla nostra cum filia ejus que pertinuit de curte nostra Pestoriense quam in presente *Bajoarius* sibi in conjugio habuit sociatam nec non et concedimus ad ipso sco monasterio res illas quas in ibi *Vobrandoaldus gastaldius* civitatis nostre Regiense venundavit seu et concedimus in ibi silva cum roncoras in salecta tenente uno capite in curte ipsius monasterii in loco dicitur Miliatino et alio capite tenente similiter in curte ipsius monasterii qui fuit condam *Cuimundi* uno vero latere tenente et alio latere tenente.

Concedimus etenim in ipso domini Salvatoris monasterio omnes res vel familias Augino qui in Francia fuga lapsus est et omnes curtes vel singula territoria atque familia que fuerunt Sesenno *Raidolfi Raloaldi* Stabili *Coardi (Eoardi?) Ansaheli Gotefrid*, et Teodosi vel de alii consentientes eorum quam ipsi pro sua perdiderunt infedelitate et potestate palatii nostri devenierunt, de quantum nunc ex eorum substantia vel familia ipse monasterius vel per singula loca ad eum pertinentibus habere et possidere videntur. —

302) Verkaufsurkunde v. J. 774.

(Troya V, 725 ff; Nr. 988).

— Iscripsi ego Maurinu notario rogatos et petitus ad Anastasius fil. qd Isparoni abitator in Pumpuna v̄h et vinditores et Ideo constans me prenominatu vinditor ab hac die vindedisse et vindedit tibi *Usingu* ab̄b̄ cmturibus sex scilos di olibis una c. terrula et cascina sua. —

— † ego *Witeradu* pr̄b testi manu mea s̄s̄.

† ego Fur . . . rogatus testis manus mea s̄s̄.

Sign † m *Bomfridi* testis. Sign ÷ m Acul. testis. —

303) Verkaufsurkunde aus Verona v. J. 774.

(Troya V, 726 ff; Nr. 989).

— Sign † m Ursoni qui hanc pagina facere rogavet.

Sign ÷ m *Hoderado* filio *Stadoaldo* de Pupiliano testis.

Sign † m Maninolum de Pupiliano testis.

† Juhannes Cl. rogadus ad Orsone in hanc pagina vindicione tt ssi.

† Ego *Audelbertus* Notarius scripsi, et subscripsi, et postradida conplevi.

304) Schenkungsurkunde aus Lucca v. J. 774.
(Troya V, 727 ff; Nr. 990).

— Manifestus sum ego Alpio cler. filio qd. *Teupaldi* habitator in Villa, quia per hanc cartulam offerre prevideo Deo et tibi predicta Eccl. S. Benedicti de predicto loco Villa, ubi *Altipertus* presb. rector esse videtur, omnem res mea ubiquem havere visus sum, omnia et in omnibus, movilia et immovilia, seo semoventibus, ubique mihi legibus pertinet. —

— Signum † ms. Alpii cler. qui hanc cartula fieri rogavit.

Signum † ms. *Cheiperti* filio qd. *Cheifridi* testis.

Signum † ms. Lucifi cl. filio qd. Candidi ec.

Signum † ms. Cheipuli cler. germani ipsius Lucifi ec.

Signum † ms. Falpuli cler. filii qd. Fulculi ec.

† Ego *Castaldus* cler. rogatus ec.

† Ego Benedictus cler. pos tradita ec.

305) Testament aus Bergamo v. J. 774.
(Troya V, 729 ff; Nr. 991).

(Mon. hist. patr. XIII, 97 ff.).

— *Tuido gasindio* domni regis filius bone memorie *Teoderolfi* civis Bergome dixi: cum in statum sanitatis cursus humane vite peragitur et integritatis mentis plena rationi seu cogitatur sic debit homo per previdentia studium presentis vite considerare laventia et semper manentia cogitare atque disponere que futura sunt et semper mansura. —

— Te vero *Lamperga* dilecta conjuge mea si Dei ordinante judicio super me advixeris et lectum meum custodieris volo ut domina permaneas in omni substantia mea in integrum ubi ubi post meum relinquero obitum per singulas locas et civitatibus usufructuario nomine diebus vite tue et de ipso usufructuario habeas potestatem judicandi et dandi pro anime mee et tue remedium et exinde reficiendi dum advixeris decemnovem

Christi pauperibus pro omni ebdomata dies Veneris sufficienter pane vino et companatico. —

— Mobilibus vero rebus meis hoc est *scherpha* mea aurum et argentum simul et vestes et cavalli quantumcumque post meum reliquero obitum volo ut omnia distributum et erogatum fieri debeat per suprascripto pontifice pro sacerdotibus et Christi pauperibus pro anime mee remedium. —

— Ego *Guido* in hanc ordinationis et dispositionis pagine rogatus a *Tuidone* me teste subscripsi. —

306) Verkaufsurkunde v. J. 774.
(Troya V, 737 ff; Nr. 992).

† In XP̅i nomine regnantes dom̅ nostris Desiderio et *Adelchis* viri excellentes anno regni eor, in di nomine octabo dec. et quincto dec. mense junio Ind. duodec. scripsi ego *Aboald* notar. hoc document. vinditionis rogitus ab *Audilapo* et a *Galdilapus* g̅g̅ vinditores consentiente *Opteri* patrinio eor. qui rebus ipsis eor. donavit. — — Ita inter nos bono animo convinet in ea ratione ut si nos q̅s vinditores vel h̅h̅d nostros aut aliquis homo contra hanc vinditionem nostram qñdoque ire presumpserimus et menime ab omnem homine defensare potuerimus dupl. pretium et rei melioratam nos q̅s vinditores vel h̅h̅d nostros vobis q̅s *Huringo* abb vel ad tuos successores rectoribus sci Salvatoris conponituri promittimus. Act. Clus. sign̅ † manus *Audelapo* v̅h̅ vinditores sign̅ † manus *Gaudelapo* v̅h̅ vinditoris. —

307) Schenkungsurkunde des Klosters Farfa v. J. 774.
(Troya V, 740 ff; Nr. 993).

— Simul et confirmamus in ipso sancto loco vel vobis piscatores in Marsis in loco qui dicitur Secundinus casam Assisij et casam Munulli et casam *Genualdi* cum uxoribus et filijs suis.

308) U r k u n d e v. J. 748.

(Nachtrag).

(Troya V, 763 ff; Nr. 616).

In nomine domini dei salbatoris nostri JHesu Christi certum
es me *Selberada* relecta . . . . . cum Leonem filios meus suscepisse et suscepi a bobis Petro reberentissimo subdiacono sancte
ecclesie Neapolitane et dispositore monasterii sanctorum Theodori
et Sebastiani pro metietate *Mauremundi* vel Colosse uxoris
ejus qui fuerunt tertiatores communes de fundo Maternum cod
est in territorio Nole auri solidos biginti quattuor hoc est
per unaquaque persona auri solidos duodecim de bero eorum
filius qui iam nati sunt cod fuerint adpretiati metietatem pretium eorum a te suprascriptu Petro reberentissimum subdiaconum
posteus suscepimus quatenus av odierna die quicquid de suprascriptas personas vel qui de eas nati fuerint facere iudecare-
que volueri sibe tu vel qui posteus in tuo honorem locoque
successerit bindendi commutandi alienandi liberam habeatis potestatem. —

— hoc signum † manus *Troaldi casindi* domni *Argus*
qui testes existit. —

GRAMMATIK

DER

LANGOBARDISCHEN SPRACHE.

LAUTLEHRE.

Vocale. Die langobardische Sprache ist im Allgemeinen noch reich an kurzen *a*, reicher z. B. als die verschiedenen althochdeutschen Mundarten. Es rührt das hauptsächlich daher, dass der Umlaut in den erhaltenen Denkmälern nur in sehr vereinzelten und unsichern Fällen auftritt, dass also *a* noch überall in den Wurzelsylben erhalten ist, auch wenn eine nachfolgende Flexions- oder Ableitungssylbe ein *i* enthält. Es heisst z. B., abgesehen von Wörtern wie *arg* (Roth. 381), *marah* (Roth. 30, 373), *marca* (Rat. 13) u. s. w. *camfio* (Roth. 9, 202 u a.), *haritraib* (Roth. 379), *nazzi* (Roth. 299), *Agilmund* (P. D. I, 14), *Agiltrûda* (Nr. 92), *Albisinda* (P. D. I, 27) u. s. w. Demnach steht das Langobardische in dieser Beziehung noch ganz auf der nämlichen Stufe wie das Gothische, und zwar desswegen, weil beide noch bei dem ursprünglich allgemein germanischen Lautverhältnisse stehen geblieben sind, welches überhaupt keinen Umlaut kennt. Unter den althochdeutschen Mundarten steht in dieser Beziehung die der Baiern der genannten germanischen Lautstufe am nächsten, obschon sie den Umlaut bereits weniger consequent vermeidet (Weinhold. Bair. Gramm. § 5, 9, 12). Bei den Alamannen hingegen ist der Umlaut im Ganzen früher zur Geltung gelangt als bei den Baiern, und im Vocabularius S. Galli finden sich bereits Formen wie *cinnizeni*, *cempheo*, *petti*, während die gleichzeitigen langobardischen Urkunden in der Regel ihr ursprüngliches *a* bewahren.

Was nun die Spaltung des kurzen *a*, seine Verdünnung zu *e* und *i* und seine Verdumpfung zu *o* und *u* betrifft, so ist die Entscheidung der Frage, ob diese Spaltung nur bis zu *e* und *o*

oder ob sie, wie das im Gothischen meist geschehen ist, bis zu *i*
und *u* sich erstreckt, keine ganz leichte. Da nämlich die Handschriften *e* und *i* einerseits und *o* und *u* andererseits in lateinischen wie in langobardischen Worten beständig verwechseln,
so ist es in jedem einzelnen Falle schwer zu entscheiden, ob
das betreffende *e*, *i*, *o*, *u* echt langobardisch ist, oder ob es
bloss dem Schreiber zur Last fällt. Echt scheint *e* in *wergild*,
wo es gerade durch die besten Handschriften (Nr. 1 und 10
bei Bluhme) beglaubigt ist, und wo auch das entsprechende
gothische Wort *vairs* lautet; wenn sich daneben auch Formen
wie *wirichild* finden, so kann der Bindevocal assimilierenden
Einfluss ausgeübt haben, oder es kann, was noch wahrschein-
licher ist, eine Annäherung nach dem lateinischen *vir* hin ver-
sucht worden sein. Auch in *Ebor* (P. D. 1, 3, 7) ist das *e*
durch die Heidelberger Handschrift beglaubigt, während die
übrigen bisher benutzten allerdings *i*[1]) haben. Auch in den
mit *ermin-* zusammengesetzten Personennamen wird das *e* echt
sein, da schon Tacitus *Erminones* und *Hermunduri* hat. Dagegen wird im Hinblick auf das ahd. *werigelt* (R. A. 650) die
Annahme wohl berechtigt sein, es habe auch im Langobardischen
wergeld oder *werigeld* und nicht *wergild* geheissen, obschon
hier alle Handschriften *i* haben; und ebenso wird die Hofumzäunung *ederzûn* geheissen haben, wie es die entsprechenden
ahd. und as. Formen *etar*, *eter*, *edor* fordern, und nicht *iderzôn*,
wie fast alle Handschriften von Roth. 285 haben. Echtes wurzel-
haftes *i* haben Worte wie *thinc*, *anagrif*.

Auch zwischen *o* und *u* findet ein dem zwischen *e* und *i*
nachgewiesenen ähnliches Verhältniss statt. Es heisst *crapworf*
(Roth. 15) und *marhworf* (Roth. 30, 373), während im Althochdeutschen *u* bereits durchgedrungen ist, und es fragt sich
auch hier nur, ob das *o* echt langobardisch ist, oder ob wir es
bloss den Schreibern verdanken. Unablässig wechseln die beiden
Vocale mit einander in *wolf* und *wulf*, und hier könnte der
Wechsel in der That echt langobardisch sein. Mit Sicherheit
wird sich übrigens hier im Einzelnen nicht immer entscheiden
lassen, ob *e* und *o* oder *i* und *u* echt oder allein giltig sind; und

---

[1]) oder gar *y*.

jedenfalls wird man, wenn es sich um Ermittlung des Vocal-
verhältnisses im Althochdeutschen überhaupt handelt, wohl daran
thun, das Langobardische nur mit gröster Vorsicht als Beweis
pro oder contra zu gebrauchen.

Gleich den kurzen Vocalen sind auch die langen in der
Fünfzahl vorhanden. Das lange *a*, in den Handschriften zuweilen mit *aa* bezeichnet, findet sich, gothischem *ê* entsprechend,
in *fâra* (g. *fêra*), ferner in den Zusammensetzungen mit *rât*,
râd u. s. w. Langobardisches *ê* hingegen entspricht nicht dem *ê*
sondern dem *ai* der Gothen, ist also Verengung eines ursprünglich
diphthongischen Lautes, an und für sich ein charakteristisches
Merkmal der altsächsischen Sprache, vereinzelt jedoch, namentlich
vor *r*, *w*, *h* auch im Althochdeutschen üblich. So heisst z. B.
ein Herzog von Trient bei Paulus Diaconus *Êwin* (P. D. II, 32),
aus *êwa* (g. *aivs*) u. *wini; êwa* erscheint auch sonst schon
frühe in Zusammensetzungen in dieser verkürzten Form, z. B.
in *Êwald* (Nr. 302), *êhaft*, *êhafti* (Graff I, 513). Hingegen ist
ai vor *r* in den zahlreichen Personennamen stehen geblieben,
deren erster Bestandtheil das Substantivum *gair*, ahd. u. as. *gêr*,
ist, ausgenommen in *Gêrard* (Nr. 21). Ohne Zweifel zu tilgen
ist hingegen das bisher angenommene *ê* in dem Namen der sonst
als *Frigg* bekannten weiblichen Gottheit, von welcher Paulus
Diaconus I, 8 spricht. Hier ist *e* ohne Zweifel verschrieben für
i, was auch sonst in unsern Quellen sehr häufig vorkommt und
auch in diesem Falle umso leichter erklärbar ist, als die Schreiber der uns erhaltenen Handschriften von der Länge des *i* in
Fria nichts wussten und dasselbe folglich ganz wie das kurze *i*
behandelten. Das *i* von *Fria* ist Dehnung eines ursprünglichen
i, welches noch in der Form *Frija* des zweiten Merseburger
Zauberspruchs erhalten ist, und aus welchem auch an. *Frigg*
durch die Zwischenstufen *Frijr* (für *Frijar*), *Frigr* hervorgegangen ist. Der Name gehört zu ags. *frig* (amor) und
g. *frijôn* (lieben). Ebenso ist aber auch Roth. 216, 224 statt des
handschriftlich überlieferten *fulcfre* (oder *fulcfree*) *fulcfri* anzusetzen, da g. *freis*, ahd. *fri* auch im Langobardischen *i* erfordert
und *ê* sich in keiner Weise rechtfertigen liesse. In *mêta* (Roth.
178, 179) und *mêtfio* (Roth. 199) findet sich noch das ältere *ê*,
an dessen Stelle später im Althochdeutschen *ia* getreten ist.

Worte mit *i* sind z. B. *wifan* (Liut. 134, 148), *Wigilinda*, dann also auch *fulcfri, Fria.*

Langobardisches *ô* entspricht gothischem *ô* und ebenso dem *ô* in ältern alamannischen und bairischen Denkmälern, an dessen Stelle die Franken und die spätern ahd. Quellen überhaupt *uo* haben. Beispiele sind *plôdraub* (ahd. *pluot*), *stôlesazo* (ahd. *stuol*), *Hrôtharit* (ahd. *hruod*).

Nicht häufig ist *û*; es findet sich in *pûlslac* (Roth. 125) und stand ohne Zweifel ursprünglich auch in *iderzôn* (Roth. 285), dessen *o* sicherlich nur den Schreibern zur Last fällt und wie das *e* in *Frea, fulcfre* zu beurtheilen ist.

Diphthonge. Die beiden Diphthonge *ai* und *au* sind im Ganzen auf der germanischen, durch das Gothische und einige ältere bairische und alamannische Denkmäler repräsentirten Stufe stehen geblieben; sie erscheinen also als *ai* und *au* und nicht wie in den meisten ahd. Denkmälern als *ei* und *ou*. Beispiele mit *ai* sind *snaida* (Roth. 240, 241), *hrairaub* (Roth. 16; vgl. ahd. *hrêo*), *Gaila* als weiblicher Eigenname (P. D. IV, 37) u. s. w. Zu *ê* hat sich *ai*, wie schon erwähnt wurde, in *Éwin, Éwald* verengt. Zuweilen steht auch statt *ai* blosses *a*, z. B. in *Garimund, Garipald* u. s. w. für **Gairimund, *Gairipald*. Es kann dieses Weglassen des *i* blosse Schreibernachlässigkeit sein; da es indessen in gewissen Worten unablässig wiederkehrt, das *ai* anderer hingegen überall rein erhalten ist, wird man zu der Annahme kommen, der ursprüngliche Diphthong sei romanischem Einflusse zunächst in der lebenden Sprache erlegen, und letztere habe dann die Schreiber auch beim Abschreiben von Handschriften in der Weise beherrscht, dass sie ihr und nicht ihrer Vorlage folgten.

Der Diphthong *au* erscheint rein und so, dass er ahd. *ou* entspricht, in *hrairaub* (Roth. 16), *saum* (Liutp. 83); in andern Fällen entspricht ihm die ahd. Verengung zu *ô*, entsprechend der von *ai* zu *ê*, z. B. in den zahlreichen mit *aud* (ahd. *ôt*) gebildeten Personennamen, in *launigild* (Roth. 175; vgl. ahd. *lôn*). Die Verengung zu *ô* kommt im Langobardischen ebenfalls vor, ist jedoch noch nicht häufig, z. B. in dem in drei Urkunden überlieferten *Cospert*, lang. **Côzpert*, neben welchem freilich die Bildungen mit *Gauz, Cauz* in hohem Grade überwiegen.

Häufig ist endlich der dritte Diphthong *eu* in Worten wie *Leupigis, Theudelinda, Theuderáda* u. s. w. In andern Fällen, die jedoch minder häufig sind, ist er, wie das sonst im Gothischen üblich ist, zu *iu* geworden, z. B. in dem Namen des Königs *Liutprand*, in *triuva*. Und wiederum in andern Fällen findet sich *eo* statt *iu*, z. B. in *Leodegar, Theoderûna* u. s. w; ursprünglich langobardisch ist unstreitig *eu*, und das *o* wird daher romanischem Einflusse zuzuschreiben sein. Den Namen *Lupus* endlich (P. D. V, 17) möchte ich nicht nach dem Vorgange Förstemanns (I, 849) mit ahd. *liup* zusammenstellen. Da ein langobardischer Herzog bei Paulus (VI, 25) Corvulus und ein anderer (ebend. VI, 24) Ursus heisst, so wird wohl auch Lupus als Uebertragung von *Wulf* aufzufassen sein.

Das Langobardische steht also hinsichtlich seines Vocalismus theilweise auf der nämlichen Stufe wie das Gothische, insofern es noch beinahe durchweg *ai* und *au* statt *ei* und *ou* und *ó* statt *uo* hat, und insofern es den Umlaut nicht zulässt. Es theilt also mit dem Gothischen gerade diejenigen Erscheinungen, welche nicht specielle Eigenthümlichkeiten des letztern sind, welche vielmehr, wie sich aus den ältesten althochdeutschen Denkmälern ergiebt, als allgemein germanische Erscheinungen müssen bezeichnet werden. Diejenigen vocalischen Lautverhältnisse des Gothischen hingegen, welche als mundartliche Eigenthümlichkeiten desselben aufzufassen sind, also *ê* statt *â*, *iu* statt *eu*, die überwiegende Spaltung des *a* in *i* und *u*, fehlen dem Langobardischen ganz oder theilweise. Es steht dasselbe vielmehr, so weit es sich um die Vocale handelt, den oberdeutschen Mundarten der Baiern und Alamannen oder wenigstens den ältesten Denkmälern derselben näher als dem Gothischen, und mit jenen hat es sich von dem ursprünglich germanischen Lautbestande weniger entfernt als dieses.

Halbconsonanten. Der Halbconsonaut *r* ist zuweilen aus älterem *s* hervorgegangen, z. B. in den beiden Königsnamen *Hrótharit* und *Pertarit*, falls dieselben oben richtig mit g. *vasjan* in Verbindung gebracht wurden. In *hoverôs* hingegen ist das ursprüngliche *s*, durch seine Stellung im Auslaute geschützt, geblieben. Ueber *l* ist nichts besonderes zu bemerken.

Consonanten; a) Lippenlaute. Der tönende Verschlusslaut *b* ist häufig auf der Stufe stehen geblieben, auf welcher er
schon in der germanischen Zeit stand, namentlich im Auslaut,
also z. B. in *plôdraub, morgingáb*[1]), anlautend häufig ist *-bert,
-brand.* In andern Fällen hingegen ist er im Anlaut tonlos,
also zu *p* geworden, *plôdraub* (vgl. g. *blôþ*), *sonorpair, pans,
marpaiz, sciltporo, Pertarit* u. s. w., und ebenso zuweilen im
Auslaut, z. B. in *morgincáp*[1]). Es zeigt sich also in Bezug
auf *b* und *p* im Langobardischen ein Schwanken zwischen dem
ursprünglich germanischen Lautverhältnisse und demjenigen, welches wir später in den oberdeutschen Mundarten der Baiern und
Alamannen treffen. Möglicherweise war übrigens *p* im Auslaut
häufiger, als es die Quellen enthalten, insofern die den Worten
angefügten lateinischen Flexionssylben gleich den germanischen
zur Erhaltung des *b* geholfen haben, während die Langobarden
selbst, deren Nomina grossentheils ohne Flexionssylben waren,
den auslautenden Labial bereits tonlos (als Flüstermedia) behandelten. In *Ebor* entspricht dem *b* auf der germanischen Stufe *f*
(vgl. ags. *eofor*, an. *iöfurr*) und auf der indogermanischen *p*
(lat. *aper*, griech. κάπρος). Die harte Spirans *f* entspricht im
Anlaut dem *f* der germanischen Stufe in *fâra, fadar, feld, Fria,*
im In- und Auslaut hingegen ist sie aus *p* verschoben; vgl.
wîfan (g. *reipan*), *anagrif* (g. *greipan*). Dagegen ist langobardisches *f* statt sonstigem *h* trotz Wackernagel Burg. 352
schwerlich anzunehmen. Zwar finden sich or. g. L. 644 die
beiden Namen *Flôtsinda* und *Flôtharius*; dieselben sind jedoch
fränkisch, und da jene Vertauschung sonst vorzugsweise ein
Merkmal der fränkischen Mundart ist (Haupts Ztschr. II, 555 ff.),
so werden die Langobarden dieselben in dieser Form aus dem
Fränkischen genommen haben. Es liegt diese Annahme umso
näher, als die Beibehaltung fränkischer Formen auch in andern
Fällen nachweisbar ist, z. B. in den Namen *Chlothar* und *Chlod-
suinda* (P. D. I, 27), *Chramnichis* (P. D. III, 9). Die weiche
Spirans *w* wurde in der langobardischen Zeit ohne Zweifel noch
labio-labial und nicht labiodental gesprochen; darum erscheint

---

[1]) Das Schwanken der Handschriften bezeichnet hier wie in andern
Fällen das Vorkommen des tonlosen und des tönenden Verschlusslautes
in einem Worte neben einander.

sie auch in den Denkmälern so häufig im Anlaut des zweiten
Bestandtheils eines Compositums als *u*, für welches gelegentlich
auch *o* steht; den Romanen, deren *v* labiodental war, klang das
w der Langobarden wie *u*; das in der Heidelberger Handschrift
des Paulus Diaconus erhaltene *Albwini* ist in dieser Beziehung
von Wichtigkeit. Wirkliches *w* steht natürlich im Anlaut einfacher Worte oder des ersten Theils eines Compositums, also
in *Wacho, Wigilinda, Winiperga;* zuweilen tritt dann noch
vor *w* in Folge romanischen Einflusses *g*, und dann fällt *w* in
graphischer Beziehung mit *u* zusammen. Auch in den Worten
hoverôs und *hovescarjo* scheint das *v* als weiche Spirans, d. h.
als *w* aufzufassen zu sein, wenn es in den Handschriften theilweise gegen *b* vertauscht wird. Der labiale Nasal *m* entspricht
dem *m* der übrigen Mundarten.

b) Z a h n l a u t e. Auch hier ist der tönende Verschlusslaut,
die sogenannte Media, theils auf derjenigen Stufe geblieben,
welche sie schon im Urgermanischen eingenommen hatte, theils
zu *t*, d. h. tonlos geworden; im Ganzen scheint jedoch *d* zu
überwiegen. Beispiele von Worten mit *d* sind *mund* (ahd.
munt), *ederzûn* (ahd. *eterzûn*), *launigeld* (ahd. *lôngelt*) u. s. w;
die Verschiebung im Inlaut findet sich, z. B. in *Poto* (zu ahd.
biutan, g. *farbiudan*), ferner in *Allerât, Ansfrit* im Auslaut.
Im Gegensatze hierzu ist das *t* der germanischen Stufe voll-
ständig verschoben; Beispiele für den Auslaut gewähren **sculdhaizo, *marpaizo,* wo die Handschriften ausnahmslos *s* statt *z*
schreiben, für den Inlaut *nazzi* (g. *nati*), für den Anlaut *Zangrulf, zawa.* Im Auslaut ist das *z* natürlich als harte Spirans
aufzufassen, im Anlaut als *t + s*, wobei immerhin zu berück-
sichtigen ist, dass der Unterschied zwischen beiden Lauten für
jene Zeit ein geringerer war als für die unsrige. (Vgl. Rum-
pelt. Das natürliche System der Sprachlaute. S. 163, 164)[1]
Wo das *s* nicht graphischer Vertreter von *z* ist, wo es vielmehr
dem *s* der germanischen Stufe entspricht, ist es theils wiederum
harte, theils aber auch weiche Spirans; letztere z. B. in *gisel,*

---

[1] Eigenthümlich sind Formen wie *idertzon* (Roth. 285) und *walapautz* (Roth. 31). Bezeichnen dieselben wirkliche Lautübergänge, oder
fallen sie nur den Schreibern zur Last? Ich möchte eher ersteres
glauben.

hoverôs, erstere in *Graso, Grasulf.* Der dentale Nasal *n* ist nach kurzem Vocal und vor folgendem Dental stehen geblieben in *gasindi, casindi*, ferner in den mit *gund, gunt* gebildeten Zusammensetzungen. Doch fehlt gerade in den letztern zuweilen das *n;* und es entsteht somit die Frage, ob wir es mit einer blossen Schreibernachlässigkeit oder mit einer Nebenform zu thun haben. Für letzteres spricht der Umstand, dass in den Zusammensetzungen mit *funs* das *n* beinahe regelmässig fehlt, dass es da regelmässig *fus* heisst. Dass in Bezug auf das Althochdeutsche die Grammatiken diesen Ausfall des Nasals nicht haben, beweist nichts gegen denselben, da er in den noch lebenden Mundarten z. B. in denen der deutschen Schweiz ungemein häufig, verbunden mit Ersatzdehnung oder Diphthongierung des vorausgehenden Vocals, auftritt. Aber andererseits könnten die Schreiber das *n* von *funs* doch auch wieder weggelassen haben, weil ihnen das Wort ohne *n* eher den Eindruck einer lateinischen Flexionssylbe machte. Wirklich erhalten ist dasselbe in der Urkunde Nr. 233.

Am meisten hat sich das ursprünglich germanische *þ* (th) auch im Langobardischen erhalten; da heisst es also noch *thingare* (lang. wohl **þingón*), *thinc, Hróthart, morth.*[1]) Wo statt des *th* in den Handschriften blosses *t* erscheint,[2]) ist dieses der Nachlässigkeit der Schreiber zuzuschreiben. Im Gegensatze nun zu den noch so zahlreich erhaltenen *th* stehen die bereits der althochdeutschen Lautstufe entsprechenden *d* in *gasindi, casindi* (g. *sinþs*), *fraida* (Roth. 275; vgl. g. *friþôn*, as. *fridôn*, ahd. *gafridôn*).

c) Gaumenlaute. Während auf dem Gebiete der Labiale und Dentale die *p* und *t* der germanischen Stufe durchweg Lautwandelungen erlitten haben, ist der gutturale harte Verschlusslaut *k* oder, wir er hier überall bezeichnet wird, *c* unverändert geblieben, und es heisst also **folcfri* (Roth. 216), während die wirklich oberdeutsche Form z. B. im Hildebrandsliede *volch*

---

[1]) Auch hier könnte die Form *mordh* (Roth. 369, 370) die Uebergangsstufe zwischen *th* und *d* enthalten. Sie ist an beiden Stellen durch die älteste Handschrift, die S. Galler, bezeugt.

[2]) Beinahe regelmässig ist dieses in der Wiener und Casseler Handschrift des Paulus Diaconus der Fall. Vgl. Pertz, Archiv VII, 278, 284.

lautet; es heisst ferner *marca* in Uebereinstimmung mit g. *marka*, im Gegensatze hingegen zu ahd. *marcha* oder *markha*; bloss in dem Namen des Königs *Wacho* (P. D. I, 21) scheint der Uebergang zu dem der ahd. Stufe gemässen Laute stattgefunden zu haben. Wo hingegen die germanische Periode den tönenden Verschlusslaut *g* hat, ist dieser im Langobardischen theils geblieben, theils zu tonlosem *c* geworden und zwar in der Weise, dass häufig das nämliche Wort in den verschiedenen Handschriften verschieden überliefert ist: *gasindi* u. *casindi*, *morgingáp* und *morgincáp* u. s. w. Wo das *g* zu *c* verschoben ist und auf dieses ein *i* folgt, wird zwischen *c* und *i* regelmässig noch ein *h* eingeschoben. Dieses *h* hat die Aufgabe, die rein gutturale Aussprache des *c* anzudeuten, welche die Romanen in ihrer eigenen Sprache vor *e* und *i* nicht mehr hatten, welche sie aber in den ursprünglich langobardischen Wörtern hörten und selber sprachen. So steht z. B. *launichild* neben *launigild*, *wirichild* neben *wergild*, und besonders häufig erscheint dieses *ch* in -*chis*, welches neben dem unverschobenen -*gis* den zweiten Bestandtheil so vieler zusammengesetzter Personennamen bildet. Wo das Gothische *h* hat, und wo auf der germanischen Stufe ebenfalls *h* stand, bleibt dasselbe auch im Langobardischen wie in den verschiedenen Mundarten des Althochdeutschen unverschoben. Anlautend z. B. in *Hadu-*, *Haist-* (vgl. ags. *hæst*), *hari-*, *Helm-*, *hilde-*; *faderfio* (Roth. 182) wird in seiner echt langobardischen Form **fadarfiho* gelautet haben. —

Auch hinsichtlich seiner Consonanten nimmt das Langobardische eine Stufe ein, welche den Mundarten der auch geographisch benachbarten Baiern und Alamannen nahe steht. Nur hat es noch nicht alle Verschiebungen und Lautwandelungen durchgemacht, welche die Mundarten der beiden genannten Stämme schon in ihren ältesten Litteraturdenkmälern beinahe durchgedrungen zeigen. Es steht in dieser Hinsicht dem ursprünglichen germanischen Consonantismus noch näher, wie sich das schon hinsichtlich seines Vocalismus gezeigt hat. Die hauptsächlichste Ursache dieser Erscheinung ist in dem höhern Alter mancher Quellen zu suchen; zum Theil mag aber auch die romanische Umgebung, in welcher die Langobarden lebten, lähmend auf die selbständige Weiterbildung ihrer Sprache eingewirkt haben.

Einzelne Lautveränderungen auf consonantischem Gebiete müssen noch besonders besprochen werden. In *bert* fehlt das dem *t* vorangehende *h* regelmässig; wahrscheinlich haben aber die Langobarden dasselbe noch gehabt, und sein Fehlen fällt mithin lediglich den Schreibern der erhaltenen Handschriften zur Last. Nasalschwund mit Ersatzdehnung des vorangehenden Vocals ist trotz den zahlreichen Zusammensetzungen mit *-fus* statt *-funs* unwahrscheinlich.[1]) Ob Formen wie *mordh, walopautz, idertzon* nur den Schreibern zu verdanken sind, oder ob sie wirkliche Lautübergänge darstellen, ist nicht mit völliger Sicherheit fest- zustellen; letzteres ist jedoch nicht unwahrscheinlich, weil das Lateinische zu *dh* und *tz* keinerlei Veranlassung bot, sondern dergleichen Lautverbindungen eher auch da, wo sie sonst am Platze gewesen wären, beseitigte. Dass in *Opteramus, Scapto, Scaptolf, Wecthari* die Lautverbindungen *pt* und *ct*, welche den germanischen Lautgesetzen an und für sich schon widerstrebten, echt seien, ist kaum denkbar; eher werden die Schreiber hinter dem *p* und *c* ein *h* weggelassen haben. Auf Assimilation be- ruhende Consonantenverdoppelung endlich zeigt sich in *Donno* und *Dusso* (s. das Glossar).

[1]) vgl. S. 268.

FLEXION.

Für die Flexion der langobardischen Wörter, zumal für die der ohnehin in geringer Anzahl erhaltenen Verba ist aus den Quellen wenig oder nichts zu gewinnen. Die Nomina erscheiuen theils in der flexionslosen Form des Nominativus Singularis der starken Masculina und Neutra, theils sind sie mit lateinischen Endungen versehen. Nichts destoweniger lässt sich ihr Geschlecht und ihre Flexion in den meisten Fällen aus der Analogie verwandter germanischer Mundarten, zuweilen auch aus der Beschaffenheit der angehängten lateinischen Endungen erkennen. Wenn *haistan* (Roth. 277) richtige Lesart ist, so wäre damit ein adverbial gebrauchter männlicher Accusativus Singularis (Gr. III, 95) gewonnen; doch dürfen die Varianten *aistant, aistandi,* welche eher auf ein Participium Präsentis hinweisen, nicht übersehen werden. In den Formen *crapworfin* (Roth. 17) und *marahworfin* (Roth. 30) sieht Förstemann (Geschichte des deutschen Sprachstammes. II, 242) oblique Casus von Femininen; in diesem Falle müsste ein schwf. *wurfi* oder *worfi* als Nebenform des sonst üblichen stm. *wurf* angenommen werden. Das Hindrängen an und für sich starker Nomina zur schwachen Declination, wofür Bluhme (Die gens Langobardorum. Heft II, S. 29, 30) die Belege gesammelt hat, dürfte wohl eher romanischem als langobardischem Einflusse zu verdanken sein.

WORTBILDUNG.

Von Ableitungssylben ist *ing*, *inc* deutlich erhalten in *adeling, Cunincpert, ung* in *Amalung.*

Sehr häufig, ja den einfachen Worten gegenüber namentlich in den Eigennamen im Vorsprung, sind die zusammengesetzten. Unter diesen aber besteht die grosse Mehrzahl aus solchen, in welchen beide Bestandtheile Nomina, Substantive oder Adjective sind. Mit einer Präposition zusammengesetzt ist *anagrif* und wohl auch *àstàla*, mit untrennbaren Vorsylben *gastald, casindi, cawarfida, ferquido, paus.*

Der Bindevocal *a*, in der Regel im Althochdeutschen am häufigsten, ist hier sehr selten (Beispiele: *Alapert, Alatheu* etc.), häufiger sind *e i o u*, häufig auch der völlige Mangel eines Bindevocals. Alles das mag grossentheils den Schreibern unserer Quellen zur Last fallen. Jedenfalls aber ist es bei der Beschaffenheit der Quellen schwer zu entscheiden, wie weit auf das Langobardische der von Jacob Grimm (Gr. II, 411 ff.) in Bezug auf das Althochdeutsche aufgestellte Grundsatz der Wortverbindung kann angewendet werden.

GLOSSAR.

———

Verzeichniss
der im Glossar vorkommenden Abkürzungen.

———

Diez Gr. = Grammatik der romanischen Sprachen von Fr. Diez. Dritte
  Auflage. Thl. I.
Diez E. W. = Diez. Etymologisches Wörterbuch der romanischen
  Sprachen. Dritte Ausgabe.
ed. Langob. = Edictus ceteraeque Langobardorum leges. Correctiores
  recudi curavit Fr. Bluhme.
Frst. = Förstemann. Altdeutsches Namenbuch. I.
G. d. d. Spr. = J. Grimm. Geschichte der deutschen Sprache. (Erste
  Ausgabe).
Gr. = Deutsche Grammatik von Jacob Grimm.
Graff = Althochdeutscher Sprachschatz von E. G. Graff.
K. Z. = Kuhn. Zeitschrift für vergleichende Sprachforschung.
Mhd. Wb. = Mittelhochdeutsches Wörterbuch v. W. Müller und Zarncke.
Osbr. = Osenbrüggen. Strafrecht der Langobarden.
R. A. = Deutsche Rechtsalterthümer von J. Grimm.
Wckgl. Burg. = Sprache und Sprachdenkmäler der Burgunden von
  W. Wackernagel; in C. Bindings burgundisch-romanischem König-
  reich. Thl. I, 329 – 404. —

———

ags. = angelsächsisch; ahd. = althochdeutsch; an. = altnordisch;
as. = altsächsisch; g. = gothisch; lat. = lateinisch; mhd. =
mittelhochdeutsch; nhd. = neuhochdeutsch. — Wo vor
einem citierten Worte keine besondere Bezeichnung
steht, ist immer althochdeutsch gemeint.

———

abiscaro s. **awiscario.*

Aboald, npr, stm; Nr. 227. Zu g.
aba (Mann) u. **wald*, ahd. *walt*
(potestas). Lang. **Abawald.*

*Adalberht; Adelbertus, npr, stm;
Nr. 127. Zu *adal* (genus) und
berht, peraht (glänzend).

*Adalgair; Adelgarus, npr, stm;
Nr. 265. Zu *adal* u. **gair* (te-
lum), ahd. *gêr.*

**Adalgis, *Adalkis; Adelgis, Adel-
chis*, npr, stm; die Form mit *g*
steht Chr. G. 646; Nr. 89, 231,
die mit *ch* Nr. 175, 208, 265, 276.
Zu *adal* u. *gis, kis* (1) Speer,
2) Held nach Wckgl. Burg. 368.).
Ueber das *h* hinter *c* vgl. S. 279;
das *a* in der zweiten Sylbe des
ersten Wortes ist erhalten bei
Einhard vit. Car. cap. 6.

*adaling; adeling, stm. So heissen
Chr. G. 644 die lang. Könige bis
auf Walthari. Zu *adal* mit der
Ableitungssylbe *ing* gebildet; vgl.
ags. *äðeling*, an. *öðlingr.*

*Adaliko; Adelcho, npr, schwm;
Nr. 86. Zu *adal* mit *ik* (Gr. II,
284) durch Ableitung gebildet.

Adalperga, npr, f; Nr. 251. Zu
adal u. *pergan.*

Adalwald, Adaloald, Adelwald, npr,
stm; or. g. L. 646; Chr. G. 645;
ed. prol. Roth; P. D. IV, 25, 42.
Zu *adal* u. **wald.*

Adelphus; Nr. 82. Für **Adolfus?*
oder für **Adalfus, Adalfuns.* Im
erstern Falle gehört der Name
zu *hadu* (Kampf) u. *wolf*, im
letztern zu *adal* u. *funs.*

Ado, npr, stm; P. D. VI, 4; Nr.
136. Zu *hadu.* Lang. **Hadu.*

Aduald, npr, stm; Nr. 63, 90. Zu
hadu u. **wald.* Lang. **Haduuald.*

Agari, npr, stm; Nr. 177. Zu ahd.
hac (urbs) u. *hari* (Herr). Lang.
*Hagihari?

Aggulus, npr, m; Nr. 203. Latinisierte Deminutivform zu **Aggo*,
welches durch Assimilation aus
Agio (s. dieses) entstanden ist.

Agilmund, Agilmunt, Agelmund,
npr, stm; or. g. L. 646; Chr. G.
642; prol. ed. Roth; P. D. I, 14;
Nr. 157. Zu *agil* (s. *Agio*) u.
mund, munt. Ags. *Aegelmund*
(Vids. 117).

*Agiltrûda; Ageltrûda, npr, f; Nr.
92. Zu *agil* u. *trût.*

[*Agilwald*, npr, stm; Chr. G. 645.
Der Name steht nur hier; in
den übrigen Quellen (or. g. L;
prol. ed. Roth; P. D.) heisst
der betreffende langob. König
Agilulf.]

Agilulf, npr, stm; or. g. L. 646;
prol. ed. Roth; P. D. III, 35. Zu
agil u. *wulf.*

Agimund, npr, stm; Nr. 248. Zu *agi*
u. *mund.* Ueber *agi* s. *Agio.*

Aginulf, npr, stm; Nr. 140, 169.
Zu *agin*, einer Weiterbildung von
ag (s. *Agio*) u. *wulf*.

Agio, npr, schwm; or. g. L. 642;
prol. ed. Roth; P. D. I, 3, 7.
Gehört nach Pfannenschmid in
Pfeiffers Germania X, 8 zu einer
Wurzel, welche im Germanischen
ag, im Altindischen *ah* (aus *agh*)
lautete, und deren Grundbedeutung die des Durchdringens ist;
agi, *agin*, *agil* sind Weiterbildungen dieser Wurzel. *Agio* geht
über in ahd. *Ecco*, mhd. *Ecke*,
und das Appellativum ahd. *ekka*,
mhd. *ecke* gehört ebenfalls hierher.

Agiolus, npr, m; Nr. 301. Latinisierte Deminutivbildung zu *Agio*.

Agipert, *Agepert*, npr, stm; Nr. 28,
300. Zu *ag* u. *perht*.

Agiprand, npr, stm; Nr. 146, 219.
Zu *ag* u. *prand* (Schwert).

Ago, npr, m; P. D. IV, 1, 42, 51;
V, 17; IV, 1 & 42 ist *Ago* ver-
kürzte Namensform des Königs
Agilulf.

Ahald, npr, stm; Nr. 45.

ahtogeld, *ahtugeld*; *actogild*, *actugild*, stn: achtfacher Ersatz; Roth.
229, 248, 263 etc ... Zu *ahtó* u.
g. *gild*, ahd. *gelt*. Nach R. A.
654 ist der Ersatz nebst acht
andern ebenso grossen Stücken
oder Summen gemeint. — In *gild*
haben sämmtliche Handschriften
i, so dass an Verschreibung kaum
zu denken ist, das Wort steht
somit hinsichtlich seines Vocals
dem Gothischen näher als dem
Ahd., welches das ältere *e* noch
erhalten hat.

aido, schwm: Eidhelfer; Roth. 359.

Aidicald; *Aiduald*, npr, stm; Nr.
115, 116, 221. Zu *aid*, ahd. *eid*,
g. *aiþs* u. *wald*.

Aidulf, npr, stm; Nr. 166.

Aimus s. *Haimo*.

Aio, npr, schwm; P. D. IV. 44;
Nr. 163. Identisch mit *Agio*?

Aistulf s. *Haistulf*.

Acerisius, npr, stm; Nr. 267. Zu
ak u. *rik*; lang. *Akeric*?

Acetrúda, npr, f; Nr. 88.

Acimund, npr, stm; Nr. 83. Zu
ag, *ak* u. *mund*.

Akinolf; *Achinolfus*, npr, stm; Nr.
216. Zu *agin*, *akin* (s. *Agio*) u. *wolf*.

Akipert; *Achipertus*, npr, stm;
Nr. 103. Zu *ag*, *ak* u. *perht*.

Acupardus, npr, stm; Nr. 223. Zu
ag, *ak* u. ahd. *parta* (Streitaxt).
Lang. *Akipard*?

Alakis; *Alachis*, *Alahis*, ersteres
P. D. II, 32, V, 36, letzteres Nr.
161, 163. Zu *ala* (g. *alls*), welches nach Frst. I, 39 u. G. d. d.
Spr. 498 verstärkenden Sinn hat,
u. *gis*, *kis*.

Alaman, npr, stm; or. g. L. 646;
prol. ed. Roth. Zu *ala* u. *man*.

Alamund, npr, stm; or. g. L. 646;
prol. ed. Roth; Nr. 95, 118 u. a.
Zu *ala* u. *mund*.

Alapert, npr, stm; Nr. 62, 167. Zu
ala u. *perht*.

Alaprand, *Alprand*, npr, stm; Nr.
196, 198. Zu *ala* u. *prand*.

Alatheu, *Alateu*, npr, stm; Nr. 103,
177, 189. Zu *ala* u. ahd. *deo*,
g. *þius*. Das Fehlen des *h* in
Nr. 177, 189 beruht auf blosser
Schreibernachlässigkeit.

Albihari; *Albari*, npr, stm; Nr. 48.
Zu *alb* u. *hari*.

Albikis: *Albichis*, npr, stm; Nr.
291. Zu *alb* u. *gis*, *kis*.

Albileopa, npr, stf; Nr. 137. Zu
alb u. *leop*, *liup*.

Albisinda, npr, stf; or. g. L. 645,
Chr. G. 644, 645; P. D. I, 27.

Zu *alb* u. *sind, welches in derartigen Zusammensetzungen ohne Zweifel persönliche Bedeutung (vgl. *gasindi*) hat. Die Lesarten *Alpsuinda* (Muratori), *Albsninda* u. *Albsuenda* (Chr. G.) sind falsch. *Alboin, Albuin* s. *Albwini*.

Albwini, npr, stm; or. g. L. 644, 646; Chr. G. 644; prol. ed. Roth; P. D. I, 23. Zu *alb* u. *wini* (amicus). Vergl. ags. *Aelfvine* (Vids. 70).

Aldefrid, npr, stm; Nr. 238. Umgestellt aus *Adelfrid, **Adalfrid?*

aldia, f. und

aldio, schwm; Roth. 28, 76 u. a. Das Wort bezeichnet die Halbfreien unter den Langobarden und wird R. A. 309, 310 mit ahd. *altinôn* (morari, cunctari) u. *eltan* (bei Otfried) zusammengestellt. Ueber die Form mit anlautendem *h* vgl. Germania XIX, 135, 136. Eine lateinische Weiterbildung bietet das Adj. *aldionalis*, Nr. 244.

Aldo, npr, schwm; P. D. V, 38; Nr. 81, 148, 162. Dazu die latinisierten Formen *Aldula*, Nr. 194, und *Aldulus*, Nr. 218. Zu *alt* (vetus)?

**Aldwini; Aldoinus*, npr, stm; Nr. 130. Umgestellt aus **Adalwini?*

Aleris, npr, stm; Nr. 237, 278. Zu *ala* u. *rich*. Lang. *Alaric.

Alfrid, Alfred, Alifredus, Alfret, Alefridus, npr, stm; Nr. 93, 142, 185, 232, 267. Zu *ala* u. *fridu*. Lang. *Alafrid.

Algarda, npr, f; Nr. 92. Zu *ala* u. *gart*, g. *gards*, an. *gardr*. Lang. *Alagarda.

Aliolf, npr, stm; Nr. 175. Zu *ala* u. *wolf*.

Aliperga, npr, f; Nr. 109. Zu *ala* u. *pergan*. Dazu die latinisierten

Formen *Alipergula* u. *Alpergula*, Nr. 194.

Alapert, Alipert, Alpert, npr, stm; Nr. 62, 98, 99, 100, 146, 154.

Aliprand, npr, stm; Nr. 205. Lang. *Alaprand.

Aliso, npr, schwm; Nr. 137, 239. Gehört nach Zacher (goth. Alphabet Vulfilas. S. 93 ff.) zu einer Wurzel **il, al, ul*, welcher die Bedeutung des Stralens zukommt.

**Alatrûda; Alitroda, Altrûda*, npr. f; Nr. 279, 281.

Allerât, npr, stm; Nr. 26. Zu *ala* u. *rât*. Lang. *Alarât.

Alo, Allo, npr, schwm; Nr. 122, 187, 189, 194, 298. Zu **il, al, ul?* Die Form mit einfachem *l* ist zwar die seltenere, aber doch die richtigere.

Alolf, npr, stm; Nr. 99. Lang. **Aliolf?*

**Alphari; Alpari*, npr, stm; Nr. 181, 241. Zu *alb* u. *hari*.

Alpulus, npr, m; Nr. 194. Latinisierte Koseform zu *alb, alp.*

Altifusus, npr. stm; Nr. 99. Umgestellt aus **Adalfuns?*

Altipertus, npr, stm; Nr. 87, 97. Aus **Adalpert?*

Aluart, Alvart, npr, stm; Nr. 109, 159, 285. Zu *ala* u. *wart* (custos); lang. *Alawart.

Aloin, npr, stm; Nr. 64, 291. Zu *ala* u. *wini; lang.* *Alwini.

Amalung, npr, stm; P. D. V, 10; Nr. 79. Sonst bekanntlich der Name der ostgothischen Königsfamilie und zu *Amala* (Jord. c. 5, 14) gebildet.

Amechis, npr, stm; Nr. 12. Zu *hamo* (Kleid) u. *gis, kis*. Lang. *Hamakis.

Amizo, npr, m; Nr. 77. Verkür-

zung eines Compositums, dessen
erstes Glied *hamo* war?

Amo, npr, schwm; P. D. III, 8.
Zu *hamo*; lang. *Hamo.

Amolcari, npr. stm; Nr. 181. Für
**Amalhari?*

anagrif, stm, bezeichnet entweder
die geschlechtliche Berührung
einer Frau, welche ohne Ein-
willigung ihrer Eltern erfolgt
(Roth. 188, 214) oder vor der
eigentlichen Vermählung (Roth.
189), in beiden Fällen also eine
unrechtmässige Berührung. Zu
ana u. *grifan*.

Anacard, *Anecard*, npr, stm; Nr.
57, 100. Zu ahd. *ano* (avus) u.
cart, g. *gards?*

Anawas heisst im prol. ed. Roth.
das Geschlecht des Königs Agilulf.
Zu *ano* u. *wasan* (pollere)? Uebrigens scheint der Name ein thürin-
gischer und kein langobardischer
gewesen zu sein.

andegawerc, stn: Handgeräthe;
Roth. 225. Zu *hand* u. *werach*;
lang. *handugawerc. Vgl. Germania XIX, 137 ff.

Anduald, npr, stm; Nr. 122. Schwerlich zu *and* (gegen, wider)[1]), sondern eher verschrieben oder un-
richtig gelesen statt *Auduald*; s.
letzteres. — Ebenso wird es sich
auch mit den Deminutivformen
Andolus, Andulus (Nr. 206, 230)
verhalten.

Anipert, npr, stm; Nr. 264. Zu
ano u. *perht*.

angargathungi; Roth. 14, 48, 74.
Die Worte *in angargathungi*
werden Roth. 74 erklärt, id est
secundum qualitatem personae;

---

[1]) Vgl. den burgund. Andabarus,
Wckgl. Burg. 366.

gathungi bezeichnet somit die
Würde, den Werth einer Person
und gehört zu as. *giþungan*, ags.
geþungen (tüchtig, trefflich), *þin-
gan* (proficere; vgl. Z. f. d. A.
XI, 430). Da nun dieser Werth
auf dem grösseren oder gerin-
geren Reichthum an Gras- oder
Ackerland beruht, so fällt der
erste Bestandtheil von *angargathungi* zusammen mit ahd. *angar*,
und das Ganze bezeichnet somit
den Werth einer Person, insofern
dieser auf ihrem Grundbesitze
beruht.

Angari, npr, stm; Nr. 194. Zu
ango, schwm. (Stachel) u. *hari*.
Lang. *Anghari.

Ansa, npr, f: Nr. 174, 291. Zu
ans, an. *áss* (Gott).

Ansahel, npr, m; Nr. 302. Zu *ans*;
das zweite Wort ist dunkel und
scheint entstellt zu sein. Lang.
**Ansahild?*

Ansari, npr, stm; Nr. 262. Lang.
*Anshari.

Anserâda, npr, f; Nr. 284.

Ansfrid, *Ansifrid*, *Ansfrit*, npr,
stm; P. D. VI, 3. Zu *ans* u.
fridu.

*Anshelm; *Anselmus*, npr, stm;
Nr. 112, 250, 253. Zu *ans* u.
helm.

*Anshilda; *Anselda*, npr, f; Nr. 84.
Zu *ans* u. *hiltja* (Kampf).

*Anshraban; *Anseramus*, npr, stm;
Nr. 81, 93. Zu *ans* u. *hraban*
(Rabe).

Ansilmund, npr, stm; Nr. 27.

Ansilperga, *Anselperga*, npr, f; Nr.
174, 253, 290.

*Anscauz, *Ansicauz; *Anscaus*,
Ansicaus, npr, stm; Nr. 32, 140,
232. Das zweite Wort ist das
ahd. *gôz*, *côz* (Guss, gegossenes

Bild, Götze) und gehört folglich zu ahd. *giozan*.

Anschaidus, Anschiadus, Anschadus, npr, stm; Nr. 276. Zu *ans* u. *haiti* (persona). Lang. *Anshait*.

Anso, npr, m; Nr. 51, 226.

Ansolf, Ansulf, npr, stm; P. D. III, 30; Nr. 35, 48. Vgl. an. Ásólfr.

Anspald, npr, stm; Nr. 211.

Anspert, Ansipert, Ansbert, Ansecpertus, Ansecbertus, npr, stm; Nr. 71, 98. u. s. w.

Ansprand, npr, stm; Chr. G. 646; P. D. VI, 22; Nr. 48, 138.

Anstrúda, npr, f; Nr. 31.

*Answald; Ansuald, npr, stm; Roth. 388; Nr. 37, 113, 122, 137, 209; Nr. 209 steht Asuald.

*Answart; Ansuartus, npr, stm; Nr. 282. Zu *ans* und *wart* (custos).

Antarius s. Authari.

Antelmus s. Authelm.

Anthaib, Anthaip, npr; or. g. L. 642; P. D. I, 13. Das zweite Wort ist das R. A. 496 besprochene Hauptwort *eiba* (Gau). In dem ersten sieht Frst. (II, 67) die Präposition *ant*, Abel (238) denkt an das slavische Volk der Anten. Die Wohnsitze der Anten lagen indessen schwerlich so westlich, dass die Langobarden auf ihrem Zuge von Nordwesten nach Südosten durch dieselben ziehen mussten. Vielleicht gehört das Wort zu ahd. *ant, anz, enz*, ags. *ent* (Riese). Frühere Bewohner eines Landes wurden bekanntlich in alten Zeiten häufig als Riesen bezeichnet, und ags. Ausdrücke wie *eald enta geveorc* (Beov. 2775,

Deor. 87), *enta ærgeveorc* (Beov. 1680) stehen auf dem Boden dieser Anschauungsweise. Das *t* statt des regelrecht ahd. *z* darf nicht befremden, da die Langobarden den Namen möglicherweise entlehnt haben. Welcher von diesen drei Erklärungen man übrigens den Vorzug giebt, so ist jedenfalls das *h* blosses Einschiebsel und die langobardische Form mag etwa *Antaib, *Antaip* gelautet haben.

Annald, npr, stm; Nr. 57. Zu *ano?* Lang. *Anawald?*

Appa, npr, f; P. D. IV, 37. Frst. I, 2 stellt diese und ähnliche Formen zu g. *aba* (vir); nach Wckgl. Burg. 366 wäre hingegen an die ahd. Präposition *apa* zu denken. Wahrscheinlich beruht der Name auf einem ursprünglich zusammengesetzten Worte. (Vgl. Stark. Kosenamen der Germanen. S. 157 ff.)

Appo, npr, schwm; Nr. 119, 175; s. Appa.

Arduin, npr, stm; Nr. 132. Zu *hart*; lang. *Hardwini.

Arelda, npr, f; Nr. 290.

arg: feig; Roth. 381. Nach H. Schweizer (K. Z. VI, 452) zu altind. *righâj* (*ri = ar*); die Grundbedeutung wäre demnach zitternd, bebend. Dazu gehört Argus, npr, m; Nr. 309.

Argait, npr, stm; P. D. VI, 24. Zu *arg* u. *hait*. Lang. *Arghait.

Argimo, npr, m; Nr. 264. Zu *arg*.

Ari- Die mit *ari*- beginnenden Worte s. unter *Hari-*

Arnaldus, npr, stm; Nr. 77. Zu einer mit *n* erweiterten Nebenform von *aro* (vgl. ags. *earn*, an. *örn); vor dem *a* wird noch eiu *u*

oder *o* ausgefallen sein; lang.
Arniwald.

Arnifrid, npr, stm; Nr. 132.

Arnicaus, npr, stm; Nr. 109, 167.
Lang. *Arnicauz.*

Arnipert, npr, stm; Nr. 119, 141, 265.

Arnoald, npr, stm: Nr. 259. Lang.
Arniwald.

Arnolf, npr, stm; Nr. 175. Zu
aro u. *wolf.*

Arnulus, npr, m; Nr. 241. Latinisierte Koseform zu *aro*, *arn.*

Arochis, *Aruchis*, npr, stm; Nr. 31,
97, 144, 157. Zu *aro* u. *kis.*
Lang. *Arokis.*

Arsiulf, npr, stm; Nr. 204. Das
erste Wort verschrieben, etwa
statt *arn?*

Aruald?, npr, stm; Nr. 251. Zu
aro u. *wald;* lang. *Arwald.*

Astruelda, npr, f; Nr. 112. Lang.
Austrihilda. Vgl. *Austricunda.*

asto s. *hasto.*

Ato, *Atto*, schwm; P. D. IV, 51;
Nr. 218. Zu g. *atta.* Die hochdeutsche Lautverschiebung ist
unterblieben, weil das Wort einen
Naturlaut ausdrückt.

Atripert, npr, stm; Nr. 250, 279.
Zu *atar* (acer, sagax, celer) u.
perht.

Audefuns; Audefus, npr, stm; Nr.
86, 89. Zu *aud*, g. *auds*, ahd.
ôt u. *funs.* Hierher gehört wohl
auch *Aufusus* (P. D. VI, 57; Nr.
109, 154), wo vor dem *f* das *d*
ausgefallen ist.

Audelahisius, Nr. 41.

Audelasius, Nr. 163, npr, stm. Zu
aud u. ahd. *leih*, ags. *lác* (vgl.
Gr. II, 503.). Lang. *Audelaic?*

Auderáda, npr, f; Nr. 173.

Auderamus, npr, stm; Nr. 216. Zu
aud u. *hraban;* lang. *Audehram.*

Auderát, npr, stm; Nr. 53, 85, 285.
(Nr. 97 *Auradus*).

Auderisius, npr, stm; Nr. 209. Lang.
Auderic. Dazu die Weiterbildung *Auderisinus*, Nr. 163.

Audifrid, npr, stm; Nr. 99. Das
d des ersten Wortes ist ausge-
lassen worden in *Aufrid* u. *Aufrit*, Nr. 26, 28, 57. 188, 262.

Audilapus, *Audelapus*, npr, stm;
Nr. 307. Zu *aud* u. *laip* (su-
perstes; Frst. I, 824, 825). Lang.
Audilaip. Oder für *Audilaup?*
Vgl. *Theudelaup.*

Audiprand, npr, stm; Nr. 292.

Audolf, *Audulf*, npr, stm; Nr. 35,
90, 102, 162.

Auduald, npr, stm; Nr. 28,
136 u. a. Hierher gehört auch
Anduald (Nr. 93 u. 122). Lang.
Audwald.

Audwini; Audoin, Auduin, Ôdwini
(letzteres in der Heidelberger
Handschrift des Paulus Diaconus),
npr, stm; or. g. L. 644, 646;
Chr. G. 644; prol. ed. Roth; P. D.
I, 22, 23. Zu *aud* u. *wini;* vgl.
ags. *Eádvine*, Vids. 74, 98, 117.

Aufrid, Aufrit s. *Audifrid.*

Aufusus s. *Audefuns.*

Augefrit, npr, stm; Nr. 195. Zu
ahd. *auga?* u. *fridu.*

Aunefrid, Aunifred, npr, stm; Nr.
34, 37, 120. Dazu *Aunifridulus*,
Nr. 194. Zu *aun*, welches verwandt und seiner Bedeutung nach
identisch ist mit *aud;* vgl. Wckgl.
Burg. 384.

Aunelahisius, *Haunelasius*, npr,
stm; Nr. 209, 215. Zu *aun* u.
leih; lang. *Aunelaic.*

Aunigis, npr, stm; Nr. 26.

Aunimund, Aunemund, npr, stm;
Nr. 74, 109, 159.

Auniperga, npr, f; Nr. 109.

Aunipert, Aunepert; Haunepert,
npr, stm; Nr. 95, 96, 100, 209.

Aunuald, npr, stm; Nr. 36. Lang.
*Auniwald.

Auribonus, upr, m; Nr. 262. Das
erste Wort **aur* entspricht an.
ör (sagitta), das zweite scheint
entstellt aus ahd. *bano,* schwm.
(occisor); lang. **Auribano.*

Auricaus, npr, stm; Nr. 230. Laug.
*Auricauz.

Aurifert, npr, stm; Nr. 146. Verschrieben für *Auripert.*

Aurimus, npr, m; Nr. 272, 299.

Aurinand, npr, stm; Nr. 39, 73,
100. Zu *aur* u. *nand* (kühn);
vgl. g. *gananþjan,* ahd. *nindan,*
*nand.

Auriperga, npr, f; Nr. 146.

*Auripert; Aurepert, npr, stm; Nr.
62. Dazu die Weiterbildungen
Auripertulus und *Auripertula,*
Nr. 193.

Auriprand, npr, stm; Nr. 271, 279.

Auriwandil, npr, stm; Nr. 36. Zu
aur u. *wintan.* Vgl. an. *Örvandill.*

Auroald, upr, stm; Nr. 123. Lang.
*Auriwald.

Aurulus, npr, m; Nr. 193. Deminutivform zu **aur?*

Aurúna, npr, f; P. D. VI, 49. Für
*Audrúna?

Auselm, npr, stm; Nr. 95. Zu *aus,*
einer ältern Form von *aur,* welche
mit altind. *ush,* lat. *uro, aurum,*
Aurora verwandt ist und die Bedeutung des Leuchtens, Brennens
hat, und *helm.* Lang. **Aushelm.*
Oder ist *Auselm* verschrieben für
Anselm?

Auso, npr, m; Nr. 122. Oder
Anso?

Auspert, npr, stm; Nr. 73, 265.
Oder *Anspert?*

Austricunda, Austriconda, npr, f;

Nr. 50, 261. Zu *austara,* welches sowohl die nach Sonnenauf-
gang liegende Himmelsgegend als
die Göttin der Morgenröthe (ags.
Eástre, ahd. **Ôstara;* vgl. K. Z.
III, 451) bezeichnete, u. zu *guntja.*

Austripert, npr, stm; Nr. 39, 154.

Austrolf, npr, stm; Nr. 110.

*Austrualda; Anstrualda, npr, f;
Nr. 63.

Ausula, npr, f; Nr. 193.

Ausulus, npr, m; Nr. 244, 250.
Zu **aus?* Oder ist *Aus-* verschrieben für *Ans-?*

Autelm, npr, stm; Nr. 176, 202
u. a; lang. **Authelm.*

Auteram, npr, stm; Nr. 191. Lang.
*Authram.

Autchis, Autechis, Audechis, npr,
stm; Nr. 10, 26, 250. Lang.
*Autkis, *Audkis.

*Autcunda; Autconda, npr, f;
Nr. 85.

Authari, Autharit, npr, stm; or.
g. L. 646; prol. ed. Roth; P. D.
III, 16; Nr. 1. Für **aut* u. *hári*
sprechen die drei ersten Stellen
sowie das *h* hinter *t,* für **aut* u.
*warjan (g. *vasjan*) das Nr. 1
im Auslaute stehende *t* und die
Analogie von *Hrótharit;* ist das
t echt, so muss die lang. Form
*Autarit gelautet haben.

*Autipert, Audipert, Autpert, Aud-
pert, Authert,* npr, stm; P. D.
VI, 39; Nr. 37, 100, 146, 178 u. a.
Hierher gehören auch *Aupert,*
Nr. 276 u. *Audelbert,* Nr. 303.

Auto, Audo, npr, schwm; Nr. 100,
178, 189, 192, 219. Zu **aud.*

Autrúda, npr, f; Nr. 280. Zu **aud*
u. *trût;* lang. **Audtrûda.*

Averolf, npr, stm; Nr. 113. Zu
g. *abrs* (stark, heftig), u. *wolf.*
Lang. **Abarolf..*

Auwald, Auvald, npr, stm; Chr.
G. 645; Nr. 285. Zu *aud* u.
**wald*; lang. *Audwald?*

**awiscaro; abiscaro*, schwm; Nr.
132. Zu *awi* (ovis) u. *scario*.
Das Wort bezeichnete denjenigen,
welchem die Aufsicht über die
königlichen Schafherden anver-
traut war.

Azo, npr, schwm; Nr. 85. Nach
Stark (Kosenamen. S. 78) Verkürzung von *Adelbert*.

â.

âmund, aumund: frei, nicht unter
der *mund* eines Andern stehend;
Roth. 224, 235.

âsfeld, stn; P. D. I, 24: Name
eines Schlachtfeldes. Zu *âs* u.
feld.

Âspert, npr, stm; Nr. 230, 223,
298. Zu *âs* (aus *ans* durch Ausfall des Nasals & Ersatzdehnung
gebildet) u. *perht*.

Âsperta, npr, f; Nr. 146.

Âsprand, npr, stm; Nr. 36, 146,
281. Dazu *Âsprandulus*, npr, m;
Nr. 193, 267.

Âsuald, npr, stm; Nr. 208.

âstála, stf; Roth. 7. Es bezeichnet,
wie sich aus der lateinischen Um-
schreibung „id est si eum diceperit et cum eum non laboraverit“
ergiebt, das Verlassen des Mit-
kämpfers in der Schlacht und
gehört somit zu *stelan* (refl.:
heimlich sich entfernen) u. *â-*,
welches hier nicht privative Bedeutung hat, sondern für *ant*
steht; einige Handschriften haben auch wirklich das *n* beibehalten, z. B. die von Vercelli.
Lang. **anstála?*

b.

Baioarius, npr, stm; Nr. 301. Es
ist der hier als persönlicher Eigenname gebrauchte Volksname
u. gehört also zu *Baia* u. *varii*,
ags. *-vare*, an. *-verjar*. Lang.
**Baiwar*.

band, stn: Fahne, Banner; or. g.
L. 643; P. D. I, 20. Zu *bindan*.

Bandipert, npr, stm; Nr. 184.

Bando, npr, schwm; Nr. 232.

Banthaib, npr: lang. Gau in Golanda; or. g. L. 642; P. D. I, 13.
Zu *bant* im Sinne des latein.
pagus (G. d. d. Spr. 593) u. *aiba*
(s. *Anthaib*); das *h* ist unor-
ganisch. Lang. **Bantaiba*. Frst.
(Gesch. d. d. Sprachstammes II,
211) giebt der Lesart *Baynaib*,
**Bainaib* der or. g. L. den Vor-
zug und denkt dann an das Land
der Bojen.

Baraful, npr, stm; Nr. 112. Zu
ahd. *para?* u. *ful?*

bart, stm: Bart; P. D. I, 9.

Barulus, npr, m; Nr. 193. Zu ahd.
bar oder *baro* (Mann)?

Bauto, npr, schwm; Nr. 242. Zu
badu (Kampf), dessen *u* in die
Wurzelsylbe übergehn und diese
diphthongisch gestalten kann;
vgl. Wckgl. Burg. 359, 360.

Beleos, Peleos, npr, lang. Geschlechtsname; Chr. G. 645; prol.
ed. Roth. Der Name lässt sich
mit den vorhandenen Hilfsmitteln
kaum deuten.

Bernerius, npr, m; Nr. 130. Kann
zu einer mit *n* weitergebildeten
Form von ahd. *bero* gehören (vgl.
an. *biörn*), aber auch zu *Berna*
(Verona).

Bertaldus, npr, stm; Nr. 6. Für
**Bertwald?*

Berto, npr, schwm; P. D. VI, 55;

Nr. 280. Dazu *Bertulus*, Nr. 140, 169.

Bigibert, *Bighipert*, npr, stm; Nr. 109. Zu *bic* (Stich)? u. *berht*.

Bona, npr, f; Nr. 106, 113. Dieses und die folgenden Zusammensetzungen, in welchen *bon-* im ersten Gliede steht, scheinen eher zu lat. *bonus*, als zu ahd. *bano* zu gehören, während sich letzteres bei *Auribonus* namentlich wegen der Bedeutung des ersten Wortes sehr gut empfiehlt. Es fragt sich indessen, ob das lat. *bonus* unmittelbar mit einem lang. Worte zusammengesetzt wurde, oder ob ein mit lang. * *gôd* schon gebildetes Wort zur Hälfte in's Lateinische übertragen wurde.

Bonaldulus, npr, m; Nr. 193.

Bonari, npr, stm; Nr. 97. Lang. **Gôdhari?*

Bonichis, npr, stm; Nr. 79. Lang. **Gôdekis?*

Bonifrid, npr, stm; Nr. 227, 302, wo *Bomfrid* ohne Zweifel so zu verstehen ist. Lang. **Gôdifrid?*

Bonibert, *Bonipert*, npr, stm; Nr. 275; lang. **Gôdipert?* Dazu das deminutive *Bonipertulus*, Nr. 193.

Boniperga, npr, f; Nr. 207. Lang. **Gôdiperga?*

Bonuald, npr, stm; Nr. 22, 145. Lang. **Gôdwald?*

**Braifrid*; *Braifred*, npr, stm; Nr. 239. Vielleicht zu mhd. *briten*; dann müsste vor *f* ein *t* ausgefallen sein.

Brunari, npr, stm; Nr. 197. Zu *brunja*, *brunno* oder *brûn?* Lang. **Brunhari?*

Bruning, npr, stm; Nr. 24, 61, 231.

Brûno, npr, schwm; Nr. 268. Zu *brûn*.

Buggulo, npr, m; Nr. 109. Nach Stark (Kosenamen. S. 24) ist *Bucco* = *Burchardus*, und dazu wäre dann *Buggulo* das Deminutivum.

Burgundaib, npr; or. g. L. 642; P. D. I, 13. Das Wort, welches einen lang. Gau in Golanda bezeichnet, ist zusammengesetzt aus dem Namen der Burgunden und dem schon bekannten *aiba* (s. *Anthaib*). Wahrscheinlich kamen die Langobarden durch die Gegenden, welche die Burgunden bei ihrem Vordringen gegen den Mittelrhein i. J. 373 geräumt hatten.

c siehe k.

d.

Dagarius, npr, stm; Nr. 122, 192. Zu ahd. *tac* (dies), für welches J. Grimm (Gr. II, 451, 488) im Hinblick auf seine Verwendung in persönlichen Eigennamen die Bedeutung von Glanz, Helle in Anspruch nimmt. Lang. **Daghari*.

**Dagibert* (*Daghibert*, Nr. 10), *Dagilbert*, *Dakipert* (*Dacipert*, Nr. 150), npr, stm; Nr. 10, 150. Zu *tac* u. *berht*, *perht*. Die Form *Dagilbert* enthält eine Weiterbildung des ersten Wortes.

Dondo, *Donno*, npr, m; Nr. 49, 100. Zu an. *þund* (Panzer, Harnisch)? oder zu ags. *þindan* (tumere, tumescere) Lang. **Dundo*, oder mit Assimilation **Dunno*.

Dusso, npr, m; Nr. 69. Für **Durso*; auch an. *þurs* assimiliert sich zu *þuss*.

e.

Ebo, npr, m; Nr. 295. Ueber *eb* vgl. Frst. I, 357.

Ebor, npr, stm; or. g. L. 642;

P. D. I. 3, 7. Zu ahd. *ebur,*
epur, ags. *eofor*, an. *iöfurr*
(Eber).

Eonand, npr, stm; Nr. 164. Zu
eo, io (Wckgl. Burg. 384) u. **nand*
(Kühnheit). Doch könnte auch
hinter dem *o* ein *r* ausgefallen
sein, und dann würde der Name
gleichbedeutend sein mit dem des
gothischen Geschichtschreibers
Jornandes. Zu *ebor?* u. **nand.*

Erfo, npr, schwm? oder *Erf*, stm?
Nr. 259. Zu ahd. *erpf*, an. *iarpr*
(fuscus).

Ermifrid, npr, stm; Nr. 109, 281.
Zu *erman, irmin* (Volk) u. *fridu.*
Nr. 109 steht neben *Ermefrid*
ein wohl nur aus diesem ent-
stelltes *Eirnefrid.*

Ermicald, npr, stm; Nr. 197. Zu
erman u. ahd. *geltan*, welches
bekanntlich auch die Bedeutung
des Opferns hat.

Ermicaus, npr, stm; Nr. 202 Lang.
*Ermicauz.

Ermicheid, npr, stm: Nr. 281.
Lang. **Erminhaid?*

Ermemár, npr, stm; Nr. 78. Zu
erman u. *mári.*

Erminald, npr, stm; Nr. 230. Für
*Erminwald?

Ermipert, Ermepert, npr. stm; Nr.
202, 204, 237.

Ermeriscus, npr, stm; Nr. 281.
Das *s* scheint blosses Einschiebsel
zu sein. u. es wäre also die lang.
Form **Ermanric.*

Ermisind, npr, stm; Nr. 193. Zu
erman u. *sind* (vgl. *Albisinda*).

Ermisoind, npr, stm: Nr. 290. Zu
erman und *swind* (celer); lang.
*Ermiswind.

Ermiteus, npr, stm; Nr. 225, 272.
Zu *erman* u. ahd. *diu, deu*, g.
þius; lang. **Ermitheu.*

*Ermitrúda; Ermitroda, npr, f;
Nr. 146.

Ermo, npr, m; Nr. 248. Aeltere
und im Langobardischen, wie es
scheint, üblichere Form von
erman.

Ermuald, npr, stm; Nr. 170, 281,
294. Zu *erman* u. **wald.*

Ermulus, npr, m; Nr. 232, 239 u.
281, wo dafür *Ermulcus* steht.
Deminutivform zu *Ermo.*

Ersemár, npr, stm; Nr. 264. Für
*Ercemár, *Ercanmár? Dann
wäre das Wort zusammengesetzt
aus *ercan* (ingenuus, egregius)
u *mári.*

**eterzún; eterzon, iderzon, idertzon,
hiderzon:* Hofumzäunung; Roth.
285. Zu ahd. *etar, eter*, as. *edor,*
ags. *eodor* u. *zún; ó* steht in den
Handschriften für *ú* wie sonst *o*
für *u*. Mhd. *eter* bezeichnet sowohl den Zaun als das umzäunte
Gebiet, hier ohne Zweifel das
letztere, weil sonst beide Theile
des Wortes dasselbe ausdrückten.

ê.

Érimpert, npr, stm; Nr. 269. Zu
ahd. *éra* (honos) oder vielmehr
zu dessen erweiterter Form *érin*
u. *perht.*

*Éward, npr, stm; Nr. 301. Zu
éwa u. *wart*. In der Urkunde
selbst steht *Coardi*. Auch sonst
erscheint ahd. *éwa* in derartigen
Zusammensetzungen zu *ê* verkürzt: vgl. Graff I, 513. Beginnt
das zweite Wort mit *w*, so liegt
die Verkürzung doppelt nahe.

*Éwini: Éwin, Eoin, npr, stm;
P. D. II. 32. Zu *éwa* u. *wini*
und nicht identisch mit g. *aiveins*
(aeternus), wie G. d. d. Spr. 690
angenommen wird.

f.

faderfio, stn; Roth. 181, 198, 199. Zu g. *fadar*, ahd. *vatar* u. *fihu.* Lang. **fadarfihu.*

Faichis, npr, stm; Nr. 56. Zu *faida* u. *kis.* Lang. **Faidkis?*

faida, stf: Feindschaft, Hass; Roth. 45, 75, 162. Zu g. *faian?*

Facho, npr, m; or. g. L. 646; prol. ed. Roth. Zu ahd. *gavehan* (gaudere)? g. *faginôn*, u. *fahêþ*, welches ein stv. **figa*, *fag*, *fêgum* voraussetzt. Lang. **Faco?*

Falco, npr, schwm; Nr. 32. Zu ahd. *falcho* (Falke) u. nicht zu *falah* (flach. eben). wie Frst. I, 397 annimmt.

fara, stf: Familie, Verwandtschaft; Roth. 177; ahd. *fara*, g. *fêra.*

farigaid, stm: Aussterben der Familie; or. g. L. 644. Zu *fara* u. **gaid*, g. *gaidu*, ags. *gâd.*

Fâro, upr, m; P. D. VI, 19; zu *fara.*

Fâruald, npr, stm; P. D. III, 13; IV, 16 u. a. Lang. **Fârawald.*

feld, stn: Feld; or. g. L. 643, Chr. G. 643; P. D. I, 20. Das Wort scheint a. a. O. mehr oder weniger Npr. zu sein (in campis patentibus qui sermone barbarico *feld* appellantur) und wahrscheinlich das Marchfeld östlich von Wien zu bezeichnen, auf welches die Langobarden aus *Rugiland* (s. dieses) gelangten.

Ferdulf, npr, stm; P. D. VI, 24. Zu *fart* u. *wulf.* Zu *fart* gehört auch *Ferdulus*, Nr. 212.

ferela, *ferea*, *fagia*: Eiche; Roth. 300. Vgl. die Glossen bei Graff I, 127, nach welchen man auf ein zusammengesetztes **ferehaiha* schliessen könnte.

ferquedo, *ferquido*, adj: ähnlich, gleich, Roth. 147 u. a; Liutpr. 151; Nr. 87. Zu *far-quedan*, g. *fauraqvidan* (antedictum: eben, schon beschrieben; gleich). An das nhd. entsprechend zu denken, hindert die Vorsylbe.

Fierad, npr, m; Nr. 167. Entstellt aus **Filirâd?*

figang, stm; Roth. 253, 291; Grim. 9: Diebstahl. Zu *fihu* u. *gang*, wörtlich das Weggehn mit dem Vieh, d. h. mit der Fahrhabe eines Andern.

Filari, npr, stm; Nr. 187. Lang. **Filihari?*

Filicaus, npr, stm; Nr. 35, 72. Lang. **Filicauz.*

Filicausa, npr, f; Nr. 109. Lang. **Filicauza.*

Filicent, npr, m; Nr. 261. Langobardisch?

*Filing; *Filinghus*, npr, stm; Nr. 239. Ableitung von *filu?*

Filimâr, npr, stm; Nr. 32, 44, 60, 229, 243.

Filipert, npr, stm; Nr. 32, 59, 72, 229 (*Filippert*).

*Filirâd; *Filerâd*, npr, stm; Nr. 109, 153, 167, 225.

Floripert, npr, stm; Nr. 167. Das erste Wort ist entweder entstellt oder Uebertragung eines langobardischen Wortes in's Lateinische.

fornaccar, stm; Roth. 358. Das Wort bezeichnet den Acker „post fenum aut fruges collectas." Zu ahd. *forn*,[1] welches hier temporale Bedeutung hat, u. *accar.*

fraida, stf? Roth. 275. Das Wort bezeichnet die Zuflucht, die einer zu einem Andern nimmt, das „refugium post alium". Zu g. *friþôn*, as. *friðôn*, ahd. *gafridôn*,

---

[1] Vgl. Graff III, 627.

welche ihrerseits ein stv. g. *freiþa,
*fraiþ, ahd. *fridu, *freit voraus-
setzen.

Framuald, npr. stm; Nr. 63. Zu
fram u. *wald;* über die Zusam-
mensetzung von Präposition u.
Nomen vgl. Wckgl. Burg. 366 ff;
oder zu *framea* (Tac. Germ. cap.6).

Franco, schwm: Franke; Liutpr. 79.

Franculus, npr, m; Nr. 123. Zum
vorigen.

Frea, npr, stf; or. g. L. 642; P. D.
I, 8. Für *e* ist ohne Zweifel *i*
zu schreiben, und die Göttin hiess
also bei den Langobarden *Fria;*
vgl. ahd. *Frija,* an. *Frigg.*

Fredus, npr, stm; Nr. 112. Zu
fridu?

Fridan, npr. stm; Nr. 275. Zu
fridu?

Fridicaus, npr, stm; Nr. 109. Lang.
Fridicauz.

Fridichis, npr, stm; Nr. 38, 109.
Lang. *Fridikis*

Fridulus, npr, m: Nr. 196, 243,
249. Zu *fridu.*

Frócho, npr, schwm? prol. ed. Roth.
Zu ahd. *fróhan,* as. *frókan,* ags.
frécne (audax).

fulboran, adj: vollbürtig, ehelich;
Roth. 154. Zu *ful* u. *beran;* vgl.
ags. *fulberen.*

folcfri; fulcfree, Adj: gemeinfrei:
Roth. 216, 224 u. a. Zu *folc,*
folch u. *fri.* — Die Varianten
fulcfreal u. s. w. deuten an, dass
wohl auch die Langobarden ein
dem g. *freihals* entsprechendes
frihals hatten, welches indessen
hier als Lesart nicht den Vorzug
verdient.

Folcbrandulus; Vobrandolus, npr,
m; Nr. 301.

Fulco, npr, m: Nr. 169. u. *Fulcu-
lus,* npr, m; Nr. 140. Zu *folch.*

Fulcuald, npr, stm; Nr. 81, 91 u. a.
Lang. *Folcwald.*

Fuolfo, npr, m; Nr. 119. Für
Wolfo?

Furolf, npr, stm; Nr. 177.

Fusso, npr, m; Nr. 175. Für *Fusco?*
Zu lat *fuscus?*

g.

Gadifrid, npr, stm; Nr. 164. Zu
gadan (jungi: vgl. Frst. I, 455)?
u. *fridu.* Doch könnte auch hinter
dem *a* ein *i* ausgefallen sein und
dann würde das erste Wort zu
gaido (s. unten) gehören.

Gaduald, npr, stm; Nr. 148. Lang.
Gaidwald?

Gaduin, npr, stm; Nr. 100. Lang.
Gaidwini?

gafánd, stm: Miterbe; Roth. 247.
Zu g. *gafahan* (eigentlich wohl
gafanhan); in *gafánd* ist das *h*
ausgefallen und in Folge dessen
Contraction der beiden *a* eingetreten.

gahagi, stn: Gehege; Roth. 319, 320.

gaida, f: Pfeil; Roth. 224: Nr. 138
(*gahida*). Zu ags. *gádu* (cuspis,
mucro). Vgl. Förstemann, Geschichte des deutschen Sprachstammes, II, 221. Dazu gehören
auch die folgenden Personennamen.

Gaidemár, npr, stm; Nr. 150.

Gaidepert, npr, stm; Nr. 155.

Gaideris, npr, stm; Nr. 108. Lang.
Gaideric.

Gaido, npr, schwm; Nr. 33, 168.

Gaiduald, Gaidoald, npr, stm;
P. D. VI, 49; Nr. 28, 242. Lang.
Gaidwald.

Gaifrit, npr. stm; Nr. 31. Für
Gaidfrid oder *Gairfrit.*

Gaidulf, npr, stm; or. g. L. 645;
Chr. G. 645: P. D. IV, 3, 13.

Gaila, npr, f; P. D. IV, 37. Zu
geil.

Gaiprand, npr, stm: Nr. 153. Für
*Gairprand.

Gairemond s. *Gairimund*.

*gairethinc; gairethinx, stn: rechtliche Verhandlung, bei welcher
der Speer symbolisch verwendet
wird (Tacitus Germ. cap. 11).
Die Verhandlung konnte entweder privatrechtlicher Natur sein,
z. B. Roth. 172, 174, 222, 224,
375, oder es konnte sich um
staatsrechtliche Fragen, z. B. um
die Annahme einer königlichen
Gesetzessammlung durch das Volk
handeln, z. B. Roth. 386 Zu
germ. **gais*, lang. *gair*, ahd. u.
as. *gêr* u. *thinc*, ahd. *dinc*. Zu
gair gehören auch die folgenden
Personennamen.

Gairimund, Gairemond, npr, stm;
Nr. 49, 99.

Gairipald, npr, stm; Nr. 36, 229.
Zu *gair* u. *pald* (kühn).

Gairipert, npr, stm; Nr. 144, 293.

Gairo, npr, m; Nr. 39.

Gairuald, npr, stm; Nr. 39. Lang.
*Gairwald.

Galdilapus, npr, stm; Nr. 57, 306
u. *Galdilupus*; Nr. 99. Zu *geldan* (opfern) u. *laip* (g. *laifs*,
ahd. *leiba*), welches in derartigen
Zusammensetzungen wohl die persönliche Bedeutung des lat. *su-
perstes* hat, oder *laup* (vgl. *Theudelaup*). Lang. **Galdilaip* oder
*Galdilaup.

Galdoin, npr, stm; Nr. 243. Zu
*gald (Opfer?) n. *wini*. Lang.
*Galdwini.

gamahal, stm: confabulatus; Roth.
362. Gemeint sind nach R. A.
475 die ehelichen Söhne, d. h.
diejenigen, welche in förmlicher

d. h. mit *mahal* eingegangener
Ehe erzeugt sind. Dem widerspricht jedoch der Wortlaut der
angeführten Stelle, wo die *gama-
hali* im Gegensatze zu den *nati*
stehn — aut de natûs, aut de
gamahalos — und doch mit diesen zusammen die proximi legitimi bilden. Es müssen demnach
andere Verwandte, etwan ange-
heirathete gewesen sein. Zu *gamahal* vgl. g. *mapl*, altfränk.
gamallus (aus *madlus*), lex Sal.
tit. 47.

Gambara, npr, f: Ch. G. 641; or.
g. L. 642; P. D. I, 3, 7, 8. Zu
ahd. *gambar* (strenuus).

Ganderis, npr, stm; Nr. 179.
Schwerlich zu an. *gandr* (Wolf),
eher zu dem mundartlich noch erhaltenen *gand* (Stalder. Schweiz.
Idiot. I, 420, 421).

Gandipertulus, npr, m; Nr. 193.

Ganpert, npr, stm; Nr. 242. Für
*Gandipert?

Gaoso, npr, m; Nr. 84. Lang.
*Gauz.

Gaosoald, npr, stm; Nr. 26. Lang.
*Gauzwald.

Garimund, npr, stm; Nr. 276.
Lang. **Gairimund*. Zu **gair* u.
mund.

Garipald, Garibald, npr, stm; die
Form mit p Nr. 164, die mit b
P. D. IV, 52; V, 33. Lang.
*Gairipald, *Gairibald.

Gariperga, npr, f; Nr. 104. Lang.
*Gairiperga.

Garisind, npr, stm; Nr. 250. Lang.
*Gairisind.

Garivard, npr, stm; Nr. 69. Lang.
*Gairiward.

Garo, npr, m; Nr. 19. Lang. **Gairo?*

Garoin, npr, stm; Nr. 258. Lang.
*Gairwini.

Garrimund, npr, stm; Nr. 14. Für lang. **Gairimund*.

gasindi s. *casindi*.

gastald, stm? oder *gastaldo*, schwm? Roth. 15, 23 u. a. So heissen die königlichen Finanzverwalter in der einzelnen civitas. Zu g *gastaldan* (erwerben, besitzen). Es waren mächtige, begüterte Leute, welche dieses Amt verwalteten; vgl. Pabst in den „Forschungen zur deutschen Geschichte", Bd. II, 442 ff. u. namentlich 452. Auch ein altbairisches *castaldius* ist nachgewiesen bei Meichelbeck (hist. Frising. Nr. 715).

Ganderis, npr, stm; Nr. 14. Für *Ganderis?*

Gaufrid. npr, stm; Nr. 36. Für **Gaudfrid* oder **Gauzfrid*.

Gausa, npr, f; Nr. 104. Lang. **Gauza*.

Gausari, npr, stm; Nr. 39. Lang. **Gauzhari*.

Gauserad, *Causerad*, npr, stm; Nr. 44, 49, 109. Lang. **Gauzerad*.

Gauseram. npr, stm; Nr. 168, 170. Lang. **Gauzehram*.

Gausfrid, npr, stm; Nr. 255. Lang. **Gauzfrid*.

Gausingo, npr, Ortsname; Nr. 46. Lang. **Gauzingun?* Vgl. Flechia. Di alcune forme de' nomi locali dell' Italia superiore. S. 94—101.

Gauspert, *Gospert*, *Guspert*, npr, stm; Nr. 19, 97, 118, 131. 153. Lang. **Gauzpert*, **Gózpert*.

Gausperta, npr, f; Nr. 255. Lang. **Gauzperta*.

Gausprand, *Gosprand*, npr, stm; Nr. 177, 211. Lang. **Gauzprand*, **Gózprand*.

Gausuald, npr, stm; Nr. 56. Lang. **Gauzwald*.

Geitrada, npr, f; Nr. 193. Verschrieben für *Geirráda?*

Genuald, npr, stm: Nr. 307. Zu ahd. *gina* oder *gino* (Mund; vgl. Graff IV, 107). Lang. **Ginwald?*

Gerard, npr, stm; Nr. 21. Zu ahd. *gér* u. *hard*. Lang. **Gérhard*.

Gespergula s. *Gispergula*.

Gheiripard, npr, stm; Nr. 173. Zu **geir* u. **parta* (Streitaxt). Lang. **Geiripard*.

Ghildulus, npr, m; Nr. 193. Mit *gald* zu *geldan*. Lang. **Gildulus* oder **Geldulus*.

Ghisus, npr, stm; Nr. 103. Zu *gis* (Speer); lang. **Gis*.

Gidfrit. npr, stm; Nr. 299. Für **Gildfrit* oder *Gaidfrit?*

Gidilapus, npr, stm; Nr. 58. Für **Gildilaip* oder **Gildilaup*.

Gisa, npr, f; P. D. V, 8. Zu *gis*.

Gisefrit, npr, stm: Nr. 276.

gisel, gisil, stm: 1) Empfänger eines Geschenkes; Roth. 172; 2) Pfeil; Roth. 224; Nr. 138. Vgl. Förstemann. Geschichte des deutschen Sprachstammes. II, 223. Die Zusammengehörigkeit beider Worte ist noch nicht erwiesen.

Giselberga, npr, f; P. D. VI, 54.

Giselpert, *Gisilpert*, npr, stm; Nr. 108, 203.

Giselprand, npr, stm; Nr. 169.

Gisaltrúda, *Giseltrúda*, npr, f; Nr. 135, 140.

*Giseráda; Ghiseruda, npr, f; Nr. 300.

*Gisilhari; Ghisilari, npr, stm; Nr. 242.

Gisolf, *Gisulf; Gisolph*. npr, stm; P. D. II, 9, 32; V, 25, VI, 2, 54; Nr. 76, 86, 88 u. a.

*Gispergula; Gespergula, npr, f; Nr. 193.

*Gispert; Ghispert, npr, stm; Nr.
167, 173, 197, 238.

*Gisprand; Ghisprand, npr, stm;
Nr. 248.

*Gisulus; Gisolus, npr, stm; Nr.
183.

Godefrid, Godefrit, npr, stm; Nr.
31 (mit *t* im Auslaut), Nr. 90, 161,
218, 224 (mit auslautendem *d*).
Zu god, got u. fridu.

Godegis, npr, stm; Nr. 26.

Gódemár, npr, stm; Nr. 181. Zu
*gód, ahd. guot.

Gódepert, Gódipert, npr, stm; P. D.
IV, 52; Nr. 80, 247.

Góderád, npr, stm; Nr. 224.

Góderis, npr, stm; Nr. 143. Lang.
*Góderic.

Godescalc, Godeschalg, Gudiscalc,
npr, stm; P. D. IV, 20; VI, 55;
Nr. 188, 237.

Godoin, npr, stm; Chr. G. 643.
Lang. *Godwini.

Golaida, Golanda, npr, Ortsname;
or. g. L. 642. Langobardisch?
Vermuthungen bei Frst. Gesch.
d. d. Sprachstammes. II, 211.

Golderic, npr, stm; Nr. 26. Frst.
I, 543 stellt gold zu *gald. Für
die Zusammenstellung mit gold
(aurum) sprechen die altnordi-
schen Namen mit gull. Uebrigens
gehören *gald und gold zu derselben Wurzel.

Golfred, npr, stm; Nr. 106. Für
*Goldfrid oder Gotfrid?

Gondebert, Gondelmus s. Gund-

Grádo, npr, m; Nr. 262. Zu ahd.
grátag (avidus)?

Grádolf, npr, stm; Nr. 55.

Graso, npr, m; Nr. 132. Schwerlich unmittelbar zu gras, eher zu
einem Zeitworte *grasan mit der
Bedeutung des lat. virere (Frst.
I, 544).

Grasolf, Grasulf, npr, stm; P. D.
V, 17; Nr. 254.

Grauso, npr, m; P. D. V, 38. Zu
ahd. griusic (horridus) u. ags.
greósan (horrere).

Grifio, npr, m; Nr. 83. Zu grifan.

Grimwald, Grimuald, Crimuald,
Grîmoald, npr, stm; Chr. G. 646;
or. g. L. 646; Grim. leg.; P. D.
IV, 37; V, 25; VI, 2; Nr. 209,
274. Zu ags. u. an. grîma (Maske,
Larve) u. *wald.

Grinpo, npr, m; Nr. 223.

Gris, npr, stm; Nr. 264. Zu gris
(grau).

Gróso, npr, m; Nr. 289. Zu gróz;
lang. *Grózo.

Gudifrid (Nr. 39, 296), Gudepert,
Gudipert (Nr. 173, 287), Gudiscalc
(Nr. 36), Guduini (Nr. 176) stehen
für Godifrid, Godipert, Godiscalc,
Godwini.

Gugingus, npr, Geschlechtsname;
or. g. L. 643; prol. ed. Roth. Zu
einem noch unerklärten Stamme
gug. Vgl. Förstemann, Gesch.
d. d. Sprachstammes. II, 233.

Gulduin, npr, stm; Nr. 152. Lang.
*Goldwini oder *Guldwini.

Gulfari, s. Wulfhari.

Gulispert, npr, stm; Nr. 33, 168.
Das erste Wort ist jedenfalls
entstellt.

Gulrimund, npr, stm; Nr. 63. Zu
guld, gold? u. mund.

Gumpald, Gumpert, Gumprand s.
Gund-

Gumpulus, npr, m; Nr. 205. Zu
guntja.

*Gundbert, Gundipert (Nr. 21, 109),
Guntepert (Nr. 175); Gondebert
(Nr. 10), Gunpert (Nr. 187, 188,
211), Gumpert (Nr. 73, 108, 167),
Gudipert (Nr. 81), npr, stm. Zu
gund, gunt u. perht.

Gunderáta, npr, f: Nr. 157. Dazu die Koseform *Gunderadula,* Nr. 193.

*Gundhelm, *Gunthelm: Gondelm (Nr. 52), *Guntelm* (Nr. 96, 244), npr, stm.

*Gundhram, *Gunthram, npr, stm. Haudschriftlich überliefert sind die Formen *Gunderam* (Nr. 290) u. *Guntheram* (Nr. 26).

*Gundpald, npr, stm; Nr. 268. In der Urkunde steht *Gumpaldus.*

*Gundprand, npr, stm; Nr. 63, 244. In der Urkunde selbst steht *Gumprand;* dazu das Femininum *Gumpranda,* Nr. 216.

Gundiperga (P. D. IV. 49), *Guntperga, Guntiperga* (P. D. VI, 50), *Gudeberga* (Chr. G. 645), npr, f.

Gundo, npr. m; Nr. 36.

Gundolinus, npr, m; Nr. 239.

Gunduald, Gundoald, Guduald, npr, stm; Nr. 26, 34, 176, 187 u. a. Lang. **Gundwald.*

Guntarinus, npr, m; Nr. 132. Latinisierte Weiterbildung eines weiter nicht belegten **Gunthari.*

Guntifrid, Guntifrit, Guntefrid, Guntifred, Gunfrit, npr, stm; Nr. 26, 44, 233, 284.

Guntulo, npr. m; Nr. 249. Deminutivbildung zu *gunt.*

h.

*Haimo: Aimo, npr. schwm; Nr. 249, 252, 283. Eher zu ahd. *heimo* (Grille) als zu *heim* (Haus); vgl. Rieger in Pfeiffers Germania III, 192 Anm.

haistan, adv. Accus. oder *haistant,* Part. Präs.: irato animo; Roth. 277. Zu *haist* Graff IV, 1062; *haistera hanti,*[1] lex.

[1] In der Ausgabe von Merkel steht die richtige Form *haisterahanti*

Alam. Hloth. IX), ags. *hæst* (Beov. 1336).

Haistulf: Aistulf, Ahistulf, npr, stm; Chr. G. 646; P. D. IV, 25; Nr. 125, 128, 132, 146, 158, Einhardus vit. Car. cap. 6. Das anlautende *h* steht in der Heidelberger Handschrift des Paulus, in den Urkunden Nr. 125, 158 u. bei Einhart.

Harduin, npr, stm; Nr. 132. Lang. **Hardwini.* Zu ahd. *harti* u. *wini.*

Haribert, npr, stm; Nr. 9. Zu *hari* u. *berht.*

*Harifuns; Arefusus, npr, stm; Nr. 80. Zu *hari* u. *funs.*

*Haricauz, Aricaus, npr, stm; Nr. 72, 232.

*Harikis; Arechis, Aricis, Arichis, Arigis, Aregis, npr, stm; ed. Langob. p. 170, 175; P. D. IV, 38; V, 25: Nr. 122, 222.

*hariman; ariman, stm; exercitalis qui sequitur scutum dominicum nach Gloss. Vat. & Cav. zu Roth. 373, Liutpr. 44, Aist. 1, 2, 4; Nr. 138. Vgl. ahd. *heriman,* ags. *hereman,* an. *hermaðr.*

*Harimôd; Arimodus, npr, stm; Nr. 213. Zu *hari* u. **môd,* ahd. *muot.*

*Hariwald; Ariold, npr, stm; Nr. 148.

*Haripert; Aripert, Aribert, npr, stm; or. g. L. 646; Chr. G. 646; P. D. IV, 49; V, 38; VI, 19; Nr. 148.

*hariscild, arischild, stm: Heerschild als Zeichen kriegerischen Aufgebots; Liutpr. 134, 141. — Faktisch handelt es sich übrigens unter den Varianten, im Texte statt dessen *haixterahanti.*

nach Osbr. S. 40 um ein unbe-
fugter Weise aufgestecktes Feld-
zeichen.

*Harithea; Ariteus, npr, stm; Nr.
248.

*haritraib; aritraib, aratraib, stm:
zusammengetriebener Heerhaufe
zum Zwecke der Zerstörung eines
Hauses; Roth. 379. Zu hari u.
triban; vgl. an. dreif (sparsio) u.
ags. dráf (grex). In sachlicher
Beziehung ist das fränkische harizuht der Capit. de banno dominico
a. 772, § 7 zu vergleichen. s. Osbr.
S. 141. — Wunderliche Erklärungen geben Leo. Gesch. der ital.
Staaten I, 131 u. Ducange-Hen-
schel I, 358; letzterer denkt an
harit (Heerd) u. raib = as. rôb
(Raub)!

*Hariulf; Ariulf, npr, stm; P. D.
IV, 16; Nr. 3.

*Hariwald; Ariwald, Ariold, npr,
stm; or. g. L. 646; Chr. G. 645;
prol. ed. Roth; P. D. IV, 42; Nr.
10, 86 (Aioald), 178.

Harodos, npr; or. g. L. 646; prol.
ed. Roth; P. D. IV, 44. Vielleicht ist dieser Name, welchen
das Geschlecht des Königs Hrôtharit trug, verwandt mit dem
des Volkes der Harudes, welches
Julius Cäsar bell. Gall. I, 31, 37,
51 nennt.

*hasto; asto: absichtlich; Roth. 146,
148, 248, 264. In der Rechtssprache bezeichnet hasto nach
Osbr. S. 32 den rechtswidrigen
Willen. Nach Br. Grimm Wörterbuch IV, 2, S. 550 ist nhd.
Hast, zu welchem hasto gehört,
entstanden aus hazt, indem die
assimilierende Kraft des t den
Auslaut der Wurzel verdunkelte.
Ahd. Belege ausser lang. hasto

fehlen; andere aus nördlicheren
Theilen Deutschlands finden sich
R. A. 4; vgl. auch an. hastr (trux).

Hatto, npr, schwm; Nr. 297. Zu
ahd. atto, g. atta (Vater)? Oder
gehört der Name mit Chatti, der
bei Tacitus Germ. c. 30 ff. erhaltenen ältern Form des Namens
der Hessen zu an. hattr (Hut)?

Haudimâr, npr, stm; Nr. 49. Für
Audimâr?

Hebremund, npr, stm; Nr. 283. Für
*Ebremund?

Heldo, npr, schwm; Nr. 31. Zu
mhd. helt.

*helm, stm: gloss. Mutin. zu or. g.
L. (mon. German. XV, 643): capsidem quod nos elmos vocamus.

Helmigis, npr, stm; P. D. II, 28.
Zu helm u. gis.

Herman, npr, stm; Nr. 76. Lang.
*Hariman?

Hermelinda, npr, f; Nr. 124. Lang.
*Ermanlinda. Zu erman (Volk)
und linta (Linde, Lindenholz,
Schild).

Hermepert, npr, stm; Nr. 186.
Lang. *Ermanpert.

Hersemâr, npr, stm; P. D. VI, 50.
Das erste Wort ist entstellt, vielleicht, wie Frst. I, 704 annimmt,
aus hors (equus), vielleicht auch
aus hiruz, hirz.

Hifferâd, npr, stm; Nr. 73. Das i
könnte für e stehn, und dann
könnte man an hap (Glück, Heil),
heppinn (glücklich) denken. Lang.
*Hefferâd?

Hilbremund, npr, stm; Nr. 166.
Verschrieben für *Hildemund?

*Hildebert; Eldevert, npr, stm;
Nr. 130.

Hildebrand, Hildebrant, *Hilde-
prand, Ilprand, npr, stm; P. D.
VI, 53; Nr. 154, 172, 211.

19*

Hildemund, Hilemund, Hildelmud,
npr, stm; Nr. 190, 224.

Hilderic, npr, stm; P. D. VI, 54;
Nr. 66, 81 u. a.

**Hildewac,* npr, stm; der Name ist
auf's äusserste entstellt überliefert, or. g. L. 646 steht *Fildehoc,*
prol. ed. Roth. *kildeoch, childeoch,
geldehoc, geldoch, frildehoc,* iu der
Heidelbergerhandschrift des Paulus *Hildehoc,* bei Muratori *Gildehoc.* Das wahrscheinlich richtige
*Hildewac ist zusammengesetzt
aus *hilt* u. *wac;* vgl. *Wacho.*

**Hildikis; Ildichis, Hildechis, Hil-
chis, Heldechis,* npr, stm; Chr.
G. 643; P. D. I, 21.

Hildipert, Ildipert, npr, stm; Nr.
103, 144, 146, 227.

**Hilzo,* npr, m; or. g. L. 646 (*Ilzo*),
prol. ed. Roth. (*Hiltzo*).

Hisemund s. *Isemund.*

Hisilperga, npr, f; Nr. 252. Für
**Gisilperga?*

Hitta, npr, f; Nr. 129. Zu *hid*
(Frst. I, 660), einem Stamme von
noch nicht ermittelter Bedeutung.

Hitto, npr, schwm; Nr. 129, 136.

Hizzo, npr, schwm; Nr. 166. Deminutivbildung zu *Hitto?*

Höderâd, npr, stm; Nr. 303. Zu
ahd. *huot,* ags. *hôd* (pileus)?
und *rât.*

hosa, schwf: Hose; P. D. IV, 22.

Hosbert s. *Ôsbert.*

**hoverôs; hoberos, oueros, oberus*
etc... stm: Hofeinbruch, curtis
ruptura; Roth. 278, 373, 380.
Zu *hof* u. **rôs,* g. *raus,* ahd. *rôr,*
welche ein g. stv. *riusan mit der
Grundbedeutung des Brechens
voraussetzen.

**hovescario; ouescarius, ubiscario,
obscario,* etc... schwm: Hofge-
richtsbote; Aist. 20. Zu *hof* u.

scario, sceran; vgl. mhd. *hove-
scare* (Rol. l. 3655).

**hrairaub; rairaub, raairaub* etc...
stm: Leichenberaubung; Roth. 16.
Zu g. *hraiv* ahd. *hreô* u. *raub.*

Hrôtharit, npr, stm; or. g. L. 645;
Chr. G. 645; prol. ed. Roth; prol.
ed. Liutpr; prol. ed. Rat; P. D.
VI, 18, 53. Zu lang. **hrôth,*
ahd. *hruod* (gloria) u. **warjan,*
g. *vasjan,* ahd. *werjan.* Vergl.
Germania XIX, 130.

Hruodgaus, npr, stm; Einhart vit.
Car. cap. 6. Lang. **Hrôthgauz.*

Hubald, npr, stm; Nr. 211. Zu
hugu (Geist) und *bald* (kühn).
Lang. **Hugbald.*

Hûnulf, npr, stm; P. D. V, 2. Zu
hûn (gigas) u. *wulf.*

Huringo, npr, m; Nr. 306. Zu
huor, hôr (Hure); lang. **Hôring?*

**Hûsuald; Usualdus,* npr, stm;
Nr. 106. Zu *hûs* u. **wald.* Das
anlautende *h* fehlt in der Urkunde.

i.

Ibor s. *Ebor.*

iderzon, idertzon, eterzon etc... s.
eterzûn.

Iffo, npr, m; Nr. 134, 222. Ungewissen Ursprungs.

Immo, npr, m; Nr. 117, 122, 129.
Nach O. Abel (Die deutschen
Personen-Namen S. 50) verkürzt
aus *Irmin.*

inpans s. *pans.*

Ippetrûda, npr, f; Nr. 246. Das
zweite Wort ist das Adj. *trût;*
Vermuthungen über das erste bei
Frst. I, 769.

Iscaffulus, npr, m; Nr. 134. Das
i wird romanischen Ursprungs
und das ganze Wort demnach
eine Deminutivbildung zu ahd.
scaffin (Schöffe) sein.

Ilmipert, npr, stm; Nr. 159. Lang.
*Helmipert.

Itipert, npr, stm; Nr. 65. Zu einem
Stamme *it*, zu welchem auch g.
iddja gehört; vgl. Wckgl. Burg.
375.

î.

Îsemund, Hisemund, npr, stm; Nr.
81. 136, 192 u. a. Zu *is* (gla-
cies)? u. *mund.*

Îsprinca, npr, m; Nr. 204. Für
Îssprinc?

c (k).

Caco, Cacco, npr, m; P. D. IV, 37.
Ungewissen Ursprungs.

camfio, camphio, schwm: Kämpfer;
Roth. 9, 198, 202, 213, 368. —
Die richtige Bedeutung des Wortes ergiebt sich allein aus Roth.
368; an den andern Stellen soll
es die Bedeutung von *pugna*
haben; letzteres würde aber im
Langobardischen **camf* heissen.

Campo, npr, schwm; Nr. 222. Die
Annahme, es sei hinter dem *p*
ein h ausgefallen, empfiehlt sich
besser als die, die Lautverschiebung sei hier unterblieben. Lang.
*Camfo.

Candolus, npr, m; Nr. 218. **Can-
dulus* Deminutivbildung zu *gand*
mit Abfall eines zweiten Wortes?

casindi, gasindi, stn: Gefolge, Co-
mitat; Roth. 225, Rat. 11. Zu
sint (Weg).

casindo, schwm: Gefolgsmann, Dienst-
mann; Liutpr. 62, Rat. 10, 14.

castald s. *gastald.*

Causarius, npr, stm; Nr. 160, 177.
Lang. **Cauzhari.*

Causerâda, npr, f; Nr. 160. Lang.
*Cauzerâda. Dazu die Deminutivform *Causerâdula*, **Cauzerâ-
dula*, Nr. 193.

Causerâdus, npr, stm; Nr. 49, 109.
Lang. **Cauzerâd.*

Causeram, npr, stm; Nr. 193. Lang.
*Cauzehram.

Causo, npr, m; Nr. 173. Lang.
*Cauz. Dazu *Causulus*, Nr. 179,
193.

Causuald, npr, stm; Nr. 62. Lang.
*Cauzwald.

cawarfida; cadarfada, stf; Steuer;
Chr. G. 645; Liutpr. 77, 132. Zu
werfan; gleich dem lat. *conjec-
tura* entspricht es hinsichtlich
seiner Bildung und Bedeutung
dem griech. συμβολή und ist Uebertragung desselben. Vgl. R. A.
298, Mhd. Wtb. III, 740. Mhd.
gewerf.

Chachelapus, npr, stm; Nr. 94.
Lang. **Cacolaip*, Sprössling, Sohn
des *Caco?*

Cheidus, npr, m; Nr. 168. Lang.
*Caido, identisch mit *gaido?*
Auch für *Cheldus*, Nr. 152, könnte
Cheidus zu setzen sein. Dazu
das Deminutivum **Cheidulus*, Nr.
287.

Chiserât, npr, stm; Nr. 100, 244.
Zu *gis, kis* u. *rât;* lang. **Kiserât.*

Chiso, npr, stm; Nr. 296; lang.
*Kis.

Chisolf, npr, stm; Nr. 296. Lang.
*Kisolf.

Chispert, npr, stm; Nr. 72. Lang.
*Kispert.

Cichus, npr, m; Nr. 248. Langobardisch?

Claffo, npr, schwm; or. g. L. 646;
prol. ed. Roth; P. D. I, 20. Zu
ahd. *klaphôn* (Graff IV, 555; vgl.
anaklaf: Angriff ebend. 556);
Claffo würde demnach den Stos-
senden oder Stürmenden bezeichnen.

Clef, Cleffo, npr, m; Chr. G. 646;

or. g. L; P. D. II, 31. Gehört
wohl zu derselben Wurzel wie
Claffo u. *klaphôn.*

Coard s. *Êward.*

Coderâd, Codirâd, npr, stm; Nr.
93, 265. Zu *got?* oder *guot?*

Contram, npr, stm; Nr. 55. Lang.
*Cunthram, zu *gunt* u. *hraban.*

Contrûda, npr, f; Nr. 228. Lang.
*Cunttrûda.

Côspert, npr, stm; Nr. 134, 152,
296. Lang. **Côzpert.*

Cotcbert, npr, stm; Nr. 130. Zu
got oder *guot* u. *berht.*

crapworf, stm: Hinauswerfen einer
Leiche aus dem Grabe; Roth. 15.
Zu *crap, grap* u. *werfan.* Ob
das *o* hier echt oder nur Verschreibung für *u* ist, lässt sich
hier wie in *marhworf* nicht sicher
entscheiden. Das ahd. *wurf* spricht
für die Verschreibung, das höhere
Alter der lang. Quelle könnte
aber auch das *o* wahrscheinlich
machen.

Crimuald s. *Grimuald.*

Cunichis, npr. stm; Nr. 131. Lang.
*Cunikis. Zu *kuni* (genus).

Cunimund, npr, stm; Nr. 110, 228,
250.

Cunincpert, npr, stm; P. D. V, 38;
Nr. 11. Zu *kuninc* (rex) u. *berht;*
die Grabschrift Nr. 11 fällt in die
Zeit des Königs *Cunincpert* und
verdient also den Vorzug vor den
sonstigen überlieferten Formen.

Cunipert, npr, stm; Nr. 109, 205;
Cunipertulus, Nr. 273.

Cunirâd, npr, stm; Nr. 99. Nhd.
Konrad.

Cunoald, npr, stm; Nr. 26. Lang.
*Cuniwald.

Cuntefrid, npr, stm; Nr. 205. Zu
gunt u. *fridu.*

Cuntinglaca, npr, Ortsname; Nr.

183. Zu *Cunting* (zu *gunt* mit
ing gebildet) u. *lacha* (Pfütze).

Cuntipertil, npr, stn; Nr. 197.
Deminutivbildung zu *gunt* und
perht.

Cuntulus, npr, m; Nr. 275.

Curerât, npr, stm; Nr. 85. Verschrieben für **Cunerât?*

l.

Ladoin, Laduhin, npr, stm; Nr.
186, 273. Zu *ladón?* oder für
lang. **Landwini?*

lagi oder **lag?* stm: Schenkel; Roth.
384. Vgl. an. *leggr,* engl. *leg.*

lama, stf? Teich; P. D. I, 15. O.
Abei erklärt *lama* durch *Lehm*
(ahd. *laimo*), was aber sachlich
nicht wohl passt, weil die Fische
im Wasser und nicht im Lehm
leben, und weil die langobardische
Form nach Paulus *lama* und nicht
laimo lautete. Vielleicht gehört
lama zu as. *hlamôn,* ags. *hlemman*
(rauschen), und dann wäre lang.
*hlama anzusetzen.

Lamissio, npr, schwm; or. g. L.
646 (*Lamicho*), prol. ed. Roth;
P. D. I, 15, 18; Lang. **Hlamisco,*
der aus der **hlama* stammende,
wie *mennisco* den von Mannus
nach Tac. Germ. c. 2. stammen-
den bezeichnet.

Lamperga, npr, f; Nr. 305. Lang.
*Landperga.

Lampert, Lambert, npr, stm; Nr.
76, 120, 134, 173. Lang. **Land-
pert, *Landbert.*

Lamprand, npr, stm; Nr. 288. Lang.
*Landprand.

Lampulus, npr, m; Nr. 296. Zu
lamp (agnus)?

*Landhari; Landari, npr, stm;
P. D. V, 24. Zu *land* u. *hari.*

Landemâr, npr, stm; Nr. 113, 117, 283.

Landifrid; Landifred, Lanifrid, npr, stm; Nr. 233, 283.

Landoari, npr, stm; Nr. 26. Lang. *Landwari*, zu *land* und *wari* (Webr).

Landolf, npr, stm; Nr. 264.

lang, Adj: lang; P. D. I, 9.

Langobardo, schwm: Volksname; Vellejus Paterc. II, 106; Tac. Germ. c. 40; or. g. L.; Chr. G; prol. ed. Roth; P. D; ags. *Longbeardan* Vids. 32, 80; die Fuldaer Handschrift der Gesetze hat regelmässig die latinisierte Form *Longobardi*. Bekannt, aber nicht richtig, ist die Deutung des Wortes durch ‚Langbart‘; sie findet sich schon or. g. L. 642 und P. D. I, 8, 9 und ist neuerdings wieder von Bluhme (Die gens Langobardorum und ihre Herkunft. S. 15) aufgenommen worden. Am meisten steht ihr entgegen, dass die Langobarden bei den Angelsachsen auch *Heaðobeardnas* (zu ags. *heaðu, heaðo:* Kampf) heissen; vgl. Vids. 49, Beov. 2033, 2038, 2068. Diese zweite Benennung des Volkes führt mit Nothwendigkeit auf ahd. *parta* (Streitaxt), welches in Verbindung mit *heaðo* allein und mit *lang* wenigstens ebenfalls passt. Zuweilen heissen die Langobarden auch bloss Barden, z. B. in dem lateinischen Gedichte bei P. D. III, 19, in Helmoldi chron. slav. I, 25, 2, im Chronicon Salernitanum (Pertz. Mon. III, 486, 488, 554, 560); damit hängt der Bardengau von Harburg bis Blekede (Blekingen in Saxos hist. Daniae ed. Müller VIII, pag. 418, 419) an der Niederelbe zusammen;

schon Tacitus a. a. O. kannte die Langobarden als Bewohner jener Gegend.

Lating, npr, m; P. D. I, 21. Zu *Lethu* mit *ing* gebildet, s. *Lethu*. Lang. *Laithing*.

launigeld; launigild, stm; Gegengeschenk; Roth. 175, 184; Liutpr. 43, Aist. 12. Zu *laun*, ahd. *lôn* u. *gelt*; vergl. ahd. *lôngelt*, as. *lôngeld*.

Lautchis, npr, stm; Nr. 46. Verschrieben für lang. *Lantkis?*

Lautpert, npr, stm; Nr. 120. Lang. *Lautpert*. Auch das unverständliche *Lauspert*, Nr. 115, könnte hierher gehören.

Leodegar, npr, stm; Nr. 125. Zu ahd. *liut* u. *gêr*. Lang. *Liudgair* oder *Leudgair*.

Leopart, npr, stm; Nr. 107. Lang. *Leudpart* oder *Leudwart?*

Leoprand, npr, stm; Nr. 262; = *Leutprand*.

Lethu, Letuc, npr, m; or. g. L. 643; prol. ed. Roth; P. D. I, 18. Zu ahd. *leid* ags. *lâd* (infestus): Vgl. *Laitu* (Pertz. Mon. V, 511). Lang. *Laithu*.

Leupigis, Lupichis, npr, stm; P. D. IV, 38. Zu *liup* (lieb) u. *gis*.

Leuterius, npr, stm; Nr. 269. Lang. *Leuthari*, *Liuthari*.

lidinlaib, stm; Hinterlassenschaft; Roth. 173. Zu *lidan* (gehn, weggehn, sterben) u. *laib* (vgl. *Audilapus*).

Licuald, npr, stm; Nr. 62. Für lang. *Laicwald?* Zu g. *laiks?*

Liuduald, npr, stm; Nr. 109. Lang. *Liudwald*.

Liuperga, npr, f; Nr. 138. Lang. *Liutperga*. Dazu das Deminutivum *Liutpergula* Nr. 193, 250.

Liutbert, Liutpert, Liupert, npr,

stm; or. g. L. 646: P. D. VI,
17; Nr. 109. 188, 205, 211. Auch
Liuspert, Nr. 116, scheint aus
Liutpert entstellt zu sein, und
ebenfalls hierher gehört *Liutpertulus*, Nr. 193, 250.

Liutprand, Liudprand, Liuprand,
npr, stm: Cbr. G. 646; prol. leg.
Liutpr. P. D. VI, 22; Nr. 137,
138, 160.

Lothari, npr, stm; Nr. 135. Zu
ahd. *hlût* (helle, berühmt); lang.
Hlûthari.

Luciperga, npr, f; Nr. 234. Entstellt aus *Liutperga?* Dazu *Lucipergula*, Nr. 193.

Lûdolf, npr, stm; Nr. 231. Lang.
Hlûdolf.

Luinipert, Lunipert, npr, stm: Nr.
185, 197. Unsicher.

Lunfrid, npr, stm; Nr. 256. Nach
Frst. I, 881 zu ahd. *lûna* (Mond)?

Lupuald, Lopuald, npr, stm; Nr.
209. Zu *liup* (lieb) oder Uebertragung von *wolf;* im erstern Falle
wäre als lang. Form *Liupwald,*
im zweiten* *Wolfwald* oder * *Wulfwald* anzusetzen. Für jenes spricht
die Form *Lupichis* der Heidelberger Handschrift des Paulus
Diaconus neben *Leupigis.*

m.

Madelgrimu, npr, f; Nr. 54. Zu
g. *mapl* u. *grima.*

Maderisius, npr, stm; Nr. 235; dem
ags. *mæð* (Ehre) würde ahd. *mâd*
entsprechen; lang also *Mâderîc.*

Magnifrid, Magnifret, npr, stm;
Nr. 109, 237. Der erste Bestandtheil ist nicht Uebertragung eines
lang. *mikil* sondern ahd. *magan.*

Magniperga, npr, f; Nr. 146.

Magnipert, npr, stm; Nr. 118. Dazu
Magnipertulus, Nr. 193.

Magnerâta, npr, f; Nr. 231.

Magnolf, npr, stm; Nr. 81. Lang.
Maganolf.

Magnuald, npr, stm; Nr. 34, 240.
Lang. *Maganwald.*

Maldefrid, npr, stm; Nr. 92. Umgestellt aus *Madelfrid?*

Manechis, npr, stm; Nr. 26. Zu
man (vir) u. *gis;* lang. *Manekis.*

Manibert, npr, stm; Nr. 61. Zu
mana, mani (juba)?

Manifrit, npr, stm; Nr. 140, 169.

Manigunda, npr, f; Nr. 61, 77.

Manuald, npr, stm; Nr. 106.

Manno, npr, schwm; Nr. 189, 224.

Manulf, npr, stm; Nr. 237.

marhworf, marahworf, stm: das
Herunterwerfen oder Herunterreissen vom Pferde; Roth. 30,
373. Zu *marh, marah* (Pferd)
u. *werfan.*

Mârichis, npr, stm; Nr. 107, 188.
Lang. *Mârikis.*

[marca, stf: Grenze; Rad. 13; g.
marka, ahd. *marhha, marcha].*

Marchambert, npr, stm; Nr. 214.
Zu *marca* u. *berht.*

marpahis, (Mur. Abel), *marpacis*
(P), stm: Stallmeister; P. D. II, 9.
Zu *marh* u. **paizan* (infrenare;
vgl. ags. *bætan*), dem Bewirkungsworte zu *bizan.* Lang. **marhpaizo.*

Maruald, Maroald, npr, stm; Nr.
137, 237. Zu *marca* mit Weglassung des *c?* Lang. **Marcwald?* Der Bedeutung nach passt
diese Annahme besser als die
Zusammenstellung mit *mâri.*

Mâtuchis, npr, stm; Nr. 26. Zu
ags. *mæð* u. *gis.* Lang. **Mâtukis.*

Matzolus, npr, m; Nr. 295. Zu
g. *mats*, ahd. *maz* (Speise); vgl.
ahd. *Mazili, Mazelin* Frst. I, 927;
Matzolus ist latinisierte Koseform.

Mauringa, npr: zeitweiliger Wohnsitz der Langobarden nach P. D.
I, 13. Nach Bluhme (Die gens
Langobardorum und ihre Herkunft. S. 23 ff.) identisch oder
wenigstens noch erhalten in dem
Ortsnamen *Moringen* bei Göttin-
gen. Müllenhoff (Ztschr. f. d. A.
IX, 243) stellt das Wort zu ags.
Mŷrgingas, welches ein einfaches
*Mŷrge, g. **Maurjô* voraussetzt.
Nach Cosmogr. Rav. 1, 10 und
14, 18 reichten die Maurungani
von der Donau die Elbe entlang
bis gegen die Ostsee; ihr Gebiet
hatte demnach einen ganz bedeu-
tenden Umfang und entspricht
dem früher suebischen.

*mazescario; macescarius, schwm;
Nr. 24, 266[1]). Zusammengesetzt
aus *maz* (Speise) u. *scario*, bezeichnet das Wort ein königliches
Hofamt. In den Nibelungen erscheinen (Str. 10, 11) *kuchenmeister* und *truhsœze* neben einander; der lang. *mazescario* wird
eher ersterm als letzterm ent-
sprochen haben. W. Wackernagel
Bischofs- und Dienstmannenrecht
S. 14 hat wenigstens nachgewiesen, dass der *kuchenmeister* zuweilen eine höhere Stellung als
die eines blossen Kochs einnimmt.

medula: Eiche? Roth. 300. Das
Wort scheint langobardisch, steht
aber, abgesehen von einer Stelle
der lex. Alam. 96 sehr vereinzelt
da. Vgl. G. d. d. Spr. 1026.

mêta, schwf: Kaufpreis, Summe;
Roth. 178, 179 u. a. Vgl. as.
mêda, ags. *mêd*, ahd. *miata*.

---

[1]) falls der *Mazoscanus* dieser
Urkunde so zu bessern ist.

mêtfio, stn: wörtl. Zahlung in Vieh,
zu *mêta* u. *fihu*; Roth. 199, Liutpr.
103. Es sind die Gegenstände
gemeint, welche als Kaufpreis für
eine Frau bezahlt wurden, und
unter welchen sich u. a. auch
Hausthiere befanden nach Tac.
Germ. c. 18: intersunt parentes
ac propinqui ac probant munera
— — boves et frenatum equum
etc...

Mimulf, Minulf, Mimolf, npr, stm;
or. g. L. 615; Chr. G. 645; P. D.
IV, 3. Das erste Wort ist unsichern Ursprungs.

morgingâp, morgincâp, stf: Morgen-
gabe; Roth. 182, 199, 200, 216,
Liutpr. 7, 103, 117, Aist. 14. Zu
morgan, g. *maurgins* und *gâba*;
ahd. *morgangâba, morgangeba*.
Vgl. Osenbrüggen. Studien zur
deutschen und schweizerischen
Rechtsgeschichte. S. 69 ff.

morth, mordh, stm: Mord; Roth. 14,
369, 370.

mund, stf: vormundschaftliche Gewalt, Schutz; Roth. 26, 160, 161,
u. a; ahd. *munt*. Dazu das Adv.
munditer, Liutpr. 61, und das
Partic. *mundiatam*, Liutpr. 139.

*mundôn, mundare: vertheidigen;
Grim. 7. Ahd. *muntôn*.

munduald, stm: Vormund; Liutpr.
12, 14, 30. Ital. *mondualdo* (Diez
Gr. I, 68). Lang. **mundwald*.

Munifrid, npr, stm; Nr. 270. Zu
an. *munr* (voluptas), as. *munilik*,
ags. *mynelic*; vgl. Gr. II, 471.

Munichis, npr, stm; P. D. VI, 24;
lang. **Munikis*.

Munipert, npr, stm; Nr. 111.

Munolf, npr, stm; Nr. 206.

Munuald, npr, stm; Nr. 270.

murioth: Oberarm; Roth. 384. Nach
Graff II, 846 bezeichnet ahd.

muriot den Schenkel, also denjenigen Theil des Beins, welcher gleich dem Oberarm oberhalb der Biegung (super gubitum) ist.

n.

*Nanding; Nonding, Nandinig, npr, stm; or. g. L. 646; prol. ed. Roth. Zu ahd. nand (temeritas), ginendian, g. nanþjan (audere).

*Nando, Nanno, npr, m; Nr. 83. Zu nand; vgl. auch Nandulus, Nr. 229.

*nazzi, stn; Netz; Roth. 299; ahd. nazzi, g. nati.

Nondeman, npr, stm; Nr. 129. Verschrieben für *Nandeman?

Nózo, npr, schwm; prol. ed. Roth. (Noctzo, Nozu, Nozo, Noczo, Nocazo. Für Nanzo Verkürzung eines zusammengesetzten Namens? Vgl. Lupus. Cod. diplom. civit. et eccles. Bergom. a. 960: Nandulfus qui et Nozo.

o.

Octeramnus, Octeramus, upr, stm; Nr. 106, 113. Lang. *Ahteramnus? Zu ahtón? u. hraban.

Opertipert? npr, stm; Nr. 240. Für *Oftipert?

Opteramus, npr, stm; Nr. 236. Zu ub, uf? oder zu oft? u. hraban. Vgl. Wckgl. Burg. 337. Lang. *Ofthram? Im Gegensatze zu Wackernagel halte ich das p für einfache Nachlässigkeit des Schreibers statt des erforderlichen ph (resp. f) und nicht für einen Beweis eines im Absterben begriffenen Lautgesetzes.

Opteri, npr, stm; Nr. 306. Lang. *Ofthari.

Ortrifun, npr, m; Nr. 154. Lang. *Ortifuns?

ô.

Ôdibert, npr, stm; Nr. 295. Zu ôd, ahd. ôt, lang. sonst aud u. berht.

Ôdo, npr, schwm; Nr. 14.

Ôriperga, npr, f; Nr. 289: = Auriperga.

*Ôsbert, Ôspert, Hosbert, npr, stm; Nr. 77, 170. 202; für Auspert, oder = Anspert mit Tilgung des Nasals und Ersatzdehnung; für ersteres spricht das ô in Ôriperga und in Ôstripert.

Ôsprand, npr, stm; Nr. 33, 37, 63 u. a.

Ôstripert, npr, stm; Nr. 154, 170 u. a; = Austripert.

Otto, npr, schwm; Nr. 191. Lang. *Ôto.

p.

Paldo, npr, m; Nr. 126.

Paldoin, npr, stm; Nr. 34. Lang. *Paldwini.

Pando, npr, m; Nr. 90, 163 u. a. Zu band.

pans, stf: königliche Gunst; Roth. 224. Zu an (Inf. unnan), das hier mit der Präposition pi zusammengesetzt ist. J. Grimm (G. d. d. Spr. 697) hält auch noch die unmittelbar vorausgehende Präposition in für einen Bestandtheil von pans und nimmt demnach ein Decompositum inpans an.

Patesprunno; Patespruna, npr, schwm; Chr. G. 642. Nach Bluhme (gens Langob. I. 24) ist die Gegend von Paderborn gemeint, und dieses heisst auch in der That in ahd. Quellen Padarbrunno, nicht Patharburn. Ihren Namen hat die Stadt von der Pader, und das s in Patespruna

wäre folglich eine von den vielen
Entstellungen, welche das Wort
in unserer Quelle erlitten hat.
Dass der Name den Langobarden
zu verdanken sei, wird sich kaum
nachweisen lassen; aber adoptiert
haben sie ihn jedenfalls.

Pemmo, npr, m; P. D. VI, 25.
Langobardisch?

Peredeo, Peredeus, npr, stm; P. D.
II, 28; Nr. 118, 172 u. a. Dazu
die Varianten *Peretheo*, Nr. 37,
Perideo, Nr. 56, *Periteus*, Nr.
177. Zu ahd. *pero* u. *diu, deo*,
g. *þius*. Lang. *Peretheo, Peredeo*.

Pergoald, npr, stm; Nr. 86. Zu
perg u. **wald*.

Periprand, Perprand, npr, stm;
Nr. 33, 133, 147 u. a.

Perisind, npr, stm; Nr. 248. Zu
pero u. *sind; s. Albisinda*.

Pero, npr, schwm; Chr. G. 643.

Pertarit, Pertharit, Berthari, npr,
stm; or. g. L. 646, P. D. IV, 52.
Zu *perht, berht* u. **warjan; s.
Hrótharit* Anknüpfungen des
zweiten Wortes an *hari* finden
sich hier wie in *Hrótharit*.

Perterád, npr, stm; Nr. 95, 103.

Perteráda, npr, f; Nr. 109, 112.

Pertifuns, npr, stm; Nr. 141, 147.

Perticaus, npr, stm; Nr. 288. Lang.
*Perticauz.

Perticunda, npr, f; Nr. 34.

Pertinand, npr, stm; Nr. 223.

Perting, npr, stm; Nr. 223.

Pertipert, npr, stm; Nr. 211.

Perto, npr, m; Nr. 93, 122, 220.
Dazu *Pertulus*, Nr. 58, 193.

Pertualt, Pertuald, npr, stm; Nr.
35, 37, 49 u. a. Lang. **Pertwald*.

Peruald, npr, stm; Nr. 32. Zu *pero*
oder verschrieben für *Pertuald?*

Perulus, npr, m; Nr. 238. Deminutivum zu *Pero*.

*Petto; Pettu, npr, m; Nr. 176. Zu
badu (Kampf); dazu das deminutive *Pettulus*, Nr. 215, 274.

Picco, npr, schwm; Nr. 66, 83, 102.
Eher zu *pichan* (stechen, hauen),
vgl. Frst. I, 256, 257, als zu ags.
bicce (Hündin), wie J. Grimm
G. d. d. Spr. 468 annimmt. Vgl.
ags. *Becca*, an. *Bicki*.

Piltrûda, npr, f; Nr. 259. Zu *pil*
(Wehr, Trotz) u. *trût*.

Pito, npr, m; Nr. 189. Zu *pitan*,
g. *beidan?*

Plitelmus, npr, stm; Nr. 107. Zu
ahd. *blidi* u. *helm*. Lang. **Plithelm*.

plódraub, stm; Roth. 14: Todten-
beraubung. Zu **plód*, ahd. *pluot*
u. *raub*.

Porsuald, npr, stm; Nr. 209. Unsichern Ursprungs.

Poto, npr, schwm; Nr. 26. Zu
piotan im Sinne von gebieten.

Pôzo; Poso, Posso, npr, schwm;
Nr. 25, 132, 182. Zu *bózjan*.

Prandipert, npr, stm; Nr. 40.

Prando, npr, m; Nr. 235. Dazu
Prandulus, Nr. 179, 193, 249.

*púlslag, stm: Schlag, der eine Beule
verursacht; Roth. 125. ahd. *pú-
lislac*.

r.

Rádalperga, npr, f; Nr. 250. Zu
rât u. *pergan*.

Radicaus, Radcaus, Radchaus, npr,
stm; Nr. 65, 99, 148. Zu *rât*
oder *hrad* (schnell); in letzterem
Falle lang. **Hradicauz*, in er-
sterem **Rádicauz*.

Radipert, Ratpert, npr, stm; Nr.
36, 37, 98 u. a. Dazu *Radiper-
tulus*, Nr. 112, 193, 220. Auch
hier wäre sowohl ein lang. *Rádi-
pert* als **Hradipert* möglich.

Radchis, Ratchis, Ratgis, Rachis,

upr, stm; Chr. G. 646; ed. Lang.
ed. Bluhme, p. 152; P. D. II, 8;
Nr. 99, 108. Die Bedeutung des
zweiten Wortes weist eher auf
hrad als auf *rât* hin; lang. **Hrad-
kis*, *Hratgis, *Hratkis.

Rado, npr, m; Nr. 131. Lang.
*Hrado. Dazu *Radulus*, Nr. 145.

Râdwald, *Râdoald*, npr, stm; P. D.
IV, 37, 40; Nr. 22, 110, 138 u.a.
Lang. *Radwald.

Râdwara, *Râdoara*, npr, f; Nr.
109, 178. Zu *rât* u. *vars* (behut-
sam). Lang. *Râdwara.

Radoin, npr, stm; Nr. 85. Lang.
*Râdwini oder *Hrudwini.

Radolf, *Radulf*, npr, stm; Nr. 26,
75. Lang. *Hradulf.

Râdtrûda, npr, f; Nr. 109.

Raganfred, *Raginfrid*, npr, stm;
Nr. 189, 190, 224, 247. Zu g.
ragan (consilium) oder zu dem
noch concretern an. *regin* (Götter)
u. *fridu*. Lang. *Raganfrid*.

Ragilo, npr, m; P. D. III, 9. Zu
*rag, der ursprünglichen Form
von *ragan* (Frst. I, 1007).

Raginald, *Rackinald*, npr, stm; Nr.
188, 276, 296. Lang. *Raginwald,
*Rakinwald.

Raginbert, *Rachipert*, npr, stm;
P. D. IV, 52; VI, 18; Nr. 113,
136, 146 u. a.

Raidolf, npr, stm; Nr. 301. Zu
ahd. *reiti* (bereit), g. *garaids* u.
wolf.

rairaub s. *hrairaub*.

Rachipald, npr, stm; Nr. 274.
Lang. *Rakipald.

Rachiprand, npr, stm; Nr. 37, 196.
Lang. *Rakiprand.

Rachis s. *Radchis*.

Rachulus, npr, m; Nr. 298. Zu
*rag; s. *Ragilo*.

Ramigis, npr, stm; Nr. 43. Lang.
**Hramigis?*

Rampho, npr, m; Nr. 166, 218. Zu
ahd. *ramft* (Rinde, Rand), welches auch die Bedeutung von
Schild könnte gehabt haben. Vgl.
Frst. I, 1030.

Randipert, npr, stm; Nr. 260. Zu
rand (Schild) u. *perht*.

Randulus, npr, m; Nr. 193. Zu
rand.

Rânigunda, npr, f; P. D. VI, 49.
Zu *birahanen*, afr. *berâna* (rau-
ben). an. *rân* (Raub).

Raspert, npr, stm; Nr. 33, 168.
Verschrieben für *Ratpert* oder
für *Racipert?*

Râtfred, npr, stm; Nr. 158. Lang.
*Ratfrid.

Râtfuns, *Râtfus*, npr, stm; Nr.
232, 250.

*Râthelm; *Ratthelm*, npr, stm;
Nr. 40.

Ratcausulus, npr, m; Nr. 193. Zu
hrad u. *cauz*.

Ratchait, npr, stm; P. D. VI, 25,
50. Zu *hrad* u. *heiti* (persona).
Lang. *Hrathait. — Die Lesart
Ratchais, welche Germania XIX,
129, 130 bevorzugt wurde, steht
bei Abel, die Heidelbergerhandschrift des Paulus hat hingegen
an beiden Stellen *Ratchait*.

Râtperga, npr, f; Nr. 40, 109.

Râttrûda, *Ratrûda*, npr, f; Nr. 84.
210.

Raufrit, npr, stm; Nr. 173. Zu an.
raudr (roth) und *fridu*. Lang.
*Raudfrit.

Raucipert, npr, stm; Nr. 161.
Schwerlich zu ahd. *rauh* (fumus).

Razilo, npr, schwm; Nr. 85. Zu
hrad?

Refol, npr, m; Nr. 52.

Regimpert, *Rignipert*, npr, stm;

Nr. 14, 232. Zu *ragan* u. *perht.*
Lang. **Raginpert.*

renga, schwf: Spange; Nr. 84; ahd.
hringa (Graff IV, 1169). Lang.
*hringa.

Ridiard, npr, stm; Nr. 262. Zu
ahd. *ridan* (drehn, winden)? u.
hart? Lang. **Ridihard?*

Ricard, npr, stm; Nr. 127. Zu
rich u. *hart.* Lang. **Richard.*

Richiprand, npr, stm; Nr. 62, 154.
Lang. **Rikiprand*

Rimedrûda, npr, f; Nr. 262 Lang.
*Hrimetrûda. Zu ahd. *hrim*
(Reif) u. *trût.*

Rimegaus, npr, stm; Nr. 77, 224.
Lang. **Hrimegauz.*

Rimichis, npr, stm; Nr. 218. Lang.
*Hrimikis.

Rimo, npr, m; Nr. 67, 116 u. a.
Lang. **Hrimo.*

Rimolf, Rimulf, Rimalf, npr, stm;
Nr. 221, 222, 224, 247. Lang.
*Hrimolf, *Hrimulf.

Ringo, Rinco, npr, m; Nr. 75, 98.
Zu *hring*, welches bekanntlich
auch den Panzerring bezeichnet.
Lang **Hringo, *Hrinco.*

Rinolf, npr, stm; Nr. 129. Verschrieben für *Rimolf?*

Rixsolf, npr, stm; Nr. 234. Lang.
*Rikisolf?

Robert s. *Rôdipert.*

Rôdan, Rôdin, npr, stm; P. D.
III, 1, 8; Greg. Tur. IV, 44. Zu
an. *hrôðr* (gloria). Lang. **Hrô-
dan, *Hrôdin.*

Rôdecaus, npr, stm; Nr. 75. Zu
an. *hrôðr* (Ruhm) u. *cauz, côz.*
Lang. **Hrôdecauz.*

Rôdichis, npr, stm; Nr. 109. Lang.
*Hrôdikis.

Rôdicunda, npr, f; Nr. 109. Lang.
*Hrôdicunda.

Rôdimâr, npr, stm; Nr. 106, 218.
Lang. **Hrôdimâr.*

Rôding, upr, stm; Nr. 254. Lang.
*Hrôding.

*Rôdipert, Rôdpert, Rôbert, Rubert,
Rôpert*, npr, stm; Nr. 21, 28, 65,
73, 75, 162, 218. Lang. **Hrô-
dipert.*

Rôdo, Rôtto, npr, m; Nr. 26, 75.
Lang. **Hrôdo, *Hrôto.* Dazu
Rôdulus, Rôdolus, Nr. 183, 193,
281.

Rôdoin, npr, stm; Nr. 49, 194.
Lang. **Hrôdwini.*

Rôdolenda, npr, f; Nr. 84. Lang.
*Hrôdolinda.

Rôdpald, Rôpald, npr, stm; Nr.
73, 296. Lang. **Hrôdpald.*

Rôdsprand, npr, stm; Nr. 33, 168.
Lang. **Hrôdprand.*

Rôduald, Rôdoald, upr, stm; Chr.
G. 646; P. D. IV, 48, 49; V, 24;
VI, 4; Nr. 22. Lang. **Hrôdwald.*

Rôcheid, npr, stm; Nr. 177. Lang.
*Hrôdhait.

Rochilde, npr, f; Nr. 290. Lang.
*Hrôdhilda.

Romilda, npr, f; P. D. IV, 37. Das
erste Wort ist entweder das ahd.
hrôm (gloria) oder es enthält den
Namen der Stadt Rom, welcher
den Langobarden allerdings ziemlich nahe lag. Lang. **Hrômhilda*
oder **Romhilda.* (Vergl. Wckgl.
Burg. 398).

Romuald, npr, stm; Nr. 15, 18,
75, 86, 113. Lang. **Hrômwald*
oder **Romwald.*

Rôtfrid, Rôtfred, Rôdfrid, npr,
stm; Nr. 28, 99, 105.

Rôtcaid, Rôtchald, npr, stm; Nr.
152, 153. Lang. **Hrôdhaid.*

Rôthari s. *Hrôtharit.*

Rôtchis, npr, stm; Nr. 33, 168.
Lang. **Hrôtkis.*

Rótperga, npr, f; Nr. 34. Lang.
Hrótperga.

Rótpert, Rótopert, Rutpert, npr,
stm; Nr. 84, 131, 141 u. a. Lang.
Hrótpert.

Rottelm, Ruttelm, npr, stm; Nr.
176, 298. Lang. *Hróthelm*.

Rugiland, npr, stm; or. g. L. 643;
Chr. G. 643; P. D. I, 20. Es
ist das Land der Rugier, welches
die Langobarden nach Odoakers
Abzug nach Italien in Besitz
nahmen. Gemeint ist der nördlich
von der Donau gelegene Theil
Oesterreichs nebst Mähren. —
Chr. G. 643 steht *Rudiland*.

Rumetrúda, npr, f; P. D. I, 20.
Lang. *Hrómetrúda* oder *Rom-
trúda*.

s.

Sadipert, npr, stm; Nr. 264. Zu
as. u. ags. *sóð* (Wahrheit); vgl.
Frst. I, 1072. Lang. *Sandipert?*
Dazu *Sandulus*, Nr. 193.

sala, stf: Gut, welches laut Testa-
ment zu übergeben ist; Roth.
133, 136; Nr. 133, 267. Ahd.
sala.

saum, stm: Pferdelast; Liutpr. 83.
Aus griech.-lat. *sagma*. Vergl.
Diez E. W. I, 364.

Saxo, npr, schwm; Nr. 24, 275.
Lang. *Sahso;* zu *Sahso* als Völ-
kernamen.

Seifrid, Nr. 96; = *Sigifrid*.

Seipert, Nr. 96; = *Sigipert*.

Selberáda, npr, f; Nr. 308. Zu
selb (ipse) u. *rát*.

Selpert, npr, stm; Nr. 146. Lang.
Selbpert.

selpmund, stf: Selbstschutz; Roth.
204.

Sigelais, npr, stm; Nr. 85. Zu *sigu*
u. g. *laikón;* lang. *Sigilaic*.

Sigerand, npr, stm; Nr. 166. Zu
sigu und *rant* (Schild). Lang.
Sigirand.

Sigirád, Sigerát, Sicherád, npr,
stm; Nr. 22, 31, 85, 167, 257.

Sigifred, Sichifrid, npr, stm; Nr.
25, 60. Lang. *Sigifrid, *Sikifrid*.

Sigipert, Sichipert, Seipert, npr,
stm; Nr. 60, 85, 96.

Sigiprand, Sigibrand, npr, stm;
P. D. VI, 22.

Sichimund, npr, stm; Nr. 68; lang.
Sikimund. Dazu *Sichiprandulus*,
Nr. 193.

Sico, npr, m: Nr. 221, 264.

Sicuald, Siguald, npr, stm; P. D.
VI, 44; Nr. 103.

Silbula, npr, f; Nr. 250. Zu *selb*.

Siluerád, npr, stm; Nr. 172. Lang.
Selberád.

Sindari, npr, stm; Nr. 26. Zu *sind*
u. *hari*. Lang. *Sindhari*.

Sinderam, npr, stm; Nr. 24. Lang.
Sindhram.

Sindiperga, npr, f; Nr. 250.

Sindo, npr, m; Nr. 121, 166, 267.

Sindolf, npr, stm; Nr. 12, 155.

Sindrúda, npr, f; Nr. 180. Lang.
Sindtrúda.

Sinduini, npr, stm; Nr. 38. Lang.
Sindwini.

Sinelinda, npr, f; Nr. 24. Für
Sindelinda?

Sintifrid, npr, stm; Nr. 72.

Sisuald; Sesuuald, npr, stm; P. D.
V, 7. Die zusammengesetzten
Personennamen, deren erstes Glied
sisu ist, werden gewöhnlich zu
siso (Zauberlied) gestellt. Es ist
indessen auch möglich, dass das
s in *sisu* für *c* verschrieben ist
wie in *Audelasius* u. a; passend
wäre wenigstens *sigu* dem Sinne
nach beinahe in allen den Namen,

welche bei Frst. I, 1108—1110 verzeichnet stehn. Lang. *Sicwald.

Sisemund, npr, stm; Nr. 118. Lang. *Sikimund.

Sisipert, npr, stm; Nr. 120. Lang. *Sikipert.

Siso, npr, m; Nr. 55, 106, 199, 222, 224. Lang. *Sico.

Scadanauia, npr: älteste Heimat der Langobarden; or. g. L. 642; P. D. I, 7 hat Cod. P. *scadanauia*, die Ausgaben *Scandinavia*. Auch in der or. g. L. hat der Codex von La Cava zwar *scandanan*, der von Modena aber *scadan* und der von Madrid ... *danan;* dazu setzt der unbekannte Verfasser der genannten Schrift: „quod interpretatur in partibus aquilonis". Dass die Langobarden ursprünglich in Scandinavien zu Hause gewesen seien, ist so unwahrscheinlich als die dasselbe hinsichtlich der Gothen behauptende Stelle des Jornandes (de reb. Get. c. 4), und es handelt sich nun darum, ob mit der Lesart *scadanauia* etwas anzufangen ist. Letztere wird noch gestützt durch die Form *scatenauga* (Chr. G. 642) und *Schatanarja* (Fredegar. Hist. Franc. epit. c. 65). Alle diese Formen aber führen auf ahd. *scato* (umbra) und *auwa*, *ouwa* (Insel, Halbinsel, wasserreiches Wiesenland). Die Begriffe ‚Schatten, Schattenseite, Norden‘ stehen ohnehin in einem gewissen sachlichen Zusammenhange, und sie nebst den Worten des Verfassers der origo gentis Langobardorum, „quod interpretatur in partibus aquilonis" erläutern einander gegenseitig. Dass spätere Abschreiber des Paulus Diaconus, welchen

Scandinavien bekannt war, während sie von *Scadanauwa* oder *Scatanauwa* nichts mehr wussten, jenes herbeizogen, war leicht möglich, zumal wenn dieselben von der angeblichen Herkunft der Gothen aus Scandinavien wussten. Das wirkliche *Scatanauwa* lag ohne Zweifel diesseits des Meeres auf der dänischen Halbinsel. (Vgl. Waitz in den Nordalbing. Studien. I, 146, 147, Anm; Bluhme. Die gens Langobardorum und ihre Herkunft S. 10; der Vorschlag des Letztern, *scaganan* zu schreiben ist übrigens überflüssig und lässt sich diplomatisch nicht rechtfertigen).

scafard, stm: Schaffner, Verwalter; Nr. 139, 280. Zu ahd. *scafan.* Lang. *scafward?*

scala, schwf: Trinkschale; P. D. I, 27. Zu *scilan* (Gr. II, 54).

scamaro, schwm: Räuber, Dieb; Roth. 5; Nr. 151. Graff (VI, 497) leitet davon das französische esca-moter ab, während Diez (E. W. II, 290) den Zusammenhang beider Worte läugnet, aber nicht widerlegt. *Scamaro* könnte verwandt sein mit an. *skammr* (kurz), *skamma* (schädigen, verletzen) und wäre dann mit *mm* zu schreiben; letzteres ist in der That der Fall in der Einleitung zu Sicardi et Johannis pactio cum Neapolitanis (Ed. Langob. 188).

Scambert, npr, stm; Nr. 235. Für *Scaunbert?*

Scapto, npr, m; Nr. 113, 218. Zu *scaft.* Lang. *Scafto.*

Scaptolf, npr, stm; Nr. 41. Lang. *Scaftolf.*

[*scara*, stf; Heeresabtheilung, Heerhaufe; Rad. et Sig. div. 3. Zu *sceran.]*

scario, *scaro*, schwm; Gerichts-
diener, Gerichtsbote; Nr. 36, 44.
Zu *sceran*.

Scarolf, npr, stm; Nr. 104. Zu
scara u. *wolf*.

Scatto, npr, m; Nr. 200. Zu *scato*
(Schatten; im Sinne von Schutz?)
Dazu *Scattulus*, Nr. 214.

Scauniperga, Schaunibarga, npr, f;
P. D. VI, 54; Nr. 101, 104, 137,
138. Zu ahd. *scóni*, g. **skaunei*
u. *pergan*.

scherpha, stm: Geld; Nr. 305.
Lang. **scerf*, **skerf*.

sciltporo, schwm; P. D. II, 28.
Zu *scilt* u. *peran*.

Scoringa, npr: Wohnsitz der Langobarden nach P. D. I, 7. Zu
engl. *shore* (Ufer). Gemeint ist
Skoringa westlich von der Elbe.
Vgl. Bluhme. Die gens Langobardorum u. ihre Herkunft. S. 17.

**sculdhaizo; sculdhais, sculdais,
sculdahis,* schwm; Roth. 15, 35,
189 u. a; wörtlich derjenige, dem
es oblag, Verpflichtungen (*sculd*)
zu befehlen (*haizan*); R. A. 64.
Speciell bei den Langobarden
heisst eine geringere, dem judex
provinciae unterstellte Ortsobrig-
keit, der rector loci, so; P. D.
VI, 24. Vgl. ahd. *sculdheizo*.

snaida, stf; in Waldbäume gehau-
enes Zeichen; Roth. 240, 241;
mhd. *sneite*. Zu *snidan*.

sonorpair, stm: Eber; Roth. 351.
Zu ags. *sunor* (Heerde) u. ahd.
pêr, ags. *bâr* (Eber).

spato, schwm: Schwert; Roth. 330.
Gleich dem ital. *spada* ist *spato*
entlehnt und beruht auf dem
griech. σπάϑη (vgl. Diez. E. W.
I, 391, Gr. I, 25).

Sprinco, npr, m; Nr. 267, 269.
Zu *springan*.

Stadoald, npr, stm; Nr. 303. Zu
ahd. *stado* (Ufer) u. **wald*. Lang.
Stadwald.[1]

stólesazo, schwm: Richter; Roth.
150; Nr. 138. Zu *stól*, ahd. *stuol*
u. *sizzan*.

stupla, schwf: Stoppel; Roth. 353.
Aus lat. *stipula*; vgl. Wckgl.
Umdeutschung fremder Wörter.
S. 50.

Sunari, npr, stm; Nr. 270. Lang.
*Sónâri?

Sundebad, npr, stm; Nr. 190. Zu
sund (Süden) oder zu an. *sund?*
u. zu **badu*, ags. *beadu* (Kampf).

Sunderád, npr, stm; Nr. 193.

Sunderáda, Sumderáda, npr, f; Nr.
173, 260.

Sundipert, npr, stm; Nr. 37, 131,
212, 240 (Nr. 240 steht *Sunipert*).

Sunduald, npr, stm; Nr. 35. Lang.
*Sundwald. Gehören *Sumuald* (Nr.
204, 250) und *Summoald* (Nr. 290)
ebenfalls hierher?

Sunful, npr, stm; Nr. 193. Lang.
*Sundfol? oder **Sundfolc?*

t.

Taipert, npr, stm; Nr. 23. Für
Tacipert?

Tachimand, npr, stm; Nr. 245. Zu
tac u. *mund*. Lang. **Takimund.*

Tachinolf, npr, stm; Nr. 56. Lang.
*Takinolf.

Taciperga, npr, f; Nr. 277, 297.
Dazu *Tachipergula*, Nr. 193.

Tacipert; Tachipert, Tuchipert, npr,
stm; Nr. 34, 79, 134, 184, 250, 277.

---

[1] In *stantaria* (Roth. 287) ver-
mag ich im Gegensatze zu Förstemann kein lang. Wort zu erkennen;
es steht in einem so unverkennbaren
Gegensatze zu dem folgenden *trans-
versaria*, dass es unstreitig zu lat.
stare gehört.

Taco, npr, m; Nr. 161.

Tacuald, npr, stm; Nr. 32.

Tanduini, npr, stm; Nr. 119. Zu dem Volksnamen der Danduti? Vgl. Zeuss. Die Deutschen und die Nachbarstämme. S. 113.

Taneldis, npr, f; Nr. 251. Die mit *Tan-* und *Dan-* gebildeten Personennamen gehören nach Frst. I, 331 zu dem Volksnamen der Dänen. Lang. *Tanihild.

Tanifrit; Tunifret, npr, stm; Nr. 287.

*Tanigis, *Tanikis; Tanichis*, npr, stm; Nr. 26, 220.

Tanipert, Tanepert; Tunipert, npr, stm; Nr. 165, 287, 293.

Tancol, npr, m; Nr. 52. Zu ahd. *dankjan* (cogitare); *t* steht für *th*, *o* für *u*.

Tano, npr, schwm; Nr. 129. Dazu *Tanulus*, Nr. 269.

Tanolf, npr, stm; Nr. 220.

Tanuald, Tanoald; Tunuald, Tenuald, npr, stm; Nr. 26, 45, 87, 118, 144, 272.

Taso, npr, m; P. D. IV, 37; Nr. 119, 126. Dazu die Deminutiva *Tasulus, Tassiolus, Tassulus*, Nr. 58, 249, 275; der Stamm *tas-*, *tass-*, ist keineswegs selten in Personennamen; eine befriedigende Erklärung desselben aber fehlt bis jetzt.

Tassia, npr, f; Aist. 1.

Tassilo, Tassillo, npr, schwm; Nr. 14, 250.

Tato, Tatto, npr, schwm; or. g. L. 646; Chr. G. 643; prol. ed. Roth; P. D. I, 20; Nr. 112, 126. *Tato* oder *Teto* ist ein Naturlaut, welchen die Kinder zur Bezeichnung des Vaters brauchten, entsprechend dem lat. *tata*, griech. τάτα, τέττα; in Folge dessen ist in demselben weder die germanische noch die hochdeutsche Lautverschiebung regelmässig eingetreten. Vgl. Frst. I, 1143, Wckgl. Burg. 399.

Tazo, npr, schwm; P. D. VI, 19.

Teodegunda, npr, f; Nr. 262. Zu g. *thiuda* (Volk), ahd. *diot* und *gunt*. Lang. *Theudegunda.

Teudimâri, Teudemarenus, npr, stm; Nr. 129, 226. Lang. *Theudimâri*.

Teuderâd, Teuderât, Thuderâd, Theoderâd, npr, stm; Nr. 33, 115, 116, 122, 218, 220. Lang. *Theuderât.

Teudemund, npr, stm; Nr. 81, 83 u. a. Lang. *Theudemund.

Teuderam, npr, stm; Nr. 293. Lang. *Theudehram.

Teudiperga, npr, f; Nr. 239. Lang. *Theudiperga.

Teudo, npr, m; Nr. 26. Lang. *Theudo. Dazu *Teudulus*, Nr. 193, 269.

Teudoracus, Theoderaces, npr, schwm; Nr. 36, 262. Zu *theudo u. *racheo, reccheo* (Held). Lang. *Theudoraceo.

Teudulf, Teuderolf, npr, stm; Nr. 230, 305. Lang. *Theudolf.

Teuflâda, npr, f; Nr. 87. Zu *theudo und ahd. *flât (Glanz, Schönheit; vergl. Frst. I, 407). Lang. *Theudflâda.

Teufrid, Teofrid, Teutfrid, Teudifrid, npr, stm; Nr. 33, 98, 99, 120, 168. Lang. *Theudefrid. Dazu *Teudifridulus*, Nr. 133.

Teuselm, npr, stm; Nr. 219. Lang. *Theuthelm.

Teuspergula, npr, f; Nr. 193. Lang. *Theutpergula. Deminutivbildung zu *Theudiperga.

Teuto, Tiuto, npr, m; Nr. 143, 155,
249. Lang. *Theuto.*

Teutpald, Teuhtpald, npr, stm; Nr.
36, 44, 71, 109 u. a. Lang.
*Theutpald.

*Teutpert, Teudpert, Teuspert, Teu-
pert, Theopert,* npr, stm; Nr. 36,
71, 73, 74, 79, 100, 107, 109 u. a.
Lang. **Theudpert, *Theutpert.*

Thaloard, npr, stm; Fredegar. Hist.
Franc. epit. LXVIII. Zu ahd.
tal u. *wartên?*

*Theodelinda, Teudelinda, Thiad-
linda,* npr, f; P. D. IV, 38; Nr.
24. Lang. **Theudelinda.*

Theoderis, Teudericus, Theodoricus,
npr, stm; Nr. 18, 129, 253. Lang.
Theuderic. Dazu *Teuderisciula,*
Nr. 193, und wahrscheinlich auch
Theodoraeus, Nr. 10.

Theoderûna, npr, f; Nr. 253. Lang.
*Theuderûna.

Theodoald, Theodald, Teudald, npr,
stm; Nr. 16, 28, 52, 81, 98, 122,
142, 193, 253. Lang. **Theudwald.*

Theothild, npr, f: Nr. 253. Lang.
Theuthild.

*Theudelaup; Theodelapius, Teudi-
lapus,* npr, stm; P. D. IV, 16,
51; VI, 57. Nr. 129. Zu **theudo*
u. **lauba,* ags. *leafa* (fides).

*Theuderáda, Theodoráda, Theode-
ráda,* npr, f; P. D. V, 25; VI,
22; Nr. 126, 262. Dazu auch
Teudisada, Nr. 207?

Theuprand, Teutprand, Teusprand,
npr, stm; Nr. 72, 77, 113, 141,
146, 202, 279. Lang. **Theut-
prand.*

thingare, schwv: vor Gericht re-
den, einen rechtsgiltigen Vertrag
schliessen; Roth. 156, 157 u. a.
Lang. **thingón;* vgl. ahd. *dingón.*

thinx, stn: rechtliche Verhandlung,
Vertrag, Gericht; Roth. 171,

172, u. a. Lang. **thinc;* vgl.
ahd. *dinc.*

threno, treno: Unterarm; Roth. 384.
Langobardisch?

threus: Roth. 157. Dunkles Wort.

Tiso, npr, schwm; Nr. 26. Zu g.
filudeisei (Schlauheit, Arglist)?

Tôdo, Tóto, npr, schwm; Nr. 17,
24, 32, 85, 86, 220, 286. Zu *tôto*
(patrinus).

Trasari, npr, stm; Nr. 114. Zu
g. *þrasabalþei* (Streitsucht), an.
þras (Streit), *þrasa* (streiten).
Lang. **Thrasahari.*

Trasemund, Transamund, npr, stm;
P. D. IV, 52; VI, 29; Nr. 234.
Lang. **Thrasamund.*

Trasipert, npr, stm; Nr. 297. Lang.
*Thrasipert.

Trasoald, npr, stm; Nr. 17, 86,
237. Lang. **Thraswald.*

Trifusus, npr, stm; Nr. 82. Das
zweite Wort ist das Adj. *funs,*
das erste scheint entstellt zu sein.

triuwa, stf; Friedenspfand, Sühne;
Liutpr. 42.

Troald, npr, stm; Nr. 308. Entstellt aus *Troctoald?*

trocting, stm; Brautführer; Haist.15.
Zu ahd. *truhtin.* Lang. **trohting.*

Troctichis, npr, stm; Nr. 208. Zu
trohtin und *gis, *kis.* Lang.
*Trohtikis.

Troctoald, npr, stm; Nr. 26. Lang.
*Trohtiwald.

Tuido, npr, m; Nr. 305. Verschrieben für *Tiudo,* lang. **Thiudo?*

Tundila, npr, f; Nr. 29. Zu an.
þund (Harnisch, Panzer). Lang.
*Thundila.

Tunno, Tuno, npr, schwm; Nr. 32.
Zu ahd. *dunni?*

Tuntus, npr, m; Nr. 210. Zu an.
þund? Lang. **Tunt?*

Turisind, npr, stm; Nr. 290. Zu *turs*, an. *þurs* (Riese) u. *sind*; s. *Albisinda*. Lang. *Thursisind*.

Turso, npr, stm; Nr. 91. Lang. *Thurs*.

u.

Ubaldinus, npr, m; Nr. 285. Romanisierte Deminutivform zu lang. *Hugbald*; ebenso *Ubaldulus*, Nr. 181. S. *Hubald*.

Uboald, npr, stm; Nr. 207. Zu g. *ub*; vgl. Wckgl. Burg. 337. Lang. *Ubwald*.

Uffo, npr, schwm; Nr. 188. Zu g. *uf*. Vgl. burg. *Offo*, ags. *Offa*.

Undepert, npr, stm; Nr. 221. Zu ahd. *unda* (Fluth) u. *perht*.

Unoald, npr, stm; Nr. 264. Lang. *Húnwald?* Zu *Hún* (Hunne, oder Riese)?

Ustbora, npr, schwm; prol. ed. Roth. Dazu die Varianten *obbora, uuifthor, obthora, ut bet fitbora*. Lang. *Ôstboro* (der im Osten geborene).

û.

Ûsfrid, npr, stm; Nr. 185. Lang. *Húsfrid*.

Ûsuald, npr, stm; Nr. 106, 199, 221, 224. Lang. *Húswald*.

w.

Wâdimâri; Vadimari, npr, stm; Nr. 119. Zu ahd. *wât*.

Wâdiperta; Vatperta, npr, schwf; Nr. 112.

wadium, stn: Pfand: Roth. 360, 361, 362, 366. Liutpr. 8, 15, 36—40, 61, 128. Vgl. g. *vadi*. Lang. *wadi*, stn. oder *wadia*, stf.

Wâdwini; Vaduini, Vadini, npr, stm; Nr. 119.

Wâdulf; Wadulph, Wandolph, npr, stm; Nr. 15, 75. Vergl. *Wandolf*.

Wafarius; Guafarius, npr, stm; Nr. 218. Zu g. *vaips, veipan*, ahd. *wîfun* u. *hari?* Lang. *Waifhari* oder *Waifarit?* Letzteres d. h. die Annahme, es sei ein *t* abgefallen, würde sich im Hinblick auf die Bedeutung von g. *vaips* (Kranz) besser empfehlen als *hari*.

Wachilapus, npr, stm; P. D. VI, 29. Zu *wach* (vigil) u. *lauba*; s. *Theudelaup*. Lang. *Wachilaup*.

Wacho, npr, schwm; or. g. L. 643; Chr. G. 643; prol. ed. Roth; P. D. I, 21.

Wala; Guala, npr, m; Nr. 192. Statt *Walah?*

walapautz, walopaus, stm: Vermummter; Roth. 31. Zu *wal* u. *pauz*, ahd. *póz, bóz* (zu *bózen*: tundere). Man verhüllte sich so, dass man einem Abgeschiedenen ähnlich sah; letztere aber scheint man sich als Poltergeister vorgestellt zu haben. Lang. *walapauz*.

Walateus, npr, stm; Nr. 272. Lang. *Walahtheu*; vgl. ags. *Vealhþeóv*.

wald, guald, stm; Nr. 20, 102, 113, 144, 158, 185.

Waldeman, npr, stm; Nr. 108. Nicht zu *wald* (silva), sondern zu *wald* (Gewalt; vgl. altfries. *wald, weld*). Vgl. den *Wald* des Vidsid 30 und dazu Ztschr. f. d. A. XI, 283.

Walderâda, Walderâta, npr, f; Chr. G. 643; P. D. I, 21; Nr. 109, 157.

Waldifrid, Waldifred, Walfrid, npr, stm; Nr. 59, 63, 148.

Waldipert, npr, stm; Nr. 225.

Waldulf, Waldulph, npr, stm; Nr. 17.

Walfusus, npr, stm; Nr. 227. Lang. *Walfuns* oder *Waldfuns*.

Walchari, *Walcari*, npr, stm; P. D.
VI, 53. Zu *walah*, *walh* u. *hari*.
Lang. *Walahhari oder **Walch-
hari*.

Walcunda, npr, stf; Nr. 290. Zu
wal u. *gunt*.

Wallari, npr, stm; P. D. II, 32.
Zu *wallón?* Oder entstellt aus
**Walchhari?*

Wallerad, npr, stm; Nr. 193. Für
**Walderád?*

Walleram, npr, stm; Nr. 61, 77.
Lang. *Waldhram.

Walpert, npr, stm; Nr. 22, 38, 133,
191. Zu *wal* u. *perht*.

Walprand, npr, stm; Nr. 33, 44,
95, 133, 146.

Walthari, *Waltari*, npr, stm; or.
g. L. 646; Chr. G. 643; P. D.
I, 21, 22; Nr. 36. Zu *walt u.
hari. Dazu *Waltarinus*, Nr. 36,
208.

Waltpert, npr, stm; Nr. 44.

Waltrúda, *Galtroda*, npr, f; Nr.
103, 146. Zu *wal* u. *trút*.

Waltulus, npr, m; Nr. 292. Latinisierte Deminutivform zu *walt
(Gewalt).

Wandalo, npr, schwm; Nr. 109.
Enthält wohl den Volksnamen der
Vandalen (vgl. G. d. d. Spr. 475),
welcher seinerseits mit ahd. *wintan*, g. *vindan zusammenhängt.

*Wandilbert; *Guandilbert*, npr, stm;
Nr. 252. Zu ahd. *wantal*.

Wandolf, npr, stm; Nr. 15, 86. Zu
ahd. *wanda* (turbo) u. *wolf*.

waregango, schwm: Einwanderer;
Roth. 367. Zu ahd. u as. *wara*
(Hut, Schutz) und *gangan*. Vgl.
ags. *vœrgenga*.

Warinus, npr, m; Nr. 229. Enthält vielleicht den Volksnamen
der *Varini* (Zeuss. S. 132, 133).

Warnefrit, *Warnefrid*, npr, stm;

P. D. IV, 38; V, 22; Nr. 28. Zu
einer durch *n* erweiterten Form
von *wari* u. *fridu*. Dazu noch
Warnilfrid, Nr. 3.

Warnecant, npr, stm; P. D. IV, 13.
Zu *wari* u. *gand*. Vgl. *Ganderis*.

Warnicaus, npr, stm; Nr. 99, 141,
180. Lang. *Warnicauz.

Warnichis, npr, stm; Nr. 197. Lang.
*Warnikis.

Warnipert, npr, stm; Nr. 170, 179,
180, 288.

Warniprand, npr, stm; Nr. 248.

*Warpert; *Guarpert*, npr, stm; Nr.
182. Für *Warnipert?*

Wastripert s. *Wistripert*.

Wechilo, *Wehilo*, npr, schwm; or.
g. L. 646 (*Veilo*); prol. ed. Roth.
Zu *wach*. Lang. *Wachilo.

Wecho, *Weo*, npr, schwm; or. g.
L. 646; prol. ed. Roth. Zu *wach*.
Lang. *Wacho.

Wecthari, *Wectari*, npr, stm; P. D.
V, 23. Zu *wahta*. Lang. **Wacht-
hari*.

wecwori, *wegwori*, schwf; Störung,
Hemmung des Weges; Roth. 26,
373. Zu *wec* u. *werran*. (Vgl.
Wilda. Strafrecht; 780, 781).

*werigeld; *werigild*, stn: 1) Wer-
geld, compositio homicidii; Roth.
11. 2) Busse für das in Folge
eines Delicts verwirkte eigene
Leben; Roth. 9, 268. Zu *wer,
g. *vair* (Mann) u. *gelt*, g. *gild*.

*Werolf; *Guerolf*, npr. stm; Nr.
106.

*Widemári; *Guidemarius*, npr,
stm; Nr. 198. Zu *witu* (Holz,
Wald) u. *mári*, schwerlich zu *wit*.
Vgl. Wckgl. Burg. 402.

*Wideric; *Gnedericus*, npr, stm;
Nr. 122. Zu *witu* u. *ric*.

Wido: *Guido*, npr, schwm; Nr.
305.

*Widuald; Widald, Guidwald, npr,
stm; Nr. 140, 193.

wifa, f: Confiscation; Rat. 14. Vgl.
wifan.

wifan, stv: einen Strohwisch auf-
stecken, was sinnbildlich die Be-
sitznahme unbeweglichen Gutes
ausdrückte; Liutpr. 134, 148. Vgl.
g. veipan (kränzen, krönen), ags.
gevife (fatum); die Grundbedeutung war wohl die des Drehens
oder Windens.

Wigilinda, npr, f; P. D. VI, 2.
Zu wig, wic (Kampf) u. linda
(Schild).

Wilifrid, Wilefrit, npr, stm; Nr.
36. Zu willo (voluntas) u. fridu.

Wilifus, npr, stm; Nr. 12. Lang.
*Wilifuns?

*Wilikis; Guilichis, npr, stm; Nr.
112.

Wilimund, npr, stm; Nr. 225.

Wilipergula, npr, f; Nr. 38.

Wilipert, Guilipert, Guilpert, npr,
stm; Nr. 102, 131, 148, 179,
197.

*Willirát, Willerát, Willerád;
Guillerád, Vallerád, npr, stm;
Nr. 22, 26, 134, 245, 250.

Willeram, Guileram, npr, stm;
Nr. 217, 265. Lang. *Willihram.

*Willo, Guilli, npr, m; Nr. 168.
Zu willo, g. vilja; das doppelte
l ist, wie sich aus der gothischen
Form ergiebt, durch Assimilation
des ableitenden j mit dem vorausgehenden l entstanden.

Wineghild, npr, f; Nr. 132. Zu
wini (amicus) und gelt. Lang.
*Winegeld.

*Winifrid; Guinifred, npr, stm;
Nr. 245.

Winigis, Winichis, npr, stm; or.
g. L. 643; Chr. G. 643; prol. ed.
Roth. Lang. Winigis, *Winikis.

*Winilaip oder *Winilaup; Guine-
lapius, npr, stm; Nr. 115, 116,
161.

Winiperga, Winiberga, npr, f;
P. D. VI, 2.

Winnili: alter Name des langob.
Volkes; or. g. L. 642; Chr. G.
642; P. D. I, 1, 7. Alle drei
Handschriften der or. g. L. haben
doppeltes n, und der Name könnte
somit zu ahd. winna (Streit) gehören; vgl. widarwinno (Feind),
as. winnan, ags. rinnan (streiten).
Bezeichnet winno, persönlich ge-
fasst, den Streitenden, so ist
Winnili dazu die Deminutivform.
Lang. Winnilá, (Nom. Plur.)?

Wino; Guino, npr, schwm; Nr. 55,
166, 199.

wiridibora, uuridibora, wiridibora,
Adj: frei; Roth. 222; Liutpr. 106.
Zu ahd. wirdi (Würde) u. beran.
— Eine mehr poetische als richtige und auf entstellten Lesarten
beruhende Erklärung des Wortes
giebt Osenbrüggen. S. 93.

Wiriprandulus, npr, m; Nr. 154.
Zu *wer (Mann)? und prand.
Lang. *Weriprandilo?

*Wiruald; Viruald, npr, stm; Nr.
132. Lang. *Werwald.

Wisegarda, *Wisecarda; Wise-
charda, npr, f; Chr. G. 643; P. D.
I, 21; Greg. Tur. III, 20. Zu
wisan u. gart, g. gards (Haus,
Hof).

*Wisilinda; Wsilinda, npr, f; Nr.
193.

Wistripert, Wastripert, npr, stm;
Nr. 250, 279. Zu westar, einer
Erweiterung von west (occidens)
u. perht. Lang. *Westripert.

Witerád; Guiterád, npr, stm; Nr.
283, 302. Zu witu u. rád.

witrepora, Adj: Nr. 138. Verschrieben für *wirtepora* wie in einigen Gesetzeshandschriften.

*Witulus; Guettulus, npr, m; Nr. 237. Zu *witu?*

Wódan; Gódan, Gwódan, Òdan, npr, stm; or. g. L. 642; P. D. I, 8, 9.

Wulfhari, npr, stm; P. D. IV, 3.

Wulfo; Vulfo, npr, schwm; Nr. 10.

Z.

[zála, stf: Nachstellung, Plünderung; Sig. et. Rad. div. 3, 19; vgl. ahd. *zála,* an. *tál.]*

Zangrulf, npr, stm; Chr. G. 645; P. D. IV, 13. Zu *zangar* (mordax) u. *wulf, wolf.*

záva, f: Ordnung, Abtheilung; Rat. 10. Vgl. g. *téva, tévi.* Statt des *v* steht in Cod. Paris. 4613 *u,* in Cod. Cav. *b,* was für die nicht rein vocalische Natur des *v* spricht. Lang. **záwa.*

Zotto, npr, schwm; P. D. III, 33; IV, 18. Zu ahd. *zota, zata* (Graff V, 632), mhd. *zote* (Adj: *zoteht*).

Zuchilo, npr, schwm; P. D. I, 21. Statt dessen haben or. g. L. 646 u. prol. ed. Roth. den Namen *Winigis,* und letztern erklärt Bethmann (Archiv v. Pertz, X, 352, 353) für richtiger. — *Zuchilo* zu *ziuhan* oder zu *zuc,* g. *tigus* (zehn) deminutiv gebildet.

Druckfehler.

S. 191, Z. 5 lies: Dux statt Dnx.

S. 285 a, Z. 22 lies: *gaidv* statt *gaido.*

Nachtrag zu S. 110.

Z. 17 nach „septem" steht im Cod. Matr. *farigaydus,* im Cod. Cav. *farigaldus.*